Norbert Rouland

AUX CONFINS DU DROIT

Anthropologie juridique de la modernité

Odile Jacob

Du même auteur

OUVRAGES D'ANTHROPOLOGIE

Les Inuit du Nouveau-Québec et la Convention de la Baie James (Québec, 1978, 218 p.) [épuisé]

Les modes juridiques de solution des conflits chez les Inuit, n° hors série d'*Études Inuit*, 3 (1979, 171 p.) [épuisé]

Anthropologie juridique (Paris, PUF, coll. « Droit Fondamental », 1988, 496 p.)

Les colonisations juridiques, *Journal of Legal Pluralism*, 29 (1990), 39-136.

L'Anthropologie juridique (Paris, PUF, coll. « Que Sais-Je ? », 1990, 125 p.)

OUVRAGES D'HISTOIRE

Le Conseil municipal marseillais et sa politique, de la IIe à la IIIe République (1848-1875) (Aix-en-Provence, Edisud, 1974, 08 p.)

Les Esclaves romains en temps de guerre (Bruxelles, Latomus, 1977, 106 p.)

Pouvoir politique et dépendance personnelle dans l'Antiquité romaine : genèse et rôle des relations de clientèle (Bruxelles, Latomus, 1979, 658 p.)

ESSAIS

Rome, démocratie impossible ? (Arles, Actes-Sud, 1981, 360 p.)

ROMANS

Les Lauriers de cendre (Arles, Actes-Sud, 1984, 446 p.)

Soleils barbares (Arles, Actes-Sud, 1987, 469 p.)

15 RUE SOUFFLOT, 75005 PARIS

www.odilejacob.fr

ISBN 978-2-7381-0143-3

Ce document numérique a été réalisé par Nord Compo.

À François et Gauthier,
mes enfants.

CHAPITRE I

Les brumes du droit [*1]

> Le législateur ne doit point perdre de vue que les lois sont faites pour les hommes, et non les hommes pour les lois ; qu'elles doivent être adaptées au caractère, aux habitudes, à la situation du peuple pour lequel elles sont faites ; qu'il faut être sobre de nouveautés en matière de législation, parce que s'il est possible, dans une institution nouvelle, de calculer les avantages que la théorie nous offre, il ne l'est pas de connaître tous les inconvénients que la pratique seule peut découvrir.
>
> PORTALIS, *Discours préliminaire prononcé lors de la présentation du projet de Code civil*, an XI.

Hyperborée

Le bimoteur effleurait les nuages, porté par l'invisible tournoiement de ses hélices. Je volais vers l'Amérique. Aucune nostalgie des événements du printemps de cette année 1968 ne m'habitait : n'y ayant rien compris, je n'en avais conçu nulle espérance. J'avais vingt ans, et j'étais étudiant.

Le vol durait déjà depuis plusieurs heures. L'Amérique se rapprochait, que je croyais aimer. Celle de l'Empire State Building et du Coca-Cola, de l'abondance et de la liberté, de l'ivresse du premier grand voyage. Le Bien était à l'Ouest, le Mal à l'Est m'avait-on appris. Il ne me dérangeait en rien de le croire. Plus au sud, le temps s'apaisait dans des continents tachés de déserts, autour desquels vivaient, clairsemés, des peuples misérables, dans une éternelle enfance de l'humanité. Tout le reste n'était que mots creux.

L'avion frémit en entrant dans les turbulences. Instinctivement, je jetai un coup d'œil par le hublot. À cet instant, le ciel s'ouvrit. Sous la blessure des nuages se formèrent les images qui devaient changer toute ma vie.

Nous volions au-dessus de galaxies. Les courants ornaient de broderies d'icebergs le bleu dur de la mer. Leur nacre glacée ourlait l'étrave des fjords. Puis ils s'assemblaient en amas lumineux dont les bras spiralés les emportaient vers le long voyage qui les abolirait.

L'avion perdit de l'altitude pour échapper aux turbulences qui le malmenaient. Les nuages avaient disparu. Des rivages orgueilleux, aux sommets enneigés, émergèrent du lointain de la mer. Repoussant les parois de roches grises, le lent enroulement des glaciers s'en détachait et semait d'étoiles le ciel marin. Pendant quelques minutes, je connus l'éternité : le désert venait de s'emparer de moi.

Le pilote l'effaça d'un seul coup d'aile, en mettant cap au sud. L'hyperborée retournait à son mystère, cédant la place à la monotonie des flots. La carte m'apprit plus tard que nous avions survolé la pointe sud du Groënland : une grande île qu'écrase un gigantesque glacier. Des hommes y vivaient bien avant que les chevaux de Cortés n'ouvrent la voie aux soldats cuirassés de l'Ancien Monde. Vagues souvenirs d'école : il fallait tout apprendre, et revenir, surtout revenir vers ces terres trop vite dérobées. Mais je poursuivais mes études de droit, et rien ne m'avait préparé à une vie d'explorateur.

J'avais craint que le droit ne m'ennuie. Il est des habits moins ternes que le costume du robin et les codes de procédure ne figurent pas parmi les livres qu'interrogent les quêtes adolescentes. Le droit ne suscite guère de vocations. Mais certains professeurs illuminent leur matière. J'en rencontrai et optai pour l'histoire du droit, sans comprendre vraiment que déjà, en quittant mon époque, je choisissais le voyage. Je délaissai ainsi les charges d'officiers ministériels qu'occupaient mes parents. Sans rupture ni révolte : elles n'étaient pas dans mon caractère. Mais sans espoir de retour vers ces emplois, qui ne me convenaient pas. Je voyageais donc dans l'histoire de notre droit, mais aussi dans les livres d'ethnologie : comment ne pas conjuguer les hommes aux paysages entrevus ? D'autres horizons s'ouvraient. Ceux du Groënland, dont je foulai la terre quelques années plus tard, avant de me tourner vers l'Arctique canadien. Mais aussi au sein du droit lui-même. J'appris à relativiser notre propre droit, ses certitudes et ses désarrois. En géométrie dans l'espace, la ligne droite n'est pas le plus court chemin entre deux points. Il faut souvent se confier à la courbure du détour. Mieux comprendre notre droit en s'initiant à celui des sociétés traditionnelles : tel est le pari qui m'anime encore aujourd'hui, et m'entraîne aux confins du droit.

Une science peut aider tous ceux qu'attire ce voyage : *l'anthropologie juridique*. Objet et moyen de ce livre, elle ambitionne d'étudier les systèmes juridiques enfantés par les sociétés humaines, sans exclusive. Elle postule que toute société connaît le droit, même si le contenu en varie, et si chacune d'entre elles n'accorde pas la même importance à la régulation juridique. Mais nous sommes tous nés en quelque endroit : le port d'où nous partons, pour y revenir, changés. D'où les interrogations de cet ouvrage sur le droit *positif*, celui actuellement en vigueur en France. Il est, pense-t-on, enclos dans les codes. Leur aspect est connu, leur contenu beaucoup moins.

Comment vendre les codes ? Les encarts publicitaires jouent la sobriété. Sous un Code civil, ces quelques mots, « le droit de savoir ». Car le droit aime, pour le profane, à se parer de certitude un ton dubitatif n'est pas de mise dans ses énoncés. Mais le juriste sait bien qu'il n'en est rien. Si vous voulez l'embarrasser, demandez-lui de définir le droit. Un de nos grands maîtres, le doyen G. Vedel, avouait récemment : « *Voilà des semaines et même des mois que je "sèche" laborieusement sur la question, pourtant si apparemment innocente* [...] "Qu'est-ce que le droit ?" *Cet état, déjà peu glorieux, s'aggrave d'un sentiment de honte. J'ai entendu ma première leçon de droit voici plus de soixante ans ; j'ai donné mon premier cours en chaire voici plus de cinquante ; je n'ai pas cessé de faire métier de juriste tour à tour ou simultanément comme avocat, comme professeur, comme auteur, comme conseil et même comme juge. Et me voilà déconcerté tel un étudiant de première année remettant copie blanche, faute d'avoir pu rassembler les bribes de réponse qui font échapper au zéro*[1]. »

Les professeurs, c'est connu, manquent de bon sens. Mieux vaut interroger un passant. Hélas, voilà qu'il se met, pêle-mêle, à vous parler des tribunaux et de leurs erreurs, de ceux qui toujours y échappent, mais aussi de l'espérance des droits de l'homme et de la victoire des États de droit sur l'oppression. Quant aux gens de justice, notre Candide les décrit à la façon de Balzac : assoupis dans des bureaux dont ne voudrait pas le moindre banquier, usant d'un langage hermétique et parfois âpres au gain. Tableau passéiste. L'avenir, n'est-ce pas ces cabinets américains climatisés, appareillés de tous les perfectionnements de la bureautique, qui emploient huit cents *lawyers* performants, travaillant parfois cent heures par semaine... et si stressés que la profession compte deux fois plus d'alcooliques que la moyenne nationale[2] ? À leur décharge, ils ne chôment guère. En Amérique, les consommateurs n'hésitent plus à attaquer les producteurs, même lorsque le dommage est dû à un mauvais usage manifeste du produit (par exemple le fait d'appuyer une échelle métallique sur une ligne électrique) ; les malades citent sans atermoyer leurs médecins devant les tribunaux. Hypertrophie des litiges, inflation des avocats : il y en a un pour trois cent cinquante-cinq Américains. On comprend que la haute technologie innerve ce marché judiciaire.

Donc, des visions contradictoires. Pour un temps épargnés par les divorces, querelles d'héritage et autres banqueroutes, les jeunes auraient-ils les idées plus claires ? Un récent sondage, effectué en France en 1987 sur des adolescents de 11 à 18 ans[3], apporte une réponse. Négative. La majorité (40 %) pense que le droit repose sur la menace de punition ; d'autres (30 %) sur l'éducation, suivis de peu par les 27 % — les moins nombreux — qui relient le droit au juste. Le sexe et la position sociale suggèrent cependant quelques clivages. Les garçons sont attachés à l'aspect répressif du droit, alors que les filles perçoivent mieux son rôle organisateur et préventif, partageant en cela la vision des catégories sociales plus aisées. De quoi conforter dans leurs nostalgies les tenants d'un âge d'or associant le règne des femmes, l'absence du droit, et l'abondance relative de ceux qui ont renoncé à l'asservissement productif. Mais cet âge n'est plus, et nous vivons en des siècles de fer. Le droit doit-il nous y enfermer davantage, ou nous en délivrer ?

Le poète Ovide et Lénine s'accordent à le dénoncer. Pour le premier, l'âge d'or du passé ignorait le droit, les tribunaux et la répression : tout s'y réglait par la pratique spontanée de la vertu et de la bonne foi. Le second place dans le futur de la société communiste cet âge idyllique où « *... les hommes s'habitueront graduellement à respecter les règles élémentaires de la vie en société [...] à les respecter sans violence, sans contrainte, sans soumission...* ». La thèse d'Ovide, nous le verrons, n'est guère confirmée par les enseignements de l'archéologie : le droit est une très ancienne invention. Quant à Lénine, les événements récents laissent sceptique sur la valeur prophétique de son propos. Nos contemporains voient-ils le droit sous des couleurs plus attrayantes ?

Un droit très gris

La sévérité et la menace, l'ennui souvent, et le malheur parfois. N'associons-nous pas ces termes lorsque nous pensons au droit sans trop y réfléchir ? Le droit du quotidien s'y prête aisément. C'est le code de la route qui nous confronte le plus fréquemment à l'univers du droit[4]. Ordres, interdictions et menaces y dominent. Les panneaux de circulation sont autant de signes juridiques qui jalonnent nos itinéraires journaliers, et ceux qui enjoignent l'emportent sur ceux qui conseillent. Et que dire du droit de circuler dans un véhicule ? L'obtention du permis de conduire est un de nos modernes rites d'initiation à la vie adulte. Autres rappels du droit, où apparaissent plus nettement l'État et sa puissance tutélaire les formulaires de Sécurité sociale, ceux de l'URSSAF, et les feuilles d'impôts. Que par leur intermédiaire nous donnions ou recevions, l'exigence de formes et l'hermétisme du langage nous découragent autant qu'ils nous contraignent.

Un droit qui commande et réprime. Comment s'étonner qu'il soit associé à l'idée de procès ? Pour le passant de tout à l'heure, qui n'est probablement jamais entré dans une salle d'audiences, le droit se confond avec les tribunaux et les avocats. Les juridictions visées sont celles de l'ordre répressif : la justice, c'est le pénal. Le grand avocat ne saurait plaider qu'aux assises. On déchire moins facilement une vie qu'une lettre de change, et ce n'est pas demain que le juge des loyers ravira au juge d'instruction sa place dans les médias. Quant au magistrat, trop laxiste, ne conviendrait-il pas de l'enfermer, pour les infractions particulièrement graves, dans le système des peines fixes ? Là encore, l'Amérique montre la voie. Les *mandatory sentences* imposent au juge des peines minimales incompressibles, notamment en matière de drogue[5]. Plus de circonstances atténuantes, seulement aggravantes, et un strict tarif pénal. Cinq ans pour cinq grammes de crack ou cinq cents grammes de cocaïne, ou cent grammes d'héroïne ou cent kilos de marijuana, ou un gramme de LSD ; dix ans minimum lorsque ces quantités sont multipliées par dix. L'instauration d'une sorte de logique mathématique accroît la légitimité de la répression : elle est d'avance inscrite dans l'acte délictueux.

Le droit ne va-t-il pas jusqu'à solliciter les couleurs pour se rendre plus impératif ? Noir est le costume des magistrats et des auxiliaires de justice, sombre celui des forces de police. Teintes qui font écho au noir du maillot de l'arbitre et de l'habit du prêtre. Tous ces personnages sont là pour rappeler la règle et, au besoin, forcer à son observation. Le funèbre n'est pas loin. Mais aussi le rouge, la couleur qu'affectionne le pouvoir (pensons aux pourpres impériale et cardinalice, aux divers tapis rouges) : les magistrats des hautes juridictions s'en revêtent ; il colore la couverture de la plupart de nos codes ; il a donné son nom aux feux de circulation prescrivant l'arrêt. Or l'histoire des couleurs montre que le rouge fut la plus anciennement utilisée par les hommes. Déjà nos ancêtres du paléolithique saupoudraient d'ocre les cadavres de leurs défunts. Rouge, couleur du sang, c'est-à-dire de la vie, en même temps que des grandes sources lumineuses : le soleil de l'aurore, et le feu du couchant. Couleur suprême, souvent symbole de combat, il évoque aussi la menace de la peine, qui peut supprimer la vie. Le droit s'impose même à notre rétine.

La cause semble donc entendue : le droit, c'est au mieux un mal nécessaire. Et pourtant... La réalité dément cette vision.

Flexible droit

Pas plus que la santé ne se définit par la maladie, le droit ne se réduit au contentieux. Nous vivons la plupart des relations personnelles et sociales auxquelles le droit donne une armature sans avoir besoin de recourir aux tribunaux. La majorité des désaccords conjugaux ou des querelles de voisinage s'éteignent bien avant que le juge ne soit sollicité de les régler ; la plupart des contrats sont normalement exécutés par les parties. C'est dire que le droit fournit des modèles de conduite plus qu'il ne sanctionne des comportements. Et si contentieux il y a, il n'est point majoritairement pénal. Interrogez les personnes de votre entourage qui ont eu recours à la justice : il y a peu de chances qu'elles aient comparu devant les assises, ou même en correctionnelle. La plupart des procès sont civils ou commerciaux, ce qui rassurerait le grand public, s'il le savait. Dans les prétoires, peu de portes ouvrent sur l'enfer du pénal. Et si l'on doit malgré tout y pénétrer, ce n'est pas forcément pour perdre toute initiative face à un inexorable châtiment. Dans la procédure anglo-saxonne, quatre-vingt-dix pour cent des affaires pénales sont réglées de façon négociée. C'est le *plea bargaining* : les parties parviennent à une solution amiable, elles la soumettent au juge, qui le plus souvent se contente de l'enregistrer. Quant à la peine, l'indulgence peut la dissoudre : grâce présidentielle, pardon de la loi (amnistie) ou du juge (réhabilitation et relèvement, qui effacent la condamnation).

Enfin, le droit peut parler autrement que par ordres et menaces pour pouvoir s'appliquer. Il semble même le faire de plus en plus fréquemment : on peut se demander si son avenir n'est pas dans l'atténuation de sa fonction répressive au profit d'un rôle incitatif.

Un droit qui indique plus qu'il ne prescrit : prenons quelques exemples. La définition de programmes n'est plus le monopole des partis politiques. Le droit a fait sienne cette technique en élaborant des lois-programme, des lois-cadre, des lois d'orientation (loi d'orientation agricole, éléments du Code de l'urbanisme, planification des équipements sanitaires, etc.). La multiplication des « standards » s'inscrit dans une logique voisine. On entend par là des normes techniques, issues d'un consensus entre les parties intéressées, approuvées par un organisme qualifié, mais dont l'observation n'est pas strictement obligatoire. Elles constituent des références, pas des règles de conduite, ni une réglementation technique. Les biotechnologies sont aux États-Unis et en Grande-Bretagne un champ privilégié où s'exerce ce type de normalisation. Le droit de la route lui-même, pourtant hautement répressif, commence à donner quelques signes de reconversion. La substitution des ronds-points à l'anglaise aux feux de circulation repose sur l'autodiscipline et le jugement de l'automobiliste. Les gardiens de la paix ne le menacent plus de leur bâton : les insignes trop voyants du commandement se font rares (les crosses d'évêques et baguettes de chefs d'orchestre tendent à devenir des accessoires désuets). Certaines expériences le traitent également davantage en adulte. En 1986, dans quelques départements français, les forces de l'ordre ont remis à certains automobilistes portant la ceinture de sécurité une somme d'argent d'un montant voisin de la pénalité prévue pour le défaut de port de cet accessoire. En 1987, la ville de Lille a appliqué le même principe à des automobilistes qui avaient respecté les règles du stationnement. En avril 1990, les automobilistes coupables d'excès de vitesse dans la région de l'Isle-Jourdain (Gers) se sont vu proposer par la commission de retrait de permis le choix entre une amende et le retrait immédiat, et une séance de formation comprenant la projection d'un film vidéo sur les méfaits de la vitesse, ainsi que la conférence d'un médecin sur les conséquences corporelles des accidents de la route. Expérience annonciatrice. À partir de 1992, les conducteurs en infraction auront le choix entre perdre quelques précieux points de leur permis, ou suivre des stages de recyclage, animés par des psychologues et spécialistes de la sécurité routière. On a même pensé à conduire les auteurs d'infractions graves dans les services hospitaliers de traumatologie… Prévention. Mais, dans ce dernier cas, sans nul doute, sanction, même si elle est d'ordre essentiellement psychologique. Ce qui pourrait être aussi une des voies de la modernisation du droit.

Pour l'essentiel, nos peines ont longtemps consisté dans l'amputation du patrimoine (amendes) ou dans la privation de liberté (incarcération). On pourrait, dans certains cas, s'en remettre à d'autres mécanismes. Par exemple les peines de substitution ou des sanctions d'ordre purement psychologique. Un exemple assez cocasse nous vient d'Espagne[6]. En 1989, trois entreprises se sont créées dans diverses régions pour proposer leurs services aux créanciers. Leur originalité tient à la nature des moyens employés, reposant sur la crainte du ridicule éprouvée par le débiteur indélicat. À Barcelone, la société « La Panthère rose » dépêche auprès de lui une employée vêtue comme le fameux félin, et tenant à la main un attaché-case sur lequel figure l'inscription « *Encaissement de dettes en retard* ». En Andalousie, c'est un personnage habillé en aristocrate du XVIIIe qui tient ce rôle, joué à Madrid par un homme portant l'habit et le chapeau haut de forme. Ces divers figurants ne lâchent plus le débiteur, ils le suivent à son bureau, au restaurant, et dans les divers lieux où il se rend, jusqu'à ce qu'excédé ou humilié, il finisse par céder. Cette version moderne du pilori (ou d'autres usages : en droit celtique, le créancier venait jeûner à la porte du débiteur) connaît un taux de réussite proche de quatre-vingts pour cent... Ceci n'est qu'un exemple, sans doute difficilement généralisable. Mais la perte de prestige social est une sanction qui peut se révéler redoutable : beaucoup de délinquants (tous ne sont pas des criminels endurcis) supporteraient moins bien la publication de leur photo, avec les motifs de leur condamnation (ou son affichage dans leur immeuble ou leur lieu de travail, que permet d'ailleurs le Code pénal) que les classiques peines d'amende ou d'incarcération avec sursis. D'ailleurs, l'évolution est nette, qui décroche la peine de la prison. Celle-ci est individualisée, grâce à des substituts de l'incarcération : suspension du permis de conduire, confiscation de chéquier. Son exécution également : sursis, ajournement du prononcé de la peine (une loi de 1975 permet qu'un an s'écoule entre la déclaration de culpabilité et le prononcé de la peine), libération conditionnelle. Par ailleurs, le réseau pénal n'est plus le seul à distribuer des peines, signe d'un pluralisme de fait : les pénalités peuvent être l'œuvre de l'administration ou du secteur médico-social, résulter de pratiques de médiation et d'arbitrage (celui-ci est très répandu dans la vie des affaires).

Mais le droit ne perd-il pas alors une de ses qualités essentielles, la netteté ? À le rendre trop flexible, ne risque-t-on pas de le laisser tordre impunément ? Ce n'est certes pas le but des théoriciens du droit « flou ». Comme l'écrit Mireille Delmas-Marty, son principal défenseur[7], il ne faut pas confondre le flou non logique, ou le vague — qui ne seraient que chaos — et la logique floue, qui peut être une condition d'efficacité du droit. Celle-ci suppose qu'existe au départ une notion de référence précise et spécifiable, à partir de laquelle sont organisées en un ensemble flou des marges d'appréciation donnant une certaine autonomie aux acteurs. Le principe de proximité se substitue alors à celui d'identité, et l'espace normatif devient pluraliste. Le droit européen se structure, sous nos yeux, suivant ces concepts. Les instances communautaires édictent des normes. Chacun des États n'est pas obligé de les appliquer telles quelles, mais de s'en rapprocher, afin qu'on parvienne de concert à une harmonisation entre pratiques nationales et normes européennes.

L'esprit des lois change. Il en va de même de la Justice. Dans bien des cas, le juge n'est pas le tout-puissant ordonnateur du procès, veillant scrupuleusement à l'observation du droit. Il peut même arriver que celui-ci, ou des tiers, règlent en toute légalité des conflits en dehors des règles du droit strict. On pénètre alors dans un univers très différent de celui de la justice médiatisée, friande des affaires Gregory de tout poil. Le justiciable est en effet de plus en plus sollicité de collaborer lui-même à la mise en œuvre du droit et de sa sanction. Cette évolution est très sensible dans les relations familiales, où le droit affirme sa neutralité croissante à l'égard des choix personnels dans l'organisation de la vie privée et se fait donc plus flexible, renvoyant chaque individu à sa liberté et à sa responsabilité : à chacun son droit. La nécessaire barrière entre le concubinat et le mariage n'est pas abattue. Mais le premier (on parle plus volontiers de « compagnonnage ») n'est plus objet d'opprobre et se voit reconnu certains effets, notamment par le droit de la Sécurité Sociale et la jurisprudence civile. Quant aux gens mariés, ils peuvent organiser leurs relations sous le signe de la communauté ou de l'autonomie en matière patrimoniale et les dissoudre en s'appuyant sur leurs fautes ou en les refoulant dans le secret de leurs regrets. La loi se dévêt ici de sa familière impérativité. Elle se fait tolérante et va jusqu'à prévoir sa propre négociation.

Passe encore dans la justice civile, qui ne menace pas l'ordre public. Mais le même mouvement s'observe au pénal. Il concerne particulièrement les mineurs. Le texte fondateur de leur juridiction (une ordonnance de 1945) prévoit que le juge, chaque fois qu'il en aura la possibilité, devra faire passer la voie éducative avant la voie répressive. Concrètement, cela signifie que le magistrat négociera l'application de la loi avec le mineur et essaiera d'obtenir son adhésion aux mesures proposées. Y concourt l'atténuation du formalisme judiciaire. Le juge reçoit le mineur dans son bureau, et l'oralité, l'interpersonnalité des relations de face-à-face l'emportent sur l'écrit. On peut l'admettre pour des mineurs, dont l'âge incite à l'espérance. Mais les adultes peuvent aussi en appeler à un droit pénal « mou », qui leur permet, en certaines circonstances, d'échapper à une sanction brutale[8]. Le contrôle judiciaire, qui évite l'incarcération provisoire ; le sursis avec mise à l'épreuve, où le respect par le condamné de certaines conditions suspend l'exécution de la peine ; le travail d'intérêt général, qui ne peut être prononcé que lorsque le prévenu y consent. La victime elle-même peut intervenir dans les processus d'amendement et de réinsertion du coupable : des expériences ont été menées au Canada, et par diverses associations d'aide aux victimes (notamment à Lyon, Strasbourg et Grenoble). Leur succès est d'autant plus probable que victime et délinquant n'entretenaient pas de relations avant le délit, et que celui-ci n'est pas trop grave (une femme violée par son voisin acceptera difficilement de l'aider).

Encore y a-t-il toujours un juge, même s'il tend à perdre la sévérité du censeur. Mais il est de plus en plus concurrencé ou suppléé par d'autres institutions de règlement des conflits : venues d'Amérique (où elles portent le label de « Justice informelle »), les justices alternatives se développent en France. Centres de médiation, cliniques et boutiques du droit s'efforcent de dédramatiser les conflits, envisagés sous un angle moins juridique que thérapeutique et psychologique.

Plus qu'à la preuve de la faute ou de la culpabilité, les médiateurs — le plus souvent des non-juristes — s'attacheront à rétablir la paix entre les parties en dégageant avec elles des solutions de règlement satisfaisantes, souvent à base de compromis qui rendront inutile le recours à la justice officielle (aux USA, grâce à ces pratiques, 5 à 10 % seulement des différends parviennent devant les tribunaux). Ici encore, le succès de ces procédures requiert certaines conditions. Il faut que les parties soient relativement proches (liens de voisinage, associatifs, ou parentaux) et d'un niveau socio-économique sensiblement égal. De plus, les différends ne doivent pas être graves. Le champ d'application de ces justices alternatives est-il pour autant modeste ? Tout au contraire. Notre vie quotidienne est remplie de la poussière des petits litiges : on ne va pas tous les jours aux assises, devant la Cour de Cassation ou le Conseil d'État, divinités bien lointaines. L'État lui-même souhaite l'expansion de ces justices alternatives, pour désengorger les juridictions traditionnelles, que les Français n'affectionnent guère (80 % d'entre eux les estiment trop lentes, trop compliquées et trop chères[9]). Mais elles répondent aussi à d'autres besoins. Le prononcé du droit, le jugement ne sont pas des procédures indolores. Ils laissent souvent des traces, et s'ils inscrivent la norme dans les faits, ils ne favorisent pas toujours la réconciliation (combien de scènes de ménage s'enveniment parce que chacun est convaincu d'avoir raison, d'être « dans son droit » ?). Or, on est parfois contraint de vivre ensemble : le coût de la rupture (divorce, déménagement, exclusion d'un parti ou d'une autre forme d'association) est jugé supérieur à celui du maintien des relations. Dans tous ces cas, mieux vaut sans doute un droit négocié qu'imposé. On l'a d'ailleurs depuis longtemps compris dans d'autres domaines de la vie juridique. Dans le monde du travail, celui du droit « social », une grande partie des relations sont auto-régulées (les parties établissent des conventions collectives aménageant leurs rapports) ; les conflits sont davantage réglés par la négociation, la médiation (tout conflit social d'une certaine gravité voit la nomination par l'État d'un médiateur chargé de le désamorcer) que par le recours au juge. Car l'entreprise est une communauté de vie, qu'il n'est pas facile de quitter, et tout conflit social grave peut s'étendre et prendre une dimension nationale. Mieux vaut donc (ré)concilier que trancher dans le vif. Et que dire des relations internationales ? La tendance du droit à inciter plutôt qu'à punir s'y manifeste beaucoup plus fréquemment qu'en droit interne : déclarations des organes de l'ONU, plans de l'UNESCO, programmes pour le développement, etc. Ici, c'est la relative pauvreté des moyens de sanction qui conduit à rechercher le consensus.

Quel est le sens de toutes ces expériences ? Un pari les inspire. Celui que la collaboration du justiciable assurera mieux que la sanction nue l'efficacité du droit. Quitte à permettre que s'embrument nos conceptions familières du droit et de la justice : la loi ne dicte plus un texte unique, le juge pénal se sert du châtiment sans nécessairement l'appliquer. Retenons ces points : le droit gagne parfois à se faire flexible, l'harmonie sociale ne passe pas forcément par ce que nous appelons la marche de la justice.

Nous rejoignons ainsi des expériences anciennes. La lecture des recueils de nos coutumes médiévales montre qu'au moins jusqu'au XIIe siècle, le désir du rétablissement de la paix sociale passe avant celui de la justice.

Les juristes classiques n'en sont pas moins réticents envers tous les phénomènes que je viens d'évoquer. Ils craignent une perte de sa substance par le droit (on a souvent accusé le droit international et le droit du travail de ne pas être de « véritables » droits, et dénoncé le droit pénal « mou »). Ils voient dans l'atténuation du formalisme un danger mortel pour les garanties du justiciable. Ne les accablons pas trop vite : le droit ne doit pas se diluer à l'excès, sous peine de ne plus pouvoir remplir la fonction de modèle que nous souhaitons. De même, les formes ne sont pas de vains artifices, mais des points de repères (l'audience de cabinet, entretien dans le bureau du juge, est plus rassurante que le prétoire : ceux qui y sont convoqués risquent d'oublier qu'il s'agit non d'une séance de psychothérapie, mais d'une réunion qui se terminera par une décision judiciaire). Reconnaissons même que, s'il ne provoque le sentiment d'obligation, le droit s'évapore. Mais ne surestimons pas l'efficacité des menaces et des sanctions, qui le font trop gris. Pour le rendre à la société civile, partout où c'est possible, on devrait viser à ce qu'il recommande plus qu'il n'ordonne. Le droit doit être effectif. Mais ne s'applique-t-il pas mieux et plus vite lorsque son observation procède de l'adhésion plutôt que de la contrainte ? Carbonnier, un de nos plus grands juristes, a pu écrire : « *Solution d'un litige, apaisement d'un conflit : faire régner la paix entre les hommes est la fin suprême du droit, et les pacifications, les accommodements, les transactions sont du droit, bien plus certainement que tant de normes ambitieuses*[10]. » Le droit peut avoir besoin de la force. Il ne peut y être réduit. L'évolution qui s'amorce sous nos yeux conduit à ce qu'il s'en déprenne davantage, sans jamais, probablement, pouvoir y renoncer complètement. Sur cette voie, bien des sociétés traditionnelles paraissent nous avoir précédés.

Retour aux sources

Aux Célèbes, archipel proche de Bornéo, les Toradja valorisent au plus haut point l'harmonie : il faut à tout prix éviter les disputes et l'anarchie. En cas de querelle grave — tout spécialement conjugale — la conciliation s'impose, exercée par l'assemblée du village. Voici les exhortations entendues (en 1974) par une ethnologue : « *La parole est un remède, comme disent les Anciens. Parlez, ouvrez votre cœur et l'abcès se crèvera... Oui, la parole est un remède, réconciliez-vous, expliquez-vous clairement pour que chacun de vous puisse redresser ce qui est courbé, pour que vous arrêtiez ce que mutuellement vous n'aimez pas afin qu'il ne soit plus question de divorce*[11]. » Mais la conciliation peut échouer. Dans ce cas, les époux ont le choix entre deux procédures de séparation. La « mauvaise rupture » exigeant la preuve d'une faute devant les juges coutumiers, très mal vue par l'opinion publique. Le « divorce d'or », séparation à l'amiable, dans laquelle aucune question n'est posée aux conjoints sur leurs motifs : à défaut de s'entendre, mieux vaut se séparer, pourvu que ce soit sans heurt. L'assemblée veille sur le partage des biens, puis l'on prononce ces mots : « *Qu'ils se déposent paisiblement, qu'ils redeviennent ainsi jeune homme et jeune fille.* » Un bout de bois est brisé en deux : l'union est cassée. Avant de se séparer, les ex-conjoints convient les participants à un repas au cours duquel ils distribuent des cadeaux aux juges et aux témoins pour les remercier de leur collaboration.

Il a fallu attendre 1975, en France, pour que la procédure de divorce par requête conjointe permette aux époux désireux de rompre de le faire sans avoir à invoquer la faute et en aménageant eux-mêmes les conditions de leur rupture, sous réserve du contrôle *a posteriori* par le juge de leurs conventions. Cette procédure a connu un succès certain : elle est choisie dans environ la moitié des cas. Les enquêtes sociologiques permettent d'affiner cette statistique : plus on se situe dans des zones urbaines, et plus on s'élève dans les catégories socio-professionnelles, plus le divorce par requête conjointe l'emporte sur le divorce pour faute. Nous ne sommes pas des Toradja. Mais quand le désir d'harmonie prévaut, les distances peuvent se raccourcir…

Franchissons celles qui séparent ces contrées équatoriales des étendues glacées de l'Arctique. Arrêtons-nous sur la côte est du Groënland, à Ammassalik.

Les Esquimaux y vivaient en groupes de quelques dizaines, le long d'une côte hostile. Tout conflit d'une certaine importance pouvait vite devenir un danger grave pour la communauté, d'où la nécessité de le résoudre pacifiquement. L'un des moyens souvent utilisés était les compétitions de chants[12]. Devant la communauté rassemblée, les adversaires se livraient à ces duels. Chacun à leur tour, ils entonnaient des chants satiriques mettant en scène leur protagoniste. Par ses rires, l'assemblée les départageait et finissait par désigner un vainqueur. Celui-ci pouvait être la victime de l'acte précédemment commis par son rival plus habile dans la satire : peu importait, le conflit était considéré comme clos, et la réconciliation devait suivre.

Envolons-nous maintenant plus à l'ouest, vers le Labrador : les cousins des Ammassalimiut partagent leur quête. L'étude de leur vocabulaire[13] montre qu'ils assignent aussi à leur droit la mission de l'harmonie. Tout comportement excessif ou inconvenant est interprété par ceux qui en sont victimes comme une offense perturbant l'ordre social. Les termes signifiant aujourd'hui *bon* ou *mauvais* étaient autrefois synonymes de *ce qui existe* et *ce qui n'existe pas*, signe du danger que contenait pour eux tout conflit. L'équilibre social primait sur la détermination des responsabilités : aucun jugement n'était porté sur la valeur intrinsèque des individus et de leurs actes, qu'ils soient sanctionnés ou non (le mot que nous traduisons par *offense* — ou même *péché*, comme les missionnaires — signifie plutôt *incorrect, inconfortable)*.

Quant aux sanctions psychologiques, tous les Esquimaux, du détroit de Behring au Groënland, en faisaient usage : on désigne le voleur par le nom de l'objet qu'il a dérobé ; on s'adresse au fautif en omettant de le désigner par des termes de parenté (la parenté, dans ces sociétés, est aussi importante que pour nous la profession : on reconnaît quelqu'un à ses parents, comme chez nous on situe un nouveau venu en demandant « ce qu'il fait dans la vie ») ; on l'affuble de sobriquets. Plus grave, on peut le soumettre à des séances de blâme public, ou à des périodes d'ostracisme, sorte d'emprisonnement inversé, qui peut aller jusqu'au bannissement. Nous revenons à des peines reposant sur ce type d'isolement. Au Canada, pour éviter à des délinquants les inconvénients de l'incarcération tout en les privant de liberté, on les assigne à demeurer chez eux, sous le contrôle d'appels téléphoniques et d'émetteurs qu'ils doivent constamment porter sur eux, signalant leur présence...

Arrêtons là ces exemples. Il y en aurait beaucoup d'autres, et probablement autant en sens contraire. Car toutes les sociétés traditionnelles ne sont pas non violentes, portées aux spéculations métaphysiques et débordantes de générosité : ne ressuscitons pas le Bon Sauvage. Il m'importe seulement de constater que certaines d'entre elles semblent rechercher des buts que nous commençons à nous assigner, et utilisent pour ce faire des moyens auxquels nous pourrions réfléchir. Non, bien sûr, pour les transposer mécaniquement dans nos sociétés, mais pour nous en inspirer. En ce sens, loin de représenter les vestiges d'un passé lointain ou d'exotismes abolis, ces sociétés traditionnelles pourraient contribuer à l'élaboration de la post-modernité dans laquelle nous entrons.

Certains États du Tiers-Monde en ont d'ailleurs pris conscience, après avoir succombé dans les années soixante au vertige des codifications à l'occidentale. Leur politique législative repose sur l'idée que les nouvelles lois ne peuvent dans l'immédiat s'appliquer intégralement : elles représentent moins une obligation impérative qu'un modèle de ce que *pourrait* être la société future, et sont susceptibles de réaménagements en cours de route. Il ne s'agit pas là de rêveries juridiques. Des techniques existent qui permettent la mise en œuvre du droit-modèle : adjonction aux lois nouvelles d'un lot important de mesures transitoires ; planification juridique du droit législatif, accompagnée de mesures éducatives et de campagnes d'information ; reconnaissance aux administrés de possibilités d'option entre différents statuts juridiques et juridictions ; octroi par le législateur au juge et à l'autorité administrative de larges pouvoirs d'interprétation de la loi pour l'adapter aux besoins et aux désirs des populations.

Rigidité et impérativité, ces caractères du droit que nous croyions intangibles commencent à s'atténuer. Le droit est donc moins sombre que nous le croyions. Mais à l'inverse, les espérances qu'il semble par endroits faire naître sont-elles bien justifiées ?

Une attente de droit

Un droit trop rose. Nous vivons, paraît-il, le retour de l'éthique. Les raisons n'y manquent pas. Même s'ils furent l'occasion d'indiscutables avancées de la connaissance, les grands systèmes explicatifs du siècle écoulé n'ont pas tenu toutes leurs promesses. Psychanalyse et marxisme ont perdu beaucoup de leurs adeptes. L'une promettait trop, ou trop peu, et a été desservie par l'hermétisme, l'outrance et l'arrogance de certains de ses clercs et maîtres à penser. L'autre voit aujourd'hui se décomposer ses incarnations (malheureuses ou nécessaires ?), tandis que l'économisme montre clairement ses limites, et que les idéologies politiques semblent avoir épuisé leurs espérances salvatrices. Des naïfs en concluent à « la fin de l'Histoire ». C'est prendre l'aiguillage pour le terminus. Le tout-culturel a maintenant tendance à l'emporter sur l'économique et le politique : différences culturelles, rencontres entre les cultures, intégration, assimilation… La fréquence des termes traduit le succès des idées. S'ajoutent à cette réussite le retour du sujet et celui du sens. Malheureux sujet, broyé par tant de déterminismes depuis les maîtres du soupçon ; misérable homme que, selon C. Lévi-Strauss, les sciences sociales avaient pour objet de dissoudre… Il semble avoir aujourd'hui recouvré quelques forces : le « je » n'est plus illusoire, et une fois dénombrées les forces qui tentent de le manipuler, il affirme son existence, veillé par la sentinelle de la conscience. Il *se* détermine, ayant pour conférer un sens à sa vie, tracé des limites, même en pointillés, entre un bien et un mal.

Qu'ont à voir le droit et les juristes avec tout cela ? Plus qu'on ne le croit. Tout d'abord, le droit ne se trouve plus réduit à une superstructure portée par l'agitation de la production économique, ou formée par les mensonges et détours de la psyché. Ensuite, il parachève la résurrection du sujet. Parce qu'en proposant ou imposant des normes, en inspirant (au besoin par le rejet que ses règles suscitent) des conduites, en fondant ou utilisant des représentations (le bon père de famille, l'intérêt général, etc.), il manifeste que l'homme demeure capable de déterminer des options et effectuer des choix, même si ceux-ci sont largement influencés par la culture dans laquelle il vit. Sujet et culture : n'y aurait-il pas là antinomie ? C'est façon de voir. On peut certes espérer en un Homme qui, après s'être affranchi de l'économique et du politique, accéderait par la force de la Raison à l'Universel en brisant ses dernières entraves, celles du culturel. Je vois plutôt dans le sujet et sa culture un couple nécessaire, même si ces deux partenaires peuvent renégocier leurs rapports. Ce ménage a deux enfants. L'éthique, ensemble de propositions et de règles de conduite nées du compromis que les deux époux doivent conclure pour continuer à vivre ensemble (toute société a son idée sur le Bien et le Mal : ce qui n'empêche pas que certains de ses membres en aient d'autres, et que les autres sociétés ne partagent pas nécessairement la sienne). Le droit, parce qu'il est souvent choix, et *décision* sur l'essentiel, ne peut à ce titre être totalement disjoint de l'éthique.

Le droit et la morale… Un vieux couple qui revêt des habits neufs. Lors des premières heures de cours à la faculté, nos professeurs nous disaient que l'un était l'ombre de l'autre, en précisant tout de suite que le droit peut être inéquitable (le Code civil oblige l'auteur d'une faute, même légère, à réparer entièrement le préjudice causé, même s'il est pauvre, et sa victime infiniment plus aisée). Aujourd'hui se multiplient les appels à l'aide lancés au droit et aux juristes afin qu'ils affermissent les choix moraux de nos sociétés. N'est-ce pas là pour eux une chance inespérée de sortir du ghetto où de noirs mirages les enfermaient ? Pour parler comme les économistes, la demande globale de droit s'accroît. Nous allons donc en fabriquer davantage, et du meilleur.

Les récentes découvertes en matière médicale augmentent notre maîtrise du vivant. Inquiets, certains scientifiques s'interrogent : jusqu'où aller trop loin ? Et ils demandent aux juristes (qui siègent souvent dans les diverses commissions d'éthique) de réglementer. Le droit n'est évidemment plus cet art de la chicane : oubliés Daumier et Balzac. Il devient au contraire le protecteur de la liberté et de la raison. Autre thème, l'État de droit : l'expression connaît depuis quelques années un beau succès. Elle signifie que l'État accepte de voir sa puissance limitée par le droit, expression d'un ordre préexistant trouvant sa source dans la société civile. Heureuse période que la nôtre : comme cent fleurs, éclosent à nos lisières des États de droit qui remplacent des États autoritaires devenus des forteresses vides. L'État de droit, d'ailleurs, ne saurait aller sans les droits de l'Homme. En Amérique latine, dans les pays d'Europe centrale aujourd'hui libérés, en de nombreux endroits de la planète, ils ont été ou demeurent l'arme juridique de la lutte contre l'oppression. Un homme, quelles que soient sa race, sa classe et sa culture, possède un certain nombre de droits que tout régime, toute législation doivent respecter et garantir. N'est-ce pas là le plus grand message du droit, qui contient ses plus belles conquêtes ?

Les intellectuels eux-mêmes aujourd'hui s'en préoccupent. Auparavant ils avaient tendance à l'ignorer : « *Mais comment peut-on faire de la recherche en droit ?* » Cette phrase, je l'ai souvent entendue… Il faut dire que, parmi les grands maîtres, ceux qui avaient fait du droit dans leur jeunesse ne se souvenaient pas en avoir été illuminés. Voici ce qu'en dit Claude Lévi-Strauss : « *…je m'inscrivis au Droit en même temps que je préparai la licence de philosophie ; simplement parce que c'était si facile. Une curieuse fatalité pèse sur l'enseignement du Droit. Pris entre la théologie dont, à cette époque* [les années trente], *son esprit le rapprochait, et le journalisme vers quoi la récente réforme est en train de le faire basculer, on dirait qu'il lui est impossible de se situer sur un plan à la fois solide et objectif : il perd une* *des vertus quand il essaye de conquérir ou de retenir l'autre. Objet d'étude pour le savant, le juriste me faisait penser à un animal qui prétendrait montrer la lanterne magique au zoologiste. À l'époque, heureusement, les examens de droit se travaillaient en quinze jours, grâce à des aide-mémoire appris par cœur. Plus encore que sa stérilité, la clientèle du droit me rebutait*[14]. » Soyons honnête : près de quarante ans après qu'il ait écrit ces lignes, j'ai rencontré C. Lévi-Strauss. Je l'interrogeai sur ce passage : il reconnut bien volontiers que les choses avaient pu changer. De plus en plus d'intellectuels en ont conscience : le droit n'est pas que l'avocat de l'ordre établi et le chien de garde des patrimoines. Le philosophe M. Serres propose à l'homme de passer un contrat naturel avec son environnement et appelle les juristes à la rescousse[15]. Le CNRS reconnaît — enfin ! — que le droit a sa place parmi les sciences humaines et s'engage à lui donner plus qu'un strapontin[16].

Devons-nous, nous, les juristes, chanter victoire ? Réjouissons-nous, certes, mais sans faire trop de bruit. Car la route qu'on nous ouvre est minée. Je reviendrai plus loin sur l'État de droit et les droits de l'Homme[17]. Mais je dois formuler tout de suite quelques mises en garde. Mieux valent les États de droit que les dictatures qu'ils ont renversées. Mais quel est le principal producteur de ce droit censé limiter les appétits étatiques ? L'État lui-même. Le pouvoir réglementaire a sans cesse reculé les limites de son territoire ; l'administration, craignant peu des juridictions administratives aux pouvoirs de sanction souvent illusoires, s'affranchit de plus en plus du respect des lois. Sait-on d'ailleurs que quatre-vingt-dix pour cent d'entre elles ne proviennent pas de l'initiative de nos députés, mais sont conçues et présentées par le gouvernement, c'est-à-dire, concrètement, par la bureaucratie des ministères ? La loi, expression de la volonté populaire : un mythe nécessaire, mais un mythe quand même. Quant aux droits de l'Homme, il est plutôt mal vu d'exprimer des réserves à leur sujet. Pourtant, à trop détacher l'homme des cultures auxquelles il appartient, ne risque-t-on pas en fait de forger un Homme prétendument universel, qui ne soit que le reflet de notre propre culture, et un instrument de son expansion ? Veillons à ne pas rééditer les erreurs du XIXe siècle.

D'autres dangers existent. Devons-nous acquiescer à l'accroissement de la demande de droit ?

En 1789, la Révolution fut faite par des juristes qui adulaient la Loi, mais pensaient que quelques-unes suffiraient à ordonner le nouveau corps social. Portalis, qui présida à la rédaction du Code civil, le croyait : « *... le cours de la justice serait interrompu s'il n'était permis au juge de prononcer lorsque la loi a parlé. Peu de causes sont susceptibles d'être décidées par un texte précis ; c'est par les principes généraux, par la doctrine, par la science du droit qu'on a toujours prononcé sur la plupart des contestations [...] L'office de la Loi est de fixer par des grandes vues des maximes générales du droit, d'établir des principes féconds en conséquence et non de descendre dans le détail des questions qui peuvent naître sur chaque matière.* » Dans ces conditions, on pouvait espérer que la plupart des lois fussent familières à tous, d'autant plus que nombre d'entre elles reprenaient des usages ancestraux. La suite du siècle n'entama pas trop cet optimisme. Pendant une grande partie du XIXe, on crut encore à la permanence de quelques grands principes immuables, ceux légués par l'École du droit naturel, alors bien essoufflée (la nature humaine s'exprime dans des droits universels : nous retrouvons aujourd'hui cette idée dans les droits de l'homme). Les lois se modifiaient peu ; elles n'étaient pas très nombreuses. C'était rassurant. Mais l'idole familière allait changer de visage au XXe siècle : le droit a eu sa part dans la montée de l'angoisse, qui fut un des caractères de notre époque. Coupé de la religion, soumis au feu des sciences positives qui insistaient sur la détermination de l'homme par des forces qui le dépassaient, il perdit son ancrage et s'engagea dans une longue dérive, même si aujourd'hui brille plus fort le fanal de l'éthique. Reflétant les transformations toujours plus rapides de la société et de l'économie, instrument de l'emprise étatique croissante, le droit vit son contenu se modifier à un rythme inconnu de nos sociétés (que reste-t-il du droit de la famille que j'ai appris il y a seulement vingt ans, sans parler du droit européen, qui n'était alors pas enseigné). Aujourd'hui, la moitié du droit positif a moins de trente ans. Chaque année, l'augmentation du droit applicable se traduit par quatre kilos de textes supplémentaires — bas mot — dans la bibliothèque de l'avocat, et on peut craindre que la miniaturisation du stockage permise par les banques de données informatisées ne facilite encore plus l'emballement de la machine. À titre d'exemple ponctuel, l'année 1978 vit la prolifération de 1250 lois et de 1308 décrets. L'individu est forcé de presque tout ignorer du droit. C'est pourquoi, dans les grands quotidiens d'information, à côté des rubriques vouées aux problèmes sexuels, on voit couramment s'ouvrir des colonnes consacrées aux conseils juridiques. Les revues de consommateurs publient aussi des guides de ce type. Tout naturellement, l'inflation du droit appelle celle des juristes. Plus on produit de droit, plus on a besoin de gens capables de l'interpréter (les avocats, les notaires, mais aussi les assistantes sociales ou les secrétaires de syndicats). L'augmentation quantitative du droit s'accompagne de sa fragmentation. On voit se multiplier les règles ponctuelles, les statuts particuliers (le droit de la sécurité sociale, le droit fiscal constituent de beaux exemples).

À la fin, que reste-t-il du droit ? Beaucoup de règles, bien sûr, tiennent bon. Mais les signes inquiétants s'accumulent[18].

Il arrive fréquemment que le droit ne soit plus qu'une pellicule collée sur d'autres normes. Une comparaison vient à l'esprit : celle des contrefaçons de grandes marques. Si le coup d'œil reste superficiel, on y croit. Mais à l'usage, il faut bien déchanter. Le même phénomène se produit lorsque, comme c'est le cas actuellement en France, le droit de la filiation s'aligne sur les faits biologiques, trop souvent confondus avec la « vérité », comme s'il n'y avait pas du « construit »

— autrement dit, une activité culturelle — dans toutes nos perceptions. L'union des gamètes est un moyen, *parmi d'autres*, de « construire » un enfant (nous verrons que sur ce point, les sociétés traditionnelles ont beaucoup à nous apprendre). Le droit tend ici à ne plus être que l'écho de la biologie, ce qui n'est pas sa fonction. La médecine pourra un jour me préciser combien de gènes me sont propres dans ceux de mon enfant ; c'est au droit, et éventuellement au juge, de reconnaître que mon comportement à son égard est tel que je sois digne d'en être dit le père.

Le même danger peut résulter de l'outil informatique. Celui-ci facilite comme jamais auparavant l'élaboration de profils statistiques, qui font des moyennes les nouveaux seuils du Bien et du Mal. On aura ainsi des chiffres définissant le bon et le mauvais conducteur (les compagnies d'assurances s'en servent chaque jour) ; le bon et le mauvais contribuable (l'ordinateur signale automatiquement à la vigilance du fisc les déclarations qui ne correspondent pas, pour chaque catégorie socioprofessionnelle, à la moyenne des revenus déclarés) ; le bon et le mauvais médecin (ceux dont le montant des prescriptions dépasse de cinquante pour cent la moyenne des prescriptions de l'ensemble des médecins du département sont susceptibles d'être déconventionnés par la caisse d'assurance maladie). Outre que ces mécanismes d'évaluation peuvent légitimer le conformisme, ils opèrent un transfert du pouvoir de décision du droit à d'autres sciences, dont ce n'est pas la compétence. Une moyenne est un fait mathématique, pas une qualification juridique, et encore moins un jugement. En bref, cela ressemble à du droit, mais ça n'en est pas.

À côté de ces effets de maquillage, l'ineffectivité du droit. On a constaté que, sur une route, les panneaux de signalisation sont d'autant moins observés qu'ils se succèdent de près. Quand les lois sont trop nombreuses ou trop obscures, on s'en détache. On serait surpris si l'on cherchait à savoir dans quelle mesure les actes de la pratique (c'est-à-dire les actes juridiques effectivement passés) sont conformes au droit officiel. Sans doute bien moins qu'on ne le croit, surtout dans le droit des affaires. Mais nous ne nous en apercevons pas, car le révélateur, ce sont les vérifications suscitées par le contentieux ou sa menace. Or la plupart des actes juridiques vivent et meurent de façon naturelle : on ne relit son contrat de mariage que lorsque le malheur s'annonce... D'ailleurs, ne faudrait-il pas répondre à ceux qui réclament du droit que dans bien des cas l'homme paraît heureux de s'en passer ? Non seulement, nous le verrons, dans les sociétés qui, par tradition culturelle, le valorisent moins que les nôtres, mais jusque dans nos maisons. Il y a des lieux et des temps où se relâche la pression du droit : le domicile, le coffre des automobiles (ne les ouvre pas qui veut) ; les dimanches, les jours de fête, les nuits, le cœur de l'hiver (tous les actes d'exécution n'y sont pas autorisés). Il est des relations dont, lorsqu'elles suivent un cours normal, nous choisissons la plupart du temps d'exclure le droit. Celles que nous entretenons avec notre famille, sauf en des moments exceptionnels (création d'une entreprise, préparation d'une succession), ou avec nos amis (on hésite à leur faire l'affront d'exiger un écrit ou une autre garantie s'ils nous demandent de leur prêter quelque argent). Pourquoi recourrait-on au droit pour régler ces rapports, que d'autres principes (essentiellement l'affection) sont censés régir ?

Le juriste aujourd'hui se sent flatté qu'on le sollicite pour défendre des causes qui — enfin — l'arrachent aux aspects sordides de notre existence. Promesses non tenues, vies brisées par une faillite ou un divorce, fausses déclarations, petits larcins et grands crimes : tel est le lot des juristes spécialisés dans le contentieux. Mais il hésite quelque peu devant cette nouvelle demande de droit. Faut-il davantage légiférer ? N'est-ce pas risquer d'aggraver le mal ? Et si le refus s'impose, sont-ce Ovide et Lénine qui ont raison : le juriste doit-il rêver d'une société sans droit ? Ce serait un singulier paradoxe. En fait, dans son principe, la réponse est simple. Le juriste doit apprendre à penser le droit *autrement* s'il veut avoir quelque chance de répondre aux légitimes questions que la société lui pose. Un droit davantage relié à la morale, moins impératif, plus souple, et moins épais : voilà quelques directions qu'il faudrait creuser. Elles semblent d'ailleurs s'amorcer. Il y a bien des manières d'y parvenir. Les lignes qui suivent ne prétendent nullement les illustrer toutes. Elles se limiteront même à en employer une seule : vérifier, à l'aide de l'anthropologie, si les expériences juridiques des sociétés traditionnelles valent le détour.

Recourir aux sociétés dites « primitives » pour mieux comprendre la nôtre n'est pas si étrange. En 1928, le grand anthropologue F. Boas (1858-1942) s'y est déjà essayé, non sans bonheur, dans un ouvrage intitulé *L'Anthropologie et la vie moderne*[19]. Les titres des chapitres sont étonnamment actuels : la race, le nationalisme, l'eugénisme, etc. Et certaines conclusions, pour l'époque, pleines de hardiesse : la continence avant le mariage est peu souhaitable, la femme est tout aussi créative que l'homme, la race ne détermine pas la culture, le mélange des races n'a rien de nuisible, l'environnement est plus criminogène que l'hérédité, l'eugénisme peut conduire à sélectionner des types humains à partir de critères limités à une culture ou une époque ; la culture n'est pas un produit des facteurs économiques. Arrêtons là cette énumération : elle prouve que les sociétés traditionnelles peuvent être de bons maîtres à penser. Les livres de Boas seront d'ailleurs brûlés par les nazis, ce qui est bon signe. À notre tour de poser ces questions, en y en ajoutant quelques autres. Comment procéder ?

Nous verrons d'abord que le cheminement qui nous a conduit aux difficultés actuelles provient de causes historiques qui nous sont propres : le droit a des histoires, qui ne sont pas partout les mêmes. Puis nous confronterons ces expériences aux problèmes que nous ressentons plus vivement à l'heure actuelle et qui, tous, impliquent le droit.

Une vieille, très vieille histoire pour illustrer ces questions. C'est Platon qui nous la raconte, en faisant dialoguer Calliclès et Socrate.

Calliclès se moque des lois, inventées selon lui par les poltrons, et adulées par les niais. La force doit prévaloir sur le droit :

« Le malheur est que ce sont, je crois, les faibles et le grand nombre auxquels est dure l'institution des lois [...] Ceux que leurs semblables qui sont plus forts ou capables d'avoir le dessus, ils arrivent à les épouvanter, afin de les empêcher d'avoir ce dessus, et ils disent que c'est laid et injuste de l'emporter sur autrui [...] car, comme ils sont inférieurs, il leur suffit, je pense, d'avoir l'égalité. Or, d'elle-même la nature, au rebours, révèle, je pense, que ce qui est juste, c'est que celui qui vaut plus ait le dessus sur celui qui vaut moins et celui qui a une capacité supérieure, sur celui qui est davantage dépourvu de capacité. Qu'il en est ainsi, c'est d'ailleurs ce qu'elle montre en maint domaine : dans le reste du règne animal comme dans les cités des hommes et dans leurs familles, où l'on voit que le signe distinctif du juste, c'est que le supérieur commande à l'inférieur et ait plus que lui. »

Calliclès et Socrate argumentent pendant un bon moment. Finalement, Socrate lance à son interlocuteur :

« L'homme qui est de cette sorte [celui qui ne limite pas ses désirs] *ne saurait être cher ni à aucun autre homme, ni à un Dieu, incapable qu'il est de participer à une communauté ; or, sans communauté, il ne saurait y avoir d'amitié* [...] *tu me sembles ne pas être attentif à ces considérations : il t'a échappé au contraire que l'égalité géométrique possède un grand pouvoir, chez les dieux aussi bien que chez les hommes*[20]. »

Calliclès n'a pas tort lorsqu'il affirme que le droit conduit l'homme à prendre ses distances vis-à-vis de la nature : c'est même ce qui le distingue des autres espèces vivantes. Parfois pour le pire, *mais aussi pour le meilleur* : et c'est là que Socrate est dans le juste. Car si le droit peut avoir besoin de la contrainte, il n'est pas dans son essence de consacrer la loi du plus fort, même s'il lui arrive de le faire. Il procède bien plutôt de cette géométrie particulière qui s'efforce d'accorder l'ordre à la justice, sans toujours y parvenir. Et si nous nous attachons, depuis tant de siècles, à découvrir ses règles, c'est parce qu'elle correspond en nous à un besoin qui, probablement, jamais ne s'épuisera, s'opposant sans cesse à cette loi du plus fort, notre part maudite.

CHAPITRE II

Le droit a des histoires

> Si l'on conduit le peuple au moyen des lois et qu'on réalise la règle uniforme à l'aide des châtiments, le peuple cherchera à éviter les châtiments, mais il n'aura pas le sentiment de la honte. Si l'on conduit le peuple au moyen de la vertu et qu'on réalise la règle uniforme à l'aide des rites, le peuple acquerra le sens de la honte, et en outre deviendra meilleur.
>
> CONFUCIUS (551-479 av. J.-C.).

> Les lois romaines ont été établies sur des raisons naturelles et sur les principes de l'équité… C'est un rayon de la divinité que Dieu a communiqué aux hommes.
>
> FERRIERE (1639-1715 ap. J.-C.).

L'aventurier a l'incertitude pour compagne : elle n'est pas toujours sa bien-aimée. À l'heure où se voile l'image du droit, nous sommes tentés d'interroger l'avenir en sollicitant le passé. Le droit a-t-il toujours cheminé au côté de l'homme ? Docile serviteur, ou maître toujours plus exigeant ? Questions à la fois naïves et infiniment complexes. Elles sont pourtant légitimes. Si le droit est un phénomène sans épaisseur historique ou un instrument d'aliénation, on peut envisager sa disparition sans crainte et même avec plaisir. Dans le cas contraire, nous n'avons pas fini de réfléchir à son sujet.

On peut aussi tendre ailleurs l'oreille dans l'espoir de quelque écho : moins dans le passé que dans l'espace. La majeure partie de l'humanité ne partage pas la vision occidentale du droit et de sa sanction. Le recours aux avocats et aux juges pour régler un conflit est aussi naturel pour un Américain qu'il paraît incongru à un Chinois ; le musulman accole le droit à la religion avec autant de résolution que l'Occidental l'en a écarté. Ces expériences valent qu'on s'y arrête. En nos temps où s'accroît la lassitude des justiciables envers nos tribunaux, où redoublent les interrogations sur l'éthique et la religion, le détour peut être fructueux.

Le droit possède un long passé ; il obéit dans le présent à des traditions culturelles différentes. En somme, *il a des histoires*.

Le mur de l'écriture

Bien des gens posent l'équation droit = civilisation et ne l'associent qu'à certaines occurrences historiques : les droits antiques (Babylone, la Grèce, le droit romain surtout), le droit occidental moderne, les droits hindou et musulman, pour se limiter aux principales. Ils ont en commun le recours à l'écrit, critère aussi clair que trompeur. D'abord parce que la forme écrite du droit n'est nullement le gage de sa diffusion. Car encore faut-il savoir lire et écrire, ce qui n'était pas le lot de la majorité dans le passé, comme dans les pays en voie de développement à l'heure actuelle. Le droit écrit risque donc de n'être que l'instrument d'une minorité, proche du pouvoir, ou le détenant. Au Moyen Âge, on qualifie de « droits savants » le droit canonique et le droit romain (celui-ci s'appliquait encore à cette époque) : seules les élites les connaissaient. Le reste est coutumes, que la monarchie ordonne de rédiger (en 1454) pour mieux les contrôler, lorsque s'affirment avec plus de force ses ambitions centralisatrices (la France et d'autres puissances européennes firent de même dans leurs colonies d'Afrique noire au début du siècle). De plus, il n'est pas toujours suffisant de lire pour comprendre. À l'heure actuelle, qui rédigerait un contrat, une déclaration fiscale de quelque importance ou s'engagerait dans un procès sans consulter juristes et auxiliaires de justice ? Contrairement au préjugé répandu, les civilisations de l'écrit ne sont pas nécessairement les plus juridiques. L'écriture permet une mémorisation supérieure à l'oralité (bien qu'elle atrophie aussi nos facultés : l'agenda, accessoire indispensable de l'homme moderne, est un signe de cette infirmité). Mais, plus nombreuses, ces connaissances sont aussi moins accessibles. Leur maîtrise exige une technicité accrue : elles deviennent plus qu'avant des enjeux de pouvoir. Il faut insister sur ce point : l'écriture n'est pas un simple substitut de la parole. Elle installe le discours dans la solitude en lui donnant une autonomie. Le texte se détache en effet de son auteur : on peut y voir des sens que celui-ci n'a pas voulus, ou même suspectés ; des interprétations différentes peuvent être faites suivant les époques ou les publics. Écrit, le texte « parle » tout autant dans la façon dont le reçoit celui qui le lit, que dans l'intention de son auteur. D'où le rôle du commentaire, de l'exégèse, fondamental en droit… et l'importance du contrôle opéré par les juristes sur le droit. (Naturellement, on peut retrouver ailleurs que dans le scriptural les caractères de l'écrit : ainsi des discours oraux enregistrés). La tendance des scribes et des lettrés a d'ailleurs toujours été de complexifier les signes qu'ils utilisaient. D'où la difficulté pour le reste de la population d'accéder au savoir. La première écriture apparaît à Sumer vers 3300. Il faut attendre plus de deux mille ans (vers 1100 av. J.-C.) pour qu'avec l'alphabet phénicien et ses vingt-deux signes phonétiques se produise la simplification décisive de l'écriture (mais aux États-Unis, à l'heure actuelle, 25 % de la population est incapable de se servir de textes écrits pour les besoins les plus quotidiens).

L'écriture modifie donc le droit. Mais elle ne le crée pas.

Car même dans les civilisations où elle n'est pas inconnue, de larges fractions de la population, voire la majorité, continuent à l'ignorer, sans pour autant vivre sans droit. En revanche, il est clair que l'écriture est un des symptômes de la complexification d'une société. Entendons par là la multiplication de ses divisions, l'accentuation des potentialités de conflits, la spécialisation du pouvoir politique. La plupart des cités et des empires ont connu l'écriture, et ceux qui l'ont ignorée ont moins duré que les autres (empires africains, empire Inca de l'Amérique précolombienne). Dans le même sens, on notera que l'écriture apparaît *après* le début des grandes mutations néolithiques, assises sur une augmentation des capacités de stockage des économies. L'accumulation des réserves en résultant fut une des causes majeures de l'accroissement de la hiérarchisation sociale. Il est tentant de penser que l'écriture en est le prolongement, dans la mesure où elle permet elle aussi un stockage, mais intellectuel.

A contrario, il existe peu de raisons pour que naisse l'écriture dans des sociétés moins divisées, aux effectifs plus réduits, et où les relations ont un caractère communautaire et sont plus immédiates, comme c'est le cas dans les sociétés traditionnelles, ou celles qui ont précédé la transition néolithique. Mais nos sociétés modernes peuvent elles aussi illustrer ce mécanisme : l'oral a tendance à l'emporter sur l'écrit dans les groupes obéissant à des caractéristiques voisines (associations locales, amicales, communautés villageoises, bandes de jeunes, etc.). Inversement, l'écrit l'emporte quand s'accroissent les distances sociales et/ou géographiques. Ce qui prouve que les cultures anciennes ou lointaines ne sont pas nécessairement moins inventives, moins intelligentes parce qu'elles ne recourent pas à l'écriture. Il suffit de se colleter avec les systèmes de parenté des Aborigènes d'Australie pour revenir très vite à l'humilité. Mais, plus simplement, l'écriture telle que nous la connaissons (car il existe des proto-écritures dans certaines sociétés traditionnelles) n'y est pas nécessaire.

Il y a peu de temps, on les qualifiait de « primitives ». Bien des juristes sont encore réticents à y reconnaître l'existence du droit, tant ils continuent à serrer le nœud entre droit et écriture. L'anthropologie juridique fait heureusement justice de ces préjugés. Il est aujourd'hui amplement démontré que les sociétés traditionnelles peuvent, sans être nullement gênées par l'oralité, construire des systèmes juridiques tout aussi achevés que ceux des civilisations de l'écriture. Mais elles ne sont pas seules à avoir pratiqué l'oralité. Nous savons aujourd'hui que les premières espèces humaines sont apparues il y a au moins deux millions d'années ; la transition néolithique commence vers 9000 av. J.-C. ; l'écriture apparaît au quatrième millénaire avant notre ère ; des codifications locales naissent en Mésopotamie vers 2500 av. J.-C., et le premier Code est celui de Hammurapi (1728-1686 av. J.-C.). C'est dire le poids écrasant de l'oralité dans l'histoire de l'aventure humaine. Dès lors, on peut se poser la question suivante : si l'exemple des sociétés traditionnelles montre que le droit n'est pas lié à l'écriture, peut-on affirmer que les sociétés humaines du paléolithique le connaissaient déjà ? Si la réponse est positive, alors nous saurons que l'existence du droit, pour l'essentiel, se confond avec celle de l'homme. Si elle est négative, nous devrons reconnaître qu'il ne s'agit que d'une conquête récente.

Mais devant nous se dresse le mur de l'écriture. Sa hauteur est moindre en ce qui concerne les sociétés traditionnelles. Sans doute de larges tranches de leur passé nous échappent-elles à jamais, faute d'archives écrites. Cependant, nous disposons de témoignages de sources diverses : relations de voyages, écrits de missionnaires et commerçants, rapports administratifs, travaux d'ethnographes, etc. Mais pour le paléolithique, toute notre réflexion semble close : ni archives, ni témoins ne peuvent être sollicités. Tentons néanmoins d'élargir quelques lézardes.

L'archéologie, tout d'abord. Elle met au jour les seuls documents qui nous soient encore accessibles. Mais il ne s'agit que de vestiges matériels (habitats, ossements, fresques, sépultures, débris alimentaires) : nous devons tout interpréter, et notre insertion dans des cultures industrielles, les systèmes de valeurs qui en découlent ne constituent certainement pas les meilleurs observatoires. On peut aussi penser à comparer les hommes du paléolithique aux chasseurs-cueilleurs du XXe siècle : après tout, ne dit-on pas que ce sont « les derniers hommes de l'âge de pierre » ? Nous verrons que la voie est semée d'embûches. Enfin reste la spéculation intellectuelle dont la part s'accroît quand les indices sont rares. Nous y ferons largement appel, en nous efforçant cependant de coller au maximum aux fragments de réalité parvenus jusqu'à nous.

L'aube du droit

Le deuxième millénaire s'achève et les juristes ne parviennent toujours pas à s'accorder sur une définition du droit. Dans les remous d'idées que suscite sa quête[21], certains éléments surnagent, sans que l'accord sur eux se fasse : règles et pratiques de conduite obligatoires, correspondant à un système culturel et à une autorité légitime, assurant la production et la reproduction d'une société ou d'un groupe social, et pouvant être sanctionnées par des contraintes diverses. Ces caractères sont trop généraux pour constituer vraiment une définition. À ce compte, on peut mettre dans une trop grande besace des phénomènes que nous qualifions sans difficulté de juridiques parce qu'ils correspondent à notre idée du droit (obligation de réparer un préjudice quelconque, paiement d'une pension alimentaire, action en recherche de paternité), et d'autres qu'il nous paraît exclure, alors que bien des sociétés les y incorporent (obligation de rendre un culte aux ancêtres, de recourir à la vengeance sanglante, etc.). Dans ces conditions, on peut être sceptique à l'égard de toute description de l'éveil du droit dans la conscience des hommes qui ont peuplé l'immensité paléolithique. À vrai dire, nous ne saurons jamais quelle idée du droit propre à leur culture ils pouvaient avoir, pas plus que les mots dont ils se servaient pour éventuellement l'expliciter : rien ne nous est parvenu directement des langues de ce temps. Dans ce silence éternel, nous sommes donc contraints à formuler nos questions dans notre langage et selon nos propres concepts, à projeter au loin nos propres idées du droit. Une chose, au moins, est certaine. Le droit appartient à ce que les anthropologues nomment la culture : ce que l'homme construit à partir du donné naturel, qui lui est imposé. Ainsi l'espèce humaine est-elle soumise à un mode de reproduction sexué, avec lequel toutes les sociétés ont eu à se débrouiller. Mais les architectures des systèmes familiaux élevées sur ce fondement sont extrêmement diverses. Le recours au culturel n'est pas le propre de l'homme : les sociétés animales, elles aussi, ont su inventer des règles qui ne leur étaient pas données et les sanctionner. Mais l'homme se distingue à jamais de l'animal par l'ampleur de ce qu'il construit.

Cette prééminence de la culture fut facilitée par certains traits bien connus : station verticale, utilisation de l'outil, langage. Certains animaux les connaissent aussi, mais le génie de l'homme fut de les développer à un point inégalé.

On doit souligner l'importance extrême du langage articulé : les séries de sons codées qu'il met en œuvre peuvent transmettre la pensée à une vitesse au moins dix fois supérieure à tout autre code de signaux. L'élaboration et le perfectionnement du droit sont liés à l'apparition et à la complexification du langage : pour créer, observer, ou contester des règles, il faut pouvoir communiquer à leur sujet et grâce à elles. D'où la nécessité de parvenir à déterminer quand l'homme a pu parler un langage du type de celui que nous utilisons. De ce moment ne date pas le droit, mais émerge de façon sans doute décisive son importance dans la régulation sociale. Pour mieux le cerner, rappelons quelques étapes.

Le premier type d'homme (*Homo habilis*) apparaît il y a deux millions d'années, en Afrique, d'où est issue notre espèce. Un million d'années plus tard, le cerveau humain a doublé, atteignant 1 000 cm^3. À cette date, il part alors d'Afrique (fuyant peut-être la mouche tsé-tsé) vers l'Asie, où il s'éteint, faute de pouvoir s'adapter à la dégradation des conditions climatiques pendant les phases interglaciaires. Il y a

400 000 ans, un nouveau type d'homme, dit de Néandertal, apparaît en Afrique, qu'il quitte à son tour 20 000 ans plus tard, pour l'Europe de l'ère glaciaire. Son cerveau atteint 1 800 cm^3 (le nôtre est de 1 500 cm^3), signe d'une augmentation considérable de son potentiel intellectuel. Mais son larynx est placé trop haut dans sa gorge pour qu'il puisse parler de façon très satisfaisante. Son élocution devait être lente, ses phrases rudimentaires : l'organe n'était pas à la hauteur du cerveau. Il disparut lui aussi il y a trente mille ans, faute d'avoir pu s'adapter aux modifications climatiques de la fin de l'ère glaciaire provoquant la raréfaction du gibier. Le caractère rudimentaire de son langage fut sans doute déterminant dans son défaut d'adaptation : quand le milieu change, le besoin de communication s'accroît. Pendant ce temps était apparu, 150 000 ans avant nous, toujours en Afrique, *Homo sapiens sapiens*, l'homme moderne. Son cerveau était plus petit (1 500 cm^3) que celui de Néandertal, mais le larynx était descendu dans sa gorge. Il y a 70 000 ans, il abandonne à son tour l'Afrique, et va coexister pendant des milliers d'années avec l'homme de Néandertal. Mais il lui survit, car le rapport entre l'organe qui produit la pensée et celui qui l'exprime est chez lui plus performant.

On estime en effet qu'il y a environ 100 000 ans, l'*Homo sapiens sapiens* avait les moyens de parler un langage articulé de type moderne, ce qui lui permit de s'adapter aux rapides modifications climatiques de la fin de l'ère glaciaire, il y a douze mille ans. Sans doute eut-il recours à ce que nous nommons le droit pour inventer les nouvelles règles nécessaires à sa vie sociale et économique, d'une part quand il quitta l'Afrique, et ensuite lorsque les glaces et le gibier reculèrent sur les terres où il s'était installé.

Avec le droit et la religion, nous entrons dans des domaines où l'écart semble se creuser encore davantage avec les animaux. Je dis « semble », car sauf dans les mythes, reflets de sa nostalgie, l'homme ne peut que très imparfaitement communiquer avec les animaux. Nous ne saurons jamais ce qu'ils peuvent penser des règles de conduite propres à leurs sociétés, ni si la douleur que certains éprouvent à la mort de leurs proches peut s'approcher d'une réflexion de nature métaphysique. Au risque de nous tromper, concluons donc que ni le droit, ni la religion n'existent chez les animaux. Beaucoup de préhistoriens s'accordent à considérer que l'inquiétude métaphysique et la formation des attitudes religieuses qui en résulta constituent une étape essentielle dans le processus d'hominisation. L'inhumation des morts dans des sépultures (souvent en position de fœtus) et le dépôt d'offrandes à leurs côtés constituent un des signes attestant ces interrogations. Ils ne se manifestent que bien tard, il y a seulement 80 000 ans. Ce n'est rien, si l'on situe à deux millions d'années les premières espèces que l'on peut *anatomiquement* envisager comme apparentées à l'homme. Cependant, rien n'empêche d'imaginer que la pensée métaphysique est née bien avant : on peut croire ou espérer en la survie tout en abandonnant le corps d'un défunt. En tout cas, quand s'amorce la mutation néolithique, l'homme est déjà religieux depuis longtemps. (Et également artiste : les premières images du corps, surtout sexuelles et féminines, apparaissent il y a 35 000 ans.)

Simple rappel de données connues. Mais de l'outil à la métaphysique, le droit est le grand oublié dans le processus d'hominisation. Or lui aussi paraît avoir contribué à la naissance de l'homme, peut-être même avant la religion. Les cosmologistes nous disent que notre univers, vieux de quinze milliards d'années, est devenu transparent 300 000 ans après son commencement, la matière et le rayonnement se séparant. Ils peuvent donc espérer le voir dans son enfance. Les observateurs des sociétés humaines n'ont pas cette chance : le mur de l'écriture se dresse à seulement cinq mille ans de distance. Mais une chose est sûre : lorsque, vers 3000 av. J.-C., commence pour nous l'Histoire, la famille existe, et ses formes ont déjà atteint un degré d'organisation et de complexité qu'elles n'ont pas dépassé depuis. Deux nouvelles catégories de documents nous permettent de le dire. D'une part, l'apparition de sépultures collectives (les plus anciennes datent du cinquième millénaire avant notre ère) où la disposition des morts et les caractéristiques physiques de leurs ossements témoignent de regroupements par famille. D'autre part, des données fournies par la linguistique. À partir de langues connues, celle-ci permet de reconstituer la langue commune dont elles peuvent être issues. Or l'étude de langues indo-européennes telles que le hittite, le grec et le sanscrit permet de supposer l'existence d'une langue originelle, datant du cinquième ou du quatrième millénaire. Les termes de parenté qu'elle utilise confirment en les précisant singulièrement les enseignements des tombes : grâce à eux, nous en savons beaucoup plus sur la structure interne des familles auxquelles appartenaient les hommes qui les employaient. On remarque que le sexe mâle est privilégié par rapport au féminin : une femme dispose de beaucoup de termes pour désigner les membres de sa belle-famille (beau-père, belle-mère, ce qui va de soi, mais aussi : frère du mari, sœur du mari, femme d'un frère du mari), alors que le vocabulaire de l'homme concernant les parents de sa femme est beaucoup plus réduit. Signe que l'épouse est agrégée à la famille du mari, et non l'inverse. D'ailleurs, lorsqu'un homme se marie, on dit qu'il « conduit la femme à la maison ». Il s'agit donc probablement d'une société patriarcale, structurée en clans patrilinéaires, avec mariage virilocal. D'autres données terminologiques, plus techniques, permettent d'aller encore plus loin, et de *supposer* que les mariages s'effectuaient préférentiellement entre cousins croisés : un homme épousera prioritairement la fille de la sœur de son père, une femme le fils du frère de sa mère. Structure fort complexe, dont je ne donne que l'armature : on la retrouve dans bon nombre de sociétés traditionnelles.

Or *tout ceci ne va pas de soi* : rien, dans la nature, ne s'oppose à ce qu'on épouse plutôt son cousin parallèle (fils du frère du père) que son cousin croisé (fils de la sœur du père). Autrement dit, si la famille n'est pas le propre de l'homme (certains animaux vivent en famille), c'est lui qui a inventé les rapports de parenté, d'essence juridique. Ceux-ci permettent de confirmer de la base naturelle, biologique, de la famille, ou de s'en écarter. On peut ainsi soit consacrer un lien biologique (en déclarant qu'un enfant est le fils de ses géniteurs) soit instituer un lien parental entre deux individus qui n'en possèdent par nature aucun (en droit français, une fille ne peut épouser son père adoptif). La souplesse et la variété des choix permis sont considérables. Ces principes ont été découverts par certaines sociétés pour charpenter les édifices familiaux qu'elles choisirent d'ériger. Je n'ai pu en donner ici qu'un très bref aperçu, mais leur technicité est telle que l'anthropologue a recours aux modèles mathématiques et à l'informatique pour en découvrir tous les aspects. Ceci laisse supposer que la formation de ces règles est très antérieure à la date à laquelle nous repérons leur existence : des dizaines et peut-être des centaines de milliers d'années avant nous. Très loin en amont de la transition néolithique. Il fallut certainement bien des tâtonnements, l'exploration de beaucoup d'impasses avant que ces formules et leur efficacité ne soient découvertes. Cette très lente et très précoce organisation de la famille autour des rapports de parenté fut le berceau du droit. Celui-ci a créé l'homme, et l'homme l'a créé. Car ces normes déterminant l'orientation des alliances matrimoniales, le choix des critères de filiation et la fixation du lieu de résidence des époux sont bien des règles possédant les attributs des normes juridiques énoncés plus haut. S'imposant sans nécessité naturelle de préférence à d'autres, elles correspondaient à des valeurs culturelles (par exemple, prééminence d'un sexe sur l'autre), visaient à la cohérence et à la perpétuation du groupe et étaient sans doute sanctionnées par des moyens que nous ignorons.

Nous voici parvenus à un premier résultat : c'est au paléolithique qu'il faut chercher l'origine de rapports de parenté que nous constatons au seuil de l'Histoire ; l'invention de ces rapports supposa la mise en œuvre de raisonnements et de mécanismes que nous qualifions aujourd'hui de juridiques.

D'autres faits, d'une ancienneté au moins égale, inclinent à conclure à la précocité du droit dans l'histoire humaine : l'invention de la prohibition de l'inceste, la régularisation de la fécondité, la domestication du feu et la division sexuelle du travail.

La plupart des systèmes juridiques prohibent les unions entre parents considérés comme trop proches, même si la définition du degré de proximité varie beaucoup. On l'explique communément en avançant que, contraire à la nature, l'union incestueuse augmenterait les risques d'apparition de défauts génétiques. Beaucoup d'anthropologues en doutent. Ils s'appuient sur les arguments avancés par C. Lévi-Strauss. Si « l'horreur de l'inceste » était si profondément inscrite dans la nature humaine, pourquoi les différents droits prendraient-ils la précaution de l'interdire avec tant de constance ? On remarque d'ailleurs que dans les sociétés peu nombreuses (comme beaucoup de sociétés traditionnelles, ou celles du paléolithique), l'interdiction des unions entre proches parents n'a que des effets très limités sur la transmission des tares génétiques. Dans une population de quatre-vingts personnes, cette prohibition (visant jusqu'aux cousins au premier degré) ne diminue que de dix à quinze pour cent le nombre des porteurs de caractères rares. Enfin, on note que le recours à l'explication biologique n'apparaît qu'au XVIe siècle ap. J.-C. : elle ne peut guère fonder les raisonnements qui ont conduit les premières sociétés humaines à interdire l'inceste.

Il faut donc chercher dans d'autres directions, qui ne sont pas celles de la nature. La première hypothèse est d'ordre purement social. Pour C. Lévi-Strauss, la prohibition de l'inceste est la condition de toute vie en société. On renonce à épouser ses proches parents et on accepte de les donner en mariage à d'autres groupes familiaux, dont on recevra à son tour des conjointes. Sans ces échanges, chaque groupe vivrait replié sur lui-même, condamné à plus ou moins long terme à l'implosion. Tout ceci nous amène de nouveau à des temps extrêmement anciens : l'archéologie ne nous montre l'homme qu'en société, même si cette société se réduit à quelques dizaines d'individus. La prohibition de l'inceste doit donc se situer très haut dans notre histoire. Peut-être même au tout début. Car sans exclure l'explication de C. Lévi-Strauss, certains auteurs mettent l'accent sur d'autres phénomènes. Par exemple, le fait que seule de tous les primates, la femme humaine n'a pas de « chaleurs » et reste sexuellement attractive de façon quasi permanente. Si on ajoute que dans l'espèce humaine, la maturité tardive des enfants fait coexister des individus de générations différentes capables de rapports sexuels, on comprendra que les antagonismes nés de la compétition pour les femmes auraient pu conduire à la dislocation des premières sociétés humaines si la régulation née de la prohibition de l'inceste n'avait pas été instituée. Grâce à elle, il y avait désormais deux groupes de femmes : celles qu'on pouvait épouser, et celles auxquelles on devait renoncer, dès lors susceptibles d'échanges. D'autres nécessités, d'ordre démographique, rendaient d'ailleurs indispensable le recours à l'échange. Au sein d'un petit groupe, les fluctuations aléatoires de la répartition des sexes peuvent être très importantes : le déficit en hommes ou en femmes peut devenir à un moment donné tel que le groupe, pour se reproduire, ne peut recourir qu'à la polygynie ou à la polyandrie ; à s'en remettre à la recherche des conjoints manquants par rapt dans d'autres groupes ou à l'institutionnalisation de l'echange, solution la plus satisfaisante. Quand fut-elle adoptée ? Échangea-t-on d'abord des hommes ou des femmes ? Nous ne le savons pas. Notre seul point de repère se situe il y a quatre millions d'années, quand se séparent hominiens et chimpanzés. La perte de l'œstrus par la femme humaine (alors que la femelle chimpanzé est soumise au cycle des chaleurs) lui succède à un moment indéterminé, mais probablement très ancien.

L'autre indice est plus aisément datable : il s'agit du contrôle de la fécondité. Les préhistoriens situent entre deux et un million et demi d'années avant notre époque la date à laquelle les hominiens ont trouvé les moyens propres à se défendre efficacement des attaques des animaux. Ces dates correspondent à l'apparition de l'*Homo habilis*, première espèce véritablement humaine. C'est un omnivore, mesurant 1,40 m, dont la bipédie est pratiquement la nôtre. Ses outils sont nombreux et variés, ses modalités d'occupation du sol (construction d'abris, spécialisation de l'espace en aires de dépeçage, de débitage de galets et d'habitats) constituent les premières traces indiscutables de la conscience réfléchie, de la vie sociale. Daté de 1,6 million d'années, l'*Homo erectus*, notre ancêtre direct, le suit de relativement près (les divers genres coexistent d'ailleurs un certain temps). S'étant protégés des fauves, ces hommes durent parer à d'autres difficultés, moins brutales mais tout aussi préoccupantes : l'augmentation des effectifs démographiques au-delà du niveau des ressources disponibles, engendrée par la victoire sur les prédateurs. Des calculs précis montrent que, sans mesure corrective, celle-ci serait devenue insupportable. Prenons une population préhistorique de 35 individus, dont le taux de natalité reste égal à 3,5 % par an. Supposons que les mesures de protection contre les animaux aient fait chuter le taux de mortalité de 3,5 à 3 % : il en résulte un accroissement de 0,5 par an. Cinq mille ans plus tard, les descendants des 35 individus atteindraient 1 600 milliards, soit quatre cents fois la population actuelle de la planète... Inutile de préciser que si la transition néolithique — de toute façon très tardive — voit grossir les flux démographiques (sur le territoire actuel de la France, la population passe de 100 000 individus en 4000 av. J.-C. à un million mille ans plus tard), les rythmes observés sont sans commune mesure avec ces calculs. La guerre paraissant absente au paléolithique, on ne peut lui assigner le rôle de substitut aux attaques des fauves. On est donc conduit à supposer que fut instituée une régulation de la fécondité. Par quels moyens ? L'infanticide certainement, mais aussi d'autres, plus subtils : retard de l'âge du mariage, tabous limitant les périodes pendant lesquelles les rapports sexuels étaient licites.

Autant de portes du royaume du droit ouvertes aux débuts de l'histoire humaine. Peu importe qu'on choisisse de qualifier d'usages, coutumes, ou lois ces diverses pratiques. C'est du droit, dans la mesure où ces normes portent les caractères que nous lui attribuons, et puisque nous ne saurons jamais comment les hommes de ce temps les conceptualisaient.

Le dernier indice majeur nous fait effectuer un grand saut dans le temps : de deux millions d'années, nous passons à 500 000 ans avant nous, date approximative de la maîtrise du feu. L'homme de Néandertal est encore loin, et ce n'est qu'à l'Aurignacien qu'apparaissent les premières manifestations de ce que nous nommons l'art, portées à un sommet par les Magdaléniens (ce sont eux qui décorèrent les parois de Lascaux). Ceux-ci se situent très près de nous (entre 15 et 13 000 ans avant notre époque) : des quasi-contemporains. L'utilisation du feu était pour eux une technique immémoriale. En son temps, celle-ci avait cependant produit ou accéléré des mutations sociales et juridiques d'une portée considérable. Tout d'abord, la spécialisation de l'espace. Amorcée par l'*Homo habilis*, elle s'accentua : la possibilité de reproduire à volonté lumière et chaleur, la mobilité qui en découle, impliquent une division toujours plus marquée de la localisation des activités. On ne trouve plus sur les gisements le mélange intime de résidus de charognes, d'outils et d'aménagements domestiques rudimentaires auxquels étaient accoutumés les Australopithèques, ou même les premiers *Homo erectus*. Les sites d'abattage, de dépeçage, de fabrication des outils sont maintenant séparés du lieu de séjour. Il n'est pas impossible — nous n'en savons rien — que cette spécialisation de l'espace ait accompagné la territorialisation de droits assimilables à ceux que nous nommons propriété ou usage : la multiplication et la division de la localisation des activités conduisent fatalement à leur réglementation. Car elles impliquent que certaines activités en certains lieux sont licites et point d'autres ; elles peuvent accoutumer à l'idée que tel groupe plutôt qu'un autre a le droit d'utiliser tel espace.

Si elle n'en est pas la cause première, la domestication du feu a aussi accentué un mécanisme dont nous ressentons toujours les effets : la division sexuelle du travail. Celle-ci existe dans toutes les sociétés que nous connaissons, même si les sociétés occidentales modernes l'ont affaiblie, notamment par des moyens juridiques (les emplois légalement « réservés » aux hommes sont fort peu nombreux, même si en pratique il en va autrement). Elle trouve probablement son origine historique dans les modalités de recherche de la nourriture. Dans l'espèce humaine, les besoins alimentaires diffèrent suivant le sexe. La femme prend en charge de façon très importante sur le plan énergétique le développement du fœtus. Elle doit absorber beaucoup de protides et de phosphore (d'autant plus que le phosphore a été l'élément indispensable au triplement du volume du cerveau au cours du processus évolutif). L'homme chasse donc pour elle, et lui rapporte de la viande, ainsi que la moelle des os. Celui-ci a en revanche surtout besoin de graisses et d'hydrates de carbone, pour la traque du gibier. La femme y subviendra en cherchant des tubercules riches en amidon, ou en cultivant un jardin. Cette combinaison était plus efficace que l'hypothèse où chaque sexe aurait subvenu à ses propres besoins : on imagine mal une femme enceinte poursuivant le gros gibier en de longues marches.

Les perfectionnements de la chasse (il y a deux cent mille ans, l'*Homo erectus* put venir à bout des aurochs et des éléphants) durent accentuer la division du travail : activité dangereuse et de plus en plus technique, elle ne permettait pas qu'y fussent emmenés de très jeunes enfants. Ceux-ci étaient donc confiés à la garde de leur mère, de surcroît chargée de l'entretien du feu (l'image de la « femme au foyer » est sans doute la représentation la plus ancienne qui nous soit parvenue de ces époques). Cette division s'approfondit au cours du temps. Dans toute société, et tout spécialement dans les communautés traditionnelles, elle marque profondément le contenu du droit. Il y a des tâches masculines et d'autres féminines, diversement situées dans l'échelle des valeurs culturelles. Dans les systèmes d'alliance, ce sont principalement les femmes qu'on échange. De plus, si les sociétés modernes se caractérisent par une filiation indifférenciée (on est parent, à titre égal, de ses descendants et ascendants masculins et féminins), les sociétés traditionnelles et celles du passé sont beaucoup plus volontiers unilinéaires (en général patrilinéaires, moins souvent matrilinéaires). Enfin, les effets de cette division s'étendent à la propriété mobilière. Certains objets (bijoux, parures) sont plutôt féminins, d'autres (armes de chasse) masculins. (Il y a peu de temps encore, l'automobile du mari était plus importante et prestigieuse que celle de l'épouse).

Autant d'exemples attestant la complexité des rapports que l'homme des origines entretient avec la nature. La préhistoire du droit nous le montre en effet tantôt la confirmant, tantôt prenant ses distances avec elle. Mais une autre époque s'annonce : nous sommes à la veille des grands ébranlements du néolithique.

Après ce long chemin, que l'indigence des sources nous a contraint de parcourir si vite, faisons le compte de nos trouvailles[22]. Tout d'abord, les enseignements des sépultures collectives et de la linguistique : les structures complexes qu'ils révèlent se sont formées au paléolithique. La prohibition de l'inceste et le contrôle de la fécondité : ils surviennent entre un et deux millions d'années avant nous. La domestication du feu est plus tardive (– 500 000 ans), mais très antérieure au néolithique.

Il y a 100 000 ans, l'apparition du langage articulé de type moderne permet à l'inventivité de l'homme de perfectionner de façon sans doute décisive les innovations juridiques accomplies antérieurement, et de procéder à d'autres découvertes dans ce domaine. Nous ne pouvons malheureusement presque rien en dire jusqu'à ce que soit franchi le mur de l'écriture. Mais nous devons cependant constater qu'au total, nous disposons d'une gerbe de datations très hautes concernant des innovations décisives dans l'histoire de l'humanité. Observons ensuite que tous ces indices attestent, aux mêmes altitudes, de l'existence de ce que nous nommons le droit : Ovide avait tort, l'humanité connut très tôt le droit, et l'utilisa pour se perpétuer. Son existence ne peut être prouvée de la même manière que celle des pointes de flèche. Pourtant, son invention n'a pas moins déterminé le fait que si longtemps après, nous soyons là pour en parler.

On est d'autant plus irrité de ne pas en savoir davantage. Puisque les archéologues ne peuvent rien nous dire de plus, pourquoi ne pas s'adresser aux ethnologues ? En astronomie, regarder loin, c'est regarder dans le passé : les sociétés traditionnelles du présent ou du passé récent ne sont-elles pas la lumière qui nous vient du paléolithique et l'ethnologie un merveilleux télescope ? L'idée est tentante. Les chasseurs-cueilleurs modernes et ceux de la préhistoire semblent présenter bien des traits communs : mêmes modes de subsistance, effectifs démographiques modestes, prééminence de la famille, absence d'écriture, etc. Les Aborigènes d'Australie seraient en somme des Moustériens, les Bushmen des Aurignaciens et les Esquimaux des Magdaléniens : les feuillets d'archives vivantes. Et il est exact qu'à tout prendre, un Esquimau du début de ce siècle a plus de points communs avec un Magdalénien qu'avec un Parisien ou un New-yorkais de 1991.

Toute corrélation n'est pas interdite. Le raisonnement par analogie peut fonder une intuition ou des hypothèses. Nous avons vu que, comme bien des sociétés traditionnelles, l'homme préhistorique a pu connaître le mariage préférentiel entre cousins croisés. Mais nous ne le savons pas. Autrement dit, il ne faut pas confondre l'hypothèse avec la preuve. Le constat de telle institution chez des chasseurs-cueilleurs modernes ne permet pas, à lui seul, de l'étendre à telle autre société préhistorique. Car il y a des différences, capitales[23]. On peut facilement les résumer.

Au paléolithique, toutes les sociétés humaines sont constituées de chasseurs-cueilleurs. Depuis le néolithique jusqu'à nos jours, les chasseurs-cueilleurs voisinent avec des sociétés de pasteurs et d'agriculteurs : leur mode de vie n'est plus le seul ; il se maintient en opposition ou collaboration avec d'autres. Or maintien ne signifie pas reproduction à l'identique durant près de dix millénaires. Pour préserver leur mode de vie, les chasseurs-cueilleurs, au cours de l'histoire, ont été contraints de le modifier en fonction de leur insertion dans un monde devenu largement agricole et pastoral et, plus tard, industriel et urbanisé. Ce maintien a pu nécessiter des guerres avec les sociétés voisines. Or si on entend par guerre une organisation collective et l'utilisation d'armes militaires, l'érection de fortifications dans le but de vaincre ou résister à un groupe ennemi, celle-ci paraît inconnue au paléolithique. (Les premiers indices certains de conflits armés sont repérables dans la nécropole de Jebel Sahaba, dans la haute vallée du Nil, qui date de 10 000 av. J.-C.) Elle a donc dû exiger d'importantes transformations des structures sociales et juridiques. Plus fréquemment, des relations d'échange se sont tissées entre chasseurs-cueilleurs et éleveurs-agriculteurs. Ainsi, à la différence des hommes préhistoriques, beaucoup de chasseurs-cueilleurs modernes n'ont pas d'industrie de la pierre, car le fer leur est fourni par des sociétés métallurgistes voisines. Mais les emprunts ne se bornent pas à la seule technologie. Dans bien des cas, les chasseurs-cueilleurs sont entrés dans une forme de dépendance économique vis-à-vis de leurs voisins, dont la demande conditionne leur production. Cette subordination tend à devenir culturelle : les chasseurs-cueilleurs adoptent progressivement des éléments linguistiques, des systèmes de parenté et des classifications sociales propres à leurs voisins. Quand des échanges aussi intenses se produisent, la persistance d'un mode de vie fondé sur la chasse et la cueillette s'apparente non à une perpétuation des temps paléolithiques, mais à l'émergence d'une économie post-néolithique mixte, où des groupes ethniques divers exploitent de manière différente et complémentaire une aire territoriale où ils coexistent. Cette mixité technologique ne peut que se prolonger dans le domaine culturel et rend aléatoires les comparaisons qu'on peut être tenté de faire avec la Préhistoire. Elles seraient évidemment moins illégitimes dans le cas de la découverte de chasseurs-cueilleurs isolés par les conditions géographiques ou leur refus du contact. On en découvre encore de temps à autre, comme ce fut le cas pour les Tasaday, en 1971, un groupe d'environ 25 individus qui vivaient dans la jungle de l'île de Mindanao (Philippines), dans des conditions sans doute peu éloignées de l'*Homo erectus*.

Ce sont des exceptions. Dans la plupart des cas, la lumière que nous renvoient du passé les chasseurs-cueilleurs modernes est très affaiblie par l'acculturation qu'ils ont subie, bien avant la colonisation. La transition néolithique fut pour ces sociétés un tournant majeur. Le temps est venu de dire en quoi elle affecta tout aussi profondément les structures juridiques patiemment élaborées au cours du paléolithique.

La dynamique néolithique

Gordon Childe inventa en 1936 l'expression « Révolution néolithique ». Elle est trompeuse. Elle évoque l'idée d'une coupure brutale, et nous fait penser à une autre révolution, industrielle, qui s'effectua en quelques décennies. La transition néolithique est sans doute révolutionnaire dans ses résultats, mais elle s'étale sur plusieurs milliers d'années et sa chronologie n'est d'ailleurs pas la même suivant les aires considérées. Deux mille ans après le dernier grand reflux des glaces et le basculement du climat, les Natoufiens de Palestine et de Syrie sont les premiers peuples que nous voyons s'assembler en villages sédentaires. Il s'agissait de chasseurs-pêcheurs-cueilleurs, et non d'agriculteurs. Deux mille ans plus tard, l'agriculture (blé et orge) et l'élevage apparaissent. Encore deux mille ans et l'industrie fait ses débuts avec la cuisson des poteries. En Amérique, la même séquence se produit un peu plus tard et le sol se met à produire maïs et tomates. En Chine du Sud, c'est le riz, en Afrique le mil. Sur le territoire de la France actuelle, la transition néolithique s'effectue de 6300 à 3700 av. J.-C. (soit une durée égale à celle qui nous sépare des origines de la Rome antique…).

Ces importantes modifications des modes de production vont de pair avec ceux de la culture intellectuelle : on ne pense plus de la même façon que les anciens chasseurs-cueilleurs. À titre d'exemple, l'animal, omniprésent dans les figurations artistiques, s'efface au profit des êtres humains, et surtout des femmes. Il n'est pas question de nier l'importance des changements survenus, dont nous sommes les produits. Il s'agit plutôt de les relativiser. Les hommes du néolithique n'ont découvert ni le culte des morts, ni la religion, ni l'art, ni le langage, ni les rapports de parenté, ni le droit. Mais ils ont dessiné de nouvelles configurations dans la plupart de ces domaines. Ils ont accru l'écart créé par l'homme entre la nature et lui.

On résume souvent la transition néolithique au passage de la chasse et de la cueillette à l'agriculture *via* l'élevage. C'est ne voir qu'un aspect du problème. En réalité, le véritable changement consiste dans l'accroissement des capacités de stockage, résultat d'une activité agricole, mais qu'ont aussi connu, à la fin du paléolithique, certaines sociétés de chasseurs-pêcheurs cueilleurs, sédentaires et hiérarchisés. Ceux-ci sont tout autant que les premiers agriculteurs à l'origine de la transition néolithique : les inégalités sociales apparaissent chez eux *avant* l'invention de l'agriculture, car la possibilité du stockage favorise la constitution de surplus et leur contrôle par certains groupes sociaux. Ce type d'économie peut se réaliser lorsqu'existe un cycle saisonnier marqué, permettant un écart entre le moment de la production et celui de la consommation. De tels systèmes saisonniers caractérisent évidemment *certaines* sociétés agricoles, en général celles qui s'adonnent à la culture des céréales. Socialement divisées et dotées de structures étatiques centralisées, les plus anciennes civilisations sont de ce type (Égypte, Mésopotamie, États de l'Amérique centrale et des Andes, civilisations de la vallée de l'Indus et du Fleuve Jaune). En revanche, on ne rencontre pas ce type de divisions (jusqu'à la colonisation) dans les sociétés plus égalitaires, dont l'agriculture, beaucoup moins saisonnière, est fondée sur la production de tubercules (zones équatoriales, région forestière de l'Afrique centrale, forêt amazonienne, Nouvelle-Guinée et Mélanésie). L'influence des cycles saisonniers marque tout autant les sociétés de chasseurs-pêcheurs-cueilleurs stockeurs. Ceux-ci n'apparaissent qu'à la fin du paléolithique. Ils ne sont donc pas représentatifs de la majorité des sociétés de cet âge. En revanche, ils représentent une bonne moitié des chasseurs-cueilleurs observés par les ethnologues. Ils sont sédentaires, car l'existence de réserves alimentaires constituées par les stocks supprime la possibilité et la nécessité de la mobilité. Leur densité démographique grandit, l'espacement des naissances décroît avec la mobilité et la population croît avec l'augmentation des ressources disponibles pendant les périodes de pénurie. Or ces stockeurs (souvent des pêcheurs) présentent des caractères voisins de ceux des agriculteurs céréaliers : inégalité sociale entre riches et pauvres, présence de l'esclavage. Dans ces conditions, pourquoi les premières grandes cités, les empires ne furent-ils pas fondés par des chasseurs-pêcheurs-cueilleurs stockeurs ? Probablement parce que l'agriculture était grosse d'autres possibilités, qu'elle permettait un accroissement de la production d'une tout autre ampleur. Les agriculteurs poussèrent le plus loin le montage de la machinerie complexe, reposant sur la spécialisation du pouvoir politique et la division sociale, qui nous régit aujourd'hui plus que jamais. Il reste que la transition néolithique est, dans le domaine économique, le fruit de mutations (diversification accrue des ressources exploitées, intensification de l'exploitation des ressources aquatiques et végétales, invention de l'arc et de la flèche, etc.) qui apparurent *d'abord* chez les derniers chasseurs-cueilleurs-pêcheurs du paléolithique, avant de produire tous leurs effets dans les sociétés agricoles au néolithique[24].

Elles eurent une incidence non moins importante sur les croyances[25]. L'articulation de la vie sociale selon une périodisation économique saisonnière produit en effet des représentations mentales et des pratiques sociales nouvelles. Les agriculteurs durent conceptualiser une réalité *a priori* déroutante : le passage d'un travail à effet instantané (chasse-pêche-cueillette) à un travail à effet retardé de plusieurs mois (agriculture). Certains mythes furent inventés pour répondre à ce besoin. Par exemple celui de la Terre-Mère, violée ou lésée dans ses affections ou dans son orgueil, qui s'emporte contre les hommes, avant de s'apaiser et de permettre à la végétation de réapparaître. L'attention portée aux saisons incline aussi l'homme, à travers la contemplation du ciel (le thème de l'union du Ciel et de la

Terre domine la pensée des agriculteurs) à pousser plus qu'auparavant sa réflexion sur la signification de l'univers, que le mythe revêt d'une forme théogonique. Les premiers grands empires despotiques voient se constituer de vastes sommes théologiques. Dans le même ordre d'idées, les spéculations sur la survie s'intensifient par rapport au paléolithique. Projetée au niveau métaphysique, l'idée de cycle saisonnier devient pour l'homme le gage de sa résurrection : comme la terre, il doit mourir pour renaître. Toutes les eschatologies de l'Âge du Bronze (3000 av. J.-C.) comportent la croyance en une reduplication de la vie terrestre dans l'au-delà. Le culte des morts existait déjà au paléolithique : on les allongeait dans des tombes parfois entourées de dalles, et munies de nourriture et d'armes. Mais il devient plus complexe au néolithique, signe d'une attention accrue envers le sort des défunts. En Syro-Palestine, de la fin du VIIIe à celle du VIIe millénaire, le crâne des défunts est conservé tout près de l'habitat des vivants. Les doubles inhumations se multiplient. La première sépulture est le lieu de décomposition du cadavre ; quand celui-ci est réduit à l'état de squelette, on le transporte ailleurs : le mort est devenu un ancêtre[26], avec lequel on peut avoir des relations.

Pour l'essentiel, notre droit ignore les morts, si ce n'est dans les manifestations de volonté qu'ils ont manifestées de leur vivant[27]. Pour bien des sociétés anciennes et traditionnelles, le commerce avec les morts fait partie du droit vivant. Les ancêtres ossifient les lignages et jalonnent les réseaux de parenté ; ils cautionnent l'ordre social et collaborent à sa reproduction, au besoin en intervenant dans le monde des vivants (le mort qui n'est pas vengé revient hanter les siens jusqu'à ce que justice soit faite). Or l'élaboration de tels mécanismes suppose non seulement que l'on croie à la survie (c'est probablement chose faite au paléolithique), mais aussi que cette survie soit active et personnelle, et que s'élabore une codification des relations des défunts avec les vivants. Les diverses formes de culte des ancêtres en font partie : or leur perfectionnement est inséparable des nouvelles spéculations sur l'univers apparues dans les sociétés sédentarisées.

Rites et pratiques s'ancrent également dans les cycles saisonniers. Ainsi, la multiplication des offrandes. Les hommes du paléolithique sacrifiaient aux puissances supérieures et pensaient que le monde terrestre et l'univers surnaturel étaient unis par des liens de dépendance, voire de réciprocité. Mais cette dialectique s'accentue au néolithique. L'écart entre le travail de la terre et l'apparition de ses fruits est toujours générateur d'inquiétude. Pour remercier les dieux d'avoir permis à la vie de renaître et s'assurer de futures germinations, l'homme multiplie les offrandes. Prémisses : une partie des récoltes est distraite de la consommation usuelle ; sacrifice : on met à mort des nouveau-nés d'animaux. S'affirment alors des mécanismes fondamentaux de la pensée juridique, que nous utilisons encore aujourd'hui. Ainsi de la notion d'obligation contractuelle. Pour notre droit positif, l'obligation est un lien de droit qui nous astreint à une prestation envers autrui. La vie en société en est tissée : on doit réparer le dommage causé intentionnellement ou non à autrui et il faut respecter les engagements pris aux termes d'un contrat. Certains anthropologues, comme B. Malinowski, veulent même voir dans la notion de réciprocité l'essence même du phénomène juridique : la force qui lie groupes et individus et permet la vie sociale résulte de rapports réciproques d'obligations. Le droit est davantage fondé sur la réciprocité que sur la sanction. Or l'offrande que réalise le sacrifice relève d'une pensée du type *do ut des*, ou *quia dedisti*. Elle s'insère dans un système d'échanges formé par la succession des dons et contre-dons. Quand les hommes pensent le ciel, ils y mettent beaucoup de la terre : on peut donc supposer qu'ils inscrivirent aussi cette logique de réciprocité parmi les mortels.

Transition vers des modes de production à effet différé dans le monde concret ; élaboration dans l'imaginaire d'un vaste système de représentations où dieux et défunts se dévoilent aux mortels et interagissent avec eux : ces innovations sont d'une portée décisive.

Nous imaginons souvent les hommes de la préhistoire comme des brutes errantes, uniquement soumises à leurs instincts. Ce qu'ils ont accompli vaut pourtant largement les progrès de la révolution industrielle. Loin de manifester une aveugle soumission aux contraintes du milieu, ils n'ont cessé d'opérer une *distanciation par rapport à la nature*, qui vivifie les millénaires néolithiques. Or, nous l'avons vu, le droit est œuvre de culture : il tient compte des données de la nature, mais en les qualifiant et ordonnant, en recourant aux fictions pour combler leurs lacunes ou au besoin les contrecarrer. Il creuse entre elles et lui un écart. Et cet espace que comble la pensée n'est autre que le lieu où l'homme, en interprétant le visible, tente de donner un sens à la vie. Malgré l'obscurité de ce passé infini à l'échelle de nos existences, nous percevons de faibles signaux — je les ai indiqués — montrant que pratiquement dès les origines l'homme recourt au droit. Mais au néolithique, une sorte de *big bang* se produit : la complexification s'accélère à un rythme jusqu'alors inconnu[28]. Le droit participe à cette expansion.

L'intensification du droit

Sédentarisation, augmentation de la productivité et des stocks de ressources disponibles, accroissement de la population : ce que nous percevons comme des progrès aurait pu être pour les sociétés humaines les signes avant-coureurs de leur extinction. Car l'ampleur des problèmes nouveaux posés par ces transformations contraignit l'homme à toujours plus d'inventivité sociologique. Il eût pu ne pas en montrer suffisamment pour survivre à l'inflation néolithique. Nous avons trop d'exemples de sociétés traditionnelles qui, confrontées à la modernité par le contact avec les sociétés occidentales complexes, n'ont pu s'adapter et se sont effondrées. Les Amérindiens, davantage que les Africains ou les Asiatiques, ont subi cette malédiction.

L'ethnocide peut en être brutal, comme pour les Indiens d'Amérique du Nord au XIXe siècle et ceux d'Amazonie de nos jours, ou plus doux, comme pour les Esquimaux actuellement : la mort se trouve de toute façon au terme du processus. Une différence essentielle vient de l'étalement chronologique des transitions. Le plus souvent, les sociétés traditionnelles n'ont que quelques décennies pour s'adapter. Les hommes du néolithique disposèrent de plusieurs milliers d'années. Leurs ancêtres, nous le savons, avaient déjà recouru au droit. Mais l'héritage n'était plus suffisant pour gérer les problèmes nouveaux[29].

À côté de la famille et des rapports de parenté, la notion de territorialité pesait d'un poids plus important. Les hommes du paléolithique avaient eux aussi une relation à l'espace, mais leur nomadisme la rendait différente. Avec la sédentarisation, le lien entre l'homme et la terre s'intensifie : telle famille s'identifie à tel lieu et développe à son sujet des droits qu'elle peut opposer aux autres groupes. De là naîtra toute la hiérarchie des droits que nous connaissons : propriété, usage, succession, legs, définis d'abord de façon surtout communautaire.

Bien que l'archéologie n'ait mis à jour guère de traces d'activités guerrières antérieures au néolithique, on ne peut exclure l'hypothèse que celles-ci aient pu exister. Car la territorialisation de droits n'implique pas nécessairement la sédentarisation du mode de vie : des chasseurs peuvent avoir à défendre les droits du groupe sur leurs parcours de chasse vis-à-vis d'éventuels empiètements d'origine externe. Cependant, la sédentarisation a dû notablement accroître la fréquence de ce type d'activités.

Plus tard, les juristes en viendront à faire du territoire un des attributs de l'État. L'accent mis sur cette notion fera d'ailleurs le malheur de bien des sociétés traditionnelles nomades soumises à la colonisation : réputé bien sans maître parce qu'exploité différemment des sédentaires, le sol et ses richesses seront accaparés par le colonisateur.

La famille, quant à elle, ne disparaît évidemment pas. Mais de nouvelles formes s'élaborent. Les modes de filiation bilatéral et indifférencié (on a certaines relations avec ses parents par les hommes et d'autres avec ses parents par les femmes ; ou, comme dans nos sociétés, les mêmes avec les deux) reproduisaient d'assez près les données naturelles : nous sommes tous issus d'un homme et d'une femme. Or les modes unilinéaires tendent à les supplanter, qu'il s'agisse de la patrilinéarité (un individu n'est parent qu'avec ses ascendants ou descendants par les hommes) ou de la matrilinéarité (parenté par les femmes). On s'écarte là de la nature pour faire face aux conséquences sociales de l'accroissement démographique. En effet, en rejetant hors de la parenté la moitié des individus auxquels chacun est lié par le sang, on prévient l'effet dissolvant que pourrait avoir sur l'identité du groupe sa trop forte expansion démographique. Or la vitalité du clan est essentielle dans une économie agricole sédentaire : la société restant communautaire, c'est le clan qui, à travers ses représentants, fixe et contrôle la détermination et l'usage des droits fonciers.

On s'est aussi demandé si le changement de mode de production n'avait pas influé sur le statut des femmes. Au XIXe siècle, on associait volontiers le premier âge de l'agriculture au matriarcat, idée remise un siècle plus tard à la mode par les mouvements féministes. On incline aujourd'hui à un certain scepticisme, car les contre-exemples sont nombreux. On connaît des sociétés de chasseurs-cueilleurs (par exemple les ! Kung San) où les femmes avaient un statut plus élevé et l'ont perdu quand ces sociétés se convertirent à l'agriculture. En fait, assez naturellement, le statut de la femme semble lié à son degré de participation directe au processus de production des richesses. Dans les sociétés horticoles, où elles assument une large part du travail, leur position est forte. Elle s'affaiblit avec l'intensification de l'agriculture, surtout quand celle-ci utilise la charrue (généralement conduite par les hommes). Et l'on pourrait en dire autant, bien sûr, de l'évolution du statut juridique de la femme dans les sociétés occidentales au cours du XXe siècle.

Mais, même transformée, la famille n'est plus la seule organisatrice des rapports sociaux qui, c'est une loi partout observée, se ramifient au fur et à mesure que croissent population et sédentarité. Une spécialisation se dessine entre groupes de nature différente (certains sont familiaux, d'autres non : sociétés secrètes, fraternités, groupes d'entraide économique, classes d'âge, castes, etc.). En ce sens, on notera que les rites d'initiation des jeunes, attestés dès le paléolithique supérieur, semblent se multiplier au néolithique. Leur signification est toujours la même, à travers des rituels divers. On tue symboliquement des jeunes enlevés à leur famille ; ceux-ci sont en fait cachés dans la brousse ou la forêt où ils subissent un certain nombre d'épreuves ; puis ils renaissent, transformés, comme membres de la société. Ils appartiennent encore à la famille, mais plus seulement à elle (on retrouve certains de ces traits dans la pratique actuelle du bizutage). Toujours dans le sens de la complexification, la division du travail s'enrichit de critères supplémentaires au sexe et à l'âge : la naissance, le statut social pèsent de plus en plus. Certaines tâches sont considérées comme indignes par rapport à la position sociale du groupe auquel on appartient.

La division sociale accroît également la potentialité des conflits. On sait que la guerre n'apparaît que tardivement. Nos ancêtres n'étaient pas meilleurs que nous. Mais les conflits eurent tendance à se généraliser au néolithique en fonction de la réduction de l'espace disponible liée à la sédentarité et à l'augmentation de la pression démographique. La guerre oppose des groupes nettement différenciés (ethnies, États, nations, etc.). Mais les conflits peuvent aussi être internes à une société et l'anéantir si elle ne trouve pas les moyens de les prévenir et de les réguler (bien des sociétés ont mystérieusement disparu). Chez les chasseurs-cueilleurs nomades, les conflits sont peu destructeurs, car souvent réglés par la fission et l'évitement : un des groupes antagonistes s'en va ou met fin à ses relations avec l'autre, ce qui évite les affrontements directs. De tels recours ne sont guère possibles à des agriculteurs sédentaires. Il leur fallut innover pour survivre. C'est sans doute dans le laboratoire néolithique que furent mises au point des formules de ritualisation des combats telles que les duels de héros (encore fréquents chez Homère), économes en vies humaines ; les sacrifices d'animaux, les compétitions de chants, qui les épargnaient complètement ; la réglementation partout attestée de la vengeance[30], qui limitait les pertes. Rien de tout cela n'eût été possible sans le recours à des mécanismes d'essence juridique.

Citons enfin une dernière impulsion, qui nous reconduit au cœur de nos interrogations actuelles sur le droit : la spécialisation du pouvoir politique. Elle accompagne la complexification et la hiérarchisation sociale. Toute société, simple ou complexe, connaît le pouvoir politique. Si elle est simple, ce pouvoir est exercé par les groupes familiaux et dans le cadre des rapports de parenté, comme l'attestent un certain nombre de sociétés traditionnelles (toutes ne possèdent pas cette configuration). La multiplication de groupes fondés sur d'autres critères que la parenté n'offre guère de choix qu'entre deux possibilités : l'éclatement de la société par dispersion ou implosion ; le plus souvent, son raffermissement autour d'un organe investi, à des degrés variables, du pouvoir politique. Par divers processus, les bandes sont peu à peu remplacées par des tribus et des chefferies : un nouveau type de droit apparaît, que nous nommons public, et qui réglemente les activités politiques et administratives, tandis que famille et parenté voient leurs fonctions limitées aux affaires domestiques, sans pour autant disparaître. Nous assistons dès lors à un phénomène capital : la naissance de l'État, conditionnée par la création d'un appareil spécialisé de gouvernement.

C'est l'aube des cités et des empires, qui sortent de la préhistoire, et se dotent de l'écriture. Dans ces vastes ensembles humains, annonciateurs, à long terme, des mégalopoles et des États contemporains, les relations de face à face diminuent, les distances s'accroissent entre les hommes habitant un même territoire et soumis à une même autorité. Il leur faut inventer une nouvelle forme de communication, mémoriser des événements dont ils ne sont plus les témoins directs ; les dirigeants doivent se faire obéir à distance : l'écrit répondra à tous ces besoins. Quant aux règles de droit, elles deviennent si nombreuses et impératives que naît le besoin de les fixer : on commence à composer compilations et codifications. Les premières Cités-États voient aussi apparaître un nouveau venu : l'individu, jusqu'ici dissimulé dans l'ombre des groupes. Car l'urbanisation relâche les liens familiaux. Pour s'imposer, l'État tend à réduire l'autorité et les compétences des groupes qui lui sont antérieurs. À sa manière, Lénine le disait lorsqu'il proclamait après la victoire des Bolcheviks : « *Le droit privé n'existe plus. Il n'y a plus, chez nous, que du droit public.* » (Portalis le constatait déjà à propos des temps révolutionnaires.) À la fin du XXe siècle, les faits ont eu raison de son enthousiasme. Mais beaucoup de sociétés non occidentales ont bien auparavant disjoint le droit et l'État.

Si l'écriture n'est pas porteuse que de bienfaits, au moins projette-t-elle une lumière nouvelle sur cette péninsule de l'aventure humaine que nous nommons l'Histoire. Les archives vraiment exploitables dont nous disposons ne couvrent guère que 3000 ans : environ 0,15 % de la durée actuelle de l'aventure humaine. C'est fort peu. Mais pourtant, en ces quelques instants, nous assistons à une floraison d'ensembles juridiques, nous lisons autour du thème du droit des partitions écrites à un nombre de voix dont n'auraient jamais rêvé les plus savants contrapuntistes, et les sons qui en naissent vont du requiem à la marche nuptiale, en passant par la berceuse. Nous avons conservé des traces d'environ dix mille systèmes de droit : certains sont très mutilés, presque indéchiffrables ; nous pouvons encore tourner les pages des codes où d'autres sont consignés. L'exubérance paraît donc succéder à la monotonie. Pourtant, rien n'est moins sûr. Notre vision, une fois de plus, est bornée par le mur de l'écriture. Nous ne pouvons que deviner les espaces qu'il nous cèle, entrevoir les reliefs dont j'ai tenté d'esquisser les lignes. Or les découvertes du paléolithique, et les innovations des millénaires néolithiques durant lesquels l'écriture, les cités et les États n'existaient pas encore, ont dû être le résultat d'expériences conduites en des temps et des lieux différents, de tentatives d'interprétation du monde dont beaucoup certainement avortèrent, et quelques-unes réussirent et se perpétuèrent. De la plupart d'entre elles nous ne saurons jamais rien, pas plus que nous ne connaîtrons les nombreux Einstein de la machinerie sociale et juridique qui nous ont enfantés. Nous n'avons probablement pas le privilège de la diversité des expériences du droit. Il faut s'en souvenir au moment où je m'apprête à déplier la carte du monde que nous connaissons le mieux, celui que ceint le mur de l'écriture.

Trois continents juridiques émergent de l'océan des cosmogonies et des pratiques sociales : les traditions occidentale, orientale et africaine. Je ne les dessinerai ici qu'à grands traits. Leurs couleurs suffisent à enchanter l'esprit. Car l'idée que l'homme se fait du droit dépend du sens qu'il donne au monde. Les enfants d'Abraham et les Africains croient à un monde créé ; les Orientaux à un univers cyclique et éternel[31].

Les enfants d'Abraham et le droit

Les religions du Livre — hébreux, chrétiens, musulmans — sont monothéistes. Pour leurs fidèles, le Créateur est unique, éternel, et il n'y a d'autre histoire que celle de sa création et de ses rapports avec cette création à laquelle il s'est révélé par étapes, et qu'il ramène peu à peu en son sein. L'Histoire est orientée, évolutive, transcendée par la venue du Messie, tendue dans son attente, ou inaugurée par le message du Prophète. De plus, cette orientation lui vient de l'extérieur, d'une volonté divine qui pénètre le monde mais en est radicalement distincte. Dieu lui-même donne à Moïse sur le mont Sinaï les Tables de la Loi ; l'archange Gabriel dicte le Coran au Prophète et si Jésus sort du tombeau victorieux de la mort, c'est pour remonter au Ciel peu de temps après (à partir de la Résurrection, son corps glorieux est d'ailleurs soustrait aux lois du monde physique). Une idée se trouve donc au centre des croyances des enfants d'Abraham : leur relation avec Dieu, les droits et devoirs qui les lient entre eux sont régis par des normes imposées de l'extérieur par la puissance créatrice ; le monde a eu un commencement, il aura une fin ; l'homme sera jugé sur ce qu'il aura fait. Prééminence des normes sur les pratiques ; droit imposé, impératif, sanctionné ; inéluctabilité du jugement : ces caractères nous sont familiers. Ce sont eux qui commencent à vaciller aujourd'hui dans les pays occidentaux.

Cependant, à partir de ce socle commun, les traditions monothéistes divergent. Plus exactement, le droit occidental moderne se singularise par rapport aux traditions hébraïque et islamique.

Pour les Hébreux, la loi, donnée par Dieu, est immuable : Dieu seul peut la modifier. Son adaptation aux besoins nouveaux ne peut se faire que par l'interprétation des docteurs. Lorsque David (1010-970 av. J.-C.) organisera la monarchie israélite, ces principes changeront peu : sacré, le roi doit agir suivant la loi divine ; son interprétation relève des prêtres, et davantage encore des prophètes, gardiens de la morale et censeurs de l'action politique.

Dans l'univers islamique, la loi se confond aussi avec la volonté de Dieu, révélée aux hommes dans le Coran, manifestée par l'exemple du Prophète et de ses compagnons (*Sounna*), ou l'accord unanime des docteurs (*Idjma*). Celle-ci est d'autant plus impérative qu'au XIe siècle de notre ère, « la porte de l'effort est fermée » : entendons par là qu'en principe, on n'aurait plus dû ajouter de tentatives d'interprétation de la Loi divine à celles élaborées durant les quatre premiers siècles de l'Hégire. La loi s'impose à tous les détenteurs du pouvoir, à commencer par le Calife, vicaire de Dieu sur terre. La loi est donc sacrée : elle se situe à un niveau distinct des réalités communes. Cette sacralité est religieuse (car il existe du sacré non religieux : les dictatures modernes en usent couramment).

Le droit occidental, lui aussi, s'est longtemps appuyé sur la loi divine. L'ancien droit romain est essentiellement religieux et les premiers juristes sont des prêtres. Puis le droit romain classique se sépare de la religion, avant d'y revenir sous l'empire chrétien. L'histoire du droit français connaît aussi ces oscillations. Durant le haut Moyen Âge, le droit officiel s'inspire des préceptes chrétiens ; l'Église, qui vacille moins que le pouvoir laïc, obéit à un droit canonique dont, à travers ses juridictions, elle étend les compétences. Quant au droit pratique, celui concrètement appliqué et que nous connaissons si peu, nul doute que des croyances religieuses non chrétiennes (dites « païennes », de *pagani*, paysans) ne continuent à l'inspirer (les ordalies, que le haut clergé réprouve, en sont un maquillage chrétien). Puis, au cours d'une très lente évolution, la Raison fait son apparition comme fondement du droit. Au XIIe siècle, saint Thomas s'attache à démontrer qu'assise sur la Raison, la philosophie pré-chrétienne est dans une large mesure conforme à la loi divine, ce qui contribue à la renaissance du droit romain. À partir de la Renaissance, le droit subira toujours plus la force d'attraction de la Raison, et s'éloignera de la source divine que tant de siècles passés lui avaient assignée. Grotius, Hobbes, Locke, Rousseau, tous les théoriciens du contrat social préparent et consacrent l'élimination de Dieu avant que, plus tard, d'autres philosophes proclament sa mort. Ils forgent un nouveau mythe, celui d'individus libres dans l'état de nature qui, pour mieux protéger leur liberté, se réunissent en société et, conformément à la Raison, définissent par un contrat des lois et des libertés auxquelles ils renoncent, et celles qu'ils conservent à titre de droits subjectifs. De l'état de nature aux droits individuels, l'univers juridique est fondé rationnellement et possède sa cohérence en dehors de toute référence religieuse. D'autres auteurs (Bentham, Jhering) éliminent également Dieu, mais écartent le mythe du contrat en fondant la société sur la seule conscience individuelle de l'utile.

La Révolution française consacrera cette progression. La déclaration des droits de l'homme de 1789 fait allusion à la présence et aux auspices de l'Être suprême. Mais la preuve de son inexistence ne changerait rien aux dix-sept articles qui suivent. Le Code civil de 1804 est, quant à lui, a-religieux. Il ne prend pas parti sur les questions religieuses, ce qui est encore à l'heure actuelle son attitude : le droit est de ce monde. Mais les hommes de 1789 le croient du monde tout entier. La déclaration des droits de l'homme est universaliste. Laïc, identique pour tous parce que fondé sur la Nature et la Raison universelle, le droit qu'elle inspire a vocation à l'exportation. D'abord en Europe, grâce aux conquêtes napoléoniennes ; plus tard beaucoup plus loin, par la colonisation (aujourd'hui encore, des législations entières d'États d'Afrique noire sont calquées sur le Code civil, et à vrai dire peu appliquées).

Mais la place de Dieu ne restera pas vide : très vite, l'État l'occupera et entendra lui aussi maîtriser le droit. À la vérité, c'est dès ses origines (au milieu du Moyen Âge) que l'État français a poursuivi ce but, à travers l'identification du pouvoir législatif à la souveraineté royale et en prescrivant la mise par écrit officielle des coutumes (1454). La coupure fondamentale a pourtant bien lieu au XVIIIe siècle : après la Révolution, Dieu disparaît de la scène juridique. Mais celle-ci change moins qu'on ne le croit. En réalité, l'État tente de transférer à son profit les attributs divins (ce à quoi se refuse catégoriquement l'Islam). Parfois nommé Providence, il s'approprie le modèle du Dieu créateur unique et tout-puissant, gouvernant le monde par ses décrets, un monde qu'il estime avoir le mandat de transformer en utilisant la Loi, dont la Révolution a fondé le culte. Dès lors s'amorce le processus d'inflation des normes juridiques, sous lequel nous paraissons aujourd'hui près de succomber. L'utilisation et la diffusion croissantes de l'écriture renforcent son expansion, qu'assure une bureaucratie proliférante : de 1800 à 1980, le nombre des fonctionnaires civils passe de 140 000 à 2 500 000. Paradoxalement, ce système conçu pour incruster le droit dans la société conduit à son inefficacité : la réglementation dont il est porteur est, en raison même de son inflation, inconnue du plus grand nombre. Ce que confirme en creux la maxime : « Nul n'est censé ignorer la loi ». Dans les plans des révolutionnaires, la part des hommes dans la genèse du droit serait réduite au profit de celle de l'État. Les tribunaux devraient se borner à l'application de la loi, la doctrine à la commenter. C'était aller trop loin. Dès le milieu du XIXe siècle, la jurisprudence reprend son rôle créateur et remodèle des pans entiers de notre droit civil ; elle demeure la principale source du droit administratif. La doctrine, quant à elle, à l'orée du XXe siècle, n'accepte plus de se voir confinée à l'exégèse des textes officiels, et adopte une attitude plus prospective, *de lege ferenda*, exprimant son opinion sur les réformes à venir du droit existant.

Pourtant, ces réactions ne semblent avoir que peu ralenti la course à l'abîme : l'ignorance du droit, sa volatilité, la défiance envers les tribunaux sont bien des maux de notre temps. La conciliation et l'équité n'ont qu'un rôle subsidiaire : il suffit pour s'en convaincre d'ouvrir des manuels de droit. Si aujourd'hui de plus en plus de juristes se tournent vers la philosophie, c'est en partie par désarroi. Car on peut se demander si le glaive qui a séparé le droit de la religion n'était pas à double tranchant. Si cette coupure peut éviter certains excès, elle est susceptible d'en favoriser d'autres. Comme le remarque J. Carbonnier[32], le droit partage avec la religion et la morale un pouvoir redoutable : la neutralité. Non pas, bien sûr, qu'ils ne décident jamais : c'est même le contraire. Mais la règle de droit peut s'approprier n'importe quelle autre règle sociale, alors que l'inverse n'est pas vrai. Ouverte tous azimuts, la règle de droit peut happer des techniques de fabrication, des recettes de cuisine, des règles de composition littéraire. Tout est juridicisable : les rapports d'amitié (le dépôt ; ce que les juristes nomment l'entraide agricole, soit le coup de main qu'on se donne entre voisins à la campagne, qu'une loi de 1962 a fait en partie entrer dans le champ du droit) ; la circulation (on est habitué au droit régissant le déplacement des véhicules automobiles ; dans certains cas, le droit se durcit aussi pour les piétons, par exemple à Venise où, durant les mois d'été l'affluence des touristes nécessite l'instauration de sens interdits) ; la santé (certaines vaccinations sont obligatoires ; des actes chirurgicaux — ligature des trompes ou circoncision — interdits ; on s'interroge sur le droit pour un employeur de refuser d'embaucher un sujet séropositif, etc.). Dans bien des cas, il n'y a rien à redire à ces processus, qui apparaissent plutôt protecteurs. Mais dans d'autres, cette faculté du droit de s'appliquer à tout peut devenir redoutable. Ainsi du statut des juifs sous Vichy. Récemment étudié[33], cet exemple est particulièrement significatif. Certains juristes, favorables à la collaboration, approuvent quant au fond les mesures discriminatoires. D'autres, qu'animent des idéaux différents, les réprouvent. Attitudes l'une et l'autre logiques, que peu d'individus adoptèrent. Beaucoup plus intéressantes sont les réactions de nombreux auteurs. Une fois promulguées les lois antijuives et la jurisprudence les concernant en voie de constitution, ceux-ci s'attachent à les commenter tout comme s'il s'agissait de disserter sur l'opposabilité des effets de commerce ou les conditions de l'inscription hypothécaire. Le droit antisémite devient une discipline officielle, avec ses spécialistes, ses débats doctrinaux, et ses solutions jurisprudentielles. Dans les tables du *Recueil Dalloz*, une rubrique « juifs » s'intercale entre « jugement sur requête » et « jument de course ». En 1943, l'honorable *Semaine juridique* publie un article d'E. Bertrand intitulé « *Du contrôle judiciaire du dessaisissement des juifs et de la liquidation de leurs biens. Étude critique de jurisprudence* ». Le pire, c'est que tous les auteurs qui entrent dans ce jeu ne sont pas nécessairement antisémites : ils réagissent en techniciens du droit. Dans la même ligne, environ un siècle plus tôt (en 1824), un magistrat de la Cour de cassation employait sa science à qualifier juridiquement les esclaves des colons français : « *L'esclave est une propriété dont on dispose à son gré [...] cette propriété est mobilière, toutes les fois que l'esclave n'est pas attaché à la culture, mais [...] dans ce dernier cas, il devient immeuble par destination...* ». Les malheureux objets de ces exégèses n'avaient la plupart du temps commis d'autre délit que d'être juifs ou esclaves. Parfois même, la toute-puissance du droit devient telle que la peine s'éloigne du délit, ou même s'en décroche[34]. Sous l'Empire romain, l'avidité de certains empereurs fait surabonder les crimes punis de confiscation. Plus près de nous, Michel Charasse, le secrétaire d'État au budget, menace de contrôle fiscal des journalistes dont les propos lui avaient déplu. Sous l'Ancien Régime, les besoins de la Marine en rameurs sont tels que plusieurs édits durcissent les peines, non pour accentuer la répression de délits punissables par les galères, mais pour assurer les effectifs de la chiourme. Après la guerre, et vu l'ampleur des reconstructions nécessaires, Staline adopte la même démarche : le *Gosplan* fournit aux commissaires militaires l'état numérique des hommes à emprisonner afin de trouver une main-d'œuvre à bon marché pour l'exécution des travaux. Le schéma classique se trouve retourné : c'est la peine qui fait naître le crime, et non plus l'inverse.

Arrêtons là ces exemples maléfiques de la puissance et de la perversion du droit. Ils montrent que celui-ci n'a pas toujours à gagner à se séparer de la morale et de la religion, deux brides qu'il est parfois nécessaire de faire sentir à une monture trop prompte à s'emballer. Concédons qu'il s'agit de cas extrêmes ; oublions qu'ils furent la cause de tant de vies brisées ou fauchées, de corps suppliciés ; conjurons le danger en nous persuadant que l'exceptionnel ne peut devenir la règle. Il reste ce sentiment d'une trop grande pesanteur du droit, du monopole qu'en exerce l'État, de notre impuissance à le comprendre, de l'inaccessibilité de la machinerie judiciaire. Est-ce la faute à Voltaire, l'apôtre de la tolérance et le défenseur de Calas ? Est-ce la faute à Jean-Jacques qui écrit pourtant que : « *Tout État où il y a plus de lois que la mémoire de chaque citoyen n'en peut contenir est un État mal constitué.* » ?

En partie oui. C'est bien sur la base des idées de Nature, de Raison et de souveraineté de la Loi que se sont développés les maux dont souffre notre droit. Mais ces mêmes idées sont à l'origine d'incontestables progrès : la démocratie, la tolérance, le progrès scientifique... *A contrario*, les États théocratiques existant à l'heure actuelle ou souhaités par certains, dans lesquels la coupure entre État, droit et religion n'existe pas, sont à bien des égards encore loin de l'Âge d'or. On peut en fait se demander si les pathologies du droit, dont nous avons bien conscience aujourd'hui, ne sont pas une maladie — probablement curable — de la complexification sociale et politique. En effet, nous avons vu que la complexification sociale s'accompagnait en général de la spécialisation du pouvoir politique, contrepoids au danger d'éclatement pouvant résulter de cette diversification. Cette spécialisation accomplie (réalisée ou non sous forme étatique), le pouvoir politique peut être tenté d'accaparer la production du droit, avec les conséquences que nous savons. Il y faut certaines conditions, que l'on retrouve dans le cas français. *Sociologiques* : l'affaiblissement des communautés intermédiaires, contrepoids à la centralisation du pouvoir. Elles continrent les aspirations de l'absolutisme : la monarchie française ne toucha qu'avec prudence aux privilèges (privilèges est à prendre ici dans son sens ancien, qui n'est pas celui d'injustice, mais de statut particulier). La Révolution voulut les abolir. Commentant le décret du 14 juin 1791 portant suppression des maîtrises et des jurandes, Le Chapelier déclarait : « *Il n'y a plus de corporations dans l'État ; il n'y a plus que l'intérêt particulier de chaque individu et l'intérêt général. Il n'est permis à personne d'inspirer aux citoyens un intérêt intermédiaire, de les séparer de la chose publique par un esprit de corporation.* » Dans la même veine, on connaît la phrase célèbre du comte de Clermont-Tonnerre à propos des juifs : « *Il faut tout refuser aux juifs comme nation et tout accorder aux juifs comme individus ; [...] il faut refuser la protection légale au maintien des prétendues lois de leur corporation judaïque ; il faut qu'ils ne fassent plus dans l'État ni corps politique, ni ordre ; il faut qu'ils soient individuellement citoyens.* »

Mais l'attitude du pouvoir politique vis-à-vis du droit dépend aussi de conditions d'ordre *culturel*. À cet égard, le monothéisme engendre bien des représentations, des attitudes favorables à un accaparement du droit, dès lors que celui-ci s'est séparé de la religion, comme cela s'est accompli dans les pays occidentaux. Car les esprits sont habitués à l'idée d'un droit impératif. Émanant de Dieu en Islam ou de l'État, son avatar, en Occident, le droit des enfants d'Abraham se caractérise par une objectivisation de la loi, qui existe indépendamment des hommes et leur est imposée de l'extérieur (*a contrario*, il est intéressant de constater que, selon un sondage effectué en 1990, les aspirations à un droit et à une justice plus consensuels coïncident avec une mutation de l'image de Dieu pour les chrétiens : le Dieu-Juge, le Dieu-Providence s'effacent au profit d'un Dieu proche des hommes et avant tout défini par l'amour qu'il éprouve envers eux[35]).

Les maux résultant de ces processus sont curables. Certains thèmes actuels tels que l'État de droit (malgré ses ambiguïtés[36]), la distinction entre l'État et la société civile, la faveur accordée aux justices alternatives indiquent des antidotes possibles.

La naissance de l'anthropologie juridique

Nous ne sommes pas les premiers à en user. L'anthropologie juridique nous montre que d'autres cultures, africaines ou orientales, en ont avant nous découvert les directions. Encore fallait-il s'intéresser à leurs expériences. Il existe en principe une discipline juridique consacrée à l'étude des droits étrangers : le droit comparé. En fait, celui-ci s'attache surtout à comparer… les systèmes occidentaux entre eux, encore que depuis quelques années on assiste, pour d'évidentes raisons, à une percée du droit islamique. L'anthropologie juridique se propose d'étudier les droits des cultures non occidentales, et de revenir ensuite, avec un regard neuf, à ceux des sociétés occidentales. Car, contrairement à ce que l'on croit, il n'est pas nécessairement plus facile d'étudier sa propre société que celle des Pygmées ou des Esquimaux. Nous sommes si immergés dans notre propre culture que bien des façons de penser, bien des normes et des comportements nous paraissent aller d'eux-mêmes. Leur originalité ou leur contingence nous échappant, nous ne voyons pas qu'il s'agit d'autant de clefs à tourner dans leurs verrous. En revanche, nous serons immédiatement saisis par l'étrangeté des compétitions de chants ou des échanges de femmes chez les Esquimaux, sans parler des mariages avec les morts chez les Kikuyu. Et pourtant, nos baisers et serrements de mains, notre façon de placer les convives autour d'une table, la circulation dans le métro, le libellé des annonces immobilières[37], l'importance de la détention carcérale dans l'échelle des peines, notre définition du droit de propriété paraîtraient tout aussi étranges, voire « primitives », à nombre de ces sociétés traditionnelles. Il y a déjà longtemps, Montaigne écrivait que chacun appelle barbarie ce qui n'est point de son usage…

L'anthropologie juridique elle-même n'a pas échappé à cette vision réductrice. On peut lui trouver des précédents dans l'Antiquité et l'époque moderne, ainsi que chez les auteurs et voyageurs arabes du Moyen Âge. Mais elle naît véritablement à la fin du XIXe siècle, en plein triomphe technologique et culturel de l'Occident : la révolution industrielle se propage en Europe, et la colonisation s'étend en Afrique et en Asie. Les Européens de ce temps croient au progrès, à la civilisation dont ils estiment que l'Occident représente le stade le plus avancé : l'évolutionnisme domine les idées communes et les sciences sociales. Le marxisme lui-même, inventé à cette époque, le manifeste bien dans sa conception d'une histoire marquée par une succession de modes et rapports de production tendue vers l'instauration de la société sans classes. Les premiers anthropologues du droit[38] postulent que toutes les sociétés sont soumises à des lois d'évolution plus ou moins rigides, qui conduisent de la sauvagerie à la civilisation : on passerait ainsi de l'oral à l'écrit, de la famille large à la famille nucléaire, de la propriété collective à la propriété privée, du statut au contrat, etc.

Le premier auteur de cette lignée est un homme prestigieux, Sir H. Sumner-Maine (1822-1888). Professeur de droit à Cambridge, Oxford et Londres, il est passionné par la culture indienne. Il devient vice-chancelier de l'Université de Calcutta, conseiller du Gouverneur général de l'Inde, et contribue à la codification du droit indien entreprise par les Britanniques. En 1861, il publie un ouvrage qui le rend célèbre, *L'Ancien Droit*. On est à cette époque fasciné par les Indo-Européens. Maine cherche dans les droits indien, irlandais et germanique les traces de leur filiation commune. Ses recherches le conduisent à formuler des hypothèses générales sur la manière dont ont évolué les sociétés qu'il connaît. Elles passent d'un stade archaïque, dépourvu de droit, à un état tribal, qui voit sa naissance. Puis la notion d'appartenance territoriale apparaît, le droit se perfectionne avec les premières codifications. À partir de là, on doit distinguer deux types de société : les « stationnaires » qui, telle l'Inde, cessèrent d'évoluer à un moment donné ; les « progressives », peu nombreuses et se confondant quasiment avec les sociétés occidentales, qui valorisent l'individu et constituent la pointe extrême de la civilisation. C'était faire la part belle aux puissances européennes et légitimer de façon savante et élégante la colonisation.

Par la suite, le flambeau passe pour longtemps aux mains des auteurs allemands. Ceux de la *Revue de droit comparé* (dont le premier numéro paraît en 1878), dirigée par J. Kohler, un spécialiste renommé de droit commercial, et surtout un homme profondément original, d'une curiosité inouïe[39]. Sous son impulsion paraissent les premières études sur les droits africains, jusqu'alors délaissés en raison de la fascination pour l'Orient. À la même époque, H.E. Post, autre savant allemand, commence une longue série de livres, culminant avec la publication de la *Jurisprudence ethnologique* (1893), œuvre prométhéenne dans laquelle il s'efforce d'ordonner tous les systèmes juridiques connus suivant les principes d'un évolutionnisme rigide. R. Thurnwald (1869-1954) appartient à la génération suivante. C'est aussi, avec B. Malinowski (1884-1942), le premier anthropologue « moderne ». Jusque là, les auteurs travaillaient largement comme des historiens, sur documents, dans le calme de leur bureau. Une anecdote, au sujet de Sir James Frazer (1854-1941), le grand spécialiste des religions traditionnelles : à un interlocuteur qui lui demandait à la fin de sa vie s'il avait jamais rencontré un de ces « primitifs » dont il connaissait si bien les croyances, il répondit : « *Jamais, Dieu merci !* » Aller sur le terrain eût paru incongru, et eût entraîné une perte de temps qu'épargnait le recours aux documents et aux rapports de correspondants dans les pays qu'étudiaient ces savants. Malheureusement, c'était aussi se priver d'informations irremplaçables : les sources de première main. Quel spécialiste de l'Antiquité romaine, aujourd'hui, hésiterait à utiliser la machine à remonter le temps si elle lui était offerte ? Car les archives utilisées par nos auteurs étaient déjà le résultat d'un filtrage : celui opéré, même inconsciemment, par l'œil et l'esprit des voyageurs, commerçants, missionnaires et administrateurs qui les avaient rédigées.

R. Thurnwald décide de se rendre compte des choses par lui-même. De 1906 à 1915, il séjourne en Micronésie et Mélanésie, puis en Nouvelle-Guinée. B. Malinowski le suit de peu dans cette partie du monde. Brillant physicien et mathématicien, jouissant d'une réputation d'excentrique, il se convertit à l'anthropologie en lisant Frazer. De nationalité autrichienne (il est né à Cracovie, qui faisait alors partie de l'Empire austro-hongrois), il est surpris par la guerre en Australie… où les autorités veulent incarcérer ce sujet ennemi. Malinowski parvient à les convaincre de lui faire passer son temps d'isolement chez les indigènes australiens à Mailu (1915) et aux îles Trobriand (jusqu'en 1918), lieux considérés alors comme les plus « primitifs » qui soient. Il en reviendra avec des matériaux qui lui serviront à écrire toute une série d'ouvrages devenus des classiques de la littérature anthropologique.

Depuis lors, l'enquête sur le terrain est à juste titre un stade essentiel de la formation d'un anthropologue. Non que le contact direct permette d'échapper à tout subjectivisme : il ne peut y avoir de vision impartiale des phénomènes sociaux. Mais en rapprochant la source d'information de l'observateur, il lui donne les moyens de les interpréter plus fidèlement. L'anthropologie s'édifie donc au XXe siècle sur des bases plus solides. Elle répudie notamment les théories évolutionnistes unilinéaires du siècle précédent, et se fait à la fois plus rigoureuse et plus modeste. Loin d'insister sur la supériorité des cultures occidentales, les anthropologues remettent en cause la notion de progrès, montrant qu'elle fut définie selon des critères qui, par avance, les avantageaient. Dans les années soixante-dix, les plus avancés d'entre eux inverseront carrément le processus en tentant de montrer que le progrès se trouve plus chez les « primitifs » que chez nous, ceux-ci ayant réussi (notamment en Amazonie) à stopper le fatal enchaînement menant à la division politique et sociale, source de bien des maux. Ces hypothèses, aujourd'hui, convainquent moins, et on parle plus volontiers des droits de l'homme que de la philosophie politique des Yanomani. On comprend mieux ces tentatives quand on se remémore les présupposés évolutionnistes auxquels elles voulaient répondre. Le XXe siècle voit aussi d'autres changements. L'école d'anthropologie juridique allemande s'effondre : le traité de Versailles prive l'Allemagne de ses quelques colonies, où aurait pu continuer le travail de terrain ; son école d'anthropologie juridique s'évanouit, en partie à cause du nazisme, peu enclin à l'étude des cultures des « sous-hommes ». Les Anglo-Saxons prennent la suite, et dominent tout ce siècle par les travaux qu'ils entreprennent en Afrique noire, en Asie et en Amérique même (en 1941 paraît *Cheyenne Way*, le premier livre écrit conjointement par un anthropologue, E. Adamson-Hoebel, et un juriste, K. Llewellyn). L'anthropologie nord-américaine règne en maître sur tout le domaine, primordial, du règlement des conflits.

Si la France compte de grands anthropologues, surtout africanistes (M. Griaule fut l'un des plus connus) et peut s'enorgueillir de l'œuvre de C. Lévi-Strauss, elle s'illustra longtemps surtout par son silence en matière d'anthropologie juridique. Durkheim recourt assez souvent aux droits « primitifs », mais il faut attendre le milieu du siècle pour que quelques historiens du droit (H. Lévy-Brühl[40], M. Alliot, R. Verdier, E. Le Roy ; J. Poirier faisant figure d'outsider) y fondent vraiment la discipline. Bien que très inégalement développée suivant les pays, elle reste, à cette heure, fondamentalement un luxe de pays riches. Elle a cependant accumulé assez de matériaux pour que nous puissions comparer l'expérience occidentale du droit à celles menées en d'autres lieux. Arrêtons-nous à l'Afrique noire et à l'Orient.

L'Afrique noire et la pluralité du droit

L'Afrique noire n'a pas le monopole des sociétés traditionnelles. Celles-ci existent partout, et l'Occident lui-même en a compté beaucoup jusqu'à un passé récent. Qu'entend-on exactement par là et pourquoi faut-il les distinguer des sociétés modernes ? Observons tout d'abord que celles-ci ne sont pas nécessairement les plus récentes : la Rome d'Auguste, étatique, urbanisée, centralisée, utilisant couramment l'instrument monétaire, est certainement plus moderne que la société féodale, qu'elle précède de neuf siècles. Le critère géographique n'est pas non plus déterminant. L'Afrique, l'Amérique précolombienne eurent leurs empires, et en sens inverse, la féodalité européenne offre aux anthropologues des partitions dont ils connaissent beaucoup de notes. C'est plutôt par le degré de *complexification* que passe le tranchant de la distinction. Ne le confondons surtout pas avec le degré d'évolution, notion beaucoup plus subjective. Une société moins complexe n'est pas plus simple ou plus rudimentaire qu'une société à stratification socio-politique poussée. Elle correspond simplement à des conditions et à des choix d'une autre nature. Brièvement, on peut envisager à plusieurs niveaux cette complexification. *Économique* : les sociétés traditionnelles s'inspirent d'un idéal d'autarcie, même si certaines formes d'échanges commerciaux à base de troc ou même de para-monnaies ne leur sont pas inconnues. *Sociologique* : la division sociale existe (ne serait-ce qu'en fonction de l'âge et du sexe), mais moins poussée que dans les sociétés modernes ; de plus, elle est davantage conçue en termes de complémentarité que d'opposition. *Politique* : le pouvoir politique existe toujours, même dans les sociétés où son organisation est la moins différenciée (Indiens d'Amazonie, Esquimaux). Il repose entre les mains de leaders dont les pouvoirs sont limités, non héréditaires et davantage fondés sur le prestige et la persuasion que la coercition. Mais il ne revêt pas une forme étatique (il existe cependant des États traditionnels). *Culturel* : les sociétés traditionnelles voient le changement différemment des nôtres. Leur idéal consiste à reproduire *en l'adaptant* le modèle originel qui a présidé à la fondation de la société, légitimé et transmis par les ancêtres. D'où l'importance de la coutume. Mais celle-ci n'est pas seulement répétition, comme on le croit trop souvent. Au contraire, sa flexibilité permet les innovations qui peuvent se révéler nécessaires pour accorder le modèle originel aux conditions présentes. En ce sens, le conflit entre la coutume et la modernité n'est nullement inévitable. De même la coutume n'est pas tout entière du côté des sociétés traditionnelles : elle régit toujours bien des secteurs de notre vie juridique. Quant à la loi, que nos sociétés chérissent, on la retrouve aussi dans les sociétés traditionnelles, souvent sous la forme des mythes. Ceux-ci non plus ne constituent pas des corpus figés pour l'éternité : les mythes sont fréquemment inventés ou transformés pour répondre aux nécessités du changement.

Ressemblances et différences s'associent donc. Nous les voyons également à l'œuvre dans la manière dont ces sociétés pensent le droit.

Quelle vision les sociétés d'Afrique noire en ont-elles ?

Cette vision dépend largement de leurs croyances religieuses : l'invisible doit expliquer le visible. Avant la Création était le chaos, qui ne se confondait pas avec le néant. Il contenait en puissance la création et le créateur. Car le dieu primordial existe bien, même s'il se soucie peu des hommes : de lui se différencient progressivement d'autres divinités, qui sont moins des entités indépendantes que des couples complémentaires manifestant les virtualités dont est riche le dieu primordial. Les puissances supérieures tirent du chaos le monde visible et l'humanité, très souvent au prix de plusieurs tentatives infructueuses. Une résurrection est même parfois nécessaire, comme celle de Nommo chez les Dogons ou d'Osiris en Égypte. Chaque homme porte en lui les principes qui animent les dieux et le monde : l'ordre et le désordre, le bien et le mal, le juste et l'injuste. Rien n'est gagné ni promis par avance, tout est possible, y compris l'effondrement de cet univers *fragile* où des forces contraires interagissent constamment. L'homme se trouve donc en péril, mais il a les moyens (la parole, les rites, la divination), s'il le désire, d'épauler les forces positives. Par ailleurs, l'existence de l'individu n'est pas ponctuelle, elle ne se résume pas comme chez nous à cet éclair dans l'infini de l'Histoire. Les éléments qui le composent, après sa mort, s'associeront autrement, et il est déjà un autre être en puissance, de même que l'arbre est à la fois l'arbre d'aujourd'hui, le feu, le tambour de commandement ou la statuette de divination de demain. Nous retrouvons ces différents traits dans l'organisation socio-juridique.

La création par différenciation progressive entraîne la reconnaissance officielle de la pluralité du droit. Dans les religions abrahamiques, Dieu tire du néant tous les éléments de la Création et les soumet à sa Loi (cf. le mythe de la Genèse). Dans les cosmogonies africaines, différenciation continue et cohérence de la création vont de pair : les différences rendent solidaires, la division sociale est conçue en termes de complémentarité. Forgerons, chasseurs, guerriers ou griots vivent les uns par les autres. Le pouvoir politique connaît lui aussi ces sortes de divisions, séparations des pouvoirs antérieures à celles d'Aristote et Montesquieu : peu à peu sont apparus le maître de la terre, ceux de la pluie, des récoltes, de l'invisible, et le chef politique. Nul ne peut exercer son pouvoir sans l'appui des autres. Cela ne veut pas dire que les conflits sont absents de ces sociétés. Mais ils sont prévenus, amortis par ce système de représentations qui pose autrement le problème de la Justice : celle-ci se situe moins au niveau des individus (certains peuvent être les victimes de ces structures, protectrices mais aussi, tout au moins pour nous, aliénantes) que des équilibres globaux, toujours fragiles, où tout est fait pour que l'ordre se maintienne. Le partage entre le Bien et le Mal s'effectue à cette hauteur, ce qui peut ne pas satisfaire nos esprits occidentaux, davantage marqués par l'individualisme. Ce souci de l'ordre conduit à une autre construction, également déroutante pour le juriste occidental : le moindre poids des normes, entendues au sens de règles générales et abstraites, dont sont remplis nos codes. En effet, l'application du droit, si elle satisfait la raison et souvent la justice, peut engendrer des déchirures longues à refermer : une faillite, un divorce ne sont pas souvent choses aisées. S'ils peuvent les éviter en allégeant le poids de la règle, ou même en la rendant inopérante, les Africains n'hésiteront pas : au jugement ils préfèrent souvent la conciliation. La croyance en un dieu primordial, créateur, mais qui ne se soucie guère d'imposer sa volonté aux hommes, explique également ce relatif désintérêt envers la production normative.

Sur le plan juridique, le concept de différenciation explique la méfiance ressentie par ces sociétés à l'égard des législations uniformisantes. Rien n'est plus éloigné de leurs idées que la fameuse phrase de l'abbé Siéyès : « *Je me figure la loi au centre d'un globe immense ; tous les citoyens, sans exception, sont à la même distance et n'y occupent que des places égales.* » La diversité des statuts juridiques est donc la règle. Elle varie presque à l'infini, suivant le sexe, l'âge, la filiation, la caste, etc. Cette diversité recèle un danger implicite : celui de la désagrégation. Il y est paré par l'établissement incessant d'alliances, notamment matrimoniales. À l'heure actuelle, la plupart des États d'Afrique noire vivent en situation de pluralisme juridique. Le droit officiel, celui des codifications calquées sur les modèles européens, est celui des groupes dirigeants, la majorité de la population vivant suivant d'autres droits, tantôt coutumiers, tantôt récents, ignorés ou partiellement reconnus par le droit officiel. Les juristes européens qualifient souvent d'anarchique cette situation. Rien n'est moins vrai : les ajustements entre ces différents systèmes de droit, parfois vécus simultanément par les populations, demandent beaucoup de soin. De plus, ils correspondent à cette tradition de pluralité du droit.

Enfin, les conceptions de la durée, associées à celle de la vie et de la mort. Durée plus vaste, amortissement de l'effet de coupure de la mort se retrouvent également dans le droit. L'individu tel que le conçoit l'Occident moderne n'existe pas. Mieux vaudrait employer la notion de personne pour comprendre les concepts africains. La personne repose sur des rapports dépassant l'unité abstraite représentée par l'individu, elle rayonne au-delà. Une personne, cela peut être aussi sa famille, ses amis, certains de ses biens (cadeaux) ou même certains lieux. Elle se déploie également dans le temps : l'homme africain porte en lui ses ancêtres et il est déjà sa descendance. D'où l'importance des lignages qui condensent en un axe issu du fondateur du clan (qui n'est pas nécessairement un humain, mais un animal ou, plus rarement, un végétal), tous les individus qui en font partie et leur assure une immortalité collective. L'appartenance lignagère est un des piliers des droits africains : elle structure le rapport de l'homme à la terre (celle-ci ne peut normalement s'aliéner qu'entre membres du même lignage), à ses troupeaux, ainsi que les diverses modalités d'alliance matrimoniale. C'est pourquoi les législations occidentales, en introduisant la filiation indifférenciée, ont souvent contribué à l'éclatement de ces sociétés traditionnelles. Moins souvent par intention de leur nuire que par ignorance. Comme nous l'avons vu, bien des croyances et les coutumes qui en découlaient étaient fort difficiles à comprendre pour un Européen. L'espace qui le sépare des traditions orientales est encore plus grand.

La tradition chinoise et l'effacement du droit

On peut prendre l'exemple de la Chine et du Japon. Mais pratiquement tous les peuples d'Extrême-Orient partagent une attitude stupéfiante pour l'Européen : ils ne font pas confiance au droit pour assurer l'ordre social et la justice, même s'ils ont adopté, sous l'influence étrangère, des codifications calquées sur les modèles occidentaux. Malgré une apparente diversité, une certaine unité philosophique les caractérise. L'Indochine croit aux enseignements du Bouddha, le Japon y superpose ceux du shintoïsme et la Chine associe le confucianisme à ces courants. Le shintoïsme fut à l'origine une religion animiste et, en évoluant, le taoïsme ne fut pas hostile à l'idée d'immortalité. Mais il semble que le bouddhisme et le confucianisme aient plus largement marqué l'Asie, au point de se mêler par syncrétisme avec ces croyances. Du point de vue occidental, tous ces courants sont assez éloignés de ce que nous avons coutume d'associer à l'idée de religion : monde surnaturel diffus ou inexistant, absence de révélation, etc. Leur relatif succès dans nos pays est d'ailleurs lié à l'affaiblissement de nos religions traditionnelles. Le confucianisme illustre sans doute le mieux les différences qui les séparent.

Le récit de la Genèse dut paraître de prime abord incompréhensible aux lettrés de la Chine ancienne. Ils ne pouvaient admettre l'existence d'un dieu tirant le monde et les hommes du néant, préoccupé de les gouverner et même de les aimer au point de leur sacrifier son propre fils. Car c'est un autre univers que pense la tradition chinoise. Le monde est infini dans le temps. Si on lui cherche en vain une origine de type abrahamique, il n'est pourtant pas stationnaire : il se fait et se défait sans cesse au cours de périodes cosmiques trop vastes pour être saisies par l'entendement humain. Le monde et l'homme sont seuls à pouvoir se gouverner. Ici pas de dieu des monothéistes, pas plus que de dieu primordial et lointain de type africain : le monde et l'homme doivent se gouverner eux-mêmes, en respectant l'harmonie de l'univers. Cette harmonie doit régir les rapports entre les hommes et la nature : pour régler les événements de la vie publique et privée, il faut se rapporter au cycle des saisons, à la position des astres (d'où l'importance sociale de l'astrologie, encore à l'heure actuelle). Elle doit également s'établir dans les relations entre les hommes : ceux-ci doivent avant tout rechercher le consensus, éviter autant que possible l'idée de sanction, dont la tradition classique en Occident fait (à tort) le critère décisif du droit. Enfin le monde trouve sa cohérence dans la conjonction des contraires (ce qui rappelle la pensée africaine) : on ne peut penser la matière sans l'esprit, le rationnel sans le sensible, l'ordre sans le désordre, le bien sans le mal, le *yin* sans le *yang*.

Dans cet univers de pensée, le droit n'est pas exclu, mais il constitue un mode extrêmement rudimentaire de régulation sociale. Il est, en fait, bon pour les barbares : les étrangers, les criminels incorrigibles (le droit chinois est avant tout pénal). Ce qui explique le peu d'estime dont jouissent les juristes, au contraire de la société américaine, où le *lawyer* est un personnage prestigieux. Au droit et au jugement, on préfère de beaucoup le compromis et la conciliation. Il faut dissoudre plus que résoudre les contestations, ce que risquent d'empêcher les juristes si l'on recourt à eux. En se référant à des règles abstraites, ils peuvent barrer la voie des accommodements raisonnables. Au nom de la justice, ils peuvent entraîner le désordre : par exemple en faisant supporter au débiteur, au nom de la responsabilité civile, le paiement de dommages-intérêts incompatibles avec l'étendue de ses ressources ou son rang social. Les lois ne sont pourtant pas complètement bannies. Mais elles n'ont pas ce caractère impératif qu'elles revêtent en Occident. Elles illustrent des modèles de conduite dont on doit patiemment chercher à s'approcher sans leur obéir au pied de la lettre. Elles formulent aussi des menaces qui ont moins pour but d'être mises à exécution que de dissuader ceux qui seraient tentés d'adopter une conduite antisociale. Les contrats se situent à l'opposé exact de la conception américaine : rédigés en termes évasifs, ils ont pour but d'affirmer la volonté d'entente des parties, non d'énumérer les causes de litiges à venir.

L'Occidental a beaucoup de mal à concevoir que concrètement les choses puissent fonctionner ainsi. C'est oublier l'importance de l'éducation et des rites. La conciliation est facilitée par le fait que l'éducation habitue chacun à se demander si les conflits dans lesquels il se trouve engagé n'ont pas pour origine sa propre faute. De plus, suivant Confucius, chacun doit vivre selon les rites découlant du statut qui est le sien dans les communautés auxquelles il appartient. L'apprentissage du compromis et de la conciliation est donc tout aussi exigeant que celui des normes juridiques. La compétition peut exister, mais elle ne doit pas s'exprimer ouvertement. Exemple : le système des *ringi*. Dans les entreprises japonaises, les rapports sont comme ailleurs lus et corrigés par les responsables concernés. Chacun y appose son tampon (*ringi*). Les *ringi* ne sont pas disposés l'un au-dessus de l'autre, ni même côte à côte, mais en rond : impossible de distinguer une hiérarchie, de voir qui a tranché, et donc de contester. Comme en Afrique, mais exprimée différemment, transparaît ici la peur du désordre. Là encore, elle peut ne pas correspondre à notre idéal de justice. À l'extrême, on pourrait même songer que les pratiques de lavage des cerveaux, de rééducation, la peine de mort avec sursis ne sont pas sans rapport avec l'exacerbation de cette exigence de conformisme.

Car si Confucius est mort il y a quinze siècles, si sous Mao des campagnes furent déclenchées contre ses enseignements, si, dès le début du XXe siècle, la Chine se dota de codes inspirés de l'Occident, si, au Japon, le rôle du droit est devenu capital dans la formation des élites depuis l'ère Meiji, on note toujours la même faveur envers le compromis, et une défiance persistante envers le droit et les juristes. En 1957, Mao lui-même prononce un discours où l'on discerne sans peine, sous le maquillage marxiste, les catégories de la pensée traditionnelle. Pour lui, il existe deux types de contradictions. Celles internes au peuple, qui peuvent se résoudre par la rééducation, la discussion et la persuasion. Celles entre le peuple et ses ennemis que l'on doit dénouer en recourant au droit et à ses sanctions par la dictature. À l'heure actuelle, il y a en Chine moins de 5 000 avocats pour plus d'un milliard d'habitants (… et 723 000 aux USA). Les adversaires du marxisme répondront que cela est dû aux « particularismes » de la justice dans les pays communistes. L'objection semble inopérante, dans la mesure où l'on constate les mêmes phénomènes au Japon. Si le contentieux a explosé en France (le nombre des litiges portés devant l'ensemble des juridictions a doublé de 1976 à 1986), le nombre de procès reste stagnant dans ce pays (350 000 par an pour plus de 120 millions d'habitants, ce qui est peu). L'effectif des professions judiciaires est très faible (moins de 21 000 personnes). À ces chiffres s'oppose une autre réalité. Les procédures non contentieuses de conciliation sont très nombreuses (250 000 affaires sont traitées chaque année par les seuls services spécialisés des collectivités locales). La famille continue à former un monde largement imperméable au droit : l'usage s'oppose à la conclusion de contrats de mariage et à la rédaction de testaments, on persiste parfois à ne pas déclarer les unions maritales. On note enfin que si depuis la guerre la notion de droits subjectifs a progressé, les traditions sont encore très vivantes. L'individualisme n'est toujours pas de mise, comme le prouve la conception des libertés fondamentales. Les Japonais les perçoivent moins comme des possibilités reconnues à l'individu qu'aux membres de groupes catégoriels (le consommateur, l'usager, le malade, l'habitant) qui apparaissent comme les répliques modernes des anciens groupes statutaires. D'ailleurs, d'après un sondage réalisé en 1983, la piété filiale et les relations de *giri* (bienveillance et reconnaissance) l'emportent toujours sur les libertés.

À quoi sert l'anthropologie juridique ?

Le droit a des histoires : celle de l'Occident le dote d'un système de représentations spécifique. Comme le Décalogue, le droit vient d'ailleurs, d'une entité supérieure qui le dote de sa toute-puissance. L'oubli de Dieu provoque sa dépendance accrue vis-à-vis de l'État qui le pare en même temps de sa majesté. Les différences sont niées au nom de la justice et de l'égalité, l'unité tend à se confondre avec l'uniformité. Des mythes en témoignent, ceux des Lumières ou l'eschatologie de la société sans classes : tous font un idéal de la similitude des membres du corps social. La règle moderne et démocratique de la majorité arithmétique s'y adosse. La minorité, même importante, doit s'y plier, quitte, dans certains cas, à recourir à la fiction d'un consensus que dément la réalité : sitôt élu, le président de la République, chef d'une faction durant la campagne, est censé devenir le totem de tous les Français. Ce processus, lorsqu'il s'emballe, peut conduire à l'État totalitaire, il inspire aussi des expériences moins extrêmes, telles que l'État dirigiste ou Providence.

Depuis une décennie, penseurs libéraux et économistes néo-classiques en font le siège, non sans quelque succès : volontiers étatiste, la gauche française installée au pouvoir a dû renoncer à bien de ses modèles antérieurs (nationalisations, accentuation de la prééminence de l'enseignement public sur le privé, croissance du nombre des fonctionnaires, etc.) pour tenir compte de la pression d'une partie importante de l'opinion publique, quitte à se voir reprocher par certains de ses ex-thuriféraires ses « génuflexions devant l'entreprise » (R. Debray). Le débat n'est certes pas tranché. La dérégulation, la liberté accrue donnée au marché, les enseignements des *Chicago boys* n'ont pas donné aux États-Unis que d'heureux résultats. Quant aux Français, les sondages montrent que ceux-ci ne sont pas décidés à tout liquider de l'État-Providence, notamment la protection sociale. Cependant, quel que soit son résultat, une évolution des mentalités est en cours, fondamentale. D'une part la recherche du consensus a gagné du terrain par rapport au recours à l'affrontement. Deux exemples. Le thème de la France unie : il fut au centre de la campagne menée par M. Mitterrand aux présidentielles de 1988 et contribua largement à son succès, même s'il fut suivi de peu d'effets concrets ; il est demeuré la règle suivie par son ancien premier ministre, M. Rocard, dans la gestion des conflits sociaux. Les modifications des procédures de divorce ensuite : le divorce par requête conjointe (en fait, par consentement mutuel), créé en 1975, est choisi par la moitié des couples qui se séparent. Sans parler des chefs d'entreprise qui, comme M. Calvet chez Peugeot, rêvent du modèle « à la japonaise », fondé lui aussi sur la conciliation. D'autre part, l'intérêt nouveau porté à l'éthique confirme également l'obsolescence des anciens-modèles et du positivisme juridique. On admet de moins en moins qu'une norme prétende s'imposer sans se justifier ; la morale est sollicitée quand on envisage d'en créer dans certains domaines (biologie). L'État n'est plus le seul interprète de cette morale : on confie volontiers sa définition à la société civile et à ses émanations (d'où la constitution de divers comités), tandis qu'on insiste sur le fait que l'État lui aussi doit se soumettre au droit (on devrait ajouter : l'administration, car les spécialistes s'accordent à reconnaître que celle-ci s'affranchit toujours plus du respect du droit). Tous ces phénomènes expliquent que le droit s'embrume, et sont à la source des caractères parfois contradictoires qu'on lui attribue. Nous vivons le recouvrement de modèles les uns par les autres, sans pouvoir encore discerner ce qui en résultera. À certains de ces modèles, largement issus du passé et inspirés par notre tradition culturelle, correspondent bien des aspects du droit vécus comme négatifs. D'autres inspirent les espérances en un droit plus humain.

Mais à quoi peut donc servir l'anthropologie juridique dans tout cela ? N'est-ce pas, au pire, un catalogue de recettes où les juristes frappés d'impuissance viendraient picorer ? Au mieux, un divertissement d'esthète amoureux d'exotisme ?

Mille fois non.

Tout d'abord, parce que nous retrouvons à l'œuvre dans notre propre société des modèles observés ailleurs ou autrefois. Non pas par un effet de « persistance », qui nous ramènerait à l'idée d'évolution, en laissant supposer que tout peut s'expliquer par l'histoire, mais en raison de la simultanéité des logiques suivant lesquelles fonctionnent la plupart des individus et des sociétés. Les auteurs évolutionnistes pensaient volontiers que les « primitifs » étaient dominés par une pensée pré-logique (de même que des juristes ont parlé du pré-droit), caractérisée par le raisonnement analogique, l'intuition, le mélange irrationnel des catégories, la croyance en la magie, etc. Alors que les civilisés auraient découvert la pensée logique. Grave erreur. En fait les deux types de pensée coexistent dans chaque individu, « primitif » ou civilisé. L'Esquimau sera extrêmement logique pour chasser le phoque et le caribou, ce qui ne l'empêchera pas de croire que ses shamans voyagent dans la lune ou au fond de la mer ; le dirigeant d'entreprise peut faire simultanément appel aux modèles prévisionnels les plus sophistiqués sur le plan économique… et aux sciences occultes pour recruter son personnel, sans parler de l'extraordinaire développement en France de ces « sciences » au cours de ces dernières années[41]. Il en va de même des sociétés. Bien des pays du Tiers-Monde ont tenté la greffe de modèles juridiques de type socialiste ou libéral venus d'Occident qui n'ont pas empêché les populations de suivre des comportements inspirés par des règles qui ont peu à voir avec les droits officiels. La France n'échappe pas à cette tendance : le droit enseigné dans les facultés, issu de l'État, n'est pas observé par tous. Nous aussi vivons plusieurs logiques juridiques. Dans certains cas, nous recourons au modèle juridique étatique ou nous sommes contraints de le suivre : actes importants de la vie civile ou commerciale (rédaction d'un contrat de mariage ou d'un testament, création d'une entreprise), code de la route, déclarations fiscales, infractions pénales graves, etc. Ce qui n'est pas rien. Mais tous nos agissements, par bonheur, ne sont pas encadrés par les directives de l'État. Comme dans les sociétés traditionnelles, nous appartenons à une multitude de groupes, dans lesquels nous occupons des statuts divers, et qui ont leurs systèmes juridiques propres, que le droit étatique les reconnaisse ou non. Mais si nous vivons sans trop de mal ces appartenances multiples, nous ne nous en apercevons guère, tant est forte l'influence du droit officiel et des représentations sur lesquelles il s'appuie : celles d'une société juridiquement indifférenciée, où tous les citoyens sont unis dans le respect d'un même droit. Ce mythe est fécond et sans doute nécessaire : c'est lui qui permet aux nations et aux États de s'édifier et de persister. Mais il occulte bien des aspects de la réalité.

Un exemple très simple, pour commencer. Ouvrons notre carnet d'adresses. *A priori*, la plupart des noms qui y figurent sont ceux des personnes, amis ou relations, avec lesquelles nous avons des relations directes. Combien sont-elles ? Le plus souvent une cinquantaine : soit moins que les effectifs d'un groupe de chasseurs paléolithiques. Réfléchissons ensuite aux formes et à la nature des relations que nous entretenons avec elles. Nous nous apercevrons vite que l'oralité et la réciprocité y jouent un grand rôle, que nous qualifions de « directs » les rapports qui nous lient : les anthropologues appelleraient cela des relations de « face-à-face », celles qui donnent aux droits des sociétés traditionnelles une bonne partie de leurs caractères spécifiques.

En fait, chaque fois que l'individu agit dans le cadre d'une des communautés auxquelles il appartient, nous voyons réapparaître les modèles familiers aux anthropologues. Les exemples fourmillent ; citons-en quelques-uns. La famille tout d'abord : le droit officiel n'y pénètre que rarement. Lors de la formation de l'union, sous forme d'un rappel des principales dispositions légales adressé aux époux par l'officier d'état civil. Aucun d'entre nous ne se souciera de les appliquer à la lettre : tout au plus les enregistrera-t-il comme de vagues modèles. Mais en cas de mésentente grave, le droit se rapproche. On commence à penser ses comportements et ceux de l'autre en termes juridiques (ce que je lui reproche constitue-t-il ou non une « faute grave » dans l'accomplissement né des obligations du mariage ?) ; et quand l'union se brise, le droit reprend ses droits, surtout dans le cas du divorce pour faute. Dans l'intervalle, la plupart des couples vivent suivant des modèles différents : division sexuelle du travail (la loi n'y oblige point), partage des ressources suivant des modalités qui ne sont pas forcément celles de leur régime matrimonial et, pour les plus sages, procédures de règlement des conflits (transaction, conciliation) où la justice est parfois sacrifiée au retour de la paix des ménages.

On peut aussi penser aux groupes d'amis. Leur cohésion s'efface certes au fur et à mesure que leurs membres s'organisent en cellules familiales. Mais dans leur âge d'or, elles fonctionnent souvent suivant des modèles qui régissent les sociétés élémentaires (Pygmées, Esquimaux) : des leaders existent, mais leurs pouvoirs sont conditionnels, fortement limités par l'influence du groupe ; lorsque des décisions importantes s'imposent, on recherche avant tout le consensus et l'unanimité. À des degrés divers, les mêmes tendances traversent les différentes formes de vie associative. Le droit interne aux différentes professions (médecins, avocats, ou autres), dit « disciplinaire », fait largement appel, comme les sociétés traditionnelles, aux sanctions d'essence psychologique, telles que le blâme, ou l'ostracisme (interdiction d'exercer, qui a évidemment aussi des conséquences économiques). Dans les villages, de nos jours encore, bien des conflits sont réglés autrement que par le recours aux tribunaux de l'État. Mais ces différentes communautés coexistent à l'intérieur d'une même société globale. Certaines normes le permettent. Par exemple, les règles de politesse, fondées sur le respect des statuts sociaux, la reproduction de la hiérarchie existante, et la circulation de bien symboliques (cadeaux) obéissant au triple impératif-donner-recevoir-rendre (faire un cadeau d'une importance telle que son destinataire n'en pourra fournir la contrepartie est une faute, ou même un comportement agressif). Mais aussi le droit étatique, qui édicte des principes communs ou intervient quand le droit interne est insuffisant à résoudre les difficultés éprouvées (règles du divorce, mise en jeu de la responsabilité civile ou pénale en cas de faute professionnelle, intervention des juridictions dans les conflits du travail, etc.).

Il est frappant de constater que les élites bureaucratiques elles-mêmes, qui sont pourtant les plus proches du pouvoir d'État et directement à la source du droit qu'il engendre, fonctionnent souvent suivant ces mêmes modèles « traditionnels ». Bien sûr, un code est censé les régir : les règles des droits constitutionnel et administratif. Mais la pratique est autre, et dominée, comme dans l'Afrique traditionnelle, par les principes de diversification et de complémentarité, véritables fondements des règles non écrites que chaque membre de ces élites prend soin d'observer. Les ministres peuvent passer, mais les grands corps (l'expression n'est pas innocente et exprime le fort sentiment d'identité de chacune de ces communautés) conservent chacun leurs représentants dans les cabinets et à la tête des administrations centrales. La division du travail règne (l'ingénieur des Ponts ne remplira pas les mêmes tâches que l'énarque), mais chaque corps doit respecter les privilèges de l'autre : en cas d'infraction (une direction passant indûment d'un corps à l'autre), le clan perdant engage une bataille qui conduit le plus souvent à des accords de compensation. Mais il est rare que les oppositions dégénèrent en conflits ouverts : les normes fondamentales sont la recherche du consensus (les commissions interministérielles œuvrent en ce sens), et l'unanimité, au moins apparente. Des ménages aux corps les plus prestigieux, la règle demeure : on lave son linge sale en famille. Mais il existe une grande différence entre ces deux types de communautés. Un couple peut, au prix de sa dissolution, faire régler son conflit par une instance extérieure, le juge aux affaires matrimoniales, qui le surplombe de toute l'autorité dont il est investi.

Une telle issue est beaucoup plus difficile pour les grands corps, dans la mesure où ils se situent à la pointe extrême du pouvoir d'État : il leur est très malaisé de trouver une autorité extérieure susceptible de sanctionner leurs différends. Plus on se rapproche du pouvoir et de la source du droit, plus il est difficile d'en sortir.

Tout ceci montre que l'anthropologie juridique nous permet de mieux comprendre nos propres sociétés : avoir vu fonctionner ailleurs certains modèles permet de mieux les repérer chez soi. Sa première utilité est donc descriptive. Elle en possède une autre, d'ordre prospectif.

Les exemples donnés plus haut proviennent de micro-analyses, menées à partir de l'étude de groupes particuliers. Mais au niveau global, les différences entre les diverses traditions culturelles reprennent toute leur force : un Chinois, un Européen et un Iranien ne se font pas du droit la même idée (ce que commencent d'ailleurs à comprendre les hommes d'affaires, qui ont recours aux anthropologues[42]). Puisque nous sentons bien que nos propres modèles juridiques sont en crise, le fait que d'autres sociétés aient pu vivre selon des principes parfois très éloignés des nôtres, tout en étant porteuses d'une haute culture, est plutôt encourageant. Certains des mécanismes auxquels elles recourent plus volontiers que nous sont d'autant plus tentants qu'ils semblent correspondre à nos désirs actuels : médiation[43], pluralisme juridique, consensualisme, décentralisation, etc. Tous ces éléments pourraient contribuer à l'élaboration d'une *nouvelle démocratie*, moins primaire que celle qui repose sur le principe arithmétique majoritaire. Mais suffit-il d'installer le chef-à-peau-de-léopard des Nuer dans le fauteuil du président du tribunal de grande instance pour transformer notre justice dans le sens souhaité ?

L'absurdité de la question nous conduit à mettre l'accent sur une difficulté majeure : les conditions de réception des expériences venues d'ailleurs dans notre propre système. Les transplantations de nos organes juridiques dans les autres sociétés se sont trop souvent soldées par des échecs (inefficacité en Afrique noire, rejet brutal de plus en plus fréquent dans les pays musulmans) pour que nous ne soyons pas très prudents. Même si elles le critiquent, nos sociétés sont habituées à l'État et à ses modes d'intervention : l'anthropologue peut proposer de l'aménager, pas de le supprimer. Elles sont aussi profondément divisées sur le plan social et économique, en dépit des mesures correctives (dix pour cent des Français possèdent cinquante pour cent du patrimoine privé) ; enfin, si l'importance de l'écrit diminue face à d'autres modes de communication (télévisuels et radiophoniques), les relations que nous avons avec l'État et le pouvoir ne sont pas de face-à-face (assister, chez soi, devant la télévision, à une conférence de presse du président de la République ne permet pas de s'entretenir avec lui ; les représentants de l'administration demeurent pour nous la plupart du temps anonymes : une loi leur a imposé de porter sur leurs vêtements un insigne où serait indiquée leur identité, elle ne fut jamais appliquée). Le contexte est donc différent. Une partie importante du travail des anthropologues du droit consiste donc à déterminer les conditions suivant lesquelles des modèles inspirés des sociétés traditionnelles peuvent donc être éventuellement acclimatés chez nous.

Meilleure connaissance de notre propre système, propositions de réformes : l'anthropologie juridique appliquée existe en France depuis une dizaine d'années. Le Laboratoire d'anthropologie juridique de Paris (dirigé par M. Alliot, puis E. Le Roy) s'y emploie et a déjà effectué une enquête très complète sur la justice des mineurs, en montrant combien sa pratique la rapproche de celle des sociétés traditionnelles (loi-modèle, part importante de l'oralité, etc.). Il travaille actuellement sur l'application du modèle de l'ordre négocié (à base consensualiste, et par opposition à l'ordre imposé) aux relations entre l'administration française et ses usagers.

Si elle peut contribuer aux mutations nécessaires, l'anthropologie actuelle nous permet également de mieux prendre la mesure de nos désirs. Consensus, conciliation, morale, pluralisme, respect du sacré et de la Nature, quel homme de bonne volonté n'en rêverait ? Mais

Lucifer était le plus beau des anges de Dieu. Car l'anthropologie nous montre aussi, à travers bien des exemples lointains, que ces souhaits peuvent coïncider avec des réalités moins iréniques. Derrière la recherche du consensus peuvent se profiler l'harmonie aussi bien que l'ordre. Si la première est souhaitable, le second peut être injuste (il n'est pas très facile, même pour un anthropologue, de plaider le dossier des castes indiennes, ou celui du statut des femmes ou des orphelins dans nombre de sociétés traditionnelles). Certains redoutent qu'en France le consensualisme politico-social à la mode ne débouche sur l'instauration d'une société à deux vitesses, d'autant plus dure aux exclus que ceux-ci seraient davantage marginalisés et feraient presque figure d'intouchables modernes. Le rapprochement du droit vis-à-vis de l'éthique n'est pas non plus sans risques, car tout dépend du contenu de cette éthique. Il y eut, après tout, des morales nazie et stalinienne, qui engendrèrent les droits que l'on sait. Il revient à l'éthique de définir des modèles de comportement issus d'idéaux, ce qu'opère la religion à un degré d'intensification supérieur, car elle fonde ces idéaux dans la transcendance. Si l'on choisit de modeler le droit sur elle, il faudra anticiper une conséquence importante, celle de son impérativité accrue : qui ne craindrait plus qu'une règle purement positive, la norme triplement sanctionnée par le droit, la morale et la religion ? On le mesure bien, dans les États théocratiques. Inversement, la responsabilité purement juridique est souvent plus douce que celle d'ordre moral : « *La responsabilité morale laissait en nous le remords. La responsabilité civile met en nous l'oubli : c'est une grande libératrice*[44]. »

Et pourtant, qu'est-ce qu'un droit, qu'une morale ou des croyances n'irriguent pas ? Une branche morte.

L'anthropologie juridique, on le voit, ne donne pas de solutions toutes simples. Outil de connaissance, elle montre que le droit a des histoires, qui parfois se rejoignent, là où on l'attendait le moins. Mais en dilatant le champ de notre liberté, elle sublime son exercice.

Parmi les nombreuses pistes de recherche qu'elle suggère, trois me paraissent solliciter de façon plus pressante l'homme de notre temps. La première question concerne les rapports entre le droit et l'État. Le droit de l'État est-il bien le meilleur rempart contre la violence ? À quelles mutations le contraint la reconnaissance du pluralisme juridique ? Puis nous affronterons la question des rapports entre le droit et les valeurs. Car les médias modernes et l'anthropologie ont en commun de faciliter la confrontation de cultures autrefois séparées par la distance, et le plus souvent ignorantes les unes des autres. La construction de l'Homme s'en trouve-t-elle facilitée, quelle part le droit doit-il y prendre, ou ce projet est-il par avance condamné par une irréductible multiplicité des cultures ? L'anthropologue du droit ne peut ni ne doit se dérober à la question que de plus en plus on lui pose[45].

D'autres sont de tout âge. Que sommes-nous par rapport au monde vivant et inanimé qui nous entoure, celui de la nature ; quelles sont nos fins dernières, et existe-t-il un monde invisible, celui de la surnature ?

À tout cela, le droit a des réponses.

CHAPITRE III
L'État, la violence et le droit

> Nous qui nous croyons instruits, nous aurions besoin d'aller chez les peuples les plus ignorants, pour apprendre d'eux le commencement de nos découvertes : car c'est surtout ce commencement dont nous aurions besoin ; nous l'ignorons parce qu'il y a longtemps que nous ne sommes plus les disciples de la nature.
>
> CONDILLAC, *La Langue des calculs* (1760).

Nul ne peut être son propre juge. Force n'est pas droit. Voies de fait sont défendues. Personne ne peut pendre son voleur... Égrenés depuis l'Antiquité, ces adages du droit pénal interdisent aux victimes de redresser elles-mêmes les torts qu'elles ont subis, mission réservée aux autorités judiciaires. La plupart des sociétés étatiques condamnent ce qui est, ailleurs, devoir sacré. La dépossession des victimes de leur vengeance est opérée au nom de l'intérêt public qui impose un règlement des conflits pacifique et médiatisé. Au civil, la partie lésée obtiendra le paiement de dommages et intérêts ou la remise en état ; au pénal, le coupable se verra infliger des amendes, tributs payés à la société, ou même incarcéré. En fait, ces modes de règlement n'excluent pas certaines formes de violence. L'amputation parfois importante d'une partie de leur capital ou de leurs revenus (souvent amortie, il est vrai, par les contrats d'assurance), la détention (l'individu nouvellement incarcéré subit les premiers jours ce que les psychiatres nomment le « choc carcéral ») ne sont pas, pour ceux qui les subissent, des procédés de toute douceur. Mais ils semblent le mieux préserver la société[46].

L'État pacificateur ?

Le sens commun et les juristes opposent à ces méthodes modernes les époques heureusement révolues où la primitivité des mœurs, l'agressivité non contenue décimaient les familles dans d'interminables vendettas. La construction de l'État, la multiplication de ses interventions pacificatrices assurent le triomphe de la civilisation sur la barbarie : le droit à la vengeance est éteint, un système de peines légales le remplace. Si bien que la critique actuelle de l'État devrait au moins lui reconnaître un mérite non négligeable : celui d'avoir fait diminuer la violence interne. Donc, l'angoisse sécuritaire devrait conduire à un renforcement de ses pouvoirs et de l'arsenal répressif : le bon sens l'exige, et avec lui la majeure partie de l'opinion publique française, la droite entonnant plus volontiers le couplet.

Pourtant, tout n'est pas si simple. Les sociétés traditionnelles offrent de nombreux exemples où l'absence d'État n'a pas pour corollaires l'anarchie et le règne de la violence aveugle. Nos sociétés elles-mêmes voient aujourd'hui l'État favoriser certains types de règlement des conflits administrés par des institutions « alternatives » qui se démarquent des juridictions de droit commun. Le bon sens est peut-être lésé, mais c'est un fait : actuellement, en France comme en Amérique du Nord, la justice appartient de moins en moins aux tribunaux, alors que se développe pourtant l'État de droit.

Singulier paradoxe, auquel se heurte l'équation apparemment si évidente : État = monopole public de la sanction juridique des litiges, censée exprimer une des données de l'état de civilisation. Mais n'est-ce pas faire la part trop belle à l'État ? Après tout, l'essentiel n'est-il pas que les conflits soient réglés de manière telle que s'ajustent les forces représentant l'ordre et celles qui le contestent, avec *ou sans* l'État ? Souvent nécessaire, son intervention n'est pas inéluctable, et il est des cas où la société souffre moins de son effacement que de son immixtion. L'étude de sociétés anciennes ou lointaines nous montre que la société n'a pas attendu l'État pour réguler vengeance et violence. L'analyse de nos propres sociétés incline à penser que nous le redécouvrons de façon empirique.

Sociétés anciennes et lointaines : toutes, loin s'en faut, n'ont pas proclamé l'inutilité de l'État. Il y a des sociétés traditionnelles étatiques (monarchies et empires africains). Notre propre Antiquité déroule bien des variations sur le thème de la Vengeance et de l'État. Ainsi trouvons-nous déjà chez Sénèque, il y a vingt siècles, le raisonnement condamnant la première au nom du deuxième[47]. Pour l'auteur de *La Colère*, la vengeance n'est fondée que sur la haine, la pure violence, et conduit les cités à leur perte. Elle est négation de la vie en société. Barbare, elle est aussi absurde : son effet égalisateur n'est qu'un leurre pour les esprits faibles. Seule compte la peine, qui dépend moins de la gravité du dommage que de la curabilité de son auteur. À la limite, si l'on était sûr de l'absence de récidive, on ne devrait appliquer aucune peine au coupable. Notre philosophe se doute bien que les victimes ou leur famille sont *a priori* peu enclines à une telle mansuétude. C'est pourquoi il préconise une étatisation de la justice pénale et la réduction du rôle de la victime dans les poursuites. Ces vues illustrent une conception possible de l'ordre social assuré par une autorité centrale réfrénant les pulsions destructrices des individus ou des groupes, semble-t-il pour le bien de tous. Ajouter un mal à un autre mal ne le transforme pas en bien, mieux vaut tenter d'amender le coupable pour l'empêcher de nuire de nouveau. Qui plus est, les propos de Sénèque paraissent correspondre aux enseignements de l'Histoire.

Lui-même écrit au premier siècle de notre ère, période pendant laquelle un empire centralisateur se substitue au régime de la Cité ; il est de surcroît le conseiller du prince. L'État a donc ses faveurs. L'histoire de la France paraît aussi marquée par le refoulement de la vengeance. Travaillant de concert, l'Église et la monarchie commencent par la circonscrire dans le temps et l'espace : il est interdit de se venger durant certaines périodes (trêve de Dieu), on ne peut soumettre n'importe qui à la vengeance, l'appel au roi y met fin. Les tribunaux et ligues de la paix y veillent. Puis, à la fin du Moyen Âge, l'État éteint tout droit à la vengeance : le droit de guerre devient monopole royal. Plus près de nous, l'action menée en Corse par le pouvoir central témoigne d'un souci identique. Un édit de 1768 stipule que, lorsqu'un individu aura commis un assassinat prémédité avec guet-apens en raison de « vengeance ou querelle de famille, en haine transmise », il sera non seulement roué, mais sa maison rasée et sa postérité à jamais empêchée de postuler à un emploi public. Bonaparte institue quant à lui une juridiction criminelle extraordinaire dans le but de « changer les mœurs de l'île ». Durant tout le XIXe siècle, l'État s'efforce par divers moyens de lutter contre la violence, dont le taux est effectivement beaucoup plus élevé que sur le continent. Par la répression, mais aussi la prévention (extension de l'éducation, aide apportée à l'agriculture). Les résultats ne se font pas attendre : à la fin du siècle, l'ordre public est pour l'essentiel assuré. L'État l'a emporté sur la vengeance, sinon sur la violence.

La fonction pacificatrice de l'État moderne apparaît encore plus nettement si on le compare avec la violence et la passion guerrière dont font preuve bien des sociétés traditionnelles dépourvues de forme étatique. On ne peut suspecter P. Clastres de vouloir dévaluer les sociétés traditionnelles : toute son œuvre est un hymne à leur intelligence politique. Pourtant, il dénonce l'aveuglement de la plupart des ethnologues devant la fréquence des guerres dans les sociétés traditionnelles, notamment du Nouveau Monde. Pour lui, la guerre est liée à la force du sentiment identitaire[48] : pour toute société traditionnelle, l'autre est *a priori* un ennemi. La guerre est première par rapport à l'alliance. C'est un effet de la logique plurale : à chacun ses valeurs, mais celles de l'autre, si elles diffèrent, provoquent plus fréquemment l'agression que le respect. La guerre externe serait le reflet de l'harmonie interne : l'identification de l'autre à l'ennemi renforce la cohésion sociale. Et l'on trouve sans peine dans la littérature ethnographique des confirmations des ardeurs guerrières des « primitifs ». En Océanie, la moitié des vieux Arapesh interrogés par l'ethnologue Fortune avouaient avoir tué au moins un ennemi à la guerre durant leur vie. W. Thesiger rapporte que les Danakils d'Éthiopie tenaient en plus haute considération le meurtre des ennemis, préalablement castrés par leurs soins : certains ornements de leurs vêtements en exhibaient la comptabilité. Chez les Moussey (Cameroun-Tchad), la tombe prenait la forme d'un tumulus entouré de troncs d'arbres représentant le nombre d'hommes et d'animaux tués par le défunt : un mort qui ne pouvait être crédité de ces exploits devait se contenter de la même sépulture que les femmes et les enfants. Le meurtre pouvait même être une condition du mariage chez les Ossètes (Caucase). Le beau-père posait toujours à son futur gendre la question rituelle : « *Qui as-tu tué pour prétendre à la main de ma fille ?* » Non loin de là, les Abkhaze se refusaient à oublier la vengeance en prononçant une phrase lapidaire : « *Le sang ne vieillit pas* ». Chez les Papous de Nouvelle-Guinée régnait un état de tension et de suspicion permanente entre les hommes et les femmes. Chaque sexe s'identifiait à l'inverse de l'autre, essentiellement ressenti comme un danger ; hommes et femmes résidaient et mangeaient à part. Les guerres étaient incessantes, les captifs, la plupart du temps, tués et mangés ; sur les rives du Sépik, un jeune homme devait rapporter une tête d'ennemi coupée pour pouvoir subir les rites d'initiation qui feraient de lui un adulte. L'extrême diversité linguistique de la Nouvelle-Guinée confirme la force des sentiments identitaires qui inspiraient ces attitudes guerrières. On la retrouve chez les Esquimaux du détroit de Behring : réputés souriants, ils ne déparent pas dans ce tableau. En Alaska, ils se répartissaient en plus de vingt groupes incapables de se comprendre d'une ethnie à l'autre, qui s'entre-tuaient avec une grande facilité. Le sort des vaincus était rien moins qu'enviable : « *Vainqueur, on monte sur l'adversaire, ce qui est une façon symbolique de le sodomiser. Avant de couper la tête, on urine sur le visage du vaincu, on arrache ses yeux et on les coud, on lie sa langue, puis on coupe ses intestins, source de vie interne, de la vie tout court ; on jette aux chiens son cœur, son foie (ou on les mange), on empale par le vagin les femmes récalcitrantes ou trop vieilles ; on castre les hommes et on exhibe, au retour dans le village, les trophées sexuels ou les têtes*[49]. »

Le Bon Sauvage sort assez mal en point de ces descriptions d'une violence démesurée, qui ne représentent qu'un faible échantillon des matériaux disponibles. Elles semblent en tout cas confirmer les théories de Clastres : l'État empêche la guerre. Les zélateurs de la modernité et l'ethnologue sont-ils enfin d'accord ? Pas du tout. Car inversement, la guerre empêche l'État, énorme avantage pour Clastres, même si le prix en est élevé. En effet, la guerre permet à chaque communauté de rester soudée autour de ses valeurs, et de prévenir le processus fatal de division sociale. L'État, au contraire, est le produit de cette division, conduisant à la spécialisation du pouvoir politique, qu'il maximise. Il est donc logique que l'État soit contre la guerre. Pour l'élève admiratif des Indiens Guarani, l'État est un faux pacificateur : il éteint une violence dirigée vers l'extérieur par la guerre au profit d'une autre, interne, qui met en mouvement les engrenages de la domination et de l'exploitation à l'intérieur des sociétés. Le Marx de la lutte des classes ne pouvait être Guarani, mais Bakounine se serait senti à l'aise chez ces Indiens.

Essayons de mettre un peu d'ordre dans ces idées tourbillonnantes. En rappelant tout d'abord que l'agressivité est une composante de la nature biologique de l'homme et que tous ses aspects n'en sont pas négatifs : maîtrisée, sublimée, elle est créatrice. Le danger réside dans la violence dont elle est grosse, qui peut conduire à la guerre (affrontement externe), ou tendre parfois jusqu'à la rupture les rapports internes d'une société, en débouchant sur des actes incontrôlés (délinquance) ou régulés (vengeance). Commençons par la guerre. Existe-t-il entre elle et l'État une si radicale antinomie ? Les recherches récentes[50] nous la montrent comme un phénomène général, commun à toutes les sociétés historiques, *étatiques ou non*. Certains exemples font penser que les États peuvent se montrer aussi belliqueux que les sociétés traditionnelles. On estime à plus de trois milliards et demi les pertes humaines dues aux différents conflits depuis le début de l'humanité (pour une population totale comprise entre soixante et cent milliards). Mais la construction des États ne semble pas avoir freiné les hécatombes. Dans la seule Europe, le volume des individus affectés par la guerre passe de 0,2 % aux XIIe et XIIIe siècles à 8,12 dans la première moitié du XXe, second conflit mondial *non* compris. La guerre n'est pas non plus un invariant de la naissance de l'État. Dans certains cas, celui-ci apparaît en dehors de tout contexte guerrier (Cité romaine antique, Mexique précolombien) ; dans d'autres, elle est un facteur déterminant de sa croissance (Guerre de cent ans et État français). De plus, si pour les sociétés traditionnelles la guerre peut être un effet de leur projet d'unité sociale, l'analogie de cette orientation avec le comportement des États est facile à prouver : l'histoire fourmille de cas dans lesquels ceux-ci utilisent la guerre pour préserver le maintien de l'ordre social menacé par des divisions internes. Enfin, elle n'est qu'une invention récente dans l'histoire de l'humanité : on peut espérer trouver d'autres moyens d'affirmer son identité.

L'État n'est donc pas guerrier par essence, même s'il ne répugne pas à se servir des conflits externes. Est-il pour autant, *sur le plan interne*, le pacificateur tutélaire que ses partisans se plaisent à peindre, et sinon un bienfait, au moins un moindre mal ? (Je parle ici de l'État libéral, car pour les dictatures et régimes autoritaires, la cause est entendue.) Autrement dit, l'État moderne empêche-t-il la violence et la vengeance des sociétés traditionnelles, empêtrées dans leur primitivité ? Lui doit-on une avancée de la civilisation ?

La vengeance et l'État

Sénèque hait la vengeance et reprend les arguments de Platon sur la fonction thérapeutique du châtiment. Aristote, bien sûr, les connaissait déjà : ils ne le convainquaient pas. Pour lui, la justice consiste d'abord à redresser le rapport inégal qui unit celui qui a pris un avantage à celui qui a subi une perte, à restaurer le droit de la victime. Elle peut être l'agent de cette rectification. L'*Éthique à Nicomaque* dit clairement que répondre à une violence par une autre n'est pas commettre une injustice : « *Quand, contrairement à la loi, un homme cause du tort — sans répondre lui-même à un tort — il agit injustement [...] un acte d'injustice est un acte fait de plein gré, avec choix et en premier lieu, car de l'aveu de tous, celui qui, parce qu'il a été éprouvé lui-même, rend ce qu'il a reçu ne commet pas d'injustice*[51]. » Le recours au juge, organe de la Cité, n'est pas exclu si les parties le désirent. Mais le tribunal ne condamne pas le principe même de la vengeance : il se borne à examiner avec les plaignants de quel côté se situe la justice. Par ailleurs, Aristote ne se contente pas de légitimer la vengeance. Il limite aussi, d'une manière qui scandaliserait le juriste actuel, le champ de l'ordre public. À le lire, peu de délits mettent en cause l'intérêt général, l'essentiel reste du domaine privé : « *On peut accomplir deux sortes d'actes injustes et d'actes justes, soit contre un membre unique et déterminé de la communauté, soit contre la communauté ; par exemple, celui qui commet un adultère ou donne des coups commet un délit envers un membre déterminé ; celui qui refuse de faire campagne [militaire] commet un délit envers la communauté*[52]. »

Le droit positif de l'Antiquité s'accorde à ces options philosophiques. Dans l'Athènes classique, l'action pour meurtre, l'action pour blessures avec l'intention de tuer sont des actions privées, à l'initiative des familles. Les crimes publics se résument à l'insoumission militaire et aux actes sacrilèges : l'exceptionnel.

Plus juristes que philosophes, les Romains n'en obéissent pas moins aux mêmes conceptions[53]. Jusqu'à la fin de la République, le droit pénal ignore le viol et le rapt. Sous Auguste, initiateur de l'État impérial, ils sont soumis à l'appréciation du juge, mais il s'agit plus d'un aménagement de la vengeance que de sa confiscation par le tribunal. Le *raptor*, sa victime et son père dialoguent devant le juge ; le premier à genoux, suppliant l'offensée et sa famille de lui pardonner. À son père de décider s'il exige la peine capitale, ou accepte la compensation d'un mariage dans lequel sa fille sera dispensée d'apporter une dot : un vernis de public sur un règlement d'ordre privé. Le cas de l'adultère est encore plus frappant. Il y a peu de temps (jusqu'en 1975), notre droit en faisait une infraction pénale. À Rome, durant toute la période républicaine (quatre siècles), le droit pénal, celui qui vient de l'État, reste silencieux : la vengeance règne. Et sous des formes qui n'ont rien de bénin : flagellation, nez ou oreille coupés, énucléation, castration, et même sodomisation (un fantasme ?) sont réservés à l'amant coupable par le mari outragé, qui peut lui-même tuer l'épouse surprise. Aucune médiation judiciaire n'est signalée. Seul un pacte de rachat peut arrêter la vengeance : l'adultère offre une compensation pécuniaire au mari, qui l'accepte, *a priori* par faiblesse (il n'ose pas se venger) ou cupidité (des juristes l'assimilent alors à un proxénète). Mais l'homme d'honneur se doit de la refuser. Plus étonnant encore : les crimes de sang, en plein régime de la Cité-État, ne sont longtemps réglés que par la vengeance. Jusqu'aux années 130 av. J.-C. (l'époque des Gracques, les tribuns réformateurs) fonctionne une double procédure : l'une, publique, s'applique aux complots criminels contre la Cité ; l'autre, privée, dans laquelle l'action est menée par les familles, intervient dans le cas général où le meurtre oppose entre eux des particuliers (sauf pour les parricides, justiciables d'une action publique).

Chute du Bon Sauvage, laissai-je entendre. Avouons que les civilisés de l'Antiquité ne se tirent guère mieux de l'épreuve. Aristote est sans doute le plus grand penseur de l'Antiquité, et la modernité de bien de ses analyses philosophiques est encore attestée aujourd'hui. Quant aux Romains, qui oserait contester leurs qualités de juristes ? Il n'est donc pas question d'invoquer ici une quelconque « primitivité » pour expliquer la persistance de la vengeance dans des sociétés qui ont accédé, et brillamment, au régime de la Cité. La vengeance peut donc fort bien coexister avec des formes modernes de vie politique et sociale. Mais alors, pourquoi le fameux adage *Personne ne peut être son propre juge*, et quand se forme-t-il ? Nous le trouvons bien des siècles plus tard, dans le code de l'empereur Justinien (celui-ci date de 529 *après* Jésus-Christ). C'est à vrai dire au début de l'Empire que l'État investit le champ du règlement des conflits. Auguste donne à la sanction du viol et du rapt un caractère public ; il réglemente aussi les sanctions de l'adultère, tout en laissant au père de la femme volage une large initiative dans la punition. Un peu plus tard, Sénèque condamnera la vengeance, tandis que s'accroît la concentration du pouvoir entre les mains de l'Empereur.

Car tout est là, dans l'envahissement de la sphère privée par l'État, qui longtemps se tint à sa lisière. L'évolution des représentations l'atteste. L'État confisque à son profit le pouvoir parental, la puissance paternelle. L'empereur se fait nommer *pater patriae ;* des procédures nouvelles (appel au prince, remises de peine, grâce) acclimatent les esprits à l'idée qu'il est source de toute justice. L'affrontement sur le Forum, typique de la période républicaine, cède à des mécanismes d'intégration et de soumission : la vengeance doit disparaître. Deux siècles après, dans les secousses des putschs militaires, naîtra l'État autoritaire et dirigiste du Bas-Empire :

l'empereur deviendra « *la loi vivante sur la terre* ». Beaucoup plus tard, les juristes français du Moyen Âge employés par la monarchie s'appuieront sur le droit romain impérial pour dire que « *Toute justice émane du roi* ».

Que retirer de ces évolutions ? Tout d'abord l'idée que la vengeance n'est pas inconciliable avec la modernité, qu'elle peut coexister avec des formes étatiques d'organisation du pouvoir (y compris avec des régimes démocratiques), et que la philosophie n'est pas indigne quand elle entreprend de l'expliquer sans toujours la condamner. Ensuite que son extinction est moins liée aux progrès de la civilisation qu'à l'augmentation de l'emprise étatique sur la vie privée, laquelle peut à l'extrême déboucher sur des régimes autoritaires ou dictatoriaux. Observons aussi que la suppression de la vengeance en tant qu'institution n'est nullement synonyme de celle de la violence.

Prenons des exemples plus contemporains. Les USA : voici un pays qui a la religion du droit et des procès. Certaines *law firms* emploient un millier d'avocats et organisent un véritable *marketing* judiciaire, poussant à l'inflation de la demande de litiges afin de développer l'offre… et les profits. La lutte est d'autant plus âpre que depuis une décennie, la Cour Suprême a autorisé la publicité professionnelle. Résultat : les affiches fleurissent où l'on recommande aux citoyens de ne pas hésiter à engager un procès, en s'en remettant aux bons soins de tel ou tel cabinet. Les conflits sont exacerbés. Les avocats doivent sans cesse être agressifs, désagréables. Le stress aidant, l'alcoolisme fait des ravages dans la profession. 35 % d'entre eux souhaiteraient l'abandonner (5,5 % la quittent chaque année). La violence apparaît donc au cœur du monde des juristes, dans une société économiquement développée, dotée d'un État, et d'une tradition chrétienne. Elle se manifeste aussi sous d'autres formes, bien connues : un cambriolage toutes les dix secondes, un viol toutes les six minutes, un meurtre par demi-heure. L'angoisse sécuritaire, largement fondée, transparaît dans certains aménagements, encore exotiques pour nous. Il existe en Californie un village entièrement construit pour les retraités, le *Rossmore Leisure World*. On pense irrésistiblement en le voyant à une ville fortifiée du Bas-Empire, blottie dans des murailles élevées contre les assauts des Barbares. Quatre cent cinquante hectares de terrain occupés par des constructions individuelles, ceinturés par un rempart séparant la cité des dangers extérieurs, où une police privée patrouille jour et nuit… La violence est telle chez les délinquants que les autorités pénitentiaires, à New York, ont mis au point des *pet programs* : on apporte aux détenus des animaux (chiens, chats ou tortues) en les invitant à les caresser, pour qu'ils puissent apprendre à avoir une attitude douce avec autrui et à s'ouvrir à d'autres rapports que l'hostilité[54]. Mais l'opinion publique n'est que rarement portée à une telle mansuétude : les années Reagan ont popularisé le slogan « *Enfermez-les, et jetez la clef* ». Quant à la vengeance, elle serait plutôt en plein essor : chaque grande ville américaine (Los Angeles est un bon exemple) a des quartiers où s'affrontent de façon sanglante des bandes rivales, et où les assassinats d'enfants ne sont pas exceptionnels. Cette fois-ci, c'est plutôt le Mauvais Sauvage qui se dessine sous les traits de l'homme moderne…

La France paraît mieux lotie. Pourtant, sur des registres plus discrets, le thème de la vengeance se fait entendre. Passons sur la presse populaire spécialisée dans les affaires pénales, où il est omniprésent et connote avec la sexualité (les « drames de la vengeance »). L'idée d'autodéfense progresse et les vigiles privés sont plus nombreux qu'auparavant. D'après un sondage effectué en 1984, 60 % des Français disent qu'ils se vengeraient eux-mêmes en cas d'assassinat d'un de leurs proches. Et quand cela arrive, les tribunaux sont en général fort indulgents et prononcent des peines de principe (emprisonnement avec sursis). Par ailleurs, tous les actes de vengeance n'émergent pas nécessairement au niveau judiciaire. Une partie d'entre eux demeure inconnue, ou leurs auteurs ne sont pas retrouvés. Mais, pour les cas moins graves, le principe d'opportunité des poursuites peut empêcher que les tribunaux ne les connaissent : le parquet est juge des suites à donner aux plaintes déposées.

Et les victimes ? Sénèque leur enjoignait de s'effacer pour que les efforts de la société se concentrent sur l'amendement du coupable. Son message inspire encore notre dramaturgie judiciaire. Observons la disposition des acteurs dans un procès d'assises[55]. L'accusé est *seul*, loin de ses parents ou amis éventuellement présents, isolé dans un box, petit enclos surélevé par rapport au public. Il est le seul personnage permanent du procès à ne pas être revêtu de robe. Devant le public contenu par une barrière, le tribunal, les témoins, le jury, la défense et l'accusation : les véritables maîtres du procès, dont l'oubliée dans cet espace est la victime (ou sa famille). Elle dispose certes d'une place réservée sur un banc qui la distingue du spectateur anonyme, un avocat — dit de la partie civile — la représente dans les débats. La position, les gestes du ministère public, qui agit au nom de l'État et de la société disent toute la supériorité dont il dispose sur eux. Revêtu d'une robe rouge (celle des avocats est d'une noire monotonie), il est installé sur une estrade, au même niveau que les juges, supérieur à celui où se tient la victime. Il doit se lever pour requérir, mais peut poser ses questions assis. Pour demander l'application de la loi, certains substituts se contentent de taper de la main sur leur code pénal sans même esquisser le geste de se lever. Des symboles parfaitement lisibles.

On s'est ému de cet effacement des victimes. Depuis une décennie, des études les concernant se multiplient, on a créé des services destinés à leur apporter une aide, et la chancellerie est fort sensibilisée à leurs problèmes. Les expériences de conciliation développées dans les affaires civiles et commerciales commencent à être tentées avec prudence dans le domaine pénal. Sans qu'on puisse parler d'une privatisation du conflit pénal, et encore moins d'une institutionnalisation de la vengeance, ces divers signes témoignent d'une réaction contre leur neutralisation.

Persistance de la violence et de certaines formes de vengeance dans les sociétés étatiques et les régimes démocratiques, attention accrue portée aux victimes, indulgence fréquente envers leurs actes de vengeance : la modernité est peut-être moins radicale qu'on veut bien le dire. Et surtout, elle ne se situe pas où on le croit. Ce que l'État *moderne* a éradiqué, ce n'est pas la violence ni la vengeance, mais *le système vindicatoire*, qui avait au moins l'avantage de les canaliser en les enserrant dans une stricte régulation d'ordre juridique.

La vengeance « sauvage », un phénomène moderne ?

Système vindicatoire : l'expression semble pédante. Mais elle permet de distinguer la vengeance dans les sociétés traditionnelles des caricatures modernes. Sénèque y voyait déjà un sentiment démesuré, quasi animal. Plus près de nous, R. Girard reprend le lieu commun de la vengeance sanglante enchaînant les générations les unes aux autres dans les sociétés dépourvues de systèmes judiciaires dignes de ce nom[56]. La plupart des juristes font chorus en opposant la vengeance immédiate, démesurée, aveugle des sociétés primitives, à la peine étatique, médiatisée, mesurée, personnalisée. La vengeance serait l'envers négatif de la peine. Par chance, les témoignages ethnographiques sont extrêmement abondants : il est donc facile de mettre à l'épreuve ces idées simples.

La vengeance, un affrontement sanglant et démesuré contraire à la civilisation ? C'est ce que pensent les Esquimaux de la côte est du Groënland. Ils croient se souvenir de vieux récits témoignant de ses ravages, de l'obligation de meurtre indéfiniment transmise de génération en génération. Mais, curieusement, les données ethnographiques ne correspondent pas à ces traditions[57]. La colonisation danoise débute à Ammassalik en 1884. Durant la décennie suivante, on s'aperçoit que la fréquence des actes de vengeance sanglante ne touche que 0,76 % de la population en âge de s'y livrer. Par ailleurs, la plupart du temps, la vengeance s'arrêtait au premier meurtre de revanche, et n'avait donc pas de caractère héréditaire. La contradiction n'est qu'apparente. On a montré que les missionnaires danois avaient transmis leurs propres fantasmes aux Groënlandais qu'ils commencèrent à baptiser à la fin du XIXe siècle. Ceux-ci devinrent au XXe les « anciens », véhicules de la tradition. Or c'est le message du colonisateur qu'ils transmirent : le christianisme, et les administrateurs danois étaient venus apporter la civilisation au Groënland, sauvant ses habitants de l'issue fatale à laquelle les condamnaient la vendetta et autres coutumes barbares. En réalité, la vengeance n'était nullement ce fléau dont parlaient les Danois. Dans bien des cas susceptibles de la provoquer, elle ne se déclenchait pas. Soit par le procédé de la scission, courant chez les chasseurs-pêcheurs-cueilleurs : le groupe qui peut craindre la vengeance déménage pour un temps variable. Ou encore en recourant à des formes rituelles et pacifiques de règlement du conflit, telles que la compétition de chants, pratiquée sur la côte est du Groënland, mais aussi en bien d'autres endroits de l'Arctique[58]. Le gagnant est le chanteur le plus inventif, celui qui trouve les traits les plus mordants. Naturellement, le perdant peut être celui qui est dans son droit. Solution injuste ? Peut-être, mais elle est d'un coût social inférieur à la vengeance et, d'autre part, l'habileté des avocats n'est-elle pas déterminante dans nos procès ?

Écoutons l'un de ces chants. Au cours d'une violente dispute, Tusarpua blesse d'un coup de couteau l'épouse d'Upernâq. Celui-ci entend la venger. L'affaire s'envenime : on décide de la régler par une compétition de chants. Le jour venu, les deux protagonistes s'affrontent, chacun s'accompagnant de son tambour :

Upernâq Parce que je ne peux pas oublier,
je vais chanter un chant au tambour.

Parce que je ne peux pas oublier,
je veux avoir une revanche,
parce qu'il m'a presque tué en chantant,
ce dégoûtant, cet impudent individu.
Mais je remercie
certains shamans
qui m'ont aidé jusqu'au plus profond de mon âme.
Parce que je ne peux pas oublier,
je vais maintenant chanter contre toi.
Je vais faire un chant satirique sur ton compte
car je suis plein de pitié pour mon épouse
et je voudrais protéger
ma pauvre épouse,
ma pauvre compagne.
Tu as failli l'avoir, bête sauvage.
Tu l'as presque déchirée à coups de couteau, bête
sauvage.

Tusarpua Même ceux qui vivent au loin ont dit,
ceux qui sont très loin à l'ouest ont dit
que ce misérable Upernâq,
pour les gens de l'Est,
pour ce petit nombre d'hommes,
organiserait un festival de chants.
Car il disait qu'il avait pitié,
car il disait qu'il voulait protéger sa pauvre femme,
sa femme, qui est beaucoup plus vieille que lui.
Il dit que sa pauvre femme,
je l'ai presque poignardée à mort.
Oui, c'est vrai, j'aurais aimé le faire,
j'aurais aimé l'avoir tuée,
car elle est toujours à médire,
car elle fait toujours du scandale,
à un point tel que je ne peux plus le supporter.

Je ne pense pas qu'on l'ignorera, qu'on ignorera
ton chant,
ton poème,
contre moi, homme isolé
contre moi, qui suis célibataire.
Oui, c'est vrai
que je suis seul,
que je suis célibataire.
Car je ne voudrais pas avoir une femme comme la
tienne !

Et ainsi de suite, le tout pouvant durer des heures quand les adversaires sont habiles.

Quittons les rivages du Groënland pour aborder ceux de la Corse, terre d'élection de la vengeance. Sans doute ne peut-on ici douter de son caractère héréditaire. Mais on insiste volontiers sur ce trait, en oubliant de mentionner qu'un dénouement pacifique n'est nullement exclu, grâce à l'intervention du *paceru*. C'est un médiateur bénévole, personnage puissant choisi par les parties, qui s'interpose et propose des solutions pacifiques que les adversaires sont tenus d'appliquer lorsque les négociations ont abouti. Solutions variées : bannissement, mariages avec constitutions de dot entre membres des familles ennemies, compensations matérielles (mais en principe, les crimes de sang ne sont pas rachetables par le versement d'argent, ce qui rappelle le proverbe caucasien : « *Nous ne faisons pas commerce du sang de nos frères*. ») La sentence du *paceru* est consignée dans un traité de paix. Si l'une des parties viole ses clauses, le *paceru* entre en vendetta avec toute sa famille contre le *rumpitore di pace*. Auparavant, pour marquer l'infamie du contrevenant, il peut brûler sa maison ou procéder à l'écorçage de ses châtaigniers ou de ses oliviers[59]. Mais l'action de l'État va modifier ces mécanismes traditionnels. Depuis le XVIIIe siècle, celui-ci s'efforce de mettre fin à la vendetta, au nom de l'ordre public. Non sans succès. Mais au prix de certains « dérapages » de la vendetta. Ainsi le banditisme d'honneur tourne-t-il au brigandage. Lorsqu'au début du XIXe un homme commet un crime pour des raisons d'honneur, il est obligé de prendre le maquis pour échapper aux gendarmes, mais sa seule préoccupation reste de se défendre contre ses adversaires. Au cours du XIXe, la répression se renforce ; les victimes s'appuient de plus en plus fréquemment sur les forces de l'ordre ; les règles traditionnelles limitant l'exercice de la violence tendent à s'effacer : la vendetta prend un caractère « sauvage », primitif, qui est, en réalité, récent.

Ces exemples (il y en aurait d'autres) appellent une interrogation. L'image que nous nous faisons communément de la vengeance dans les sociétés traditionnelles n'est-elle pas largement fausse ? Et surtout, ne faut-il pas y voir le produit d'une manipulation destinée à valoriser la contrainte étatique, présentée comme un progrès par rapport aux archaïsmes des sociétés dépourvues d'État ? Bref, un tableau des origines qui ne serait qu'une vision moderne, postérieure à l'instauration de l'État, quand celui-ci s'arroge le monopole de la contrainte et de la sanction. On doit sérieusement y réfléchir. D'autant plus que dans toutes les sociétés qui pratiquent la vengeance, celle-ci n'apparaît nullement comme un enchaînement anarchique d'actes sanglants. Bien au contraire, le droit l'enserre comme un corset.

Le corset du droit de la vengeance

Les sociétés traditionnelles n'adoptent pas toutes la même attitude par rapport à la violence. Si certaines la valorisent[60], d'autres, au contraire, font de la paix leur idéal. Pour les Esquimaux du Labrador ou les Toradja des Célèbes, l'harmonie est le but premier vers lequel doit tendre l'organisation sociale ; chez les Indiens Zuni (Amérique du Nord) ou les Mbuti (chasseurs-collecteurs du Congo), l'homme véritable est celui qui sait éviter les querelles. Il en va de même de la vengeance : certaines sociétés y sont plus portées que d'autres. Mais toutes la pratiquent en observant une régulation qui possède les attributs du droit. Y compris celles qui hésitent le moins à verser le sang pour préserver l'honneur. Je prendrai donc d'abord deux exemples parmi elles.

Retour dans la Corse traditionnelle. L'entrée en vendetta inaugure une série de rites : la nourriture devient plus frugale, on supprime le vin, la nappe, les serviettes, la viande se fait rare. En cas de meurtre, la chemise sanglante du défunt est exposée dans la salle commune pour maintenir à vif le désir de laver l'offense. Au cours de la veillée funèbre, les proches parents du mort entonnent des exhortations à la vengeance, en dansant (*caracolu*) autour du mort, tandis que les hommes frappent le sol avec la crosse de leurs fusils. Mais cette vengeance est sélective : seuls peuvent y être soumis les parents mâles de l'offenseur, jusqu'au troisième degré inclus. Y échappent les femmes, enfants, vieillards, parents par alliance et prêtres réguliers. Ainsi que ceux qui désirent rester neutres : intention qu'ils signifient en laissant pousser cheveux et barbe, et en s'abstenant du port de toute arme. La vengeance ne peut débuter qu'une fois certains actes d'avertissement accomplis : les serments de vengeance (*terribili ghiuramenti*) et la déclaration de garde (« *Garde-toi, si le soleil te touche, mon plomb t'atteindra* »). Après quoi, on peut commencer les embuscades. Le temps de la vengeance constitue une mise entre parenthèse des comportements ordinaires : les hommes ne se rasent plus, les femmes s'interdisent tout rire, on ferme portes et fenêtres, on couvre les miroirs. Les justiciers se font souvent *banditu* (bannis) : ils prennent le maquis, habitant hors de l'espace ordinaire du village. La vengeance s'étend enfin au monde invisible : car le meurtre réalise une amputation intolérable du « capital d'ancestralité ». En effet, l'âme d'un assassiné est maudite, elle ne trouve pas le repos : c'est une « âme en peine », attachée à l'endroit où la victime du meurtre est tombée. Le revenant vient hanter les vivants en réclamant son dû. Ces défunts malheureux et menaçants s'opposent aux ancêtres, morts normalement ou correctement vengés, qui jouent un rôle bénéfique envers les vivants. Les morts non vengés réclament la protection des vivants pour devenir à leur tour ancêtres. Ceux-ci ont donc tout intérêt à les satisfaire. Non seulement pour mettre fin aux hantises, mais parce qu'un clan s'étend au-delà de la mort et a besoin pour son prestige de disposer de lignées continues, d'un « capital » d'ancêtres. La famille victime d'un meurtre voit ce capital amoindri : elle doit faire subir au clan offenseur une amputation équivalente.

Les Bédouins de Jordanie veulent aussi le repos de leurs morts. L'âme du disparu, en se séparant du corps à la suite d'une mort violente, se transforme en chouette qui réclame sans cesse à boire le sang de son ennemi. Ils manifestent également, jusqu'à l'obsession, le souci de la parité : il s'agit moins de détruire un ordre social et moral qu'au contraire de le restaurer. Une réglementation juridique minutieuse y veille[61]. Tout d'abord, le recours à la vengeance n'a lieu qu'en cas d'atteinte grave et volontaire à l'intégrité physique de la personne (le viol y est assimilé) : dans tous les autres cas, la composition est de règle. Quand la vengeance s'impose, elle doit se faire dans le respect du droit. Parité sociale : si un esclave tue un homme libre, ce n'est pas lui qu'on tentera de tuer, mais son maître. Parfois la qualité sociale de la victime rend cet impératif difficile à remplir : « *Le sang d'un émir n'a pas de prix* » dit le proverbe. Le quantitatif vient alors au secours du qualitatif : il faudra plusieurs hommes d'un rang moindre pour éteindre la dette de sang. Le droit module également la vengeance selon les rapports de parenté. À défaut de pouvoir répandre le sang du meurtrier lui-même (la fuite est fréquente), on pourra frapper le chef de famille ou même un adulte parmi les agnats jusqu'au cinquième degré. Mais tous ces parents ne sont pas également menacés. En fait, ils sont divisés suivant un ordre de vengeance qui doit être rigoureusement suivi. Ce mécanisme vaut d'être décrit :

En principe, le glaive du vengeur peut atteindre un adulte dans le groupe suivant

1) grand-père du meurtrier

2) père et ses oncles paternels

3) meurtrier lui-même, ses frères et ses cousins germains

4) enfants mâles et ceux de ses frères

5) petits-fils

[...] Pour nous permettre de suivre le raisonnement du droit coutumier, il convient de préciser d'abord que la responsabilité des khamsa *[les cinq degrés de parenté] est symbolisée par une main fermée brandissant un poignard. Les cinq degrés de parenté sont représentés par les doigts de la main, qu'on écarte successivement lorsqu'on fait le comput. Les parents du premier degré sont frappés avec toute la force du bras. On écarte alors un doigt, pour signifier qu'il s'agit maintenant de ceux du second degré. La troisième génération est donc menacée par un couteau tenu par trois doigts, ce qui est quand même suffisant pour donner la mort. Le danger qui pèse sur la quatrième génération est nettement moins grave, car en se servant de deux doigts seulement, on peut tout juste infliger quelques blessures. Aussi lui offre-t-on la possibilité d'échapper à la vengeance, en indemnisant la parenté de la victime. À cet effet, elle devra donner le 'chameau du sommeil'*, ba'ir al-naum, *ou sa contre-valeur en argent (soit 30 dinars pour la Jordanie), moyennant quoi elle pourra 'dormir en paix'. La cinquième génération n'est pas directement menacée car, avec un seul doigt, le représentant du sang est quasiment désarmé, mais elle doit quand même suivre d'abord le meurtrier dans son exil, comme d'ailleurs tous les membres du groupe des* khamsa. *Lorsque la main est entièrement ouverte, l'instrument de justice tombe et, avec lui, le droit de se venger. Aussi ne peut-on aller au-delà du*

> *cinquième degré. Ainsi donc, parmi les* khamsa, *seuls les trois premiers degrés de parenté tombent sous la loi de la vengeance. Mais à l'intérieur même de ce groupe que le danger guette, la règle des 'cinq degrés' suivie dans le comput permet à des parents plus ou moins éloignés d'échapper au glaive du justicier. Le calcul se fait d'abord à partir du meurtrier en remontant jusqu'à l'aïeul commun,* al-jadd al-jâmì. *Puis, par voie descendante, on compte pour chaque branche le nombre des générations depuis le sommet jusqu'à la base. La ligne directe du meurtrier est toujours désignée au bras du vengeur même si son dernier rejeton est un arrière-petit-fils. En revanche, une branche collatérale est épargnée si, du sommet de la lignée au dernier né, il existe cinq degrés de parenté. S'il n'y en a que quatre, elle paie 'le chameau du sommeil'. C'est en ce sens que les Bédouins disent : 'un petit-fils peut libérer son grand-père'*[62].

On pourrait continuer encore longtemps l'exposé du droit bédouin. Constatons que rien ici ne confirme la présentation caricaturale de la vengeance souvent attribuée aux sociétés traditionnelles.

Un autre exemple, pris dans une société différente des précédentes, les Moundang du Tchad[63]. Si les Moundang considèrent que l'offensé doit « prendre la lance avec ses frères », ils associent moins que les sociétés méditerranéennes la notion de virilité à des valeurs telles que l'honneur et le mépris du danger. Tenter d'échapper à l'engrenage des représailles n'a rien de honteux, chercher la conciliation n'est pas preuve de lâcheté. Car ceux que la lance a séparés ne sont plus frères, ils ne peuvent plus hériter les uns des autres ; la vengeance interdit les inter-mariages, ce qui est source de tourments dans cette société composée de clans exogames. Le prestige vient davantage de l'âge et d'une nombreuse progéniture. Par ailleurs, ces clans ne sont pas les seuls détenteurs du pouvoir. Le système politique Moundang est celui d'une royauté sacrée : le roi est à la fois chef politique héréditaire et détenteur de fonctions rituelles et de pouvoirs magiques. Il peut jouer un certain rôle par rapport à la vengeance clanique, mais celui-ci demeure mineur. Le sang versé libère des forces dangereuses que seul le clan a le pouvoir de maîtriser : la terre où il a coulé devient mauvaise, les génies du lieu demandent réparation. En cas de meurtre, le clan de la victime dispose de seulement deux jours pour tuer le coupable ou l'un de ses frères. La solidarité entre frères (le terme est classificatoire : par frère, on peut tout aussi bien désigner son oncle paternel que son propre germain) est relativement faible : celui qui veut éviter de payer pour son parent peut légitimement s'enfuir en quittant le village, ou s'installer auprès de familles alliées, d'où de fréquents flux migratoires chez les Moundang. Ce sont souvent les parents maternels chez qui l'on trouve refuge. Un proverbe dit : « *La parenté de la verge sépare, celle du vagin rassemble.* » Ou encore : « *Tes frères, c'est ta mort ; ton oncle maternel, c'est le vrai* [le bon] *parent.* » Les clans Moundang étant patrilinéaires, les rapports de compétition pour les femmes et les biens opposent les parents par les hommes, alors que les occasions de conflits avec les utérins sont beaucoup plus rares. Que se passe-t-il si au bout de quarante-huit heures le vengeur n'a pu exercer son droit ? Le recours à la divination s'impose : les anciens vont consulter le devin, qui peut leur désigner un homme du clan du meurtrier comme objet de vengeance. En fait, il s'agit d'une mesure de prévention : on évite ainsi que, faute de victime, la vengeance ne dégénère en guerre générale. Mais là encore, les délais sont brefs : si rien ne se passe durant les deux jours qui ont suivi la consultation, les anciens des deux clans en cause doivent parvenir à la conciliation. (Depuis l'époque coloniale, le roi ou ses représentants participent eux aussi aux rituels.) Car le sang versé a « réchauffé » la terre : le sacrifice du « bœuf de la plaie » va la rafraîchir. La famille du meurtrier apporte un bœuf au bord de la rivière, là où les épouses du roi viennent tirer l'eau. Un esclave royal fait avaler à l'animal un poison dont on dit qu'il

« paralyse la main » des antagonistes, rendant la violence impossible. Puis le bœuf est tué, et son sang recueilli dans un pot. Les grands de chacun des clans rivaux y trempent leurs mains, le représentant du roi indique le nombre de têtes de bétail que les offenseurs devront fournir aux offensés. Cependant, le droit à la vengeance n'est pas encore éteint. Le rituel va lui donner une dernière occasion de se manifester. En effet, le bœuf sacrifié est dépecé sur place, et une partie de sa viande cuite. On présente une boulette de cette viande à un enfant choisi parmi les neveux utérins de la victime. Son refus est signe que les génies n'acceptent pas la réparation : la vengeance va reprendre. S'il accepte, un des parents du défunt reçoit les bœufs de la compensation, et s'en sert pour payer la dot nécessaire au choix d'une épouse. Constatation importante : le prix du sang équivaut à celui de la dot. À la place d'un défunt, une espérance de procréation. Remarquons aussi que l'intervention royale dans le rituel, de date récente, reste modeste : le droit de la vengeance est clanique. Cependant, le meurtrier peut se réfugier dans la maison du roi, où il échappera à la vengeance. Malgré les apparences, cela n'a rien à voir avec le droit d'asile médiéval. Le criminel n'est ni jugé, ni excusé par le roi : il passe seulement sous sa domination en devenant son serviteur. Et pourtant la royauté Moundang constitue déjà un système étatique : cette monarchie héréditaire opère une spécialisation du pouvoir politique, qui est extérieur à l'ensemble des unités lignagères sur lesquelles il s'exerce. Les Moundang ont réussi à élaborer un modèle conjuguant système vindicatoire, structure étatique et inexistence du droit pénal.

Les Gamo d'Éthiopie réalisent un autre tour de force, en sens inverse. Tout leur appareil social vise à refouler la vengeance, faute grave envers les puissances surnaturelles, et surtout menace mortelle pour l'unité de leur société politique[64]. On sait que les juristes européens créditent l'État de cette condamnation de la vengeance et lui attribuent l'invention de la justice pénale. Pourtant les Gamo ne connaissent pas l'État, ne sont pas dotés d'une organisation politique fortement différenciée, ni d'un appareil judiciaire spécialisé. Ils s'organisent, au contraire, en petites fédérations sous l'autorité d'assemblées auxquelles tout homme adulte peut participer activement. Ce n'est pas l'État, mais l'idée d'une communauté territoriale qui fonde l'unité politique Gamo. Les voisinages comportent rarement plus de cent maisonnées. Ils sont fédérés en pays, territoires qui possèdent des frontières et un nom spécifiques. Ce lien territorial prévaut sur les rapports de parenté, ce qui contribue à expliquer le discrédit attaché à la vengeance. Le règlement du conflit doit être pacifique. Les hommes honorés sont ceux qui savent pacifier les querelles : cet art est un des principes fondamentaux de l'éducation Gamo. Le dédommagement et la peine sont des moyens rudimentaires de mettre fin à un conflit : il faut surtout éliminer ses causes, et les rancunes auxquelles il a donné lieu (on les expulse d'ailleurs du ventre par des vomissements simulés). En cas de meurtre, tout est fait pour prévenir les occasions de vengeance. Les membres des lignages concernés doivent s'éviter, le meurtrier est ostracisé. Mais le bannissement n'est pas définitif. La réconciliation prime et les parents de la victime y participent. Le meurtrier et son lignage prennent les devants en envoyant leurs anciens chez le clan de la victime pour savoir s'il veut bien accepter le retour du fautif. Dans l'affirmative, un rituel marque l'effacement du conflit. Un animal est sacrifié, puis on le dépèce et l'on pratique une ouverture dans sa peau. Le meurtrier et le plus proche parent de la victime passent alors par ce trou, pour marquer leur renaissance à un ordre nouveau.

Tous ces exemples montrent le caractère rudimentaire, et parfois erroné, des liens classiquement établis entre l'État, la peine et la vengeance. Le système vindicatoire joue plus aisément dans des sociétés non étatiques. Mais certaines formes d'État coexistent avec lui et n'interviennent que peu dans son fonctionnement : c'est le cas des cités athénienne et romaine, et de nombreuses monarchies dans les sociétés traditionnelles. Autre démenti d'un lieu commun : celui qui lie État et droit pénal. Certes cette association est de règle dans les États modernes, encore que nous la voyions sous nos yeux s'effriter[65]. Pourtant les Moundang (ils ne sont pas les seuls) ont un État, mais pas de droit pénal. Dans de nombreuses autres sociétés, on trouve tout aussi bien du droit pénal, mais pas d'État. Chez les Esquimaux, référence obligée des sociétés sans État, le meurtrier récidiviste est soustrait au système vindicatoire, car on considère que son obstination en fait un danger pour la société tout entière. La communauté décide alors sa liquidation physique, toujours effectuée par ses plus proches parents. Non par sadisme, mais pour bien marquer qu'il ne s'agit pas d'un acte de revanche : nous sommes bien dans le royaume de la peine.

Tout change non pas avec l'État en général, mais avec une forme particulière d'État, caractéristique le plus souvent des sociétés modernes : celle de l'État unifié et centralisé, où le pouvoir politique, fortement spécialisé, s'arroge le monopole de la violence licite. Le droit pénal n'est plus défini qu'à partir de son impulsion. Le système vindicatoire se désagrège, la vengeance perd ses rites : elle n'est plus un mode de relation entre groupes complémentaires et antagonistes et devient le plus souvent, dans un avatar moderne, synonyme de pure violence. Y a-t-il progrès ? Oui, dans la mesure où le droit pénal moderne, lorsqu'il prohibe la peine de mort, empêche le sang de couler (c'est loin d'être partout le cas, notamment aux USA où, dans certains États, on peut exécuter des mineurs ou des individus ne jouissant pas de toutes leurs facultés mentales) et en supprimant la responsabilité pénale objective, interdit que ceux qui ne sont pas à l'origine du crime ou du délit paient pour ceux qui l'ont commis. Mais non à bien d'autres égards.

D'une part, en déniant toute légitimité à la vengeance, l'État ajoute à la mutilation que font subir le crime ou le délit à la victime et à ses proches, pourtant les premiers à en souffrir. On ne s'étonnera donc pas de la montée des mouvements d'autodéfense, ni des accusations de laxisme lancées contre les tribunaux (les statistiques d'incarcération montrent qu'elles sont injustifiées, mais elles correspondent à une vérité psychologique). Une participation plus grande des victimes au règlement du conflit pourrait d'ailleurs éventuellement aider à en supprimer les causes : au Canada, dans certains cas, les victimes ont accepté de collaborer à l'amendement des coupables. *Après la peine, le pardon pourrait entrer plus profondément dans nos catégories juridiques*. L'ethnographie des sociétés traditionnelles montre suffisamment que la réconciliation fait partie du bon fonctionnement du système vindicatoire.

D'autre part, l'accaparement par l'État de la sanction pénale témoigne d'une attitude plus générale : l'ignorance de la société civile. Or celle-ci réagit. Les spécialistes du droit pénal mettent à juste titre l'accent sur la diversification en cours des modes de contrôle social, aboutissant à une reprise en charge par la société civile du rôle de l'État et à une atténuation des caractères impératif et sanctionnateur de notre droit. On accorde toujours plus d'importance à la prévention ; le style des recommandations faites aux usagers s'adoucit (les mentions du genre « *Il est formellement interdit de...* » sont plus rares qu'auparavant). On assiste à une déjudiciarisation des conflits : la médiation est à la mode ; l'appel à la collaboration volontaire des individus progresse dans nos institutions judiciaires[66]. À côté des services organisés par l'État, les circuits parallèles d'aide aux victimes se multiplient. Enfin, on peut observer que l'État moderne et ses laudateurs ont construit un système de représentations efficace mais erroné pour justifier son inflation. À la justice civilisée, dont il serait le seul garant, s'opposerait la barbarie sanglante des sociétés primitives, soumises au règne aveugle de la vengeance, ignorant tout de la notion d'intérêt public. Je pense avoir montré qu'il n'en est rien. Ces sociétés ont su, au contraire, inventer des mécanismes juridiques de résolution des conflits qui, pour n'être pas sans défauts, n'en constituent pas moins des innovations tout aussi estimables que bien des trouvailles des sociétés modernes. (L'enfermement carcéral se généralise au XIXe, les punitions physiques à grand spectacle disparaissant avec l'Ancien Régime. La prison paraît plus humaine : on attend d'elle plus la rééducation que le châtiment. Elle vaut sans doute mieux que la roue, mais l'expérience a montré le caractère très limité de ses vertus curatives.)

En assimilant vengeance et violence, l'État laisse à penser qu'en supprimant l'une, il est le meilleur rempart contre l'autre. Si c'était vrai, la violence devrait décroître au fur et à mesure que progressent l'étatisation et la centralisation. Les données ethnographiques ouvrent un large espace au doute. Le sens de la vengeance et de la violence n'est pas nécessairement donné par la présence ou l'absence d'État.

Aux racines de la vengeance et de la violence

Les sociétés traditionnelles n'éprouvent pas moins que nous la gravité des actes qui font couler le sang. Limité dans son déploiement, le recours à la vengeance est de toute façon interdit chaque fois qu'il conduirait à l'affrontement entre membres du même clan. En revanche, sa probabilité s'accroît au fur et à mesure que grandit la distance sociale entre deux protagonistes. Dans l'état actuel des recherches, cette règle de distance sociale paraît universelle : on ne se venge pas lorsque la relation d'identité est forte. Car la vengeance a pour but de rétablir l'égalité perdue en faveur du camp adverse. Si elle frappe un parent proche, elle joue à contresens, en affaiblissant le groupe.

Les Massa (Cameroun-Tchad) ritualisent la prohibition en utilisant deux techniques de combat. Entre membres d'un même clan, on n'utilise que le bâton, qui n'entraîne que de simples blessures ; entre membres de deux clans, on se sert de la sagaie, qui fait couler le sang et engendre la vengeance. Chez les Bédouins, un poème pré-islamique résume admirablement ces principes : « *Ce sont les miens qui tuèrent mon frère ; si je décoche ma flèche, c'est moi qu'elle atteindra.* » Nos propres sociétés ne les ignorent pas. Plus laborieusement que le poète, mais avec autant de certitude, le grand juriste du Moyen Âge Philippe de Beaumanoir (1250-1296) estime impossible que deux frères entrent en guerre : « *Guerre ne se peut faire entre deux frères germains, nés de même père et mère, pour aucune sorte de contentieux, même pas si un d'entre eux a battu ou blessé l'autre. Car l'un n'a pas de parenté qui ne soit aussi celle de l'autre, au même degré ; et quiconque est aussi proche parent des deux parties, de ceux qui sont chefs de la guerre, celui-là ne doit point se mêler de la guerre. Donc si deux frères ont un contentieux et si l'un fait tort à l'autre, il ne se peut excuser par droit de guerre, ni aucun de ceux de son lignage qui voudraient l'aider contre son frère, comme il pourrait advenir si l'on avait moins d'affection pour l'autre*[67]. »

Nos sociétés modernes n'échappent pas à la règle. La guerre civile est toujours présentée comme un mal supérieur à la guerre entre étrangers. D'autre part, toutes les expériences tendant à favoriser les procédures de règlement des conflits reposant sur la conciliation plutôt que sur le jugement montrent qu'elles aboutissent d'autant mieux que les parties possèdent des liens préexistants (parentaux, affectifs, associatifs, résidentiels, etc.) : malgré ses apparences pacifiques et la ritualisation de la violence qu'il opère, le procès est bien une sorte de guerre, en tout cas un combat.

Mais alors comment les conflits à l'intérieur d'un groupe doivent-ils se résoudre ? Par divers moyens, dont la violence est exclue, ou dont ils opèrent le détournement : conciliation, médiation, rites de purification, et très souvent sacrifices d'animaux dans les sociétés traditionnelles. L'identité ou la forte proximité sont donc des facteurs qui paralysent la vengeance et subliment la violence.

La centralisation étatique, l'arsenal de sanctions dont se dote l'État jouent-ils dans le même sens en ce qui concerne les autres conflits, ceux qui mettent en présence des groupes différents ? C'est la vieille thèse évolutionniste, qu'ânonnent quasiment tous les manuels de droit. L'anthropologie invite à la vérifier. Le moyen est simple dans son principe, mais très complexe dans son application. Il consiste à comparer entre elles des sociétés possédant des degrés variables de centralisation politique, et de vérifier si à un accroissement de cette centralisation correspond une diminution de la violence et de la vengeance. Deux chercheurs se sont livrés à ce travail il y a vingt-cinq ans. K.F. et C.S. Otterbein ont constitué un échantillon de cinquante sociétés traditionnelles[68]. Les résultats auxquels ils pensent être parvenus infirment les idées communément admises. Les sociétés caractérisées par un fort degré de centralisation et de complexification politique ne sont pas plus pacifiques que les autres, et n'ont pas moins recours qu'elles à la vengeance : les chiffres cités indiquent même des tendances inverses. De même, la corrélation entre guerre externe et absence de vengeance interne n'est pas automatique : dans les sociétés centralisées, elle se vérifie, mais dans les sociétés non centralisées, guerre externe et vengeance interne vont de pair.

Comme on s'en doute, la publication de ces résultats provoqua la stupéfaction, tant ils heurtaient les certitudes acquises. Certains s'employèrent à les réfuter, usant d'autres statistiques contredisant les résultats des Otterbein[69], ou critiquant la manière dont ils avaient construit leur échantillon[70]. Le débat n'est pas tranché. Mais j'inclinerais volontiers en faveur des thèses des Otterbein. On m'objectera que toute l'histoire de l'Europe plaide en faveur de la thèse classique : la croissance étatique a valorisé l'idée de paix interne (à l'extérieur, c'est autre chose…), et désagrégé, en plusieurs siècles d'efforts, le système vindicatoire. L'explication n'est sans doute pas si simple, et c'est attribuer trop de mérites à l'État.

Car les grands phénomènes historiques (la disparition de l'Empire romain, la Révolution industrielle, etc.) ne reposent jamais sur une seule variable et résultent de la conjonction en faisceau de plusieurs facteurs : à grandes mutations, causes complexes.

Les racines *culturelles* de la vengeance et de la violence (leur soubassement biologique réside dans l'agressivité) forment un réseau ramifié, dont la centralisation étatique n'est pas la clef de voûte : tout au plus une nervure. Car les anthropologues ont mis à jour des corrélations beaucoup plus fortes.

Les premières se forment à partir de certains types *d'organisation familiale*. Elles ont été découvertes il y a déjà trente ans par certains chercheurs[71], dont les analyses des Otterbein ont confirmé les travaux. Le recours à la vengeance est d'autant plus fréquent que prédomine le principe de la résidence masculine (on vit auprès de ses parents mâles ou par les mâles), que celle-ci soit celle du père, de l'oncle ou du mari. La corrélation s'accentue si l'on ajoute à ce facteur la polygamie. À l'inverse, la vengeance sera d'autant moins probable que l'on se trouve dans une société monogame, uxorilocale, matrilocale ou néolocale. Comment l'expliquer ? On sait que la plupart des sociétés humaines sont régies par le principe de la domination masculine, et que les activités guerrières sont en général le fait des hommes. Quand l'organisation résidentielle favorise le regroupement des individus de sexe mâle par génération, se forment des communautés d'intérêts fraternels d'autant plus promptes à réagir par solidarité vindicatoire aux atteintes visant l'un des leurs qu'une fois mariés, les frères restent proches les uns des autres et sont unis par une communauté de vie. Cette solidarité résidentielle augmente si ces hommes sont issus de mariages polygyniques. En effet, dans les sociétés polygyniques, le mariage des fils est en général plus tardif que dans les monogamiques. Les demi-frères sont donc éduqués ensemble plus longtemps ; on suppose que leur solidarité s'en trouve renforcée. On ajoutera que les comparaisons interculturelles montrent que si la patrilocalité est associée à la guerre interne, la matrilocalité l'est à la guerre externe.

Les autres corrélations tiennent à *l'organisation socio-économique*. Les sociétés de chasseurs-cueilleurs nomades privilégient les modes pacifiques de règlement des conflits, à l'inverse des agriculteurs sédentaires. Chez les premiers, les conflits portent surtout sur des problèmes d'ordre familial ou concernant l'accès à des biens de consommation périssables. Alors que chez les seconds, l'identification d'un individu ou d'un groupe à un espace territorial, la tendance à l'individualisation de la propriété engendrent des occasions supplémentaires de conflits. De plus, le nomadisme permet aux individus entre lesquels existe une opposition de la résoudre par l'éloignement plutôt que par l'affrontement. Un proverbe bédouin le dit : « *Pour rapprocher nos cœurs, éloignons nos tentes.* » Moins exacerbés, les conflits ne nécessitent pas forcément l'intervention d'une tierce personne. Celle-ci est beaucoup plus fréquente chez les agriculteurs sédentaires. De même, l'ostracisme ou la dispersion sont plus rares, car économiquement plus difficiles à mettre en œuvre. D'autre part, le mode de vie des chasseurs-cueilleurs accentue la dimension communautaire des comportements. La recherche du gibier, le calendrier et l'itinéraire des migrations dépendent de décisions qui doivent être prises en commun alors que le travail agricole est soumis à des contraintes collectives d'un moindre degré de permanence. L'aspect souvent vital de l'intégration au groupe permet de comprendre la fréquence des sanctions socio-psychologiques, reposant sur la honte et le ridicule (blâme, réprimande, moquerie, ostracisme temporaire, séances d'autocritique) chez les chasseurs-cueilleurs. Les Mbuti miment en le caricaturant le comportement du fautif. Les Esquimaux appellent le voleur du nom de l'objet volé ou le nomment de telle façon que ses liens avec sa famille n'apparaissent plus. À l'inverse, dans les sociétés d'agriculteurs sédentaires, on emploiera plus volontiers des sanctions touchant la personne physique ou les biens matériels d'un individu : nous nous reconnaissons ici.

Tout ceci incline à émettre de sérieuses réserves sur le thème de l'État pacificateur. Au total, depuis le paléolithique, la violence et la guerre semblent avoir réclamé un tribut en vies humaines toujours plus important au cours de l'histoire, alors que celle-ci connaissait simultanément une multiplication des sociétés étatiques. Peut-on objecter que, sans la régulation étatique, les choses auraient été pires encore ? Le fonctionnement du système vindicatoire dans beaucoup de sociétés traditionnelles — dont certaines connaissent des États tempérés, moins exclusifs que l'État moderne — autorise à penser que rien n'est moins sûr. La vengeance « sauvage », démesurée, demeure exceptionnelle, et constitue surtout un repoussoir fantasmatique des sociétés modernes. Celles-ci reviennent d'ailleurs aujourd'hui du « tout-État » en matière de justice, que celle-ci soit civile ou pénale : le temps des médiateurs semble arrivé.

Le temps des médiateurs [72]

Tout le monde connaît l'*ombudsman* suédois, le médiateur de la République et autres fournisseurs de bons offices apparaissant dès que des conflits sociaux, voire internationaux, prennent quelque ampleur. Très « post-modernes », le consensus, la médiation sont à la mode. On les inscrit volontiers au crédit de la réussite économique des Japonais, experts en ces matières. Pourtant, au *hit parade* de la médiation, les sociétés traditionnelles ne seraient pas mal placées. Lisons ce que les anthropologues disent par exemple du « chef-à-peau-de-léopard » :

« *La plupart des tribus ont une population supérieure à 5 000 personnes, et les plus grandes entre 30 et 45 000. Toutes les tribus sont économiquement autonomes, possèdent leurs propres pâturages, ressources en eau, réserves de pêche, que seuls leurs membres ont le droit d'exploiter. Chacune porte un nom qui est le symbole de son caractère distinctif. Les membres de la tribu ont le sens du patriotisme : ils sont fiers d'être membres de leur tribu qu'ils considèrent supérieure aux autres tribus [...]. La définition la plus simple énonce qu'une tribu est la communauté la plus étendue qui considère que tout différend entre ses membres doit être réglé par arbitrage et qui doit agir de concert contre les autres communautés de même type et contre les étrangers [...]. Le droit règne à l'intérieur de la tribu et il existe un appareil destiné à apaiser les différends qu'une obligation morale oblige à régler tôt ou tard. Si un homme tue un autre membre de la tribu, il est possible de prévenir ou de mettre fin à la vengeance par un paiement de têtes de bétail. Entre différentes tribus, il n'existe pas de moyen permettant de réconcilier les parties séparées par un différend et aucune compensation n'est soit offerte, soit demandée [...].*

Nous pensons que le système politique opère largement au moyen de l'institution des représailles réglementée par un mécanisme désigné sous l'appellation de "chef à peau de léopard". Nous retenons ce titre, bien que le terme de 'chef' puisse être trompeur. Ce personnage est l'un des spécialistes exerçant une fonction rituelle dans plusieurs domaines de la vie sociale nuer et dans les rapports avec le milieu naturel. Les chefs à peau de léopard appartiennent à certains lignages, tous les membres de ces lignages n'utilisent pas tous leurs pouvoirs rituels héréditaires. Dans la plus grande partie du pays nuer, ces lignages ne sont pas des branches de clans dominants.

Lorsqu'un homme en a tué un autre, il doit immédiatement se rendre auprès du chef qui entaille son bras de manière à ce que le sang puisse couler. Jusqu'à ce que cette marque de Caïn soit faite, le meurtrier ne peut ni manger ni boire. Si, comme cela est ordinairement le cas, il craint la vengeance, il reste chez le chef, car la demeure du chef est un sanctuaire. Au cours des mois qui suivent, le chef engage les parents du meurtrier à se préparer à payer une compensation, afin d'éviter les représailles et persuade les parents de la victime d'accepter la compensation. Pendant cette période, les deux parties ne peuvent pas manger ou boire dans les mêmes plats, ni manger dans la maison d'un tiers. Le chef rassemble alors le bétail — quarante à cinquante têtes encore tout récemment — et les conduit à la demeure du mari, où il accomplit de nombreux sacrifices de purification et de réconciliation. Telle est la procédure qui permet de régler les graves différends [...].

Cette brève description peut donner l'impression que le chef juge l'affaire et oblige à accepter sa décision. Rien n'est en fait aussi loin de la réalité. On ne demande pas au chef de prononcer un jugement ; il ne viendrait à l'esprit d'aucun Nuer que c'est cela qui lui est demandé. S'il apparaît que par son insistance le chef force les parents du mort, au besoin en les menaçant de les maudire, à accepter la compensation, il est admis conventionnellement qu'il agit ainsi afin de permettre aux parents de la victime de conserver leur prestige. La reconnaissance de l'existence de liens de communauté entre les parties et par là l'obligation morale de régler l'affaire en acceptant le paiement traditionnel et le désir des deux côtés d'éviter, au moins dans l'immédiat, le développement de l'hostilité, sont les deux éléments qui semblent avoir été réellement pris en considération [...]. Dans le strict sens du terme, les Nuer n'ont pas de droit. Personne n'est investi de fonctions législatives ou judiciaires. Il existe des paiements conventionnels admis au profit de personnes ayant souffert de certains dommages — adultère commis avec l'épouse, fornication avec la fille, vol, membre brisé, etc. — mais ces paiements ne constituent pas un système légal, car il n'existe aucune autorité constituée et impartiale qui puisse décider des droits ou des torts [...]. Si les Nuer n'ont pas de droit, ils manquent également de gouvernement. Le chef à peau de léopard n'est pas une autorité politique et "l'Homme du bétail" et autres personnes chargées du rituel (spécialistes totémiques, faiseurs de pluie, possesseurs de fétiches, magiciens, devins, etc.) n'ont pas de statut ou de fonction politique. Ils peuvent toutefois devenir très éminents et inspirer de la crainte dans leur localité. Dans les villages, les hommes les plus influents sont généralement les chefs de famille étendue, particulièrement lorsqu'ils sont riches en bétail, ils possèdent une forte personnalité et sont membres du clan aristocratique. Cependant, ils ne possèdent pas un statut ou une fonction clairement définis. Le Nuer, en tant que produit d'une éducation dure et égalitaire, profondément démocratique, prompt à céder à la violence, se considère tout aussi valable que son voisin[73]. »

Telle est la justice des Nuer, une population soudanaise dont la description ici rapportée constitue un classique de la littérature anthropologique. On y voit en effet fonctionner un mode de règlement des conflits en l'absence de toute forme d'État, reposant sur le bon vouloir des parties, canalisé par une série de rites et de règles. Bien qu'il concerne une société hyper-traditionnelle (les Nuer représentent un des modèles les plus achevés de société non étatique), ce processus paraît d'une étrange modernité. Anticiperait-il les justices alternatives qui se multiplient en Amérique du Nord et en Europe ? Elles aussi prennent leurs distances avec l'État, font appel à la collaboration des parties et privilégient la conciliation par rapport à l'application stricte d'un droit préétabli. Avant de dire si nous assistons chez nous à une renaissance des justices traditionnelles, ouvrons le dossier de ces justices alternatives modernes.

Les « soft justices » en Amérique du Nord

Modernes ? En fait, ce que les Américains nomment la « Justice informelle » débute chez eux il y a assez longtemps (l'expression est malheureuse : ladite justice n'est pas dénuée de formes, mais elles sont différentes de celles qu'exigent les tribunaux). Ce mouvement est né dans les années 1880. Il commence avec la multiplication des juridictions arbitrales indépendantes des tribunaux, et concerne surtout les affaires commerciales. Dans le courant du XXe siècle, il s'étend au règlement des litiges mineurs, intervenant entre voisins ou individus apparentés, ou ceux mettant en cause des enfants ou des adolescents. Les différentes juridictions qui en sont nées (*Domestic Relations Courts, Small Claims Courts, Neighbourhood Justice Centers*) doivent appliquer une justice plus « sociale » que légale : elles tendent à écarter le formalisme, visent moins l'application stricte du droit que la restauration de la paix sociale et l'adhésion des parties au règlement du litige, envisagent davantage le conflit comme une maladie à guérir qu'un mal à réprimer. On reconnaît là bien des caractéristiques du droit dans de nombreuses sociétés traditionnelles. Pourquoi les États-Unis jouent-ils ce rôle d'avant-garde dans les justices alternatives ? Probablement parce qu'il s'agit d'une société compétitive, conflictuelle, et par ailleurs hyper-judiciarisée : les justices alternatives constitueraient autant de soupapes de sécurité (de même que dans ce pays les mouvements pseudo-religieux exploitant la naïveté de foules énormes constituent la fausse monnaie dont il faut bien payer les excès d'une culture profondément matérialiste). À l'heure actuelle, on estime que cinq à dix pour cent seulement des différends aboutissent devant les tribunaux (déjà surchargés, ce qui donne une idée de la potentialité conflictuelle des États-Unis). On peut en conclure que la plupart des litiges sont résolus soit par les parties elles-mêmes, soit transigés par les *lawyers*, soit réglés par les différentes instances de justice informelle.

La médiation devient même une discipline enseignée à l'école. Depuis une dizaine d'années, des formateurs en médiation se rendent dans les établissements scolaires. Ils organisent des jeux de rôles, font comprendre aux enfants qu'ils doivent compter sur eux-mêmes pour résoudre leurs conflits et non sur leurs professeurs. Autre travail des éducateurs : sélectionner parmi les enfants (la formation commence dès l'âge de six ans) des leaders qui seront les chefs à peau de léopard en culottes courtes. La peau du félin est remplacée par un tee-shirt de couleur vive, portant une inscription en grosses lettres : DIRECTEUR DE CONFLITS. Quand une bagarre menace ou éclate, accompagnés d'un camarade d'âge plus mûr (sage précaution), ils calment les ardeurs en demandant aux belligérants les raisons de leur dispute et en essayant de leur faire trouver ce que pourrait être la solution pacifique de leur conflit[74]. Procédés dont l'intention semble faire écho à la valorisation de la conciliation qu'on trouve dans l'éducation donnée dans les pays orientaux[75]. Pourtant il existe une grande différence. En Chine ou au Japon, cette éducation est conforme à une tradition culturelle millénaire. En Amérique du Nord, elle se situe exactement à l'opposé des valeurs mises en œuvre dans la vie quotidienne et les relations économiques. Dans la rue ou la cour de récréation, à la télévision, dans les activités sportives même (le football américain n'est pas la gymnastique chinoise) les enfants américains sont plus souvent confrontés à la lutte, au conflit et à la violence que plongés dans un univers consensuel. En Amérique du Nord, la médiation, la conciliation sont les éléments d'une contre-culture. Ce qui ne les disqualifie pas pour autant, mais les situe dans un contexte profondément différent de bien des sociétés non occidentales, et qui, en conséquence, ne facilite pas leur mise en œuvre.

Petits litiges, relations d'affaires, différends entre voisins, conflits familiaux : tels sont les terrains favoris des « soft justices ». Revenons sur le cas des divorces. Leur fréquence, en les banalisant, aurait pu favoriser leur innocuité. Pourtant, il semble bien que la représentation commune du mariage soit toujours celle d'une union voulue perpétuelle, même si elle dure de plus en plus fréquemment moins que la vie. Un jour viendra peut-être où les familles mono-parentales ou recomposées seront spontanément porteuses d'autant de bonheur que les couples « traditionnels » (seront-ils alors exotiques ?). Ce n'est pas encore le cas. Sinon, comment expliquer que les divorces soient si fréquemment l'occasion de drames psychologiques et affectifs, non seulement pour les ex-conjoints, mais également pour leurs enfants ? C'est en tout cas à propos du divorce que le terme de « médiation familiale » est utilisé pour la première fois aux USA. Dans les années soixante-dix. D.J. Loogler, un avocat d'Atlanta, recommande cette méthode et, pour la mettre en œuvre, ouvre en 1974 un premier bureau de pratique privée de médiation familiale, avant de publier quatre ans plus tard un ouvrage intitulé *Structured Mediation in Divorce Settlement*. L'idée centrale en est qu'une tierce personne, impartiale et neutre, *sans pouvoir décisionnel* — le médiateur — doit aider les parties à trouver *en commun* (et non de façon conflictuelle) une solution aux problèmes engendrés par leur séparation : garde des enfants, résidence, intérêts financiers, etc. Les points de référence ne sont plus les normes (le contrat de mariage, par exemple) ou la décision d'un juge, mais le bon vouloir des parties ; l'extinction du conflit, d'où doit naître un nouveau type de relations (quand il y a des enfants, le divorce met fin au couple, mais pas à la famille) ; le charisme de chaque médiateur. Ces idées connaissent un grand succès dans toute l'Amérique du Nord, à la mesure sans doute des souffrances engendrées par les désunions. En 1980, l'État de Californie adopte le premier une loi sur la médiation : si les parties ne peuvent s'entendre sur la garde des enfants, elles doivent obligatoirement être présentées à un médiateur. Deux ans plus tard, ces médiateurs existent dans quarante-quatre États américains. À la même époque, un Service de médiation naît à Québec ; bientôt la plupart des palais de justice auront leur « Service de médiation familiale ».

La médiation effectue même une percée dans le champ des affaires pénales, où son acclimatation paraît *a priori* plus difficile, dans la mesure où la mise en jeu de l'ordre public favorise le recours au droit strict et aux solutions d'autorité. Elle s'y organise en trois cercles concentriques. Le premier est le plus proche du système pénal : le substitut ou le juge jouent eux-mêmes le rôle de médiateurs, mais uniquement dans les petits litiges, et ceux où l'intention délictueuse est faible. Le deuxième est celui de la médiation *privée*, mais très dépendante des autorités judiciaires. Le tribunal peut en effet décider de renvoyer l'affaire à un centre privé de médiation. Là encore, il s'agit d'une justice du quotidien : l'objet du litige ne doit pas dépasser 1 000 dollars ; en pratique il s'agit surtout d'affaires de famille et de différends entre voisins. Des infractions plus graves telles que le vol, la prostitution, la discrimination raciale peuvent être traitées par la médiation du troisième cercle, entièrement indépendante du système pénal. Elle est mise en œuvre par les *Community Boards*, centres de médiation composés de bénévoles d'un quartier. Là aussi, ils doivent aider les parties à trouver elles-mêmes la solution d'apaisement. Il s'agit vraiment d'une justice alternative : l'accord auquel on parvient n'a par lui-même aucune valeur juridique aux yeux des tribunaux qui, si l'affaire arrive jusqu'à eux, peuvent ou non l'entériner. Ici, la référence à la notion de territoire est importante : le cadre de cette justice est le quartier. Les conciliateurs sont guidés par l'idée que le conflit a un côté positif si on parvient à le sublimer en agissant de façon responsable, sans s'en remettre à une autorité extérieure. Si la procédure aboutit, non seulement l'harmonie sera restaurée, mais la communauté des habitants du quartier aura gagné en cohésion. Même si le contexte est différent, on est évidemment frappé par la similitude existant entre ce raisonnement et la vision du droit partagée par de nombreuses sociétés non occidentales[76]. La France connaît-elle la même évolution ?

L'ordre négocié en France

On pense communément que le développement de l'État-Providence a déjudiciarisé de nombreux litiges. L'État — ou, plus concrètement, les services et travailleurs sociaux, les prestations sociales et allocations — en aidant les victimes de certains préjudices (fonds national de garantie en matière d'assurance automobile), en venant au secours des plus démunis (revenu minimum d'insertion), ou en protégeant ceux qui risqueraient de souffrir d'un rapport de forces trop inégalitaire (législation du travail) désamorcerait un grand nombre de litiges, qui recevraient ainsi une solution non plus judiciaire, mais administrative. Pourtant, les chiffres récents font état d'une augmentation spectaculaire des litiges portés devant l'ensemble des juridictions.

Que signifient-ils ? Le développement de l'aide judiciaire joue en faveur d'un recours accru aux tribunaux. Mais on peut invoquer d'autres raisons. L'évolution du niveau de vie qui, dans certains secteurs comme la consommation, favorise les litiges ; la diminution de la fiabilité des normes juridiques : les textes juridiques sont de plus en plus nombreux, parfois contradictoires et souvent mal rédigés, ce qui complique leur interprétation. Mais le phénomène a sans doute aussi une autre cause, plus inquiétante : la destruction de certains groupes intermédiaires de la société française, accélérée par la mobilité géographique qu'accroîtront dans le futur les moyens de déplacement à grande vitesse (quel sera le coût sociologique du TGV ? Aucun expert en sciences humaines n'ayant été consulté au stade des projets, on l'apprendra sur le tas). Comme nous le savons, une communauté cohérente tend à régler elle-même ses litiges internes. Quand elle s'affaiblit, le recours à une autorité extérieure s'impose. Quoi qu'il en soit, les résultats sont là : les tribunaux croulent sous le poids des litiges et les Français n'estiment guère leur justice (58 % s'en défient, 89 % la jugent inadaptée aux litiges de la consommation[77]). Interrogés en 1975, ils disaient déjà leur préférence pour une justice civile qui penche nettement du côté de la conciliation : 77,3 % souhaitaient que les audiences soient conçues comme une libre discussion entre les parties et le juge ; 32 % désiraient qu'elles aboutissent à une réconciliation des plaideurs ; 51,9 % aspiraient à des procédures judiciaires plus simples, et 44,4 % plus rapides. La paralysie de la machine judiciaire et les vœux des Français correspondent donc à une mutation de la Justice qui pourrait se réaliser par la transition vers un modèle qu'E. Le Roy a fort bien décrit comme étant l'*ordre négocié*[78]. L'ordre négocié, auquel appartiennent les techniques de la conciliation, de la médiation et de l'arbitrage, vise à éteindre les conflits en recherchant prioritairement le rétablissement de la paix. L'oralité, parce qu'elle peut rapprocher mieux que l'écrit et correspond à des relations de face à face, est fréquemment employée par les participants. Le droit n'est pas évacué, mais sert surtout de point de référence, de modèle flexible adaptable aux situations concrètes (le juge des mineurs pourra, par exemple, aménager, voire suspendre son application, en échange de la promesse de s'amender faite par le délinquant). L'ordre négocié, qui dessine peut-être notre futur, correspond évidemment aux conceptions de bien des sociétés non occidentales. Car notre propre tradition nous a plutôt habitués à l'*ordre imposé*. Les litiges y sont réglés par les institutions judiciaires. Celles-ci s'attachent à établir les responsabilités de chacun en appliquant des règles écrites, générales et impersonnelles, préexistantes au conflit. Bien sûr, ces modèles correspondent plus à des tendances qu'à une restitution exacte de la réalité. Le recours au droit et aux juges peut être utilisé comme moyen de pression dans l'ordre négocié. Inversement, l'ordre imposé est susceptible de bien des adoucissements. Le juge dispose souvent d'un large pouvoir d'amodiation de la sanction ; dans la pratique il apprécie les faits, en son for intérieur, suivant l'idée qu'il se fait de l'équité, et habille son avis avec les normes juridiques qui lui semblent adéquates. Le juge-machine est une fiction : de nos jours, plus de deux tiers des litiges sont tranchés *en fait* sans que le juge ait eu recours au droit positif de façon autre que formelle[79]. Il reste que le recours au concept d'ordre négocié se révèle très fécond quand on l'applique à un certain nombre de procédures de règlement des conflits. On pourrait croire qu'il ne joue qu'à l'extérieur des tribunaux, au sein de diverses institutions sociales, mais non judiciaires : il n'en est rien.

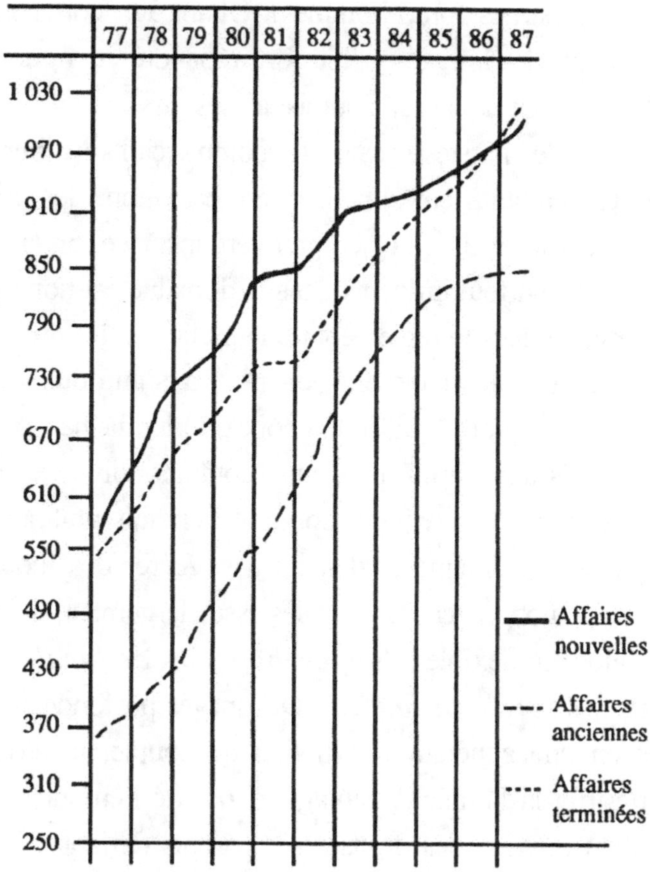

Évolution de l'activité de l'ensemble des tribunaux de droit commun (Cour de cassation, cours d'appel, tribunaux de grande instance et d'instance) en matière civile exprimée en milliers d'affaires (*Dans :* Annuaire statistique 1987. *La Documentation française, 1989*).

Le tribunal n'est souvent pas l'aréopage hiératique et empourpré qu'on imagine volontiers : l'image ne correspond guère qu'à la haute justice pénale. Il n'est pas non plus un salon de thé où l'on devise agréablement. Mais depuis longtemps la justice, dans un souci d'efficacité, recourt dans certains cas aux techniques de l'ordre négocié. Quand ils ne sont pas réglés de façon interne (négociation, médiation), les conflits du travail sont tranchés par des juridictions spéciales, composées de représentants des groupes auxquels appartiennent les parties (prud'hommes). Quant aux commerçants et milieux d'affaires, l'arbitrage y est fort répandu et, à défaut, les éventuels litiges sont là aussi soumis à des juridictions spéciales, composées non de juristes, mais de commerçants (tribunaux de commerce). Cependant, en appel et en cassation, les tribunaux étatiques prennent le relais. Mais en première instance, on laisse à ces groupes puissants (surtout influents dans le domaine économique) une autonomie certaine dans le règlement de leurs litiges. Le droit étatique et les juges hésitent aussi de plus en plus à s'introduire dans les affaires de famille. Le droit fait là le choix du pluralisme : on peut se marier en choisissant parmi plusieurs contrats, divorcer de trois manières (le divorce par requête conjointe en fait pratiquement la chose des parties). Il incline également à suggérer des modèles par l'intermédiaire de notions-cadres définies assez largement, qui donnent au droit un caractère flexible : *danger, bon père de famille, intérêt de l'enfant, intérêt de la famille*. Devant les profondes mutations qu'a subies en une génération la notion de couple, le droit se fait neutre et construit la famille davantage autour de l'enfant que de ses parents : enfant ouvrant des droits à ses parents (enfant à charge du droit social et fiscal), enfant créancier de ses parents (substitution de la responsabilité parentale à l'autorité parentale), enfant sujet autonome de droits (déclarations des droits de l'enfant)[80]. Le souci de la protection de l'enfance apparaît également dans l'existence et le fonctionnement de juridictions spécialisées dans les affaires les concernant. Les travaux accomplis par le Laboratoire d'anthropologie juridique de Paris permettent d'en saisir toute l'originalité[81].

Remarquons tout d'abord que la protection judiciaire du mineur est surtout l'œuvre du juge. Éparpillés dans divers codes, des textes — moins nombreux qu'on ne pourrait le supposer — lui donnent un large mandat pour sauver l'enfant d'un danger, si possible avec la collaboration de la famille. La loi habilite le magistrat à déterminer au cas par cas à quelles obligations juridiques devra se soumettre la famille pour retourner à la normalité. Les relations qu'il noue avec le mineur et ses parents sont très personnalisées. On peut dire qu'il « incarne » pour eux la loi, mais cette loi consiste moins dans telle ou telle disposition du droit pénal ou civil que le rappel à la réalité sociale dans laquelle l'adolescent doit s'insérer : le juge vise ainsi au rétablissement de la paix. Il peut d'autant mieux y prétendre qu'il est souvent assimilé à un substitut parental, par le mineur mais aussi par ses parents, qui cherchent à lui faire jouer un rôle qu'eux-mêmes n'arrivent plus à remplir ou qui a été rendu vacant par l'histoire de la famille (absence du père). Quand celle-ci peut encore jouer le rôle de relais, la loi fait obligation au juge de recueillir son adhésion à la mesure envisagée (art. 375-1, al. 2 du Code civil). Car ce qui caractérise le plus le droit utilisé par le juge des enfants, c'est son aspect *négocié* : par exemple, la famille ne consent au placement du mineur dans un autre foyer que si le juge lui garantit la proximité de ce foyer par rapport à son domicile, la régularité des droits de visite, etc. Nous sommes là aux antipodes du modèle de l'ordre imposé.

Tout ce contexte favorise le recours à l'oralité. D'une part, elle est la règle dans les relations de face à face, comme celles qui fonctionnent dans le cabinet du juge pour enfants. D'autre part, elle a, par elle-même, un effet créateur. En Afrique, la parole, prononcée dans certaines conditions, n'est pas une simple communication, mais mobilise des forces (notamment celles du monde invisible) qui la rendent immédiatement efficiente. Or, on peut souvent observer des effets analogues dans le bureau d'un juge. Lorsque celui-ci a suffisamment de charisme, quand il concentre toute son autorité personnelle et celle de l'institution pour rappeler l'ordre de la société ou prononcer solennellement une admonestation, il n'est pas rare de voir le mineur rempli par la même émotion qui saisit l'Africain à l'évocation des forces cachées. La loi et les ancêtres jouent le même rôle dans l'invisible. Dernière preuve que, dans tout cela, le droit impératif n'est tout au plus qu'une sentinelle : le rôle des sanctions. Contrairement au juge pénal, le juge des enfants utilise rarement, en matière d'assistance éducative, l'arsenal des moyens autoritaires mis à sa disposition. Tout au plus menace-t-il parfois de leur application. Mais l'essentiel est ailleurs, dans l'accord qu'il a su négocier avec le mineur et sa famille, où la part du droit impératif est minime.

L'engagement, c'est-à-dire la *parole* donnée, occupe d'ailleurs une place croissante dans notre système judiciaire[82]. Nous l'avons constaté dans le divorce par requête conjointe et les mesures d'assistance éducative prises en cas de danger pour l'enfant. Mais, plus surprenant, il existe aussi au pénal, qui résonne plus fort de l'écho de la transgression. L'assistance éducative peut aussi intervenir après un acte délictueux du mineur : si celui-ci souscrit aux engagements qui lui sont proposés, il ne connaîtra pas la sanction pénale. Les adultes ont également la latitude de l'écarter ou de l'adoucir. En se soumettant au contrôle judiciaire, qui évite l'incarcération provisoire ; en satisfaisant aux conditions déterminées par le sursis avec mise à l'épreuve. L'incarcération peut être écourtée (remise de peine pour bonne conduite), ou, dans certains cas, remplacée par des travaux d'intérêt général si le prévenu y consent. On peut même se demander avec A. Garapon, magistrat et anthropologue du droit, « ... *si l'aboutissement d'une telle évolution ne serait pas l'organisation par la justice d'authentiques cérémonies de réintégration pour les personnes qui ont respecté leurs engagements de la même manière que le procès peut être assimilé à une cérémonie d'exclusion. Le droit ne devrait-il pas imaginer des sanctions qui ne soient pas négatives pour encourager les engagements tenus* ? »[83] . Triste image, en effet, banalisée par tant de films, que celle du délinquant qui a purgé sa peine et, après la levée d'écrous, quitte au petit matin la prison, sa valise à la main, marchant d'un pas hésitant dans une rue déserte... Au-delà du stéréotype, elle exprime bien une certaine réalité.

Faut-il aller plus loin, et peut-on imaginer que le juge abdique son pouvoir en faveur de la victime ? Il y a quelques années, à Édimbourg, une jeune femme échappe de peu à un viol suivi d'une tentative d'assassinat. Mc Kenzie, le coupable, est jugé en 1989 par un tribunal présidé par Lord Mc Cluskey. Celui-ci constate la cruauté de l'accusé et déclare à la stupéfaction de tous : « *Que la victime elle-même offre son point de vue sur la sentence à appliquer à son agresseur*[84]. » La victime demeura coite, et quelques mois plus tard, la Haute Cour de Justice d'Edimbourg cassait le jugement comme contraire au droit écossais.

Aucun tribunal français n'a eu à ce jour l'audace — dangereuse — de Lord Mc Cluskey, car le pénal touche au sacré. En revanche, dans d'autres domaines, le juge dispose de moyens, sans cesse élargis, de prendre ses distances avec le droit. Les parties peuvent, pour les petits litiges, recourir à la conciliation judiciaire devant le tribunal d'instance ; le nouveau code de procédure civile dote le juge du pouvoir de les concilier. Il permet aussi aux justiciables de délier en partie le juge de son obligation usuelle de statuer en droit, en lui confiant la mission de statuer en équité, comme amiable compositeur. Dans ce cadre, il peut même formuler une solution contraire à la norme juridique, s'il estime que son application aboutirait à un résultat inéquitable. Une loi récente (du 5 avril 1990) lui permet aussi de s'effacer derrière un médiateur. Aux termes de ce texte, il peut en effet désigner une personne de son choix comme médiateur. Elle entendra les parties, confrontera leurs prétentions et leur proposera, dit la loi, « une solution de nature à les rapprocher ».

Enfin, il faut noter que souvent le jugement s'évanouit à l'initiative des parties. Celles-ci concluent un accord dont ni le juge, ni aucun médiateur ne sauront jamais rien, et procèdent à un désistement, une demande de radiation ou un retrait de plainte. Un instant éclairé dans les prétoires officiels, le litige fait retour aux modes internes de règlement des conflits. Ces occurrences n'ont rien de rare :

Répartition des décisions juridictionnelles et non juridictionnelles selon les types de tribunaux.

(Sources : *Annuaire statistique* du Ministère de la justice pour 1987 ; *Rapport annuel de la Cour de Cassation pour 1987*).

Juridictions Mode de règlement	Tribunaux d'instance	Tribunaux de grande instance	Conseils de prud'hommes	Cour d'appel	Cour de cassation (chambres civiles)
Décisions rendues sur le fond	77,7 %	70 %	56 %	71,9 %	62 %
Autres décisions (désistement, radiation, conciliation, etc.)	22,3 %	30 %	44 %	28,4 %	38 %

L'ordre négocié encercle les décisions de justice, et y pénètre même de plus en plus fréquemment. Mais il se déploie également au-delà.

Il existe à Paris, depuis quelques années, un Institut de la médiation : moyennant quelques milliers de francs, on y apprend en quelques dizaines d'heures le métier de médiateur. À Caen s'est ouvert en 1988 un Service de médiation familiale. Il s'adresse aux couples ayant des enfants, mariés ou non, désireux de se séparer dans les meilleures conditions possibles. Le médiateur les aide à conclure un projet d'entente réglant les conséquences de la séparation envers les enfants. Le Service propose également des consultations aux familles recomposées (couples avec enfants de lits différents). Cet organisme est totalement indépendant du tribunal et de l'administration. Il s'inscrit dans le même courant de pensée que les *Boutiques de droit*, nées dans les années soixante-dix. Elles organisent des contacts avec des avocats dans des lieux non judiciarisés (restaurants, locaux d'associations). Elles aménagent également des consultations collectives qui mélangent juristes et non-juristes : les parties doivent prendre une part active à la solution de leur affaire. À Paris et Lyon, des « *Groupes divorce* » élaborent des arrangements visant à réduire au maximum l'intervention du juge et des avocats dans la procédure par requête conjointe. Plus récemment, ces boutiques ont ajouté à leurs missions celle de l'aide aux victimes et aux immigrés. On entre là dans le domaine de la médiation pénale. Les magistrats français la considèrent avec plus de méfiance que leurs homologues américains : ils craignent que la conciliation n'étouffe des affaires touchant à l'ordre public. Autrement dit, le retrait de l'État a des limites, même s'il existe maintenant un marché et une idéologie de la médiation.

Car on peut distinguer deux grandes catégories au sein des justices délégalisées : celles que l'État tolère ou encourage, celles qu'il rejette.

Dans les premières on peut ranger celles des groupes secondaires et des associations (clubs, associations philanthropiques, partis politiques, syndicats, ordres professionnels, etc.) qui ont tous leurs règles de fonctionnement et leurs procédures de sanction et d'exclusion. Une enquête menée en Belgique sur six cents de ces groupes de nature très variée[85] a mis en lumière des traits similaires au règlement des litiges dans bien des sociétés traditionnelles non étatiques. L'organe disciplinaire use largement des simples recommandations ; le droit disciplinaire s'élabore non à partir de règles codifiées, mais au fur et à mesure que se présentent des cas d'espèce, en faisant largement appel aux traditions ; la défense est le plus souvent orale et n'est jamais assurée par un individu étranger au groupe ; l'appel de la sentence devant une juridiction étatique demeure exceptionnel ; les sanctions sont souvent morales (blâme) ou à base d'ostracisme (suspension ou radiation) ; elles ne comportent pas de moyens d'exécution forcée, car la pression exercée sur le contrevenant par le groupe suffit à les garantir. La similitude constatée avec les moyens employés par les sociétés acéphales n'est pas l'effet du hasard. Le fonctionnement de nombre de ces groupes ne troublant en principe pas l'ordre public, l'État les laisse s'auto-réguler. Ils réinventent alors les techniques utilisées depuis longtemps par les sociétés a-étatiques. Cependant, il existe aussi d'autres groupes, éphémères ou persistants, qui ont leur propre justice, mais dont l'État ne peut tolérer les activités : ceux formés par les marginaux, délinquants (les zoulous et tagueurs appartiendraient plutôt aux premiers, les skinheads aux seconds), ou certaines sectes. L'ordre négocié n'est pas ici le seul à fonctionner : l'ordre imposé (lavage de cerveau, passage à tabac, privation de nourriture, etc.) se manifeste aussi avec vigueur dans ces groupes. On le retrouve également, lors des périodes et moments de troubles, dans les diverses formes de justice « populaire » (*instant justice* des ghettos sud-africains). On aurait donc tort de superposer les deux distinctions ordre imposé / ordre négocié et justice étatique / justices non étatiques : on retrouve les deux modèles à l'œuvre au sein de chaque catégorie de justice. De même, justices étatique et alternatives ne sont pas étanches les unes aux autres, et encore moins systématiquement opposées. Très souvent, quand les membres d'un groupe portent leurs litiges devant les juridictions étatiques, cela ne signifie pas qu'elles sont supérieures aux autres, mais que les rivalités à l'intérieur dudit groupe sont telles que la justice interne n'a pu aboutir (cas de malfaiteurs dénonçant certains des leurs à la police). Parallèlement, dans bien des cas, l'État se décharge volontiers du règlement de certains litiges sur des justices alternatives, ce qui l'aide à désengorger son appareil judiciaire. Mais ne risque-t-on pas d'aboutir ainsi à une justice à deux vitesses ? C'est un des reproches adressés aux justices alternatives.

Les risques des justices alternatives

Comment, *a priori*, ne pas sympathiser avec les objectifs que disent poursuivre les justices alternatives ? Elles sont porteuses de l'espérance d'un droit plus humain, celui dont cherchent à se doter les sociétés post-industrielles. Mais de même que le consensualisme politique peut engendrer une société duale, ces pratiques peuvent conduire à une justice à deux vitesses, et de surcroît moins sûre.

Les États-Unis disposent en la matière d'une expérience beaucoup plus longue. Or des voix s'élèvent, qui mettent en doute la justification la plus couramment admise de la justice informelle : son caractère démocratique. Le grand spécialiste de ces questions, R.L. Abel, l'accuse d'augmenter ce contre quoi elle est censée lutter, le contrôle étatique, en le dissimulant sous les masques de la non-coercivité et de l'absence de formalisme. Et il est vrai qu'elle concerne surtout les groupes dominés, les classes moyennes et supérieures se réservant la Haute justice étatique avec ses coûts, mais aussi ses garanties. Loin d'être bénigne, la justice informelle utiliserait simplement des moyens plus souples de domination sur les faibles (un juge jouant de l'ordre négocié impressionnera plus facilement un individu modeste qu'un PDG ; qui sait combien de secrètes injustices, voire de chantages, cachent les divorces par requête conjointe ?) ; elle ne servirait nullement à restaurer des relations communautaires, mais au contraire les détruirait en raison de son inspiration essentiellement individualiste. En principe conçue pour court-circuiter la bureaucratie judiciaire de la justice formelle, elle ne ferait qu'y substituer une nouvelle corporation de professionnels de la justice informelle, le conciliateur bénévole faisant figure d'image d'Épinal. Et l'anthropologue de se demander si ces justices alternatives qui semblent si traditionnelles ne produisent pas le même effet de leurre que le Canada Dry…

N'exagérons rien. Il est vrai que les justices alternatives, comme le système vindicatoire ou le droit étatique, comportent des risques de dérapage. De plus, s'il devait se confirmer qu'en France aussi elles concernent surtout les défavorisés, il faudrait se montrer très vigilant : le danger de manipulation pèse davantage sur eux. Mais je me refuse à réduire ces justices à une technique « douce » de domination, à la dernière trouvaille des classes dirigeantes. L'ordre négocié, en réalité, est un instrument qu'on peut utiliser de différentes manières, et on ne voit pas pourquoi le système capitaliste ne serait pas tenté de s'en servir occasionnellement, ce qu'ont également fait les régimes du socialisme réel. Cependant il existe aussi, nous l'avons vu, de nombreuses situations dans lesquelles il n'est au service d'aucune classe dirigeante de l'État, qu'elle soit socialiste ou capitaliste (règlement des conflits familiaux, et de ceux de beaucoup de groupes secondaires).

Mais d'autres réticences s'expriment. Justice informelle ? C'est bien là le mal, soulignent les experts. Car il ne faut pas confondre le formalisme et l'exigence de formes. Le premier est stérile, les secondes constituent des garanties pour les plaideurs, comme la check-list assure la sécurité des passagers dans les avions. De plus les rites constituent une conduite symbolique, et comme nous ne sommes pas de purs esprits, nous avons besoin des incarnations qu'ils réalisent. Ainsi le rituel s'amplifie-t-il au fur et à mesure que l'on monte dans la hiérarchie des juridictions, signe de la gravité croissante des procédures. Il culmine dans la Cour d'Assises, car la loi transgressée par ceux qu'elle a mission de juger est considérée comme fondamentale, ce qui explique aussi qu'il soit en général plus marqué dans les juridictions pénales que civiles. La dramaturgie du procès pénal est celle de l'exclusion : l'accusé reconnu coupable est, à des degrés divers, retranché de la société. Il relève du sacré. En revanche, au civil, il n'y a pas d'accusé et bien peu de public. Le rituel privilégie le rôle des avocats. Ceux-ci *représentent* les parties : ils introduisent le conflit dans une procédure codifiée de règlement visant à le désarmer, à l'éteindre, à restaurer la continuité de l'échange social. Mais, même une fois le jugement prononcé, il n'est pas dit que ce but soit toujours atteint. Se voir déclarer failli, expulsé de son logement pour défaut de paiement de loyer, ou privé du droit de garde de ses enfants, n'est-ce pas aussi subir une importante amputation de son existence sociale ?

L'absence de formes et de rites peut donc conduire à une perte de sens[86]. Et même à de graves malentendus, dans la mesure où, en réalité, on assiste moins à une annihilation de toutes formes qu'à leur remplacement par d'autres, moins palpables, beaucoup plus difficiles à interpréter. A. Garapon le dit avec talent :

« *L'audience de cabinet, c'est l'audience de jugement, tenue par un juge unique, siégeant hors la salle d'audience, c'est-à-dire dans son bureau [...]. Au cours de ces audiences le magistrat ne porte pratiquement jamais la robe ; seul son bureau le sépare des justiciables. L'audience ressemble extérieurement alors plus à un entretien qu'à une audience de jugement. Je ne pense pas que ces audiences sont totalement dépourvues de rituel. On attend dans des couloirs, généralement meublés de colonnes ou de tout autre élément symbolique de l'espace judiciaire ; on voit passer des gens en robe, peut-être même des détenus, menottes aux poignets ; puis on est appelé d'une manière inhabituelle. On pourrait ensuite relever la disposition en arc de cercle autour du bureau du juge, le rappel de l'identité des personnes ou encore la présence, insolite et muette, du greffier qui fait crépiter sa machine, auquel s'adresse le magistrat, sans qu'il ne réponde jamais. Il semble plutôt qu'un autre rituel beaucoup pus dépouillé, et sauvage, s'installe dans ces audiences. Cette ambiance plus intime, le contact direct avec le magistrat, la discrétion devaient favoriser une justice plus humaine et plus familiale en quelque sorte. Cela explique pourquoi une grande partie du contentieux familial est rendu sous cette forme : juge aux affaires matrimoniales, juge des tutelles, juge des enfants [...]. La tentation est grande alors de cacher son imperium, et de faire croire aux justiciables que la décision qui est prise n'est pas coercitive ! En d'autres termes, le risque consiste à transformer l'audience, qui demeure par définition combat, en une sorte de conversation de salon. Les justiciables ont de plus en plus de mal à faire la différence entre la simple audition, la conversation de courtoisie, et la décision elle-même*[87]*.* »

L'insécurité paraît s'accroître lorsqu'on passe à des procédures où tout juge est absent. L'analyse détaillée du contentieux judiciaire fait apparaître la multiplication des « litiges secondaires » portés devant les tribunaux : une des parties rompt l'accord obtenu sous le charme du conciliateur ou du médiateur. La pacification a échoué : à son enchantement fait suite le dur retour à la réalité, devant la robe noire du juge.

Faut-il pour autant renoncer à toutes les espérances nées des justices alternatives, s'en remettre de nouveau totalement à l'État, retourner au droit froid et aux lois de glace ? Je ne le pense pas. D'ailleurs un tel revirement serait impossible, car les mentalités ont évolué. Mais nous devons nous dire que nous ne sommes qu'au début d'un long chemin qui n'est pas sans périls. Mieux vaut tenter de les entrevoir que de s'aveugler. Le droit de la post-modernité est encore largement à inventer. Mais les sociétés traditionnelles, loin d'être archaïques, ne nous montrent-elles pas la voie ? Dans les lignes qui précèdent, nous avons souvent constaté des similitudes entre leur droit et celui qu'enfantent nos sociétés postindustrielles. Jusqu'où pousser le parallèle ?

Notre droit sera-t-il traditionnel ?

Un journaliste demandait, il y a quelques années, à l'ambassadeur du Japon à Paris :

« — *Comment faut-il agir dans une négociation avec vous ?*

Réponse : *C'est beaucoup mieux dans une conversation avec un Japonais de dire : « Voici mon problème, essayez de me comprendre » que d'utiliser la méthode des Américains*

— que je vois avec un peu de tristesse adoptée aussi par les Européens — à savoir brandir devant vous le gros bâton pour obtenir satisfaction. Naturellement, lorsqu'on a devant soi un colosse brandissant un gros bâton, on adopte un comportement en conséquence. Un rapport de forces ne peut être bénéfique pour personne[88]. »

La recherche du consensus n'est pas, en effet, conforme aux valeurs des sociétés occidentales modernes, dominées par l'idéologie de l'individualisme et de la compétition. La médiation, la conciliation supposent pour réussir une certaine communauté de vie, un partage des mêmes objectifs. C'est pourquoi le « modèle ethnologique » de l'ordre négocié se trouve plus facilement dans les sociétés élémentaires, celles qui sont le moins divisées. Dans ces sociétés de face à face, le jugement contentieux est inexistant, ou restreint à une procédure de dernier recours : il consiste alors dans l'ostracisme de l'individu jugé irrécupérable. Les choses changent quand, pour des raisons diverses, démarre le processus de complexification maximisé par les sociétés modernes. L'accroissement de la densité sociale et démographique favorise la multiplication des conflits. Ceux-ci changent également de nature : ballotté par la mobilité géographique, dépouillé des solidarités dont l'entourent les sociétés traditionnelles, l'individu peut se trouver confronté à de puissants groupes économiques, à l'État, ou à des entreprises nationalisées, face auxquels il a fort peu de défenses. L'augmentation de la taille des unités sociales (la vie au village est différente de celle que l'on mène dans une mégalopole ; les relations de travail ne sont pas les mêmes dans un atelier artisanal ou une multinationale) entraîne la diminution des relations de face à face, tandis que s'affirme l'individualisme. La différenciation sociale se creuse avec les écarts économiques et la spécialisation du pouvoir politique. Dans ces conditions, le maintien d'une communauté de vie et de valeurs devient difficile, et le recours aux techniques de l'ordre négocié d'autant plus malaisé. Dans une société complexe, la pente naturelle est celle du jugement et du droit impératif. Pourquoi ? Parce qu'isolées et séparées, les parties peuvent moins facilement s'entendre, ou permettre à un tiers dépourvu de pouvoir décisionnel de les y aider. Elles doivent abdiquer leur décision en la remettant dans les mains d'un juge. Parallèlement s'impose le recours à la normativisation. Si la transaction, le bon vouloir ne suffisent pas à éteindre un conflit, il faut bien se référer à des principes préétablis, à vocation impérative : le droit légiféré étend alors son emprise.

Il semblerait donc que l'évolution soit nette : la complexification conduirait fatalement, pour notre malheur, à la victoire de l'ordre imposé sur l'ordre négocié, enfouirait définitivement dans le passé les sociétés traditionnelles. Et pourtant, des faits tels que le développement des justices alternatives plaident en faveur de la thèse inverse. Tout simplement parce que nous devons procéder à une double mise en point de nos objectifs.

Tout d'abord, les sociétés modernes sont rien moins que monolithiques. Elles se composent d'une multitude de groupes secondaires, qui forment un tissu sociologique très serré, même si le dessin de ses coutures se modifie (ainsi de la chute de moitié du taux de syndicalisation en France durant la dernière décennie, alors qu'a crû l'ampleur des mouvements caritatifs). À l'intérieur de ces groupes, nous retrouvons souvent des relations de face à face et de style communautaire qui sont ceux des sociétés traditionnelles élémentaires, et un effacement corrélatif de l'ordre imposé au profit de l'ordre négocié. L'étude des justices alternatives en Amérique du Nord le montre bien : elles ne réussissent que si les parties ont des liens multiples préexistants au conflit, si elles ne sont pas séparées par des différences socio-économiques trop importantes et si elles ne cèdent pas à la tentation de transformer leur querelle en « question de principe ».

On pourrait en déduire que le modèle ethnologique ne vaut que pour ces agrégats, l'ordre imposé revenant en force lorsqu'il s'agit d'organiser les relations nécessaires entre ces groupes secondaires, ou de légiférer au nom de la société tout entière. Rien n'est moins sûr. Car si la cohésion d'une société peut et doit être mesurée par des indicateurs économiques (inégalité des revenus, répartition des prestations sociales, volume du chômage,...), elle repose aussi sur des représentations mentales, c'est-à-dire sur l'image qu'elle se donne d'elle-même, à travers les valeurs culturelles dominantes. Les sociétés d'Afrique noire sont souvent très inégalitaires, et fort ramifiées en clans, castes, classes d'âge, sociétés secrètes, etc. Pourtant, elles se représentent ces différences en termes de complémentarité[89] et cette vision, d'une certaine manière, transforme la réalité. La preuve en est que les tentatives d'explication marxiste de ces sociétés, au moyen de notions basées sur l'opposition et le conflit, ont souvent conduit à des résultats décevants. Or, dans les sociétés postindustrielles, à tort ou à raison, la recherche et la valorisation du consensus tendent à rendre obsolète la lutte des classes. Parallèlement, l'État et son droit propre évacuent un certain nombre de territoires occupés depuis le début du siècle. Sous la pression de la société civile, mais aussi sous l'effet de la paralysie de l'administration et des contraintes budgétaires.

Une société consensuelle, où la part du dirigisme étatique diminuerait (je parle surtout ici du dirigisme juridique) constituerait un terrain très favorable à l'ordre négocié et en ce sens, les expériences des sociétés traditionnelles deviendraient d'actualité. Elles nous montrent en effet que le droit peut exister sans l'État, et que celui-ci n'est nullement le seul garant de la paix : pour une société comme pour un individu, devenir adulte, c'est apprendre à se passer de ses parents.

Cependant, le consensus ne peut se réaliser s'il reste au stade des bonnes intentions. Et je vois deux dangers redoutables auxquels se trouvent déjà confrontées nos sociétés post-industrielles.

Le premier réside dans la persistance, voire l'accroissement, des disparités socio-économiques : tout concorde pour dire qu'à partir d'un certain degré, elles sont inconciliables avec l'ordre négocié. Or l'exemple américain montre que les années Reagan, inspirées par la dérégulation et le libre jeu du marché ont accru la paupérisation des milieux défavorisés. Et l'on ne peut que craindre un accroissement de la violence dû à la marginalisation de ces groupes sociaux définitivement stigmatisés par l'instauration d'une société duale. Autrement dit, le recul de l'État sera gros de dangers s'il n'est pas compensé par de nouvelles solidarités, qu'il incombe à la société civile de développer ou inventer (à cet égard, la percée des mouvements caritatifs constitue un signe encourageant). N'oublions pas que les sociétés traditionnelles acéphales ne peuvent fonctionner qu'en raison de l'existence de fortes solidarités (en général modelées sur l'organisation parentale et résidentielle).

Le second péril réside dans l'épreuve de la diversité. Le pluralisme se portait bien, il y a encore très peu de temps : le respect des différences était au goût du jour. Les anthropologues du droit y voient même une des clefs majeures pour la compréhension des phénomènes juridiques. Mais depuis peu, des voix de plus en plus nombreuses s'élèvent, dénonçant la « *peste communautaire* », le « *tribalisme* » et le « *communautarisme* »[90] . En effet, peut-on à la fois exalter les différences, s'abreuver aux identités, et construire une société reposant sur la recherche de l'harmonie et le bon vouloir ? Ouvrons ce dossier, en chaussant les lunettes du droit.

CHAPITRE IV

Le droit au pluriel

Il y a de certaines idées d'uniformité qui saisissent quelquefois les grands esprits [...] mais qui frappent infailliblement les petits. Ils y trouvent un genre de perfection qu'ils reconnaissent parce qu'il est impossible de ne pas le découvrir ; les mêmes poids dans la police, les mêmes mesures dans le commerce, les mêmes lois dans l'État, la même religion dans toutes ses parties. Mais cela est-il toujours à propos, sans exception ? [...] la grandeur du génie ne consisterait-elle pas mieux à savoir dans quels cas il faut l'uniformité, et dans quels cas il faut des différences ? [...] Lorsque les citoyens suivent les lois, qu'importe qu'ils suivent la même ?

MONTESQUIEU, *L'Esprit des lois*, XXIX, 18.

Le caractère social de l'homme ne s'épuise pas dans l'État, mais il se réalise dans divers groupes intermédiaires, de la famille aux groupes économiques, sociaux, politiques et culturels, qui ont chacun leur autonomie propre.

JEAN-PAUL II, *Encyclique Centesimus Annus* (1991).

La pluralité des cultures est-elle un obstacle à l'unité du genre humain ? Puis-je à la fois affirmer que toutes les valeurs sont équivalentes, et vouloir combattre l'injustice ? À ces questions devaient répondre, en 1990, les candidats au baccalauréat. Elles se posent à tous les citoyens. Le droit français n'est pas spontanément porté à consacrer le pluralisme. L'État républicain a beau s'être résolu il y a une dizaine d'années à la décentralisation, celle-ci n'est à ce jour qu'administrative. L'État retient en dernière analyse le pouvoir de faire la loi : les juristes y voient depuis longtemps l'expression la plus manifeste de la souveraineté. Les collectivités territoriales peuvent certes créer des normes, mais l'État les corsette : ces normes ne peuvent qu'ajouter aux règles étatiques et non s'y substituer, cela dans les domaines et aux conditions fixées par le droit étatique ; le juge ou l'exécutif peuvent les annuler. Car nous sommes toujours influencés par des mythes élaborés il y a deux siècles.

Vers des galaxies juridiques

La loi « *doit être la même pour tous, soit qu'elle protège, soit qu'elle punisse* », édicte l'article 6 de la Déclaration des droits de l'homme de 1789, qui appartient à notre droit positif. Une représentation de la société modelée sur l'image d'un corps homogène l'inspire. Parallèlement, le principe d'unité de l'État est lu strictement comme un impératif d'uniformité. Pays des droits de l'homme, accordant généreusement le droit d'asile, la France est infiniment plus en retrait en ce qui concerne les droits des minorités[91]. Des abandons de juridiction ou des concessions de territoires, telles qu'est en train de les opérer l'État canadien au profit des minorités amérindiennes seraient chez nous inimaginables. Et pourtant, certains faits commencent à s'imposer. À la fin de l'année 1990, le gouvernement élabore un statut administratif de la Corse qui, pour la première fois, reconnaît *juridiquement* l'existence d'un peuple corse. Son article premier est truffé de mots qui font pâlir les Jacobins : « *La République française garantit à la communauté historique et culturelle que constitue le peuple corse, composante du peuple français, les droits à la préservation de son identité culturelle et à la défense de ses intérêts économiques et sociaux spécifiques.* » Plus discrètement, le droit privé subit lui aussi des injections de pluralisme, notamment là où il se rapproche le plus de la morale, dans le droit des personnes. Depuis onze ans, les mariages polygames sont reconnu par la Cour de Cassation et le Conseil d'État... à condition qu'ils soient ceux d'immigrés qui les avaient contractés dans leur pays d'origine avant leur installation en France. Prudente, la Sécurité sociale resserre les cordons de sa bourse percée en n'acceptant l'existence que d'une seule épouse. Soit, mais il s'agit d'immigrés, répondra-t-on. Ils ne sont pas les seuls vecteurs de pluralisme juridique. Contre les traditions du Midi, fortement imprégné des conceptions individualistes et de la toute puissance du testament léguée par le droit romain, les révolutionnaires supprimèrent en 1791 tous les privilèges tenant à l'aînesse, au sexe, à la succession par lits. Il fallait émanciper les jeunes (quelques années plus tard, le Code civil était compris comme le « Code de la jeunesse »), ce qui passait par le morcellement des héritages (on appela aussi le Code « la machine à hacher le sol ») et contribuait à pulvériser les clans aristocratiques. Parallèlement, interdiction fut faite aux pères de famille d'avantager un de leurs enfants par testament. On se défendit comme on put contre la législation des hommes du Nord. Par exemple en réduisant volontairement le nombre de ses enfants. Ou en jouant de certaines possibilités laissées ouvertes, comme le montrent quelques exemples *actuels*[92].

Le paysan aveyronnais applique toujours la règle (coutumière) « du quart » : celui de ses fils qui travaille déjà sur la ferme — en général l'aîné — reçoit une part supplémentaire à celle qui lui revient légalement afin que soit préservée l'unité de l'exploitation, à charge pour lui de dédommager ses frères et sœurs. Au pays basque, l'aîné est plutôt avantagé au moyen de donations-partages opérées du vivant des parents. Chez les nobles et les bourgeois, on use volontiers du volant de sécurité de la quotité disponible (la part — variable — de son patrimoine que chacun d'entre nous reste libre de transmettre à sa guise) pour léguer au fils aîné la demeure ancestrale ou le château. Attitudes passéistes et minoritaires ? Les mécanismes juridiques assurant la transmission préférentielle des entreprises relèvent largement de la même logique.

Il existe dans notre société bien d'autres manifestations de pluralisme juridique, nous y reviendrons. Tentons brièvement de définir le concept[93]. Dans sa version faible, celui-ci fait allusion à l'existence, au sein d'une société déterminée, de mécanismes juridiques différents s'appliquant à des situations identiques. Par exemple le contrat commercial, où le commerçant vend des marchandises suivant d'autres règles (plus souples) que le reste des citoyens. Dans sa version forte, qui a ma préférence, il s'inspire de l'idée que les différents groupes sociaux voient se croiser en leur sein de multiples ordres juridiques : le droit étatique, mais aussi celui que produisent d'autres groupes, droits qui peuvent coïncider ou diverger. Par exemple, le travailleur immigré est soumis dans son travail au règlement interne de l'entreprise qui l'emploie ; il utilise le droit étatique suivant lequel fonctionne la Sécurité sociale dont il touche les diverses prestations ; il les redistribue à l'intérieur de sa famille éventuellement suivant des critères coutumiers qui ne sont pas ceux du droit français (condition de la — ou des — femme[s], notamment). Autre exemple : un *maffioso* peut faire légalement des placements en Bourse s'il utilise de l'argent correctement blanchi, mais il peut aussi liquider un rival en se conformant aux traditions de l'Honorable Société. Version faible, version forte, ne sont-ce pas là qu'arguties de juristes ? Les conséquences en sont très différentes. La version faible est à l'avantage du droit étatique : le pluralisme s'y réduit souvent à des manifestations d'autonomie tolérées, régulées ou encouragées par lui. Mieux vaut alors parler de pluralité de mécanismes juridiques que de pluralisme juridique, lequel suppose l'existence et la rencontre de multiples ordres juridiques. La version forte peut aboutir à des heurts : les lois du milieu, l'excision, la soustraction de mineurs à l'autorité parentale (qu'opèrent certaines sectes), les obligations contractées par les *dealers* de drogue sont contraires à l'ordre que l'État définit comme « public ». Piètres exemples, me direz-vous, de pluralisme juridique ? Ce sont des faits, nullement exceptionnels. On pourrait en citer d'autres, que ne flétrit pas l'infamie pénale : le droit canonique interdit toujours le divorce, le droit étatique l'admet depuis 1884 ; le premier prohibe l'avortement, le deuxième le dépénalisa en 1975 ; dans l'ancien droit, l'Église et l'État condamnaient le prêt à intérêt, les commerçants le pratiquaient, etc.

Arrêtons ces énumérations pour retenir la constatation essentielle. Le monisme juridique offre les avantages et autorise le repos des certitudes : quoi de plus rassurant qu'un astre unique dans un ciel fixe ? Le pluralisme, dans sa version forte, nous ouvre les portes d'un univers vertigineux, peuplé de galaxies juridiques qui s'éloignent les unes des autres, ou au contraire s'attirent, en mêlant parfois leurs bras. La vision classique du droit serait-elle aussi dépassée que le géocentrisme ? Nous devons en tous cas nous interroger sur les raisons qui, tout particulièrement en France, ont conduit à ligoter le droit à l'État.

La passion des lois

J'ai déjà dit[94] l'influence du monothéisme sur nos conceptions du droit. Elle n'explique évidemment pas tout. D'autres pays chrétiens (notamment ceux de *Common Law)* n'ont pas autant que la France éprouvé la passion des lois[95] et de l'État.

C'est que notre pays fut tôt éclairé par les Lumières. Certains, comme Voltaire, n'étaient pas contre le despotisme, pourvu qu'il fût éclairé. Espoir déçu, on le sait : Frédéric de Prusse le chassa, en le comparant à une orange dont il convenait de jeter l'écorce après en avoir exprimé le jus. Mais tous les philosophes convergent dans la dénonciation de l'État absolutiste, dont il faut contraindre les ambitions par des constitutions, codes et lois, qu'inspirerait la Raison, et non plus la tradition. Si celle-ci est du côté de la coutume, la première fait de la loi l'instrument de son règne. Signe des temps, c'est d'ailleurs sous le règne de Louis XV, quand se clôt l'absolutisme et que le libéralisme économique devient au goût du jour, que foisonne la littérature législative. Des ouvrages à vocation tout autant pédagogique que juridique s'attachent à entraîner les hommes hors des profondeurs sylvestres de la coutume, sous le chaud soleil des codes. Diderot déclare à l'impératrice de Russie : « *Il faudra prescrire que dans les écoles on se serve pour apprendre à lire tantôt du catéchisme, tantôt du code. Il serait mieux que ce fut le même livre.* » Prudente, Catherine répond à son projet de code : « *Vous ne travaillez que sur le papier, qui souffre tout [...], tandis que moi, pauvre impératrice, je travaille sur la peau humaine, qui est bien autrement irritable et chatouilleuse.* » Mais c'est Rousseau qui manifeste avec le plus d'ardeur la passion de son temps pour les lois. N'écrit-il pas dans le *Contrat Social : « Il faudrait des Dieux pour donner des lois aux hommes...* » Ce qui ne l'empêche pas de rédiger — déjà — un code pour la Corse, jamais appliqué.

Sous la Révolution, l'affection pour la loi devient délire amoureux. En 1790, le député Romme (inventeur, avec d'autres, du calendrier républicain) ouvre au Faubourg Saint-Antoine le club des Nomophiles qu'animera la célèbre Théroigne de Méricourt. La même année, Robespierre condamne la jurisprudence... au nom de la loi. Son ami Saint-Just a à peine le temps, avant d'être raccourci, d'écrire des *Institutions républicaines* où il destine aux cités futures le rêve spartiate de lois intangibles gravées dans le marbre. Rabaut Saint Etienne, lui aussi promis à la guillotine, affirme vigoureusement : « *Notre histoire n'est pas notre code.* » Car c'est par la loi que l'homme devient maître de son propre destin, au lieu de se laisser dériver sur de frêles et changeantes coutumes. Celles-ci, pourtant, n'étaient point vouées à une mort prochaine.

Vingt ans seulement passent, et en Allemagne s'allume le brasier du Romantisme, réaction contre les prétentions universelles de l'*Aufklärung*. Ce mouvement glorifie la coutume, expression directe de l'histoire et de la volonté populaires, contre la loi, vapeur maléfique dont aiment à s'entourer quelques élites coupées de ce peuple et voulant faire son bonheur malgré lui. Le grand juriste allemand de ce temps, Savigny, s'efforce d'éloigner d'Allemagne le Code Napoléon, en lequel il ne voit que l'expression de la manie française de legiférer. Le Code allait pourtant moins loin que ne l'avaient souhaité les Lumières : aux amours les plus passionnées succèdent vite les premières déceptions. Portalis et Napoléon furent les modérateurs. Le rédacteur du Code civil avait publié un pamphlet contre la codification dans sa jeunesse ; il appréciait l'empirisme de Montesquieu et au cours de son exil en Allemagne, avait dû subir l'influence du romantisme. Aussi ne conçoit-il pas le Code comme un absolu, allant jusqu'à dire qu'on ne fait pas les codes, mais qu'ils se font avec le temps... Quant à Napoléon, il évoluera. À l'apogée de l'Empire, couronné de victoires militaires, il rêve de faire du Code des Français une législation universelle. Mais les peuples n'ont pas les mêmes projets. En France même, l'autoritarisme du régime commence à peser. En 1812, Napoléon doit revenir de Russie en hâte pour mettre fin à la conspiration du général Malet. Conscience de l'impasse militaire (la terrible défaite de Leipzig n'est qu'à un an de distance), revirement idéologique ? En tout cas, l'empereur change de discours : à la Raison raisonnante, à sa « ténébreuse métaphysique », il affirme dorénavant préférer les enseignements tirés des leçons de l'histoire et de la connaissance du cœur humain.

Trop tard. Et surtout contradictoire. Car Napoléon a bien accepté le legs de la Révolution sur un point capital : la construction d'un État fort et centralisateur, qu'il voulait capable de compenser le déficit sociologique engendré par la promotion de l'individu. *Déficit sociologique :* qu'est-ce que cela signifie ? Pour le comprendre, faisons justement retour à l'époque révolutionnaire.

L'État, instituteur du social

Dans un ouvrage récent qui montre fort bien la complexité du développement des figures de l'État au cours de ces deux derniers siècles (tout ne se réduit pas à l'alternative simpliste « plus » ou « moins » d'État)[96], P. Rosanvallon oppose l'État monarchique à celui qui naît de la Révolution. Le premier serait « *le sommet régulateur et organisateur d'une hiérarchie articulée de corps intermédiaires* »[97] , alors que le deuxième n'hésiterait pas à bouleverser et anéantir ces corps. On serait tenté d'atténuer la vigueur du contraste[98], en faisant remarquer que la monarchie absolue ne se contenta pas d'affirmer sa supériorité *politique* sur la noblesse, le clergé, et les différents corps. Elle restreignit aussi leurs compétences judiciaires (subordination des justices féodales et ecclésiastiques à la justice royale) ; brida leur pouvoir législatif ; les soumit à la pression de ses agents et de sa fiscalité (le clergé payait un impôt, déguisé sous l'euphémisme de « don gratuit » ; Louis XIV instaura la capitation, à laquelle même les nobles étaient en principe astreints). Quant aux communautés urbaines, le pouvoir royal sut mater leurs velléités d'indépendance et uniformiser leur régime juridique. Tant d'obstination politique et administrative ne pouvait que restreindre aussi l'existence *sociale* de ces corps intermédiaires : ce n'est point sans raison qu'ils haïssaient les intendants du roi. Toutefois, ils restèrent assez forts pour constituer le frein le plus efficace de l'absolutisme, et le roi ne toucha qu'avec précaution et sans trop de succès aux privilèges (les juristes se divisaient d'ailleurs sur la question de savoir s'il en avait le droit).

Les fils des Lumières entendaient aller beaucoup plus loin, et faire de l'État *l'instituteur du social*. Plus de corps intermédiaires, dont on entreprend très vite l'abolition systématique ; laïcisation du droit et de la société : l'État entend produire seul la cohésion d'une société qu'il souhaite faite d'individus soustraits au maillage des groupes. Quant aux garanties de leurs droits, les déclarations s'en chargeront. Les corps de l'ancienne société ne sont pas seuls à faire les frais de cette passion uniformisante. Deux exemples. Le premier consiste dans le remodelage juridique du territoire. Il faut détruire l'« esprit de province » et mettre fin aux archaïsmes — réels — de l'ancienne administration. Ce qui importe est l'esprit de la réforme mise en œuvre dès le début de l'année 1790 : le découpage départemental fractionne la France en 83 espaces de dimensions voisines, tous subdivisés en arrondissements et en districts. Le local n'est plus qu'un reflet d'une organisation nationale unitaire. En 1793, Saint-Just enrichit cette organisation d'un contenu mythique. Dans la ligne des identifications du corps humain et du corps social opérées de Hobbes à Rousseau, il lie les notions de territoire et de peuple en affirmant que les divisions du territoire ne sont que le reflet de celles du peuple. Second exemple, tout aussi précoce, de lutte contre les particularismes : la langue et les mesures. Dès 1790, on cherche à unifier la langue. En 1794, le fameux abbé Grégoire présente à la Convention un *Rapport sur la nécessité et les moyens d'anéantir les patois et d'universaliser l'usage de la langue française*. L'uniformisation des poids et mesures procède de la même démarche unitaire : la loi du 18 germinal an III invite dans son article 1 les citoyens à montrer « *une preuve de l'attachement à l'unité et à l'indivisibilité de la République, en se servant des nouvelles mesures dans les calculs et transactions commerciales* ». Bonaparte quant à lui fait procéder en 1801 par ses premiers préfets à une enquête sur les usages locaux, inaugurant une ethnologie administrative[99]. Les cadres en sont malaisés, car les découpages départementaux ne correspondent pas nécessairement aux réalités géographiques et sociologiques. On s'aperçoit en tout cas que, niés par le droit et l'idéologie révolutionnaires, les particularismes locaux sont encore bien vivants. En ordonnant de les recenser, Bonaparte n'entendait nullement les protéger, mais au contraire mieux les connaître pour les anéantir plus sûrement. Le destin éphémère de l'Empire l'en empêcha.

Et aussi une angoisse, qui ne cesse de monter au cours des premières décennies du XIXe siècle, partagée par la plupart des publicistes et historiens de ce temps : celle de la dissolution sociale. Ils parlent tous de société en poussière, déconstitution du social, décomposition des liens sociaux antérieurs. En fait, on découvre la nécessité pressante de remplacer les anciennes solidarités par de nouveaux liens : il faut des corps modernes. Le binôme État-individus, dans sa version primitive, n'a guère duré. Mais l'État n'a pas renoncé à instituer le social. Il va seulement s'y prendre autrement, en tentant d'engendrer des effets sociaux analogues aux liens produits par les corporations d'Ancien Régime, sans du tout restaurer celles-ci. P. Rosanvallon qualifie à juste titre cette démarche de « régulation néo-corporative ». Dès 1802, l'État met en place des institutions consultatives qui lui servent d'interfaces dans ses relations avec certaines professions (chambres de commerce, chambres consultatives des manufactures) ; le mouvement se poursuit par la multiplication de conseils supérieurs (de l'instruction publique, de l'agriculture, du travail, etc.) qui doivent associer les compétences privées à son action. Par ce biais, la représentation pluraliste des groupes secondaires réapparaît, une dizaine d'années seulement après que son principe ait été nié. Les régimes se succèdent, mais le mouvement continue. La révolution de février 1848 institue la liberté d'association, que consacrera la loi du 1er juillet 1901. Les sociétés de secours mutuel, nées des besoins d'une classe ouvrière en formation, sont maintenant légalisées et se multiplient sous le second Empire. Parallèlement, on critique l'individualisme radical des premiers révolutionnaires. En 1864, Emile Ollivier dénonce l'anti-corporatisme de Le Chapelier : « *Il n'est pas vrai qu'il n'y ait que des individus, grains de poussière sans cohésion, et la puissance collective de la nation. Entre les deux, comme transition de l'un à l'autre, comme moyen d'éviter la compression de l'individu par l'État, existe le groupe, formé par les libres rapprochements et les accords volontaires*[100]. » Philosophes, sociologues et juristes ressentent de plus en plus la nécessité de penser le social comme une totalité non exclusive de l'État, mais irréductible à son seul rôle d'instituteur de ce social. En témoignent les efforts de L. Bourgeois, inventeur du solidarisme ; de Durkheim, dans son grand livre *De la division du travail social ;* et de juristes comme Saleilles, Hauriou, Duguit. Ceux-ci sont conscients du décalage entre l'individualisme légal et les aspirations collectives développées à la fin du siècle par les progrès et la concentration de l'industrialisation. Ils élaborent diverses théories, allant du solidarisme au socialisme juridiques, qui toutes mettent l'accent sur la régulation des volontés des individus par les différents groupes auxquels ils appartiennent (associations professionnelles, classe sociale, etc.). Signe des temps, apparaît en 1905 la notion d'abus de droit : l'exercice d'un droit, même s'il est parfaitement reconnu, est interdit dès lors qu'il ne peut avoir d'autre but que de causer un dommage à autrui. Ce qui remet en cause la notion de droit subjectif tout entière. Quelques années plus tard (en 1912), E. Gounot s'attaque à un autre pilier de l'individualisme, la notion d'autonomie de la volonté. En filigrane dans le Code civil, elle signifie que la volonté des individus suffit à créer des effets de droit, notamment grâce à la conclusion de contrats. Or des juristes commencent à écrire que cette conception est incompatible avec la multiplication des associations et la progression du droit syndical. Les idées de justice et de solidarité doivent s'imposer à la volonté individuelle.

Vaste et fondamentale évolution, dont tout le XXe siècle allait se ressentir, à travers la floraison des droits sociaux. On aurait pu croire que cette restauration du social, engagée dès les premières années du

XIXe siècle, aurait affaibli l'État post-monarchique, dans la mesure où elle comblait un vide qu'il avait lui-même créé en faisant prévaloir les conceptions individualistes. Il n'en fut rien, bien au contraire. Car l'État s'institua le protecteur et le régulateur des nouvelles solidarités ; des groupes modernes naquirent sur les décombres des anciens. La même logique commande son attitude vis-à-vis du droit.

On revint vite du culte absolu de la loi. Dès la seconde moitié du XIXe, la jurisprudence reprend son rôle créateur. Après avoir précisé la portée des textes codifiés, les tribunaux iront plus loin : ils compléteront leurs dispositions, s'appuyant sur leur sens de l'équité, les notions de besoins et traditions du peuple ; ils élaboreront même des interprétations des codes opposées à leur sens primitif. La doctrine secoue elle aussi le joug des codes à la fin du siècle : cessant de les considérer comme des monuments indestructibles, elle suggère et propose des innovations. Mais tout ceci ne constitue nullement un prélude à l'affaiblissement du monopole que l'État entend exercer sur le droit : seulement une autre façon de l'exercer. À la régulation néo-corporative correspond une nouvelle gestion de la production juridique : le droit est toujours une affaire d'État.

On s'en aperçoit en identifiant ses sources. Certes, les manuels de droit en distinguent plusieurs. La doctrine, c'est-à-dire les avis exprimés par les auteurs savants. Mais ceux-ci n'ont aucune valeur juridique par eux-mêmes : ils n'en acquièrent que s'ils sont repris par le juge ou le législateur. La coutume : *dans la pratique*, elle peut être plus importante que la loi, notamment dans les relations commerciales. Mais le droit officiel lui fait peu de place : elle ne peut aller contre l'ordre public, défini par l'État ; les juges du fond contrôlent son application. La loi elle-même dépend étroitement de l'État : même si elles sont toutes votées par le Parlement, quatre-vingt-dix pour cent d'entre elles ne proviennent pas de l'initiative des représentants du peuple, mais résultent de projets élaborés par les ministères et l'administration. De plus, depuis le début du siècle et surtout avec l'instauration de la Vᵉ République, elle est concurrencée par la croissance du pouvoir réglementaire (décrets, circulaires administratives, etc.), qui appartient en propre au pouvoir exécutif.

Les manifestations de pluralisme juridique et judiciaire auxquelles j'ai fait allusion[101] ne s'inscrivent nullement en faux contre cette tendance. Les justices internes ou alternatives tolérées par l'État sont toujours susceptibles, en cas d'échec de leurs instances, d'aboutir devant les juridictions étatiques : l'autonomie n'est pas l'indépendance. C'est pourquoi dans sa version « faible », le pluralisme juridique n'entame pas réellement le monopole étatique du droit : il peut n'être que le produit d'une « gestion étato-corporative »[102] . Ainsi l'État a-t-il choisi de résoudre à partir des années cinquante le problème de la modernisation de l'agriculture en jouant la carte de la prise en charge par les professions rurales de leurs problèmes, sans pour autant relâcher son contrôle. Ses services agricoles se font plus discrets, mais de nouveaux relais sont mis en place : différents fonds et associations sont créés à son initiative (Fonds national de développement agricole), financés par des subventions ou des taxes parafiscales. Le même principe est appliqué à la sidérurgie : l'État soulage financièrement ce secteur en difficulté, sous condition d'une politique de restructuration dont l'exécution est confiée à la Chambre syndicale de la sidérurgie.

Le rêve révolutionnaire a donc continué, sous d'autres formes, plus souples et plus efficaces. Le sens commun, d'ailleurs, fait écho à ces conceptions. Interrogez un Français moyen : à l'idée de droit, il associera spontanément les codes, les forces de l'ordre et les juridictions (pénales, de préférence, nous le savons). On peut toutefois se demander si ces procédés n'ont pas aujourd'hui atteint leurs limites.

Car plusieurs signes semblent montrer que les différentes instances composant la société civile souhaitent amenuiser, sinon supprimer, le rôle d'instituteur du social que l'État entend depuis deux siècles jouer. Ce qui ne signifie pas que l'État doit disparaître, mais plutôt se modifier, apparaître davantage comme l'agent coordinateur de nouvelles solidarités : en somme un conciliateur plus qu'un régulateur. On rejoindrait ainsi les aspirations à un droit étatique davantage inspiré de l'ordre négocié et à la reconnaissance d'un authentique pluralisme juridique, irréductible à une seule technique de déconcentration.

Les problèmes auxquels doit faire face la société française sont moins économiques que culturels. Le principal consiste dans la *diversification*. Celle des modes de vie, tout d'abord. L'élévation du niveau de vie, l'affaiblissement des signes externes de l'appartenance sociale entraînent une capacité accrue pour chaque ménage de construire comme il l'entend son mode de vie. À la diversification de la demande répond d'ailleurs celle de l'offre de produits de consommation et de biens d'équipement. Même phénomène dans la presse écrite, où l'on constate un très fort développement des magazines spécialisés : si on lit moins de livres, c'est aussi qu'il y a plus de journaux, et mieux ciblés. Le magnétoscope permet également une programmation plus personnelle de la télévision.

La diversification est aussi religieuse. Pays de tradition chrétienne, la France est devenue multi-religieuse[103]. Plus significatif paraît encore le recentrage sur *le microsocial*, constaté par tous les sociologues[104]. Le local s'autonomise de plus en plus par rapport aux grands groupes et institutions nationales. Les diverses consciences de classes se sont estompées au profit de la croyance de plus en plus partagée en l'appartenance à une classe moyenne. On perçoit davantage certaines conséquences négatives du progrès technologique, de moins en moins associé à l'idée de bonheur ; la défiance envers certaines figures de l'État et la classe politique en général conduit à la valorisation d'univers sociaux de petite dimension : en particulier les associations, la localité et la famille.

Plus de 50 000 associations ont été créées en 1987, soit environ quatre fois plus que dans les années soixante, et dix fois plus qu'au début du siècle. 45 % des Français appartiennent à au moins une association (il en existe entre 300 000 et 500 000). On interprète souvent la baisse du taux de syndicalisation (8 % en 1990) comme le signe prémonitoire de l'affaiblissement de la vie associative[105]. C'est une erreur. Les Français jugeant insuffisamment opérants certains types d'associations à caractère étendu (syndicats, partis politiques), privilégient celles qui entendent gérer une institution ou entretenir une sociabilité locales : on cherche moins à transformer le monde et la société que son quartier ou sa commune, *moins par égoïsme que par souci d'efficacité*. La localisation des activités est devenue pour beaucoup de Français une des dimensions essentielles de leur existence, que traduit bien le stéréotype de la « recherche de racines ». Dès 1975, les communes rurales proches d'une agglomération importante voient leur population croître à un rythme supérieur à celui des grandes villes, que caractérise l'anonymat des relations sociales, l'affaiblissement des rapports de face à face. La vie politique locale devient plus animée, notamment lors des élections municipales. Signe de la force des attitudes identitaires : les tentatives de fusion de communes ont largement échoué, bien que la France, avec ses 36 000 communes, possède la plus petite unité politico-administrative locale. On peut aussi citer les résultats d'un sondage effectué en 1990 dans les six départements de la région Provence-Alpes-Côte d'Azur : 48 % des personnes interrogées déclaraient avoir le sentiment d'appartenir avant tout à la ville ou à la commune dans lesquelles elles habitaient, 35 % à la France[106]. Les relations de parenté, enfin, se sont à la fois modifiées et renforcées. Elles sont plus qu'auparavant fondées sur la recherche du consensus ; les jeunes demeurent plus longtemps avec leurs parents et, une fois mariés, 75 % d'entre eux ont leur résidence à moins de 20 km d'une au moins de leurs familles d'origine ; les parents et grands-parents transfèrent de leur vivant une partie de leur patrimoine à leurs descendants (formes diverses d'assistance aux jeunes ménages). Quant à l'État, même si, d'après un sondage de 1984, 41 % des Français souhaitent sa « diminution », il n'est pas rejeté. L'opinion publique le considère toujours comme le garant de la protection sociale et un agent important de l'intégration à la société de groupes marginaux ou défavorisés. Mais elle réclame qu'il se retire davantage de la « vie privée » (médecine, famille, informations, loisirs).

Importance des groupes secondaires, inscription dans le local de nouvelles solidarités, renforcement des parentèles, lassitude envers un État trop aimant : tous ces traits rapprochent dans une certaine mesure les sociétés post-industrielles des sociétés traditionnelles chères aux anthropologues. Mais d'autres les en éloignent. L'importance de la solitude[107] (à laquelle répond justement le développement de la vie associative) : 13 millions de Français disent l'éprouver ; le nombre des solitaires (7,6 millions de célibataires parmi les individus âgés de 20 ans et plus ; 1,5 million de divorcés ; 4 millions de veufs, et un nombre indéterminé de personnes ne possédant pas ou peu de relations amicales) a crû plus vite que celui de la population globale ; on sait qu'à Paris 48 % des ménages ne comportent qu'une seule personne (contre 32 % en 1954). L'ampleur, aussi, des phénomènes d'exclusion. L'intégration des immigrés maghrébins est difficile ; la criminalité apparente (connue de la police, mais ne faisant pas nécessairement l'objet d'un jugement) a augmenté, surtout celle contre les biens. D'autres phénomènes sont plus inquiétants encore, car ils témoignent d'une difficulté à vivre qui peut affecter des ensembles importants de la population. Augmentation de la consommation de la drogue ; prise d'hypnotiques et psychotropes qui fait de la France le pays qui en consomme le plus par rapport à la population globale ; augmentation des suicides, très forte chez les jeunes. Si bien qu'on peut se demander quelle tendance l'emportera : celle qui conduirait à la désagrégation, faute d'instituteurs du social (État ou autres), ou au contraire celles qui paraissent annoncer sa réagrégation. La théorie de l'État de droit, en dépit de ses ambiguïtés, parie sur ces dernières.

L'État de droit et le droit de l'État

On éprouve à l'égard de certains concepts une crainte révérencielle : ainsi de l'État de droit, dont tant d'événements récents ont assuré la promotion. C'est en son nom que disparaissent en Europe centrale et ailleurs des régimes autoritaires, c'est vers lui que disent tendre les sociétés libérales avancées à la recherche d'un compromis entre la nécessité de l'État et les droits de la société civile. Car l'État de droit se distingue des autres formes étatiques d'organisation politique par son acceptation de la limitation de ses pouvoirs par le droit. D'où la fortune du concept, à une époque où l'État dirigiste est passé de mode, et où les États despotiques enregistrent dans le monde un recul certain.

Reste à savoir comment l'interpréter[108]. Car on peut tout aussi bien aboutir à l'exaltation du droit de l'État qu'à ceux de la société civile. Le problème est le suivant : nous sommes d'accord sur le fait que dans un État de droit, l'État ne peut pas faire n'importe quoi, et accepte de se voir contenu par le droit. Mais la question cruciale est : d'où vient ce droit qui limite l'État ? De l'État lui-même, ou d'une autre instance ?

Certains auteurs sont pour l'auto-limitation. Le droit ne préexiste pas à l'État, qui produit l'ordre juridique. Si l'État se soumet au droit, c'est par son propre mouvement. La plupart des juristes sont favorables à cette approche. Bien des historiens du droit, lorsqu'ils brossent la grande fresque conduisant des tréfonds mérovingiens au soleil juridique du Code civil, soulignent les bienfaits de la croissance étatique et de son corollaire, l'unification du droit, opposée au désordre coutumier. Pour la politologue B. Barret-Kriegel, la rédaction des coutumes, la pénétration du droit romain, la succession des codifications imbiberaient de droit la société, et le droit finirait par investir l'État. D'où une loi d'évolution : plus le droit s'amplifie et s'uniformise, plus la société se démocratise, et plus l'État se civilise. Ces idées ne sont pas sans risques. Le principal résulte de l'identification du droit à l'État qu'elles opèrent : *l'État de droit aboutit au droit de l'État*. Pour le grand juriste G. Burdeau, l'État est ainsi l'incarnation même de l'idée de droit. D'ailleurs, le droit public des pays européens (surtout en Allemagne et en France) s'organisa au XIXe et au début du XXe siècle autour de cette exaltation de la puissance étatique.

D'où une seconde approche, qui inverse le mouvement : ce droit auquel accepte de se soumettre l'État de droit ne vient pas de lui, mais d'un principe qui lui est antérieur et supérieur. Dans le passé déjà, ceux qui redoutaient la rivalité de la puissance étatique ou contestaient l'absolutisme formulèrent différemment ce principe : on invoqua d'abord Dieu, puis la Nature et l'Homme. De nos jours, l'ordre préexistant à l'État est plutôt attribué à la Société, d'où la distinction entre la société civile et l'État. Ce qui pose problème : si la société est la source du droit auquel se soumet l'État, comment expliquer que, comme je l'ai indiqué, celui-ci demeure néanmoins la principale source du droit ? La théorie politique entre ici en contradiction avec le droit positif.

Ces deux approches aboutissent donc à une impasse : soit l'État de droit n'est limité que par lui-même, ce qui ne constitue pas un système de freinage très fiable ; soit on échoue à trouver dans le droit positif les traces d'une hypothétique limitation *extrinsèque* de la puissance de l'État. Il existe cependant une issue, que suggère l'expérience anthropologique : celle du pluralisme juridique.

Toutes les sociétés traditionnelles ou modernes, à des degrés divers, sont *sociologiquement* plurales en ce sens qu'elles se composent de groupes secondaires, plus ou moins autonomes. Dans les deux cas, la protection de l'individu peut davantage venir de cette structure plurale que de déclarations de droits ou de garanties fournies par une autorité centrale, car ces différents groupes sont interdépendants les uns des autres. Mais alors que nombre de sociétés traditionnelles le reconnaissent ouvertement, les sociétés modernes le nient et, encouragées par le discours dominant des juristes, ont tendance à s'en remettre à l'État pour assurer la cohésion. On se heurte alors toujours au même butoir : que le droit vienne de lui ou d'ailleurs, c'est à l'État qu'est principalement assignée sa production.

Mais tout s'éclaire si l'on admet qu'à ce pluralisme sociologique correspond inévitablement un pluralisme *juridique*. L'État n'est pas la seule forme d'organisation sociale. Bien des sociétés parfaitement viables s'en sont passé. Quant à nos sociétés modernes, elles sont certes étatiques, mais en partie seulement étatisées. Des groupes organisés existent, à la fois au-delà et en deçà de l'État, et ces groupes secrètent leur propre droit, qui confirme ou infirme le droit étatique, ou s'écarte de lui. Ils possèdent aussi leurs propres mécanismes de sanction, leurs « tribunaux », si l'on préfère. L'ordre juridique étatique n'est pas seul, comme on le croit et l'enseigne trop souvent : il surplombe des ordres juridiques infra-étatiques (ceux des groupes secondaires) ou voisine avec eux, et s'incline devant des ordres juridiques supra-étatiques (par exemple les ordres juridiques européen ou international, ou encore les « codes de conduite » des multinationales. Grâce à leur transnationalité, celles-ci jouissent d'une souveraineté normative qui leur permet de négocier avec les États de souverain à souverain, et non de sujet à souverain).

Le pluralisme juridique permet donc de dépasser la problématique de l'État de droit en affirmant que l'État n'a le monopole de la production que du droit officiel. Pour l'anthropologue, la limitation juridique de l'État ne peut être issue de l'État lui-même, par l'intermédiaire d'un droit dont il conserve de toute façon la maîtrise. Sur le plan interne, elle vient bien de la société, dont on doit reconnaître qu'elle produit des systèmes de droit. Car si le droit étatique est le seul à exister, l'État de droit n'est qu'une illusion. Mais plus encore que la constatation de la pluralité des ordres juridiques compte celle de leur interaction : ces ordres ne sont pas des monades. Ils s'enchevêtrent dans le fonctionnement concret des divers systèmes de régulation : un médecin est soumis aux règles déontologiques édictées par le Conseil de l'Ordre, mais aussi aux principes généraux de la responsabilité civile ; un détenu continue à obéir aux lois du milieu tout en étant contraint d'observer celles de l'établissement carcéral. C'est à partir de cette interaction que peut s'élaborer un double contrôle. Celui de l'État sur les ordres infra-juridiques, qu'il tolère, encourage ou combat. Mais aussi celui qui résulte pour l'État de l'existence même de ces ordres. L'anthropologie dépasse donc la vision classique de l'État de droit, qui s'épuise face au monisme juridique, et en propose une théorie pluraliste qui rend mieux compte d'une limitation de l'État par le droit ou, plus exactement, *les* droits.

Retour à la définition du droit

Mais revient alors l'interrogation déjà évoquée[109] : qu'est-ce que le droit ? Lancinante question, difficilement décidable, et pourtant inévitable. Car avant de parler de pluralisme juridique, encore faut-il s'assurer que les systèmes de droit non étatiques ont de bonnes chances d'être du droit.

Il y a plus d'une définition dans la maison du droit, a écrit J. Carbonnier, spécialiste incontesté de droit positif et sociologue du droit. Ce qui incline à se guider sur les définitions qui lui sont chères[110] pour isoler le juridique du social non juridique. *De minimis non curat praetor*, disait-on à Rome : le droit et la justice n'interviennent dans les relations sociales qu'à partir d'un certain seuil, éminemment variable suivant les sociétés. On arrive sans trop de mal, quand un système culturel l'exige (ce n'est pas toujours le cas), à séparer le droit de la morale, la politique ou la religion. Il est plus difficile de le distinguer des mœurs. Appartiennent-ils au royaume du droit, la paumée accompagnant les ventes de bétail, les grains de riz lancés sur les mariés à la sortie de l'église, la règle qui oblige le séducteur à épouser la fille séduite, les charivaris paysans, les règles strictes que s'imposent les enfants dans leurs jeux, les conventions de concubinage que les concubins demandent parfois aux notaires de rédiger, les modes *pratiques* (ils peuvent s'écarter des régimes légaux ou contractuels) de gestion de leurs biens par les époux, les coutumes locales (persistance du droit d'aînesse dans le Béarn) ? Des réponses *plutôt* positives iraient dans le sens du pluralisme juridique, et inversement : car dans tous ces exemples, le droit étatique est absent, ou en lisière. On peut admettre avec J. Carbonnier que la règle de droit est « *... une règle de conduite humaine, à l'observation de laquelle la société peut nous contraindre par une pression extérieure plus ou moins intense* ». Mais elle partage cette caractéristique générale avec d'autres normes : bien que les règles de politesse m'y invitent, je peux ne pas m'adresser à un ministre en l'appelant « Monsieur le Ministre » sans tomber sous le coup de la loi. Il faut donc d'abord se pencher sur la notion de *contrainte*. Elle est présente ailleurs que dans le droit : règles de droit et de mœurs sont pareillement appuyées par une pression de la société. Mais ce qui distinguerait le droit, c'est une contrainte émanant d'un pouvoir organisé spécialement à cette fin. On pense spontanément à l'État. Mais d'autres institutions peuvent remplir ce rôle, qu'il s'agisse de sociétés non étatiques (Anciens de clans, maîtres de la Terre ou de la Pluie, esprits invisibles, défunts, etc.), ou qu'on ait affaire à des groupes secondaires de sociétés étatiques modernes vivant plus ou moins en marge de l'État, de son droit et de ses forces. Notons que la contrainte n'est pas nécessairement moins forte quand l'État disparaît ou se voile : les pressions exercées par un groupe social (secte) ou les impératifs religieux lorsqu'ils s'associent au droit (sans parler de la crainte des hantises infligées par les morts à leurs parents vivants qui ne les ont pas vengés) peuvent être beaucoup plus intenses qu'une sommation d'huissier.

J. Carbonnier invoque également le critère de la *justiciabilité* : la règle de droit est susceptible d'un type particulier de remise en question, résultant de l'intervention éventuelle d'un tiers dans les relations entre les parties (juge, arbitre, conciliateur, médiateur, etc.).

Sans doute ces critères ne sont-ils pas sans pertinence. Mais il faut les relativiser. Tout d'abord, il arrive au droit de dépasser la contrainte. Il peut consacrer des règles sans les assortir de la sanction étatique. Notre droit positif reconnaît ainsi l'existence *d'obligations naturelles* entre parents (un frère doit secourir sa sœur dans la détresse), mais aucune action en justice ne peut être intentée par le bénéficiaire de l'obligation naturelle si celle-ci n'a pas été spontanément exécutée ; en revanche, quand le débiteur de cette obligation y a satisfait, le droit considère qu'il a payé une dette, et non pas accompli un acte gratuit. De plus, le droit peut ne pas toujours s'appuyer sur la contrainte rigide, et lui préférer les techniques de l'ordre négocié : cela aussi bien dans des sociétés étatiques que non étatiques, traditionnelles que modernes.

Ensuite, si ces critères de la contrainte et de la justiciabilité constituent des points de repère du droit, ce n'en sont pas des définitions : une règle n'est pas juridique parce que le groupe l'affecte de ces caractères, il l'affecte de ces caractères parce qu'il la pense juridique et la qualifie ainsi. Dans le même sens, même si l'on admet que l'éventualité du passage à la justiciabilité transforme les mœurs en droit, on se demande ce qui détermine ce franchissement. Question qui nous renvoie des signes extérieurs du droit à son contenu.

Sociologie et anthropologie juridiques nous montrent que la qualification juridique peut être à géométrie variable à l'intérieur d'une même société (dans le métro, la défense de fumer procède du droit, ailleurs de la politesse ou de l'hygiène) et que le sens des prescriptions juridiques peut varier suivant les sociétés (l'homicide peut être preuve de virilité ou de faiblesse). Inutile, donc, de chercher l'universalité du droit directement dans ses contenus. En revanche, elle apparaît mieux dans un type de définition fonctionnelle. Le droit, à travers la diversité des expériences qu'en ont faites les sociétés humaines, serait ce que chaque société, *ou certains de ses groupes* considèrent comme indispensable à sa cohérence et à sa reproduction. On comprend ainsi pourquoi, à des degrés divers, le droit revêt les habits de la contrainte et du litige, et les raisons pour lesquelles toutes les sociétés ne lui donnent pas un contenu identique. Outre qu'elle s'accorde aux qualificatifs communément admis du droit tout en leur ajoutant une dimension anthropologique, cette définition laisse toutes ses chances au pluralisme juridique en visant également les groupes constituant une société globale. Est-il légitime de le faire ? Je le pense : dans la plupart des cas, la régulation sociale mise en œuvre par ces groupes possède les attributs externes du juridique (contrainte, judiciarité) ; elle correspond également à la définition fonctionnelle que je viens de poser.

Le pluralisme juridique a donc trait non à des phénomènes infra-juridiques, mais à des systèmes juridiques propres aux sous-groupes d'une société. À vrai dire, beaucoup d'historiens du droit, depuis longtemps, ont constaté ces phénomènes, même s'ils ont laissé leur théorisation aux anthropologues du droit. On s'en aperçoit lorsqu'on fait brièvement l'histoire du pluralisme juridique.

Une brève histoire du pluralisme juridique

Depuis des siècles on cherche les causes de la chute de l'Empire romain. Mieux vaudrait s'interroger sur celles de son exceptionnelle longévité[111]. À la fin du ve siècle de notre ère, l'Empire d'Occident n'est plus qu'un corps disloqué, troué d'éphémères royaumes barbares et traversé par des peuples en fuite qui ont franchi le *limes*. Un rêve s'évanouit : la Méditerranée, depuis les confins des landes écossaises jusqu'aux ergs sahariens, non point seulement soumise aux armes, mais unie à Rome en une *communis patria*. Unie, mais dissemblable en ses parties. Comment réunir, tenir cet immense Empire, patiemment construit depuis les obscurs commencements de la cité tibérine ? Immense, il l'était non seulement par ses dimensions, mais aussi par l'absence d'un système de communications que permet la technologie moderne. D'où le caractère crucial de certaines questions. Niveler toutes les disparités, faire de tous des Romains par le glaive et le droit, ou au contraire créer une sorte d'État fédéral, irradié par l'influx nerveux de l'*Urbs* ? Décentraliser au risque d'un éclatement rendu fort probable par les immenses dissemblances entre les territoires et les populations, ou centraliser au péril de se briser sur ces irréductibles différences ? Intégration, assimilation, respect des différences : le débat est ancien. Rome procède à l'exploitation économique des pays conquis et ponctionne leurs populations pour garnir ses armées. Mais elle ne cherche nullement à imposer la prééminence d'une quelconque race (le racisme est pratiquement inconnu dans l'Antiquité), pas plus que sa langue (elle apprend au contraire à parler grec), ou ses dieux (elle accueille dans son panthéon les divinités des vaincus). Quant à ses élites gouvernantes — jusqu'au trône impérial compris — elle les ouvre largement aux hommes venus des pays conquis. Elle n'impose pas plus son droit, laissant une large autonomie aux droits locaux et nationaux : contrairement aux stéréotypes, l'Empire romain fut largement pluraliste. D'où son succès : les populations hétéroclites qui le constituent trouvent dans la référence politique commune à Rome un point de convergence. En 143 ap. J.-C., Aelius Aristide, un rhéteur grec, tient non sans raison un discours enthousiaste : « *Mais il y a quelque chose qui, décidément, mérite maintenant autant d'attention et d'admiration que tout le reste : je veux dire votre généreuse et magnifique citoyenneté, Romains, avec sa grandiose conception, car il n'y a rien d'équivalent dans toute l'histoire de l'humanité [...] Ni les mers, ni les terres ne sont un obstacle sur la route de la citoyenneté, l'Europe et l'Asie ne sont pas traitées différemment. Tous les droits sont à la disposition de tous. Aucun de ceux qui méritent pouvoir ou confiance n'est tenu à l'écart, mais au contraire une libre communauté a été établie pour toute la terre, sous la direction d'un responsable unique, garant de l'ordre du monde, qui se trouve être le meilleur possible ; et tous se pressent, afin que chacun reçoive son dû, vers votre citoyenneté, comme vers une commune agora. Et comme les autres cités ont leurs propres frontières et pour territoire le monde habité tout entier, cette cité (la vôtre) a pour frontières et pour territoire le monde habité tout entier*[112]. »

Cette réussite est due au refus de l'uniformité. En droit privé, la règle est la plupart du temps l'autonomie : chaque cité conserve ses lois, son droit *civil*. De plus, le droit pratique (dit « vulgaire ») s'écarte assez fréquemment du droit officiel. Souvent les actes juridiques comportent des dispositions de droit romain, mal interprétées ou contredites par la suite du texte : les parties ont voulu « faire romain » (le prestige de Rome était grand), elles n'y sont pas parvenues. Mais autonomie n'est pas synonyme d'indépendance : encore faut-il que les droits locaux ne heurtent pas avec trop de vigueur le droit romain. C'est possible dans de nombreux cas : Pilate, pour sauver Jésus de la crucifixion, essaie de jouer sur une coutume juive pour le faire libérer, mais c'est Barrabas qui en bénéficie. En d'autres circonstances, finalement peu nombreuses, le droit romain prime sur le droit local, au moins officiellement. Par exemple, l'empereur supprime en droit arménien l'exclusion successorale des femmes. En 285, un édit de Dioclétien interdit les mariages entre frères et sœurs (les recensements opérés par Rome dans la province d'Égypte laissent entrevoir que 15 à 20 % des couples auraient été formés de consanguins). Mais pour l'essentiel, le droit de l'antique Égypte (ainsi que sa langue et sa religion) survit aux conquêtes macédonienne et romaine, même s'il subit des retouches. Celles-ci sont souvent le fait des tribunaux : les juges provinciaux sont prêts à respecter le droit local, quitte parfois à atténuer sa portée. Ainsi de l'*aphérèse*, un droit issu de la toute-puissance du chef de famille, permettant à un père d'enlever sa fille au mari auquel il l'a donnée pour épouse. Les juges provinciaux reconnaissent son existence, d'autant plus qu'à Rome, dans le type de mariage dit « sans la puissance (du mari) », la fille romaine reste soumise à son père même une fois mariée. Mais il leur paraît inhumain que le droit des Égyptiens aille jusqu'à permettre au père de rompre le mariage de sa fille contre le gré de celle-ci. Aussi, de 80 à 180 ap. J.-C., restreignent-ils la portée de l'aphérèse pour enfin la supprimer.

L'Empire d'Occident disparu, l'Europe connaîtra pendant des siècles le régime de la personnalité des lois : chacun vivra suivant le droit de son peuple ou de son ethnie. Dans un certain nombre de royaumes barbares, on élabore une double législation : l'une valable pour les populations romanisées, davantage pénétrées de droit romain ; l'autre pour la minorité barbare (les Barbares furent toujours numériquement très inférieurs aux populations romanisées). La différence des mœurs pouvait être telle que pour assurer la coexistence de peuples différents à l'intérieur d'un même royaume, on reconnut à chacun une autonomie juridique (par exemple les Germains envisageaient le mariage comme un acte devant se dérouler par étapes, alors que Romains et chrétiens le voyaient comme nous engendré par un acte unique). Puis la vie changea lentement les mœurs : les Barbares parlèrent davantage le latin, beaucoup d'entre eux souhaitèrent se romaniser ; les inter-mariages, d'abord proscrits, se multiplièrent ; l'habitat — celui des vivants comme des morts — mélangea les communautés. La religion les cimenta également. Les peuples barbares se convertirent officiellement au christianisme (en dépit de la survivance de nombreuses coutumes païennes), mais, sauf les Francs, en adoptèrent la version arienne (qui mettait en doute la divinité du Christ). Longtemps, l'hérésie joua un rôle identitaire : l'arianisme était le fait des Barbares, le catholicisme celui des

Romains. L'hérésie durement réprimée, la religion chrétienne s'imposa. Au bout du compte, la personnalité des lois fit place à leur territorialité : tous les habitants d'un même territoire obéirent à un même droit, quelles qu'aient été leurs origines ethniques. Mais le droit restait plural : les coutumes changeaient d'un territoire à un autre ; seul le pouvoir central, celui des empereurs francs, édictait une législation applicable à tout le royaume. Arrêtons-nous un instant pour noter que ce furent ces différents régimes d'autonomie juridique qui, paradoxalement, permirent l'unification réalisée par les empires carolingiens. Si l'on avait tenté d'imposer un droit uniforme à des populations si diverses, le chaos et la dislocation auraient immanquablement suivi. L'intégration se réalisa pour deux raisons : sa progressivité (plusieurs siècles) ; l'existence de liens fédérateurs (le pouvoir politique impérial, le christianisme) communs à tous.

Au Moyen Âge, le pluralisme s'amplifie. Non seulement territorial (droit coutumier) mais aussi sociologique : le droit canonique (celui des clercs), le droit de l'État, le droit noble (celui des seigneurs), le droit des commerçants, celui des serfs ne sont pas les mêmes, et parfois s'opposent (un seigneur peut refuser à ses serfs un droit de mariage que l'Église leur accorde). La monarchie le réduit très lentement, mais à la veille de la Révolution, la diversité coutumière est encore grande. Puis c'est le bref triomphe des idées des Lumières, avec les conséquences que j'ai décrites. Quand la France, quelques décennies plus tard, construira en Afrique noire une partie de son empire colonial, elle reviendra à des solutions pluralistes en organisant un double système de juridictions : celles de droit moderne, jugeant les sujets du droit français ; celles de droit coutumier, à vrai dire en état de subordination vis-à-vis des premières. À l'heure actuelle (depuis 1989), en Nouvelle-Calédonie, la coutume kanak est de nouveau prise en considération par les tribunaux : juste retour des choses.

Comme on le voit, le monisme est une idée relativement neuve en France : dans son histoire et celle des civilisations qui l'engendrèrent, le pluralisme juridique domine. On le retrouve encore aujourd'hui.

Dans les droits produits par les groupes secondaires, dont j'ai déjà parlé. Dans les persistances de certaines tendances coutumières locales : droit d'aînesse dans le Béarn[113], mais aussi affection de la Corse pour l'indivision à la suite d'une succession, attachement du Midi au régime dotal jusqu'au début de ce siècle ; préférence marquée en Bretagne pour la séparation de corps par rapport aux autres départements. Mais encore, avec une ampleur insoupçonnée, dans les commissariats de police, lieux de répression mais *aussi* de dénouement de bien des litiges : c'est à eux que s'adressent d'abord l'époux abandonné, les parents de l'enfant fugueur, la femme battue, le client insatisfait d'un commerçant du quartier. Et il arrive que les choses en restent là. Droit vulgaire, justice du quotidien ? Sans doute, mais droit quand même.

Sociologues et anthropologues se sont aperçus de ces phénomènes plus fréquemment que les juristes de faculté, voués au droit noble. Ils le firent au début de ce siècle : si bien qu'on est frappé de constater qu'après tant d'années, le pluralisme juridique paraisse aujourd'hui encore en France une idée neuve, voire dangereuse.

Déjà le grand juriste M. Hauriou (1883-1926) montrait parfaitement que des groupes organisés autres que l'État sécrétaient des systèmes de droit qui leur sont propres, édictant à la fois normes et sanctions. Il ne fut guère suivi par ses collègues, qui demeurèrent sourds aux suggestions des anthropologues. Au début du siècle, Marcel Mauss et B. Malinowski, plus connus pour leurs études sur le don et la sexualité, énoncent eux aussi l'idée que plusieurs droits peuvent interagir à l'intérieur d'une même société. Un anthropologue du droit hollandais, injustement oublié, est à vrai dire le père du concept : dès 1901, Van Vollenhoven le formule, et durant quarante ans, ses collègues hollandais le vérifieront dans les colonies indonésiennes des Pays-Bas. Car les anthropologues envisagent d'abord le pluralisme là où il est le plus manifeste, et sur les terrains exotiques qui leur sont familiers : là où l'expansion européenne a favorisé l'émergence de sociétés pluri-ethniques, multiraciales, de cultures fort différentes. Puis, en 1941, le juriste Llewellyn et l'anthropologue Adamson-Hoebel, coauteurs de *Cheyenne Way*, mettent l'accent sur le pluralisme des modes de résolution des conflits à l'intérieur d'une même société : le compromis a tendance à s'imposer quand les parties appartiennent à une même unité sociale, la vengeance dans le cas contraire. Dans les années soixante, les enquêtes sur le terrain axées sur le pluralisme se multiplient, tandis qu'en France G. Balandier développe l'anthropologie dynamiste, qui analyse la situation coloniale au moyen de concepts voisins de ceux utilisés par les théories du pluralisme.

Mais parallèlement, les sociologues et certains juristes isolés étaient parvenus à des conclusions voisines, davantage tirées des expériences des sociétés modernes. Tenu par beaucoup pour le véritable fondateur de la sociologie du droit, le juriste autrichien Eugène Ehrlich (1862-1923) était spécialiste de droit romain ; mais dans les universités germaniques, les historiens du droit devaient aussi pratiquer le droit moderne, habitude dont la France aurait dû davantage s'inspirer. Il fut professeur à Czernowitz, en Bukovine, dans une région située au carrefour de différentes ethnies. Le Code civil autrichien n'avait que peu refoulé leurs coutumes, dont les normes voisinaient avec les siennes : un bon terrain pour que germe l'idée du pluralisme juridique. Ehrlich en conclut que le droit ne vient pas principalement de l'État, ni des auteurs savants, ni des tribunaux, mais de la société elle-même, ce qui correspond à nos théories actuelles de l'État de droit. Autres idées très modernes que devaient vérifier sur le terrain (d'abord colonial, puis européen) les anthropologues du droit : le droit ne peut se réduire au contentieux (nous l'observons la plupart du temps sans avoir besoin d'y être contraints) ; la plupart des conflits se résolvent sans que les parties fassent appel aux règles de droit abstraites élaborées par l'État et sanctionnées par ses tribunaux. Ainsi tout ce que nous attribuons au droit (les codes, la police, les juges, les palais de justice) n'en est-il que l'appendice : du continent, nous ne voyons que la péninsule. Malheureusement, l'ouvrage fondamental d'Ehrlich (*Grundelegung der Soziologie des Rechtes*) parut en 1913 : quelques mois plus tard, le temps n'était plus aux réflexions savantes. Par la suite, l'ouvrage ne fut jamais traduit en français ; il n'y eut d'édition anglaise qu'aux États-Unis, en 1936. Et si les anglophones ne lisent pas les Français, les juristes français le leur rendent bien.

Mais d'autres auteurs s'engageaient dans les mêmes directions.

Un juriste polonais, L. Petrazycki (1867-1931), élève à la dignité du droit des systèmes de normes qui concurrencent le droit officiel : règles de jeux, codes sportifs, lois du milieu, jeux enfantins, règlements des établissements psychiatriques, réciprocités entre amants ou amis, etc. Le sociologue G. Gurvitch (1894-1965) est son élève. Il pense aussi que le droit n'a pas besoin de l'État pour exister et met l'accent sur le rôle créateur du droit exercé par des entités telles que la féodalité, l'Église, les corporations ou les syndicats, et insiste sur le caractère communautaire du *droit social* qu'engendre chacun de ces groupes. Les facultés de droit ignorèrent très largement ses théories.

À l'heure actuelle, si le pluralisme juridique ne connaît en France qu'une audience récente[114], tardive, et ne fait nullement l'unanimité, le consensus sur ce thème est général dans la communauté internationale des anthropologues du droit. Ceux-ci, bien entendu, en élaborent diverses théories, dont le sens conduit à un écart toujours plus grand vis-à-vis du droit étatique : le droit est de moins en moins une affaire d'État. Notons que, comme toujours, l'observateur influe sur l'objet observé. Si les anthropologues du droit s'enthousiasment pour cette théorie, c'est aussi parce qu'elle valorise leurs champs de recherches, et donc les légitime. Or ceux-ci sont en quête d'un statut académique, surtout en Europe. Il reste qu'à mes yeux comme à ceux de beaucoup de mes collègues de par le monde, les théories du pluralisme juridique possèdent sur le plan scientifique une indéniable valeur opératoire : vraies ou fausses, suscitant l'intérêt ou la réprobation, elles permettent de mieux comprendre ce qu'est le droit et comment il fonctionne, *urbi et orbi*. Il n'y a donc aucune raison de se priver de leurs lumières, quitte à les remplacer par d'autres plus éclairantes quand on aura trouvé de nouveaux astres dans le ciel des idées. Pour le moment, elles suffisent à faire apparaître à nos yeux de nombreux droits cachés.

Les droits cachés

Le chêne abrite sous son ombre la souveraineté et la justice : vieille imagerie qu'enfants nous avons tous contemplée. Mais, en dépit de sa majesté, il n'est qu'un arbre dont branches et racines s'entremêlent à d'autres sylves plus sombres. Frayons-nous un chemin.

En passant d'abord par l'Afrique noire actuelle, terre ensemencée par le pluralisme. À la surface, les droits des dominants, qu'irrigue la sève étatique : largement imités des modèles européens, ils naturalisent la législation de l'ancien colonisateur, ou la reprennent en y apportant quelques modifications. Puis, dans une pénombre que seules peuvent éclairer des enquêtes ethnographiques (en brousse, mais aussi dans bien des quartiers des grandes métropoles africaines), nous distinguons des systèmes juridiques inégalement composés de références au passé et d'une modernité alternative à celle définie par l'État. Les droits traditionnels et coutumiers forment l'ensemble des droits anciens. Les premiers sont ceux que pratiquaient les autochtones avant la colonisation européenne (droit islamique compris) : régime dotal, éventuellement polygamie, prohibition de la cession des terres lignagères, etc. Certains points en subsistent encore, mais les migrations de population, l'impôt, le travail forcé, les conversions religieuses, l'option de renonciation au statut personnel ouverte par le colonisateur ont sérieusement altéré leur fonctionnement. Les droits coutumiers n'apparaissent qu'avec la période d'administration coloniale, quand on prescrit la rédaction des coutumes, opération qui les transforme en profondeur en les soumettant aux catégories juridiques occidentales (on amputera ainsi le droit foncier de ses références religieuses : comment admettre, comme le dit un proverbe âgni, que c'est la Terre qui possède l'homme, et non l'inverse ? Le thème réapparaît cependant dans nos mouvements écologistes). Les droits locaux et populaires sont eux des droits modernes. Le droit local résulte souvent de mécanismes de réinterprétation d'institutions étatiques : l'État post-colonial crée des entités nouvelles, que les autochtones comprennent et font fonctionner à leur manière, qui n'est pas forcément celle qu'avait prévue l'administration. Le phénomène est fréquent en matière de réformes foncières : sous le brillant de sigles forgés dans les bureaux climatisés des fonctionnaires et désignant des personnes morales de droit public, on voit vite réapparaître, à l'initiative des paysans, d'anciens modes d'exploitation de la terre et de règlement des litiges fonciers. Les droits populaires (ils existent aussi dans nos sociétés occidentales) occupent une aire étendue, au moins aussi grande que celle du droit étatique, mais difficile à explorer en raison de leur caractère non officiel. Catégorie maximale du pluralisme juridique, ils se forment en dehors des instances étatiques, aussi bien en zone urbaine que rurale. Ils s'éloignent également assez souvent des droits traditionnels et de leurs solutions héritées du passé, car ils sont essentiellement innovants. Leçon à bien retenir, et à répéter aux partisans volontaristes du « tout-État » : *le droit issu du peuple n'est pas seulement celui qu'il tire du passé, mais un droit qu'il sait aussi bien inventer que le législateur moderne* (l'anthropologue sait bien que les mythes ont une histoire, se transforment et se créent à toutes époques ; l'historien du droit se souvient de l'adage médiéval « *Coutume se remue* », preuve qu'elle n'est pas que la fossilisation du passé). D'ailleurs ces différentes catégories de droit ne sont pas étanches : telle une comète, une règle peut passer de l'une à l'autre, et un système subir la force d'attraction de ses voisins. Les politiques d'authenticité juridique élaborées depuis quelques années par certains États africains mélangent d'ailleurs des dispositions issues du droit étatique et des droits traditionnels ou coutumiers, preuve que ces derniers peuvent aussi modifier le premier, s'opposant au mouvement inverse que nous avons trop tendance à seul considérer.

Mais les droits cachés s'entourent d'autres vapeurs que les parfums de l'exotisme. Dans nos propres sociétés, les normes et comportements de certains groupes de malfaiteurs, marginaux ou révoltés (la distinction est parfois malaisée à opérer) entrent aussi dans cette catégorie. Inutile de dire que les manuels de droit ne les citent jamais parmi les sources du droit. Et pourtant, bien souvent, nous y retrouvons les caractères les plus classiques du droit savant, ou de celui des gens honnêtes : les hors la loi peuvent avoir une loi, et des tribunaux[115]. Les malfaiteurs reproduisent même volontiers les procédures judiciaires étatiques. Le 3 septembre 1609, Pierre de l'Estoile inscrit dans ses *Registres journaux* : « *...... l'exécution d'un voleur qui exerçait la justice sur ses congénères comme président ou procureur général. Les audiences se tenaient sur un bateau, la pénalité allant de l'amende à la mort* ». Les truands, on le sait, sont conservateurs : s'ils votent, c'est plutôt à droite. La détention carcérale semble d'ailleurs maximiser leur mimétisme judiciaire : les tribunaux de prisonniers, vigiles du code de l'honneur qui leur est propre (les assassins de vieillards ou d'enfants sont fort mal vus par leurs codétenus), sont très pointilleux. Sans doute parce que l'enfermement, en exacerbant les heurts potentiels dans le groupe, accroît le besoin de judiciarité. Il faut aussi faire intervenir d'autres comportements plus troubles, induits par des effets de domination. Les études du grand psychiatre B. Bettelheim, interné dans les camps nazis, ont montré que, soumis aux effroyables pressions que l'on sait, les détenus reproduisaient parfois en leur sein l'ordre imposé par les gardes-chiourmes, allant jusqu'à imiter la démarche, les attitudes, en un mot le *style* de leurs tortionnaires.

Mais revenons aux lois du milieu. On sait que le fonctionnement de la Mafia en est un bon exemple. Nous allons le voir en donnant quelques détails sur la justice appliquée en Calabre par l'Honorable Société[116]. L'adhésion à la Société implique une coupure par rapport à la famille d'origine, que le postulant renie par serment. Après quoi il affronte un adversaire dans un duel rituel et boit un peu de son sang, symbole de la naissance d'une nouvelle fraternité. Le poids des normes est d'emblée considérable. Le code d'honneur définit d'abord un cadre général dominé par trois fautes (tromperie, infamie, tache d'honneur), puis énumère dix-sept transgressions justiciables des sanctions les plus lourdes, dites « d'épuration ». Une autre règle, d'ordre général, est tout aussi fondamentale et en général sanctionnée par la mort : la loi du silence. L'image de la tombe revient souvent pour qualifier le secret dans lequel chaque membre doit enfouir tout ce qui concerne la Société. Le concept d'*humilité* réunit ces deux impératifs : obéissance absolue aux normes, respect du secret. Ils ont pour but de limiter au maximum les difficultés qui peuvent survenir de l'interaction de l'ordre juridique de la Mafia avec ceux d'autres institutions : les solidarités traditionnelles (notamment celles nées de la famille), et l'ordre juridique étatique. Si la loi de la Société pouvait être facilement transgressée, les autres ordres juridiques reprendraient vite le dessus. Le tribunal d'Humilité intervient dans les cas les plus graves. Il est composé de douze membres choisis dans l'aristocratie de la Société, les camorristes, et présidé par le chef de la Société. L'accusé a un défenseur, un camorriste qui s'adresse au tribunal en ces termes : « *... Veillez à ne pas commettre d'erreurs, car nous tous pouvons être négligents. Et maintenant, je vous adresse une autre prière avec une langue bien pendue, et je dis clairement que ce compagnon, je veux le libérer, car il m'a appelé comme défenseur, les larmes aux yeux et plein de chagrin. La Société doit m'accorder cette grâce. Acceptez tous, je vous prie [...] Je parle avec toi, ô Tribunal sacré, en tournant dans le bon sens, et toi qui tiens la barre, considère qu'à cause de toi je me trouve en ce lieu pour faire le défenseur. Je tiens dans les mains un livret avec le calice d'honneur, repoussant tromperies, infamies et taches d'honneur.* »

L'accusé, quant à lui, déclare que, s'il est reconnu coupable, il accepte par avance la sentence. La mort est bien sûr prévue, mais également d'autres sanctions, les *zaccagnate*, coups de couteau infligés dans le dos ignominieuse car signes de lâcheté) ou sur le ventre (pour les fautes plus légères, car le coupable fait alors front). Plus grave que les *zaccagnate*, le « tartre », sanction ignominieuse : le visage et le torse du condamné sont couverts d'un mélange d'excréments et d'urine, signe d'exclusion sociale. Ce sont là des peines d'« épuration ». Pour les manquements aux règles moins graves existent aussi des peines conviviales, en général prononcées par une autre instance, le Corps de Société. Celui-ci n'est composé que de *picciotti* (membres d'une dignité inférieure à celle des camorristes), une sorte de tribunal d'instance. Les peines conviviales sont fondées sur l'amendement et consistent en différents types d'ostracisme : pendant une durée variable, le fautif sera tenu à l'écart des activités de la Société. Il est souvent épié, comme dans une mise à l'épreuve qui rappelle les mesures de « surveillance spéciale » de la police, lesquelles ont pu servir de modèle. Ces règles n'appartiennent pas au seul XIXe siècle : elles étaient encore appliquées dans les années cinquante.

D'ailleurs les grandes villes modernes connaissent aussi ces phénomènes de justice et vengeance interne appliquées par des bandes organisées, dont les valeurs et le fonctionnement s'inscrivent directement contre l'ordre étatique. Lequel se résigne parfois à céder : dans certains quartiers, la police ne pénètre pratiquement plus. En témoigne cette description de Los Angeles :

> *« ...enfants de l'underclass, sacrifiés sur l'autel du déficit budgétaire et du libéralisme sauvage, se font la guerre avec des Aka 47 et des Uzi. Une guerre absurde, tribale, qui a provoqué 462 morts en 1988, à Los Angeles seul. Ce n'est pas encore Beyrouth. Mais ça vaut Belfast. 500 gangs se partagent les trottoirs pauvres de la ville. Toutes les*

ethnies ont leurs bandes. Les plus connus sont les deux gangs rivaux noirs, les Blod et les Crips. Chaque coin de rue sécrète son propre gang, avec son propre langage, son code d'honneur particulier. Ils sont 80 000 à se haïr ou à s'aimer, suivant qu'ils habitent des pâtés de maisons différents ou qu'ils sont issus du même. Les plus jeunes ont parfois 8 ans à peine... Entre home-boys, on se donne des voitures, des armes, des bijoux, de l'affection [...]. « C'est trop grand, les États-Unis, commente calmement le capitaine Lillo, de la police de Los Angeles, ça ne vous donne pas une identité. C'est pourquoi c'est si important, l'organisation en communautés, la sauvegarde des traditions. On a besoin d'appartenir à un groupe. C'est humain. Il vaut mieux que ce soit une ethnie qu'un gang[117]. »

Qu'on me comprenne bien : il ne s'agit pas de justifier au nom du pluralisme juridique les assassinats en série. Mais simplement de montrer que le phénomène juridique, et ses différentes manifestations de sanction ne sont pas absents des groupes où on les attend le moins. Ce qui n'empêche nullement d'estimer nuisible pour la majorité du corps social tel ou tel groupe secondaire et le droit qu'il sécrète, et donc de les combattre. Il y a certaines communautés dont le rôle est nocif, et d'autres positif. L'officier de police le dit d'ailleurs très bien : les gangs de Los Angeles s'expliquent en grande partie par la perte par leurs membres de références identitaires, les faisant retomber dans une « sauvagerie » qui n'est ni celle des origines, ni celle des sociétés traditionnelles. On a les solidarités qu'on peut, ou qu'on vous laisse.

Cette recherche continuelle et angoissée d'une identité se retrouve dans le mouvement zoulou[118], fondé dans les années soixante-dix à New York, et maintenant implanté en France, où il semble subir depuis 1988 une dérive vers la délinquance. La pratique du tag (signatures stylisées apposées en divers lieux) exprime bien cette quête. Écoutons un de ses adeptes : « *Ma défonce, c'est la bombe ! Je ne peux plus m'en passer. Taguer, c'est exister, parce qu'on a son nom partout. Mais ce que j'aime, c'est tout ce qui est dangereux, comme taguer un commissariat, une voiture de police, ou un pavillon de bourges. Sinon le tag n'a pas de valeur.* » Autrement dit, l'identité s'éprouve non seulement dans la solidarité interne, mais également vis-à-vis des groupes possédant d'autres valeurs : la logique de l'affrontement n'est pas loin. Les jeunes gens membres des zoulous appartiennent à des ethnies en majorité originaires d'Afrique noire et de Guadeloupe. La référence ethnique est donc fondamentale, ce qui distingue les zoulous des « blousons noirs » des années soixante où comptait l'identification aux classes sociales défavorisées. Elle se double d'une appartenance territoriale : à chaque groupe son secteur, sa ligne de métro ou de RER, sa cité. Chacun semble aussi avoir un système normatif particulier : lors de tests d'admission, les postulants s'engagent à suivre un code d'honneur et des lois internes, éventuellement à pratiquer les arts martiaux et à s'abstenir de consommer drogue et alcool. Ces traits poussent à la segmentation des groupes zoulous, et donc à des manifestations d'hostilité inter-claniques. Mais d'autres caractères leur donnent une culture (au sens anthropologique du terme) commune : culte de la musique rap, films-mythes (*Warriors, Colors, Do the Right Thing*, etc.), langage particulier, objets-fétiches (casquettes à visière, tee-shirts à l'effigie de groupes de rap américains), tenues à dominante sportive, voire paramilitaire. Dans un registre différent et nettement plus violent, les groupes de skin-heads (les néo-nazis sont les plus connus, mais il en existe aussi des « rouges »), mériteraient aussi d'être étudiés du point de vue qui est le nôtre.

Mais au titre des droits cachés, il existe heureusement des groupes plus paisibles, comme les communautés néo-rurales[119]. Nées dans les années soixante-huit et formées de jeunes urbains désireux d'expérimenter à la campagne de nouvelles formes de vie socio-économique, elles ont subi en vingt ans une transformation radicale.

Au départ les caractérise la volonté de non-droit : « *La seule règle, c'est qu'il n'y a pas de règle.* » Plus exactement, le droit rejeté était celui qui venait de l'extérieur, de l'État ou de la société globale. Les néo-ruraux pensaient qu'à l'abri de ces contraintes artificielles, un groupe s'auto-régulait de façon spontanée et harmonieuse. Mais normes et pratiques devaient malgré tout s'élaborer à partir de représentations assez ciblées : partage communautaire des ressources, liberté sexuelle permettant de dépasser l'« égoïsme » du couple nucléaire, droit de l'enfant à la satisfaction de ses pulsions spontanées. Le mouvement connut une première inflexion dans les années 75-80. Beaucoup des premiers expérimentateurs regagnèrent la ville. Ils furent remplacés par une seconde vague d'immigrés, moins désireux d'inventer une nouvelle société que de vivre davantage en accord avec la nature. Ils se préoccupèrent donc davantage de leurs rapports avec les autochtones, cherchant à s'insérer dans les économies locales et les réseaux de sociabilité villageoise : il s'agissait moins d'autonomie normative que de changement de système de références. Cependant le pluralisme juridique n'allait pas tarder à se manifester. L'angoisse écologique tourmentait de plus en plus les néo-ruraux du deuxième type : il fallait élaborer, en milieu rural, un mode de survie collectif. Puisque le monde industrialisé et urbanisé allait périr, on devait se doter du plus haut degré d'autonomie sur les plans social et culturel aussi bien qu'économique. Retour au passé, au droit traditionnel ? Oui, par certains aspects : division sexuelle du travail très poussée (aux femmes, la maison ; aux hommes, l'extérieur) ; mariages préférentiels favorisant les couples dont on pouvait attendre une certaine stabilité ; organisation très précise de la charge des enfants. Mais d'autres en étaient absents : rôle des notables, liens avec l'économie urbaine, religion chrétienne, autorité reconnue aux gens âgés, etc. Il s'agissait plutôt d'un phénomène innovant, de *droit populaire*, axé sur une représentation du salut consistant dans l'ajustement maximal de l'ordre social à un ordre naturel. Mais la nature n'était plus au bout du désir : elle exigeait pour exercer son effet salvateur d'être redécouverte, de manière volontariste, en acceptant de se soumettre à des règles prédéterminées instituant des séries de hiérarchies, quitte à se servir de l'expérience des anciennes sociétés rurales, nécessaire mais pas suffisante. Tout cela dans la perspective d'un proche cataclysme écologique. Autrement dit, le principe autoritaire surplombait l'organisation communautaire. Autorité des leaders (souvent le ou les fondateurs de la communauté) jouissant d'un charisme prophétique et légitimés par leur capacité de garantir l'observance collective des lois naturelles et indiquant la voie de la rédemption. Autorité des normes instituées pour y parvenir : certaines communautés furent organisées en véritables para-monastères qui se dotèrent d'une Règle écrite prenant sous sa coupe tous les aspects de la vie des membres, parfois isolés de l'extérieur par une clôture bien tangible.

Pluralisme juridique, mais aussi passage en une décennie de l'illusion du non-droit à une forme de normativisation hyper-juridique. Mais le pluralisme juridique n'est-il capable d'engendrer que des univers clos, ou de qualifier les modes de contrôle social propres aux marginaux et aux rebelles ?

La dynamique des droits officiels et des droits cachés

À l'évidence non. Le pluralisme juridique ne découpe pas des ensembles statiques : il illumine des droits vivants, dont le sort diffère suivant les grandes traditions culturelles[120]. Pour mieux le comprendre, opérons deux distinctions.

La première concerne le clivage droits officiels/droits officieux (cachés). Toutes les sociétés ne vivent pas de la même façon la dynamique qu'il engendre. L'Occident obéit à une tradition unitaire et place volontiers sa confiance dans le droit pour régir les rapports sociaux : aussi les droits officiels y affirment-ils leur prééminence, voire leur exclusivisme. L'Afrique noire admet plus facilement le pluralisme juridique (je ne parle pas ici de nombre de ses dirigeants formés à l'européenne) qui régit toujours la condition de la majeure partie de ses habitants (on va en Afrique noire de la négation des droits officieux à leur reconnaissance plus ou moins sélective). L'Orient n'a, quant à lui, jamais privilégié le droit dont il méprise la forme impérative et centralisatrice chère à l'Occident. Les droits officiels sont donc beaucoup plus tolérants envers les droits officieux : ceux-ci modifient plus fréquemment les premiers, et résistent mieux à leur emprise. Les situations de pluralisme sont vécues avec plus de facilité : les relations familiales sont encore au Japon largement traditionnelles, alors que d'autres secteurs de la vie socio-économique sont très occidentalisés.

La deuxième distinction vise non plus le caractère des droits (officiels ou cachés) mais l'origine des règles qui les constituent. Contrairement à ce qu'on pourrait croire, le droit officiel n'est pas toujours du droit reçu (c'est-à-dire importé) et les droits cachés du droit autochtone. La richesse du pluralisme juridique tient à ce qu'il peut combiner différemment les deux distinctions droits officiels/cachés, droits reçus/autochtones. Notons tout d'abord qu'un même ensemble de normes juridiques peut changer de couleurs comme un caméléon. L'évolution de l'Égypte le montre bien. Le droit officiel, dans l'Antiquité, est d'abord pharaonique : c'est du droit officiel autochtone. Puis, avec la conquête romaine, nous avons un régime de droits officiels mixtes, associant le droit autochtone pharaonique et le droit romain. Avant comme après la conquête romaine, les droits officiels voisinent avec du droit coutumier autochtone non officiel (notamment les coutumes paysannes). Puis l'Islam succède à Rome : le droit islamique devient un droit officiel, d'abord reçu, puis qui devient peu à peu autochtone, et interagit avec les coutumes autochtones non officielles. En 1798, Bonaparte tente sans grand succès d'introduire le droit français dans les domaines civil et pénal. Et à l'heure actuelle, le droit égyptien apparaît comme un mélange de droit reçu et autochtone, aussi bien au niveau officiel que non officiel. Ballet pluriséculaire de normes, qui n'étonnera que les retardataires. Ceux qui ne voient dans le droit que rigidité, alors que l'anthropologie nous convainc qu'il a la souplesse de la vie.

Observons aussi que la dynamique droit reçu/droit autochtone ne joue pas nécessairement au bénéfice du premier, comme notre tradition d'impérialisme juridique nous invite trop souvent à le croire. Le droit officiel peut fort bien se modifier par l'inclusion en son sein de droits autochtones. Ainsi du droit danois qui, pour le Groënland, reconnaît certaines particularités des coutumes esquimaudes consacrant la famille « large » des sociétés traditionnelles ; du Canada, où la jurisprudence a reconnu la validité des adoptions et mariages opérés suivant le droit traditionnel des Esquimaux ; de la France où le droit romain, d'abord toléré comme coutume du Midi, finit par pénétrer le droit étatique et être reçu dans tout le pays.

Le pluralisme juridique élargit donc considérablement notre vision du droit et l'on perçoit bien la souplesse que celui-ci y gagne. Mais, appliqué à nos sociétés modernes, n'est-il pas plein de dangers ? On s'en accommoderait plus volontiers dans les sociétés traditionnelles qui, certes, subissent elles aussi le dynamisme de l'histoire, mais dont les contours varient moins vite que les nôtres. Assurées d'une plus longue pérennité de leurs clivages, elles peuvent se payer le luxe de reconnaître juridiquement leur structure sociologique plurale. On l'admettrait aussi dans des sociétés devant faire coexister des communautés profondément différentes, comme celles de l'Europe barbare, ou l'Afrique coloniale. On le concevrait encore dans un monde où l'idéologie des droits de l'homme et son universalité n'auraient pas manifesté leurs effets salvateurs. Mais dans nos sociétés occidentales modernes, soumises au *staccato* des changements rapides, encore unies par des références historiques, religieuses et culturelles largement communes, donner libre cours au pluralisme, l'institutionnaliser juridiquement, voir des systèmes juridiques là où il ne s'agit peut-être que de coutumes résiduelles ou de crispations identitaires, n'est-ce pas ouvrir la boîte de Pandore ?

À trop reconnaître et valoriser les différences, ne risque-t-on pas de détruire les équilibres anciens qui ont nécessité tant de siècles, et de dissoudre les harmonies nouvelles dont nous avons tant besoin ? Beaucoup le pensent.

Deux affaires de pluralisme juridique : l'excision et le foulard islamique

À la fin de l'été 1989, je suis appelé au téléphone par un avocat parisien qui me demande de collaborer à la défense de sa cliente. Les faits sont simples. Mahamet et Fofana Dalla sont musulmans et appartiennent à la même ethnie, les Solinke du Mali. Ils se marient en 1978 dans leur pays. Leur premier enfant naît : c'est une fille, rapidement excisée. Mahamet émigre en France en 1980, et trouve une place de commis à la cantine de l'aérogare d'Orly. Sa femme le rejoint deux ans plus tard. Un autre enfant naît, un garçon, qui meurt vite. Lui succède en juin 84 Assa, une petite fille. La directrice du Centre de protection maternelle et infantile avertit Fofana du caractère illégal de l'excision en France, sans qu'il soit avéré qu'elle l'ait bien compris (elle ne parle pas français et une amie a dû lui traduire ces propos). Six jours après la naissance d'Assa, deux femmes passent au domicile de Fofana et lui proposent d'exciser sa fille. Elle accepte. Quelques minutes plus tard, Assa a subi l'amputation de son clitoris et de ses petites lèvres. Prise de fièvre, elle doit être hospitalisée. Assa est soignée et guérie, mais la directrice du Centre de protection maternelle saisit le Procureur de la République. Se joignent bientôt à l'accusation diverses associations : SOS-Femmes-Alternative, Enfance et partage, Commission internationale pour l'abolition des mutilations sexuelles, Confédération pour le planning familial. Fofana est accusée de complicité de crime, de violences volontaires à enfant de moins de quinze ans ayant entraîné une mutilation ou une amputation, infraction entraînant son passage devant une Cour d'Assises.

Je réfléchis longuement à ce cas d'anthropologie juridique appliquée. Quelle est l'étendue de la responsabilité de la mère ? Les arguments ne manquent pas pour montrer que l'excision, acte apparemment barbare et injustifiable, correspond à un ensemble de données culturelles qui, pour n'être pas les nôtres, n'en sont pas moins réelles[121]. Ampleur actuelle de ces pratiques : 70 à 80 millions de femmes les subissent (dont 5 sont infibulées : leur sexe est cousu). On les trouve surtout en Afrique, sur toute la largeur du continent, avec des cas moins nombreux en Indonésie et en Amazonie. Leur profondeur historique est également avérée. L'idée d'inscrire sur le corps humain des marques culturelles est très ancienne : les archéologues ont retrouvé pour le paléolithique supérieur des instruments de tatouage, des peintures rupestres de mains aux doigts amputés. Cette inscription corporelle est une sorte d'écriture : *a contrario*, les sociétés qui connaissent les écritures « classiques » (effectuées sur un support autre que le corps humain) paraissent moins mutilantes.

Mais la première mention de l'excision est néanmoins plus tardive. Elle date de l'époque ptolémaïque (IIe siècle av. J.-C.) où un document judiciaire nous parle d'un procès entre un homme et une femme dont la fille « *... est en âge de subir la circoncision conformement à la tradition égyptienne* ». Plus près de nous — qui l'eût cru ? — Ambroise Paré recommande dans certains cas l'ablation des petites lèvres : leurs fonctions érectiles sont telles qu'elles peuvent devenir disgracieuses, ou faciliter l'homosexualité féminine ! Au siècle des Lumières, on s'interroge sur la véritable nature du clitoris. Pour certains médecins, organe naturel, il doit être conservé ; d'autres pensent au contraire qu'il constitue une anomalie ou une maladie justifiant son ablation. En 1736, Dionis condamne l'hypertrophie clitoridienne : celles qui la manifestent sont « *appelées des*

Ribaudes, parce qu'elles peuvent en abuser et se polluer avec d'autres femmes ; c'est ce qui en fait proposer l'amputation pour ôter à ces femmes le sujet d'une lascivité continuelle [...] cette opération n'est pas aussi dangereuse qu'on pourrait se l'imaginer, parce que ce n'est qu'une partie superflue qu'on ampute ». Soulignons deux faits : l'association du clitoris à une indécision sexuelle favorisant l'homosexualité, l'antiquité et la dispersion de ces pratiques. De cette ancienneté et de leur localisation, faut-il déduire qu'elles ne sont que coutumes dépassées ou « sauvages », comme le disent souvent leurs adversaires européens ?

De manière générale, les mutilations (sexuelles ou non) ne semblent pas nécessairement liées à l'idée d'évolution : les Égyptiens étaient une haute civilisation ; la déformation crânienne existait encore en Europe il y a peu (pratiquée sous forme circulaire oblique, comme dans l'Égypte ancienne, ou chez les Berbères, elle apparaît dans notre culture au XIIIe, et se termine il y a un siècle) ; certaines sociétés traditionnelles (Pygmées de la forêt équatoriale africaine) ne se mutilent pas, la majorité ignorent l'excision et plus encore l'infibulation.

Par ailleurs, si l'excision peut être assimilée à une technique de domination des hommes sur les femmes, on ne doit pas en retenir uniquement cet aspect. Bien souvent, elle est inscription sur le corps d'un statut social, dans la mesure où elle est censée fixer définitivement la femme dans son sexe : représentation expliquant que beaucoup de femmes elles-mêmes la légitiment. Les Dogons (Mali), dont on sait la richesse de la mythologie, l'expliquent ainsi :

> *« L'enfant arrive au monde nanti de deux principes de sexes différents et théoriquement il appartient autant à l'un qu'à l'autre ; le sexe de sa personne est indifférencié. Pratiquement, la société, par anticipation, lui reconnaît dès l'abord le sexe qu'il porte en apparence [...] Muni de ses deux âmes, l'enfant poursuit sa destinée. Mais ses*

premières années sont marquées par l'instabilité de sa personne. Tant qu'il conserve son prépuce ou son clitoris, supports du principe de sexe contraire au sexe apparent, masculinité et féminité sont de même force. Il n'est donc pas juste de comparer l'incirconcis à une femme ; il est, comme la fille non excisée, à la fois mâle et femelle. Si cette indécision où il est quant à son sexe devait durer, l'être n'aurait jamais aucun penchant pour la procréation. En effet, le clitoris qu'a reçu la fille est un jumeau symbolique, un pis-aller mâle avec lequel elle ne saurait se reproduire et qui, au contraire, l'empêcherait de s'unir à un homme. De même que Dieu a vu se dresser devant lui l'organe de la terre, de même l'homme qui s'unirait à une femme non excisée serait 'piqué' et l'opportunité de sa présence discutée par l'organe qui se prétendrait son égal. L'individu, d'autre part, ne peut se conduire normalement sous une double direction. Il est nécessaire que l'un des principes prenne définitivement le pas sur l'autre[122]. »

Rationalisation renforcée par la référence au mythe d'origine ? Sans doute, mais bien des peuples, occidentaux y compris, ont pensé à la manière des Dogons (Freud lui-même n'y échappe pas) : d'essence divine, l'androgynie primordiale affirmée par de très nombreux mythes fondateurs (cf. Platon) est inscrite dans les organes génitaux des deux sexes. L'union hétérosexuelle, propre de l'homme et de son accession à l'âge adulte, passe par la suppression des vestiges de l'un des deux sexes. En fait, c'est surtout avec les monothéismes — le judaïsme et l'Islam — que les mutilations sexuelles cessèrent d'être des rituels de différenciation pour devenir des marques d'appartenance religieuse pratiquées à la naissance. La circoncision signifie l'identité juive ou musulmane ; l'excision, en terre d'Islam, tend alors à devenir largement un instrument de domination masculine, prétendument imposé par le Coran.

Mais il semble bien que derrière tous ces montages intellectuels, on doive souvent voir la peur éprouvée par les hommes envers les femmes, apparemment vive dans les sociétés patriarcales. De manière générale, le sexe féminin est perçu comme inesthétique, étouffant. Et surtout menaçant : en témoigne le thème mythologique bien connu du vagin denté (trois cents versions en sont répertoriées pour les seuls Indiens d'Amérique du Nord), qui menace l'homme de castration à chaque rapport sexuel. S'y ajoute le danger supplémentaire du clitoris qui, en état d'érection, peut, comme le croient les Dogons, « piquer » l'homme. Tout ceci n'est pas le propre des « primitifs » : il suffit d'entendre le témoignage des psychanalystes pour être convaincu que ces phobies sont aussi les nôtres. Mais justement notre manière de les traiter n'est-elle pas objectivement supérieure à celles que, dans l'affaire Fofana, incrimine notre justice ? Nous avons sans doute toujours peur des femmes, surtout quand elles font la preuve qu'elles peuvent aussi bien que les hommes accomplir certaines tâches (serait-ce une forme moderne, au niveau fantasmatique, de leur « clitorisation » ?). Mais l'angoisse des hommes ne leur inflige plus ces mutilations, ce qui est un indéniable avantage. Cependant le ridicule demeure de qualifier de *« violences volontaires à enfant »* l'acte qu'a laissé accomplir Fofana. Car il est relié à un tout autre contexte culturel, que nous pouvons refuser, mais qui ne nous dispense pas, pour apprécier sa responsabilité pénale, de situer celle-ci en fonction des contraintes culturelles dans lesquelles elle s'est exercée. Délicat exercice de pluralisme juridique ? Oui, mais il s'apparente à la liberté de pensée. Celle-ci est toujours valorisée, car on en fait le synonyme du droit de résistance à l'oppression. Mais on se leurre en oubliant aussi qu'elle peut légitimer des pensées et des actes contraires aux nôtres. C'est pourquoi je puis tout à la fois refuser de condamner Fofana, et adhérer à ce qu'écrit C. Castoriadis sur le jugement de valeurs :

« La lapidation des adultères est inacceptable pour nous, ainsi que la résection des mains des voleurs, la pratique de l'infibulation et l'excision des fillettes... Mon respect des cultures ne peut pas embrasser cela, et un point d'interrogation surgit dans la mesure où je pense qu'il y a quand même une certaine solidarité entre cela et le reste. Là, sans doute en vertu de mes propres valeurs, c'est-à-dire des valeurs que je reconnais et que je choisis dans ma propre culture, le simple respect de la culture de l'Autre s'arrête, j'essaye de comprendre, mais je ne respecte pas au sens que j'accepte[123]. »

C'est pourquoi j'ai refusé en fin de compte de participer à la défense de Fofana (ma réponse aurait été toute différente si j'avais été nommé expert *par le tribunal*) : de son irresponsabilité, je ne doutais guère, mais mon témoignage aurait immanquablement été perçu comme un plaidoyer en faveur de l'excision. Or, en tant qu'individu, et par rapport à ma propre culture, je ne peux que la refuser. Il est des fois où l'on ne peut choisir qu'entre deux maux.

Les juges français, d'ailleurs, le savent bien. Lors d'affaires précédentes, le parquet s'était abstenu de poursuivre l'infraction en la qualifiant de crime, ce qui la rendait susceptible de peines moins sévères. Mais c'est bien la Cour d'Assises de Paris qui jugea Fofana du 3 au 5 octobre 1989. Elle la reconnut coupable, mais, signe de son embarras, ne la condamna qu'à trois ans de prison… avec sursis. Verdict inéquitable (le droit n'a pas toujours à se conformer à l'équité), mais raisonnable. Car tout en déchargeant, concrètement, l'accusée de l'exécution de la peine, il exprimait en termes juridiques, par le prononcé d'une condamnation, la conviction philosophique de C. Castoriadis qu'à mon sens rien n'interdit à un anthropologue de partager.

Depuis, les peines se sont alourdies. La France, en ce domaine, fait cavalier seul : à cette heure, aucun autre pays européen confronté à la question de l'excision n'a choisi la voie de la répression.

Mais en cette fin de l'année 1989, une autre affaire fait infiniment plus de bruit dans l'opinion française : celle du « foulard islamique ». À Creil, localité située dans une ZEP (zone d'éducation prioritaire), à une soixantaine de kilomètres de Paris, des adolescentes d'origine algérienne et marocaine entendent porter le voile pendant les cours, ce que leur interdisent le principal et les enseignants au nom de la laïcité. L'affaire s'envenime : aux défenseurs du droit à la différence s'opposent ceux qui, comme le porte-parole du Grand Orient de France, dénoncent l'aliénation de la femme que symbolise le port du tchador. Devant certaines réactions du rabbinat (celui-ci prévient d'avance qu'il n'acceptera pas l'interdiction du port de la *kippa)* et face à la prudence de la hiérarchie catholique (le cardinal Lustiger se refuse à condamner d'emblée le port du foulard), A. Finkielkraut dénonce la « *sainte alliance des clergés* » et prévient que le tribalisme, sous couvert du droit à la différence, est en train de détruire l'éducation républicaine, de désintégrer la société française, la livrant de surcroît au Front National[124]. On consulte le Conseil d'État. Le 27 novembre 1989, celui-ci rend un avis plein de mesure contribuant à une définition moderne de la laïcité, dans une France devenue multiconfessionnelle. La liberté religieuse y est définie de façon large, puisqu'elle peut inclure le port, à l'intérieur des locaux scolaires, de signes vestimentaires d'appartenance religieuse, à condition qu'ils n'impliquent pas des manifestations d'agressivité ou de prosélytisme vis-à-vis des autres élèves, ce dont restent juges les autorités de chaque établissement scolaire.

Sagesse de la Haute Assemblée. Celle-ci tient compte de l'évolution du concept de laïcité. À la fin du XIXe siècle, il incarnait la croyance à la Raison et au Progrès, et défendait la liberté de pensée contre les ambitions excessives d'un catholicisme souvent retardataire. Un siècle plus tard, à la suite du Vatican II, celui-ci s'est profondément réformé et, malgré quelques déclarations intempestives de ses hiérarques, apparaît, et de loin, comme le plus ouvert des trois monothéismes : ce n'est donc plus l'ennemi. Par ailleurs, on est revenu de la croyance univoque en la Raison et le Progrès, et la quête du sacré se tourne de nouveau vers les expériences religieuses, qu'elles soient exotiques (développement du bouddhisme en France) ou procèdent d'un renouvellement du christianisme traditionnel (Renouveau charismatique). Enfin, dans le cas de l'Islam, seconde religion de France, l'identité ethnique s'est mêlée aux appartenances confessionnelles (peu de Français, hormis quelques intellectuels, se sont convertis à l'Islam). Il s'agit donc bien de pluralisme, qui nécessite une formulation juridique, dans la mesure où la réglementation de l'État intervient. Et là encore, c'est à un droit flexible, non impératif, laissant une large faculté d'interprétation aux institutions locales, que se réfère le Conseil d'État. Il a toute ma préférence, car il me semble infiniment plus « civilisé » que l'autre, auquel nous sommes habitués.

Soyons clair. Il n'y a guère que deux manières de parvenir à l'unité dans des sociétés où s'affirme la pluri-culturalité. Soit on décrète l'uniformité (la laïcité serait alors comprise comme l'interdiction de toute manifestation d'appartenance religieuse). *Ce qui peut être nécessaire dans les cas où les différences sont interprétées en termes d'antagonismes plus que de complémentarités.* Soit on préfère la voie plus difficile, mais infiniment moins primitive, de l'unité dans la diversité. Car voici ce que les partisans de l'uniformité veulent ou feignent d'ignorer : *la diversité n'est pas nécessairement signe de désunion*... à condition qu'on le veuille, alors que l'uniformité peut y conduire. Qu'en pensent aujourd'hui les Français ?

L'opinion publique et les maîtres à penser face au pluralisme

En peu d'années, le thème du « droit à la différence » a basculé. Il fut d'abord objet d'une interprétation optimiste — les différences enrichissent, la tolérance permet la communication — et volontiers inscrit au catalogue des idées de gauche. Puis ses couleurs s'assombrirent. On s'avisa que les différences pouvaient aussi conduire à l'exclusion et à la haine, qu'il arrivait à l'indifférence de se dissimuler sous la tolérance : *tout ce qui est plural n'est pas d'or*. Parallèlement, la Nouvelle Droite s'appropriait le thème, s'affichant même dans un rôle néo-tiers-mondiste. Les différences sont telles et le respect qu'on leur doit si évident qu'il est inutile de chercher à en faire notre miel. À chacun ses valeurs et, probablement, son territoire : version au goût du jour de l'apartheid. Le racisme biologique se mue en différentialisme culturel.

Voilà pour les idées ; que disent les sondages[125] ?

Commençons par les systèmes de valeurs. De 1981 à 1988, les valeurs dites communautaires (désir d'enracinement, d'appartenance au groupe, inquiétudes face à l'avenir et à l'étranger) passent de 56 à 57 % ; les égalitaires (égalité des chances, des droits et des revenus ; attachement à la redistribution sociale par le biais de l'action étatique) de 54 à 49 % ; les personnelles (individualisme) de 27 à 29 % ; les pragmatiques (anti-étatisme, esprit d'entreprise) de 34 à 35 %. Donc, une assez grande stabilité. Seule tendance décelable : les Français font davantage confiance à l'individu *ou* aux groupes qu'à l'État. Cependant, la référence aux identités communautaires semble davantage marquée par des tendances au repliement qu'à la communication intergroupale. Du moins en ce qui concerne les représentations des Français à l'égard des étrangers. 45 % des Français pensent que la présence d'étrangers appartenant à d'autres cultures est une chance pour la diversité et l'avenir de la France, 53 % sont d'avis contraire. En 1975, 61 % trouvaient sympathique que les étrangers installés en France puissent continuer à vivre un peu de la même manière que chez eux ; ils ne sont plus que 47 % en 1985. Cependant, il semble que cette tolérance moindre concerne plus les mœurs que la liberté de pensée, et plus spécialement la religion. En 1989, 58 % des Français pensaient qu'on peut être Français tout en étant de confession musulmane ; 56 % trouvaient normal qu'on construise des mosquées (mais quand on évoque devant les sondés la construction d'une mosquée dans leur quartier, ils y deviennent hostiles à 52 %) ; 55 % disent qu'ils ne changeraient pas leurs enfants d'école si celle-ci comportait plus de 50 % d'enfants immigrés ; 49 % ne seraient pas hostiles à ce que l'un de leurs proches parents épouse une personne d'origine musulmane (37 % hostiles, 14 % n.s.p.). Au total, une tolérance pour le moins surprenante. Mais le pluralisme juridique paraît néanmoins mal parti. Car d'autres chiffres sont très nets : au-delà des différences raciales, confessionnelles, qu'ils veulent bien admettre avec quelque effort, les Français sont très attachés à la prééminence du lien politique et à son expression dans l'uniformité juridique. À la question : « *Selon vous, les musulmans devraient-ils bénéficier en France d'un statut propre à leur religion pour le mariage, le divorce et la garde des enfants ou bien les lois doivent-elles être les mêmes pour tous ?* », 82 %, en 1989, répondent par la négative (11 % positive, 7 n.s.p.). Les musulmans en sont d'ailleurs conscients, puisqu'ils fournissent des réponses exprimant, à un degré moindre, les mêmes tendances (66 % de non, 27 % oui, 7 % n.s.p.). Autre confirmation : 71 % des Français pensent que *c'est aux immigrés qui vivent en France à faire des efforts pour s'adapter à la société française, même s'ils ne peuvent pas pratiquer leur religion dans les mêmes conditions que leur pays d'origine.*

Sans doute ces chiffres ne concernent-ils qu'un problème : celui de la présence des étrangers en France, spécialement les Maghrébins. Le respect de leur liberté de pensée y coïncide avec la volonté de leur assimilation politique et juridique, ce qui peut d'ailleurs devenir contradictoire. Car il faut bien prendre conscience du fait qu'à partir d'un certain seuil de différences, l'assimilation devient tout simplement impossible. Comment, par exemple, concilier les préceptes de l'Islam en matière successorale (la part des femmes est moitié moindre que celle des hommes), le mariage polygamique et la répudiation de la Sharia avec le droit français, attaché lui à l'égalité successorale, à l'union monogamique et à l'égal accès de l'homme et de la femme au divorce ? Soit le droit français doit céder, soit c'est au droit musulman de s'incliner. En fait, si l'on veut éviter l'impasse, il n'y a qu'une seule voie, n'en déplaise à l'opinion dominante : le pluralisme juridique. Dans d'autres cas où le heurt des systèmes culturels est moins violent (relations parents-enfants), on pourra chercher des solutions de moyen terme, en définissant pour les ressortissants de culture étrangère des statuts juridiques mixtes, empruntant à la fois à leurs droits originels et au droit français : l'Europe, répétons-le, s'est faite ainsi.

Mais le problème du pluralisme ne se réduit pas à celui de la fixation d'un statut pour les étrangers, de nationalité française ou non. Il va beaucoup plus loin : il concerne toute la structure sociologique de notre pays, dans laquelle les étrangers ne constituent qu'un maillon de la chaîne. Autrement dit, comment concevoir les rapports de l'État avec une société plurale, doit-on continuer à parler d'un droit là où il y en a plusieurs ?

J'écrivais dans un ouvrage paru en 1988 : « Toutes les théories du pluralisme juridique ont en commun de relativiser la place de l'État par rapport à la société, et d'affirmer qu'il existe des droits non étatiques engendrés par les groupes sociaux constitutifs de toute société [...]. On peut se demander si, à force de repousser l'État toujours plus loin de la société, on ne finira pas par aboutir à une impasse théorique. En effet, qu'on s'en félicite ou qu'on le déplore, les États existent et ne semblent pas près de disparaître : cette existence a une signification que, quelle qu'elle soit, une attitude critique trop vive contribuerait à tort à nier. *Sans doute n'est-il pas hasardeux de prévoir que, dans l'avenir, naîtront de nouvelles théories favorables à l'État, en réaction à celles que nous venons d'exposer*[126]. »

Ce qui se produisit au cours de ces dernières années : le spectre de la dissolution sociale revenu hanter la République sous couvert de pluralisme, des maîtres à penser (mais oui, il y en a encore) rappellent à l'État sa mission ou le dotent de nouvelles armes contre la « peste communautaire ».

Michel Debré se pose ainsi en farouche adversaire du pluralisme culturel et, plus encore, juridique :

> *« ... à l'unité et à l'indivisibilité du territoire correspondent à la fois dans le subconscient de la France et dans la volonté française l'unité et l'indivisibilité de la culture, grâce à quoi notre nation existe. Ce rappel est d'autant plus nécessaire à notre temps que des idées fausses, dont certaines sont mues en idéologies, débouchent sur des politiques contraires à ce principe fondamental. Il en est ainsi lorsque la décentralisation [...] conduit à créer des entités régionales dont certaines, par un appel irraisonné et souvent dévoyé à l'histoire, entendent contre la nation créer de nouvelles légitimités [...]. Il en est ainsi lorsque, face à une baisse de la natalité qui altère notre capacité d'assimilation, on ose parler d'une France multiculturelle. La République est l'expression de la tolérance, et au-delà de la tolérance de l'égalité entre les hommes, quelles que soient leur religion ou leur origine, mais cette tolérance ne vaut que dans l'unité de culture. »*

Sur un ton électoraliste, J. Chirac exprime la même indignation[127] :

> *« Je suis consterné lorsque j'entends, depuis quelques années, parler partout, dans les médias, chez les*

intellectuels, chez un certain nombre d'hommes politiques, uniquement d'identité raciale, ethnique, culturelle qu'il conviendrait de développer et d'approfondir. Jamais je n'entends tous ces gens parler de l'identité française [...] Leur ambition, à ces misérables, est-elle simplement de transformer notre pays en une multitude de clans et de chapelles ? »

Unité politique ou pluri-culturalité : on nous somme de choisir. Venu d'un tout autre horizon (celui des milieux gauchistes), A. Finkielkraut sonne lui aussi le tocsin. Tout entichés de culture, les ethnologues ne seraient-ils pas les vecteurs d'un déterminisme aussi nocif que le racisme : « ... *souvenons-nous que les ethnologues ont eux-mêmes emprunté au romantisme politique leur concept de culture et que l'on peut fort bien rabattre l'identité personnelle sur l'identité collective ou incarcérer les individus dans leur groupe d'origine — sans pour autant invoquer les lois de l'hérédité*[128]. » Ils donnent ainsi des armes à la Nouvelle Droite, en même temps qu'ils inspirent la croyance de la gauche en la société pluriculturelle, qui lui permet de se laver de tout péché d'impérialisme culturel occidental (elle en fut en effet coupable à la fin du XIXe siècle, quand elle légitima la colonisation française en soulignant qu'elle permettait aux peuples soumis d'accéder à *la* civilisation). Et A. Finkielkraut mêle sa voix au lamento de Michel Debré et aux clameurs de J. Chirac : il déplore la disparition des dreyfusards, qui proclamaient jadis leur attachement à des normes inconditionnées ou à des valeurs universelles[129]. Qu'il se rassure, les revoilà.

Autre observateur talentueux des mutations actuelles, homme de gauche, J. Daniel fustige dans ses éditoriaux « ... *la revendication crispée d'appartenance à une communauté* », les diverses formes de tribalisme, et reprend les condamnations de M. Rodinson et d'autres auteurs de la *peste communautaire* et du *communautarisme*[130]. Un exemple ? P. Yonnet nous le fournit dans un article au sujet de la scandaleuse profanation du cimetière de Carpentras[131] :

> « *Finie une religion soumise aux lois du monde qui l'entoure* : « Le grand rabbin a entamé le processus inverse : pour lui, c'est la religion d'abord, la loi civile après. » *Il faut défendre la pureté de l'environnement moral juif. Les femmes mariées reviennent au port de la perruque (seuls leurs maris ont le droit de voir leur chevelure). Alors qu'un juif sur deux choisit un conjoint hors de sa communauté, les mariages mixtes, autrefois tolérés, sont systématiquement refusés, sauf dans quelques synagogues marginales [...] La vie intra-communautaire l'emporte sur toute autre relation et les rapports de ces juifs avec les non-juifs, dans le quotidien, sont réduits au minimum et à l'obligé. Ils ont d'ailleurs leurs magasins, des écoles privées où ne sont pas admis les non-juifs, où les matières juives et religieuses ont une influence marquante face aux enseignements profanes.* »

P. Yonnet souligne que, comme les musulmans intégristes, les juifs orthodoxes jouent l'appartenance confessionnelle contre le droit français. Loin d'aboutir à une société diverse, s'enrichissant de ses mutuelles différences comme le rêvent les utopistes de la gauche des salons et du ministère de la Culture, cette idéologie prépare une explosion identitaire : « *Ne nous le cachons pas : la racialisation, l'ethnisation des sociétés et du monde, c'est de la nitroglycérine pour demain.* » Car en s'attaquant à l'unité politique et à l'uniformité juridique, on ne détruit pas seulement les liens sociaux supra-communautaires. On en renforce aussi d'autres, de mauvais augure. En réaction à ces cultures de l'ailleurs, l'identité française s'atrophie et se réfugie à son tour dans certaines tribus :

penser pluri-culturel, c'est faire voter Le Pen. Pour parer au danger, il faut faire en sorte que ce qui unit soit perçu comme plus fort que ce qui divise. Et l'État, son droit, jouent là un rôle irremplaçable. L'État a toujours eu pour mission de défendre l'unité nationale. Mais les mutations actuelles, les périls dont elles sont grosses, transforment cette ancienne vocation en bain de Jouvence dans lequel P. Rosanvallon l'invite à se tremper :

> *« Dans une Europe de plus en plus fortement traversée par des tensions entre groupes, régions, etc., la première raison d'être de l'État — assurer la paix civile et la coexistence pacifique des différences — retrouve une actualité nouvelle. La question est à la fois économique et culturelle [...] Culturelle : produire de l'identité nationale supérieure aux différences (notamment religieuses). L'État retournera à Hobbes et à son programme fondateur*[132]*. »*

Devant l'urgence du péril, doit-on ôter ses liens au Léviathan, et traduire les ethnologues devant le tribunal de l'imposture ?

Vrais et faux problèmes du pluralisme

Car ceux-ci sont mis sur la sellette. Défendre les Indiens d'Amazonie ou les Aborigènes d'Australie, qui ont le grand avantage d'être loin, c'est bien. Réfléchir sur l'existence d'un peuple corse apparaît plus suspect ; travailler à la dissolution de l'État républicain, c'est mal. En fait, ce qui est surtout critiquable, c'est de tout mélanger. Essayons d'y voir plus clair.

Tout d'abord, la notion de *communauté*. Employée de manière souvent polémique par les adversaires du pluralisme, elle possède en anthropologie un sens scientifique. À la différence des modèles individualiste et collectiviste qui s'affrontèrent en Europe au cours du XXe siècle, le communautarisme si fréquent dans les sociétés traditionnelles vise à établir entre le groupe et l'individu des relations équilibrées : l'individu se soumet aux lois du groupe, mais il n'en est pas l'esclave. La communauté peut se définir par un triple partage. *Celui d'une même vie* : on a les mêmes langues, les mêmes ancêtres, divinités, amis et ennemis ; on vit sur les mêmes espaces. *Celui des mêmes spécificités* : loin de pratiquer le « communisme primitif » (sexuel ou autre) cher à certains penseurs du XIXe siècle, les communautés se présentent comme des emboîtages de groupes distincts et hiérarchisés (hommes et femmes, clans, classes d'âge, castes, associations, etc.). Mais ces particularismes sont source de cohésion plus que de division, car représentés en termes de complémentarité. La plupart des mythes de fondation des communautés montrent que des individus semblables ne peuvent fonder la société politique s'ils ne se sont au préalable différenciés, alors que nos théoriciens du contrat social pensaient au contraire que la similitude était la condition de la constitution de la société. Les conséquences sont importantes. Au niveau social, chaque catégorie a besoin des autres : le paysan, qui n'a pas le droit de travailler le métal, a besoin du forgeron qui, ne pouvant travailler la terre, attend sa nourriture du paysan ; le même paysan a besoin du maître de la terre et du maître de la pluie qui ne serviraient à rien sans lui ; la loi d'exogamie rend chaque lignage tributaire des autres, etc. Au niveau politique, le modèle communautariste s'exprime par la séparation des pouvoirs. Dans chaque groupe existent non pas un pouvoir unique et supérieur aux autres, mais des pouvoirs de nature différente sur divers éléments (l'air, la terre, la mer, le feu, les eaux…). Ces pouvoirs sont interdépendants les uns des autres, ce qui évite que, sauf en cas de crise, l'un d'entre eux puisse devenir absolu. On voit bien par là comment un modèle pluraliste peut assurer l'unité sociale et politique. Partage, enfin, *d'un même champ décisionnel* : chaque communauté produit son droit, essentiellement coutumier, de façon autonome. Il est fréquent que des communautés voisines dans l'espace disent chacune tout ignorer du droit des autres, ce qui surprenait les premiers observateurs occidentaux.

Et l'individu, dans tout cela ? N'est-il pas absorbé, englouti par tous ces groupes qui exerceraient sur lui une archaïque oppression dont seule la modernité l'aurait délivré ? Observons tout d'abord que même dans nos sociétés, l'individu reste enserré dans divers groupes, au sein desquels il ne se sent pas forcément mal (exemple : la loi d'homogamie socio-économique, selon laquelle nous nous marions à une écrasante majorité dans le même milieu). Car si le groupe peut contraindre, il protège aussi, ce qui n'est pas négligeable dans nos sociétés qui souffrent tant de la solitude. Quant aux sociétés traditionnelles, l'individu n'en est pas absent. Il est vrai que celui-ci n'est pas conçu comme en Occident à la manière d'une unité insécable : mieux vaut parler de personne, elle-même composée de plusieurs éléments, dissociables par la volonté de cette personne ou d'autrui, ou encore par la mort. Ainsi les Wolof (Sénégal) distinguent-ils trois principes fondamentaux : l'être humain (*nit*), qui comprend : le corps (*garam*) et le souffle (*ruu*) ; l'esprit (*rab*) ; la force vitale (*fit*). À la mort, chaque principe retourne à sa source : le corps à la terre, le *ruu* à Dieu, le *rab* rejoint le monde invisible des ancêtres, le *fit* peut demeurer attaché à la lignée, d'où une éventuelle réincarnation de l'ancêtre. On retrouve un principe d'organisation pluraliste dans l'inscription de la personne au sein des groupes constituant la communauté. En effet, chacun au cours de sa vie passe par plusieurs groupes. En se mariant, l'homme crée un nouveau groupe, la famille conjugale, qui deviendra famille de procréation. Il accédera ainsi à de nouvelles responsabilités dans les lignages, dont il pourra compter au nombre des dirigeants. Mais le mariage lui fait aussi quitter la classe d'âge des cadets, et devenir par exemple forgeron ou pêcheur, en même temps que prennent fin ses éventuelles obligations de client envers un patron. C'est grâce à la multiplicité de ses appartenances que la personne garde une autonomie au sein de la communauté : la plupart du temps, le modèle communautariste fonctionne avec les individus, et non contre eux.

Illusion, m'objecteront les tenants de la modernité : sous des apparences pluralistes, les systèmes que vous décrivez sont tout aussi autoritaires que des régimes modernes, même si l'autorité est organisée de façon pluripolaire. Car après tout, nous savons bien depuis Foucault que le pouvoir n'est pas qu'à l'Élysée : il rayonne dans toute la société à travers diverses institutions. À quoi on peut répondre que s'il en est vraiment ainsi, nos sociétés modernes n'échappent pas à la règle : l'individu y est aussi une illusion. D'autre part, dans les sociétés traditionnelles, la contestation est possible : elle est même souvent présente, y compris dans les formations sociales paraissant les plus égalitaires. G. Balandier distingue plusieurs catégories de contestants[133]. Les *rivaux*, qui tentent de s'emparer d'une autorité à laquelle ils n'ont pas droit : ainsi des classiques conflits entre aînés et cadets, souvent résolus grâce à des distorsions imposées aux généalogies claniques. Les *entrepreneurs*, qui violent les règles de répartition des biens et services rares, afin de les capitaliser à leur avantage personnel. Les *novateurs religieux*, nouveaux gestionnaires du sacré, qui s'imposent comme inventeurs de rituels, prophètes ou messies (les cultes messianiques accompagnent fréquemment les crises provoquées par le colonialisme). La catégorie très large des *sorciers* : pas seulement ceux qui se servent de la magie, mais en fait un grand nombre de contestataires qui ont choisi des formes d'opposition plus ou moins occultes.

Toutes ces données permettent de renvoyer la balle dans le camp des polémistes, ceux qui veulent à tout prix casser les tribus, associer les termes de communautés et d'identité à ceux de monolithisme et d'exclusion, afin de conjurer ce qu'ils estiment être les dangers du pluralisme. En tordant suffisamment les concepts, on peut toujours fabriquer de la fausse monnaie idéologique. Mais les biens qu'elle permet d'acquérir ne sont guère durables.

Faut-il pour autant donner aveuglément dans le « tout-pluralisme » ?

Le pluralisme n'est pas une panacée ni surtout une formule identique à appliquer dans tous les cas. Il est certes basé sur la tolérance et le respect des différences, *car on sait bien que l'imposition d'un modèle unique se fait toujours au profit des plus forts*. Mais, je l'ai dit[134], il ne fonctionne pas à n'importe quel prix. Tout dépend de la manière dont sont accrochées les représentations à ces différences. Soit les différences sont d'emblée perçues comme complémentaires (droit moderne de l'environnement et sacralité de la terre dans nombre de sociétés traditionnelles), soit elles sont fondées sur des principes inverses mais non prosélytes (coexistence en France du mariage polygame des immigrés et monogame des Français), ou encore ne touchant pas à l'ordre public (menus spéciaux dans les cantines scolaires pour les juifs et les musulmans) : dans ces cas, le pluralisme juridique est aménageable sans difficultés majeures. Soit les différentes valeurs sont concurrentielles, ou sont perçues — à tort ou à raison — comme s'excluant les unes les autres (port du foulard islamique à Creil ; excision en France) : en ce cas, le pluralisme devient difficile, voire impossible, tout au moins à long terme. Sa perpétuation aboutirait en effet à ce que redoutent nos polémistes : la dissolution sociale (aux premiers siècles de formation de l'Europe, la personnalité du droit a certes longtemps duré, mais en allant dans le sens d'un constant affaiblissement au bénéfice des relations mixtes intercommunautaires). Dans la deuxième hypothèse, on peut en effet concevoir que l'État et son droit demeurent les producteurs d'une unité politique s'affirmant par l'uniformité juridique. Toutefois, il ne s'agit là que d'une situation précaire : soit les différences continuent à s'affirmer irréductiblement, et il faudra que les unes cèdent aux autres ; soit elles s'atténuent d'elles-mêmes, et le pluralisme n'a pas lieu d'être ; soit elles s'alignent à un niveau admissible et fertilisant, solution idéale permettant la mise en œuvre d'un pluralisme juridique nullement destructeur de l'unité de la société civile.

D'autre part, on remarquera que les adversaires du pluralisme fondent *ad nauseam* leur argumentation sur les méfaits attribués à la pluriculturalité ou au multi-ethnisme. C'est ne rien dire de la dimension essentielle du pluralisme, qui transcende ce type d'opposition. Notre société est composée d'une multitude de groupes secondaires dont les immigrés ne forment que quelques unités. Or, sur la base du péril confessionnel ou des nécessités de l'antiracisme, on veut faire retomber la chape du droit étatique sur l'ensemble des groupes secondaires, accusés de « néo-corporatisme », d'égoïsmes de corps, et d'en vouloir « toujours plus ». Là encore, des distinctions s'imposent. Certains de ces groupes, en effet, poursuivent des objectifs condamnables de préservation de privilèges, au sens vulgaire du terme, que rien ne justifie, si ce n'est leurs intérêts propres. Mais d'autres ont au contraire permis les progrès de la démocratie, comme le souligne à juste titre A. Touraine :

> « *... la démocratie représentative a toujours été renforcée à la fois par une forte décentralisation du pouvoir, par un régime parlementaire plutôt que présidentiel et* a fortiori, *plébiscitaire, et par l'existence de groupes d'intérêts conscients et organisés, car il ne suffit pas, pour que la démocratie soit représentative, qu'elle repose sur le libre choix des représentants ; il faut aussi que les électeurs soient représentables, c'est-à-dire qu'il existe en amont des choix politiques une organisation autonome des acteurs sociaux. La démocratie représentative qui n'a jamais été aussi solide que dans les pays où la lutte des classes, propre à la société industrielle, a été vive, où l'organisation des travailleurs en syndicats, mutuelles et coopératives, d'un côté, celle des employeurs en associations diverses, de l'autre, ont donné une base*

sociale solide à l'opposition de la gauche et de la droite. La social-démocratie mérite parfaitement son nom : la démocratie y repose sur l'organisation préalable d'acteurs sociaux. La démocratie est faible, au contraire, partout où l'État contrôle, voire même constitue les acteurs sociaux, comme ce fut le cas dans presque tous les pays d'Amérique latine, en particulier au Brésil ou au Mexique, où syndicats ouvriers et grandes entreprises ont été créés par l'État et n'ont eu que peu d'existence autonome. En France, les catégories du politique ont presque toujours dominé les catégories du social. [...] l'individualisme dans le domaine politique est la contrepartie de la concentration du pouvoir et l'association de ces deux éléments menace une démocratie représentative qui suppose au contraire l'intégration de l'individu dans des groupes d'intérêts, professionnels mais aussi régionaux, religieux ou autres, et la suprématie du pouvoir législatif et des coalitions formées entre ses élus sur le pouvoir exécutif[135]. »

La modernité n'est donc nullement synonyme de la négation des groupes et de leur organisation pluraliste : c'est au contraire à une description périmée et dangereuse que renvoie le binôme individu-État. Mieux vaudrait d'ailleurs préciser ces termes. D'une part, distinguer entre l'individu, la personne, et le sujet. *L'individu* est le support biologique de la relation de socialisation qu'exprime la *personne*. Celle-ci se déduit des relations que nous entretenons avec nos proches, et avec les diverses communautés auxquelles nous appartenons : les sociétés traditionnelles, holistes, la valorisent pleinement. Les sociétés modernes, plus individualistes, n'ont pas supprimé cette dimension relationnelle, car elles n'auraient dans ce cas plus rien d'humain. Mais elles oscillent entre le mythe de l'individu — dangereux car il peut faciliter tous les totalitarismes — et la découverte du *sujet*, catégorie qui permet d'opérer la synthèse entre l'irréductible singularité de chaque être et sa non moins irréfragable dimension sociale. C'est pourquoi reconnaître l'existence des groupes, des communautés n'est pas en soi négateur de la modernité. Les procédures judiciaires elles-mêmes l'attestent. Depuis une vingtaine d'années s'est développée l'action civile collective, voie ouverte aux groupes pour faire reconnaître leurs droits par les tribunaux. Ces groupes ne sont pas des « tribus », et encore moins les « maisons d'intolérance » dont parle J. Julliard[136]. Au contraire, ils expriment souvent des préoccupations parfaitement démocratiques : défense des consommateurs, de l'environnement, lutte contre le racisme, etc. D'ailleurs, de façon générale, nier les groupes n'est certes pas la meilleure manière de se prémunir contre leurs éventuels dévoiements : l'expérience montre que lorsque les communautés sont faibles, elles sont effectivement tentées par des formes de tribalisme, qui peuvent conduire au racisme et à diverses formes d'intégrisme.

C'est pourquoi le pluralisme, opposé à l'uniformité, n'est nullement le fossoyeur de l'unité. Pas plus qu'il n'est par essence l'ennemi de l'État (ce qui le distingue des théories anarchistes), mais peut constituer un régulateur déterminant de son action. L'anthropologie politique, d'ailleurs, nous éclaire sur le rôle joué par l'État par rapport à la cohésion dont a besoin toute société.

Anthropologie politique de l'État

L'anthropologie ne témoigne pas forcément du bon vouloir des « sauvages » : nous avons vu que ceux-ci n'hésitent pas à payer du prix de la guerre la préservation de leurs valeurs, dans la mesure où beaucoup s'estiment être seuls les véritables « hommes ». Et l'on peut raisonnablement penser que, même sous des formes plus bénignes, la préservation de l'identité peut difficilement exclure un certain degré de fermeture vis-à-vis des autres cultures.

Cependant, la plupart des grands anthropologues, depuis Mauss et Malinowski jusqu'à Lévi-Strauss ont surtout retenu l'*échange* comme principe structurant et condition de viabilité des sociétés humaines. Une fois la communication permise par le langage, les hommes se sont mis à échanger des conjoints et des biens, sans avoir besoin, pendant longtemps et dans de nombreux cas encore actuels, de ce que nous nommons l'État. Car voici la leçon essentielle pour le sujet qui nous occupe : *l'institution du social peut être réalisée par l'État, mais aussi sans lui, sans qu'on ait à condamner par principe l'un ou l'autre mode de cette institution.* Commençons par la seconde hypothèse.

L'anthropologie enrichit considérablement la théorie politique classique, à laquelle elle s'oppose[137]. Les théoriciens du contrat social (Hobbes, Locke et Rousseau) supposent que dans l'état de nature, les hommes finirent par éprouver des difficultés à cohabiter. Par le biais d'un contrat social fondé sur l'appel à la Raison, ils inventèrent la société politique, en lui aliénant des parts variables de leurs libertés originelles. Mais, à la fin du XIXe, H. Sumner-Maine, le premier grand anthropologue du droit de l'époque moderne, réplique en se fondant sur les données historiquement constatables : l'état de nature des philosophes est surtout le produit de leurs fantasmes ; la société civile n'a nullement été engendrée par un contrat, elle existe au plus loin que notre regard puisse se porter sous la forme d'organisations familiales patriarcales se déployant en l'absence de l'État. Pour les philosophes, le droit est naturel et la politique un artefact ; pour l'anthropologue, la politique est une donnée première, alors que les phénomènes juridiques, essentiellement *pluriels*, ne sont que le produit des différents groupes humains. L'unité politique et sociale peut donc être assurée par des mécanismes non étatiques : rapports d'échanges entre les clans, cultes communs, coopération économique, etc. Malinowski, d'ailleurs, mettra quelques décennies plus tard l'accent sur la réciprocité des obligations comme principal fondement du droit. Impossible, ici, de ne pas évoquer les pères de l'anarchisme. Pour Proudhon, l'État confisque sa puissance originelle à la société, il institue des rapports de contrainte là où la loi de réciprocité présidait aux échanges. De façon plus triviale, Kropotkine se gausse des bourgeois qui « *considèrent le peuple comme une agglomération de sauvages se mangeant le nez dès que le gouvernement ne fonctionne plus* ».

Cependant, il se trouve que l'État est quand même apparu. Pourquoi ? La question continue de hanter politistes et anthropologues. Pour Sumner-Maine, dont les théories seront largement reprises par la suite, les communautés originelles ont dû incorporer de nouveaux arrivants dont on n'a pu assurer l'intégration par la parentalisation, même en la faisant reposer sur des fictions (on convenait, même si c'était biologiquement faux, que tel individu était rattaché à tel clan). À partir d'un certain seuil, le principe territorial s'est imposé à l'organisation familiale comme trait d'union entre groupes dont l'hétérogénéité devenait de plus en plus manifeste : c'était le premier pas vers l'État territorial. Pas décisif, mais que beaucoup d'autres durent faire. Car des sociétés acéphales aux États modernes, l'anthropologie politique nous met en présence de multiples formes d'États traditionnels, dont les dirigeants s'efforcent avec plus ou moins de succès de réaliser un équilibre entre leurs pouvoirs et ceux qui restent entre les mains des autorités claniques, religieuses et rituelles. Contrairement à ce que pensaient les anarchistes, l'État n'absorbe pas toujours et partout la société.

Que retenir de tout cela ? À l'heure actuelle, il n'y a pas d'explication unique à la naissance de l'État. On trouve des exemples historiques (à vrai dire majoritaires) montrant que celle-ci procède de facteurs externes (la présence d'un État voisin oblige à modifier les équilibres en place, ne serait-ce que suite à la guerre) ; mais aussi d'autres (vallée du Nil, Mésopotamie, Chine, Pérou, Mexique) dans lesquels il est apparu sans qu'intervienne le stimulus d'autres formations étatiques préexistantes. L'État naît alors pour aménager les rapports entre groupes sociaux inégalitaires aux intérêts séparés, voire divergents. Mais dans les deux éventualités — apport d'éléments extérieurs, accentuation de divisions internes — la fonction essentielle de l'État semble bien être de produire de l'unité là où les mécanismes anciens n'assurent plus — ou moins bien — l'institution du social.

Qu'en conclure, *hic et nunc* ? Dans un avenir prévisible, et même si l'on pense que les États-nations modernes sont peut-être une des nombreuses impasses de l'évolution, il est exclu que nos sociétés retournent à des formes acéphales d'organisation politique. Mais l'anthropologie nous permet de percevoir que *nos sociétés aussi sont segmentaires*, même si cette segmentarité repose sur d'autres principes organisateurs que la solidarité parentale clanique de bien des sociétés traditionnelles. Le reconnaître et cesser de fulminer à tout va contre le « tribalisme » ne me paraît en rien faire injure à la démocratie. L'existence de groupes et de communautés n'empêche nullement, comme le démontre amplement l'anthropologie, la formation de mécanismes d'alliance leur permettant de coexister et de s'unir, sans se confondre. N'oublions pas que bien souvent, les communautés les plus fermées, qui paraissent à juste titre menaçantes, sont un effet de l'exclusion avant d'en constituer la cause. La valorisation des particularismes communautaires ne devient dangereuse pour l'unité de l'État et de la société que lorsqu'elle se combine avec une situation d'exclusion dans laquelle, *auparavant*, l'État ou la société ont placé ou laissé glisser telle ou telle communauté. Autrement dit, l'effet boomerang. Comme l'écrit P.A. Taguieff, on luttera d'autant mieux contre le racisme qu'on parlera moins de la question immigrée que du sort des laissés pour compte. De manière plus générale, convenons aussi que groupes et communautés offrent aux individus la chaleur d'une sociabilité qu'ont dissoute les grandes machines étatiques et l'étiolement des relations de face à face que provoquent les technologies modernes (l'administration de la Sécurité Sociale est nécessaire, il lui manque une âme que possèdent davantage les réseaux d'entraide ; et l'on est atterré devant l'ampleur des infirmités de la communication que révèle le succès des « messageries roses »). Ce qui n'empêche nullement de faire un tri entre ces communautés : celles qui prêchent l'intolérance ne peuvent avoir droit de cité, car l'intolérance empêche l'alliance.

Pour demeurer viables, la majeure partie des sociétés humaines ont jusqu'ici choisi d'échanger des conjoints et des biens. À nous d'inventer les nouvelles parentés qu'exige notre époque. L'État n'est nullement exclu de ce processus. Désacralisons-le, mais en lui gardant une place dans le sanctuaire. Car constater que des sociétés ont été nombreuses à s'en passer ne suffit pas à le transformer en mannequin inerte. La société, dans sa structure plurale envisagée tant au niveau juridique que sociologique, doit se voir reconnaître un rôle fondamental dans l'institution du social. Mais vivre sans État n'est plus — ou pas encore — à notre portée. Pour éviter que le pluralisme ne puisse mener à la dissolution sociale, l'État doit construire le forum sur lequel pourront se rencontrer les habitants des divers quartiers de la cité. À lui revient de favoriser les pratiques d'inter-connaissance par la mise en fluidité des cultures héritées ou importées (notamment par l'enseignement… de l'anthropologie), à reconnaître à la société le droit non de le supprimer, mais de coopérer avec lui. Utopie ? Convenons qu'il en fut des plus meurtrières, dont l'État dirigiste et centralisateur a collectionné un important palmarès.

D'ailleurs cette utopie s'est déjà réalisée. Comme la lumière vivante d'un astre déjà mort, elle nous vient de très loin, portée par un texte de Cicéron :

> *« Je pense qu'il y avait pour lui* [Caton] *comme pour tous les gens des municipes*[138]*, deux patries : une patrie de nature, une patrie de citoyenneté [...] nous considérons comme patrie celle où nous sommes nés aussi bien que celle qui nous a accueillis. Mais il est nécessaire que celle-là l'emporte dans notre affection par laquelle le nom de « République »*[139] *est le bien commun de la cité entière. C'est pour elle que nous devons mourir, c'est à elle qu'il faut nous donner tout entiers, en elle qu'il faut déposer et pour ainsi dire sanctifier tout ce qui nous appartient. Mais la patrie qui nous a enfantés ne nous est guère moins douce que celle qui nous a accueillis. C'est pourquoi, jamais je n'en viendrai à lui dénier absolument le nom de ma patrie, encore que l'une soit plus grande et que l'autre soit renfermée dans la première — étant bien entendu que tout homme, quel que soit l'endroit où il est né, participe à la cité et la conçoit comme unique*[140].

Durerons-nous aussi longtemps que l'Empire ?

CHAPITRE V

Droit et valeurs

> Le développement ne se réduit pas à la simple croissance économique. Pour être authentique, il doit être intégral, c'est-à-dire promouvoir tout homme et tout l'homme.
>
> PAUL VI, *Encyclique Populorum Progressio*.

> Nous allons de plus en plus comprendre que non seulement les recettes de développement du tiers-monde provoquaient du sous-développement, mais aussi que notre développement matériel, technique, économique produisait du sous-développement mental, psychique, moral. Nous allons comprendre en somme que c'était notre concept de développement qui est sous-développé.
>
> E. MORIN[141].

Vertiges. Comment y échapper en inventoriant notre héritage ? Depuis le début de l'espèce, entre soixante et cent milliards d'êtres humains se sont couchés sous la terre ou sur les bûchers ; nous avons conservé les traces d'environ dix mille systèmes de droit ; plusieurs milliers de groupes ethniques existent en cette seule fin de siècle[142]. Et que dire du lointain futur, si l'homme y a encore une place ? Il apparaît il y a seulement deux millions et demi d'années, et notre planète ne se consumera dans l'agonie flamboyante du soleil que dans cinq milliards d'années… Si court que soit le chemin parcouru, la diversité des paysages enchante l'œil, mais rebute la raison : quelques siècles ou océans franchis, souvent beaucoup moins, suffisent à ce que changent codes et coutumes. Que faire de tout cela ? Aux vertiges succède le dilemme. Doit-on, pour mieux comprendre, renoncer à juger ? Les ethnologues conjurent leurs lecteurs de ne pas mesurer les « sauvages » à l'aune de leurs propres valeurs, sous peine d'ethnocentrisme. Mais ils furent et demeurent nombreux à passer outre ces conseils, qu'ils aient vu en eux dans le passé « des primitifs », ou qu'aujourd'hui ils s'en affirment, comme M. Leiris, les « avocats naturels ». Et que dire des philosophes, si nombreux à s'enticher de sauvages moralistes. Il y a un siècle A. Cochin, l'historien de la Révolution, ne leur épargnait pas ses sarcasmes : « *Pas un auteur qui ne vous présente son sauvage, depuis les plus gais jusqu'aux plus graves. Montesquieu a commencé avec son prince persan, Voltaire immortalise le personnage de Candide ; Buffon en fait l'analyse dans son éveil d'Adam, Condillac la psychologie dans le mythe de la statue ; Rousseau en a créé le rôle et passé sa vieillesse à jouer au sauvage dans le parc des châteaux. Pas un apprenti philosophe, vers 1770, qui n'entreprenne la révision des lois et usages de son pays avec son Chinois et son Iroquois de confiance, comme un fils de famille voyage avec son abbé.* » Parmi ces doctes auteurs, certains pères des droits de l'homme étaient d'autant moins bien inspirés que beaucoup de vrais sauvages ne donnent pas l'exemple : pour nombre de sociétés traditionnelles, l'humain s'arrête à leurs frontières.

Quant au juriste et au juge, son bras armé, comment pourraient-ils s'abstenir de trancher entre le bien et le mal, de condamner ceux qui en violent les frontières ? Le juriste ne peut se soustraire à l'ardente obligation de juger et de sanctionner. Et pourtant, le droit qui s'annonce dans les sociétés post-industrielles a-t-il toujours les traits de ce maître bien connu ? Plus instable dans le temps, recourant davantage qu'auparavant à la persuasion, il voit sa dimension normative s'affaiblir.

Les sciences sociales n'ont pas dissout l'homme, ni la morale : aujourd'hui le sujet et les valeurs reviennent en force. D'où un retour d'affection pour le droit : les chercheurs s'y intéressent, les médias le mettent en scène, les éditeurs commencent à rêver de best-sellers. Mais en même temps, le vent semble tourner pour les anthropologues. Si leur discipline reste à la mode, ils doivent de plus en plus ôter leur habit de lumière des années soixante-dix, accusés d'avaliser par principe toutes les traditions, même les plus détestables, pourvu qu'elles appartiennent à d'autres sociétés que la leur. En somme, des conformistes au service de sauvages pas toujours très fiables. Et peut-être même des adversaires potentiels des droits de l'Homme, cette précieuse conquête de la modernité.

Les anthropologues sous surveillance

On les avait accusés de faciliter la tâche de l'administration coloniale en fournissant à ses agents des « modes d'emploi » des populations à pacifier. En fait, celle-ci tint rarement compte de leurs recherches[143]. On leur fait maintenant d'autres griefs.

En 1973, C. Lévi-Strauss est reçu sous la Coupole. Dès le début de son discours, il compare les rites indiens et ceux de nos sociétés. R. Aron trouve qu'il appuie trop sur ce thème[144]. Chargé de la réponse, R. Caillois reproche aux ethnologues de jouer à peu de frais les bons apôtres :

« *Ils* [les indigènes] *n'ignorent pas que ces savants sont venus les étudier avec sympathie, compréhension, admiration, qu'ils ont partagé leur vie. Mais la rancune leur suggère que leurs hôtes passagers étaient d'abord là pour écrire une thèse, conquérir un diplôme, puisqu'ils sont retournés enseigner à leurs élèves les coutumes étranges, « primitives », qu'ils avaient observées et qu'ils ont retrouvé là-bas du même coup auto, téléphone, chauffage central, réfrigérateur, les mille commodités que la technique traîne après soi. Dès lors, comment ne pas être exaspéré d'entendre ces bons apôtres vanter les conditions de félicité rustique, d'équilibre et de sagesse simple que garantit l'analphabétisme ? Éveillées à des ambitions neuves, les générations qui étudient et qui, naguère, étaient étudiées, n'écoutent pas sans sarcasmes ces discours flatteurs où elles croient reconnaître l'accent attendri des riches quand ils expliquent aux pauvres que l'argent ne fait pas le bonheur — encore moins sans doute que ne le font les ressources de la civilisation industrielle. À d'autres*[145]. »

Membres du club des nantis de la technologie, les anthropologues aggraveraient leur cas en dédaignant les acquis intellectuels de la modernité. Abandonné, le concept de civilisation créé par les Lumières, s'indigne A. Finkielkraut[146] : l'humanité n'est plus qu'un miroir brisé en mille cultures dont les reflets affolent la raison. Au nom de l'homme différent advient la mort de l'Homme[147]. Est-ce à dire que toutes les cultures se valent ? Même pas : les anthropologues sont accusés de fabriquer de toutes pièces un Bon Sauvage généreux, démocrate, écologiste, etc.[148]. Et d'oublier ce qui pourrait être plus gênant : l'infanticide, l'esclavage, la polygamie, l'excision : « *Le serf doit pouvoir bénéficier du knout : ce serait mutiler son être, attenter à sa dignité d'homme, bref faire preuve de racisme que de l'en priver*[149]. » Pervers, mais malins, les anthropologues pourraient répondre en se référant à la notion de totalité culturelle. Telle coutume, tel comportement pris isolément peuvent scandaliser : replacés à l'intérieur de leur contexte *culturel*, ils prennent un sens et apparaissent normaux à ceux qui les vivent. Insupportable au nord de la Méditerranée, l'excision devient au sud un rite d'intégration à la vie adulte aussi nécessaire que chez nous le permis de conduire. La *culture* : voici bien la fausse monnaie forgée par les anthropologues pour remplacer l'or de la civilisation. Pour eux, tout est culture, aussi bien les diverses manières de déféquer[150] que *l'Iliade* ou *l'Odyssée*. Glissement sémantique qui permet, ici encore, de neutraliser toute amorce de classification et de jugement de valeur, puisque la dévalorisation du terme autorise à doter d'une culture tous les groupes humains, y compris les moins reluisants : les skin-heads ont une culture (mythes dérivés du nazisme, doc-martens et autres gros bâtons) comme en possédaient les statuaires de Reims. La culture devient un sinistre cache-misère.

Il est vrai que de nos jours l'inflation des emplois de ce terme (on parle de cultures d'opposition et de gouvernement, de culture d'entreprise) risque de conduire à une trop grande dilution de son sens. Je m'en tiendrai donc à celui qu'emploient les anthropologues pour répondre aux critiques.

L'apostrophe de R. Caillois mérite peu de commentaires. Les séjours sur le terrain de l'anthropologue ne sont pas des vacances rustiques. Qu'on lise, pour s'en convaincre, le journal de Malinowski où abondent découragements et même rancœurs envers les indigènes[151] de la part d'un des plus grands anthropologues de terrain. De plus, mis à part quelques illuminés, les anthropologues ne négligent pas les évidents bienfaits de la technologie moderne : ils rappellent simplement que comme l'argent, la technique est bon serviteur mais mauvais maître.

Ils n'ont ensuite nullement détourné le concept de culture pour les besoins de leur cause. En fait, les termes de *culture* et de *civilisation* ont connu des sens différents, générateurs d'ambiguïtés et malentendus. Aux XVIIIe et XIXe siècles, la civilisation exprime l'optimisme, la croyance au Progrès. Pour Condorcet, elle tend à faire « *disparaître la guerre et les conquêtes, comme l'esclavage et la misère* », Guizot la voit « *étendre sur le monde le glorieux empire de la raison* ». Les classiques allemands donnaient à la *Kultur* à peu près le même contenu (*Kulturkampf*). Mais les romantiques changent les règles du jeu : la *Zivilisation* reste empreinte de science et de progrès, tandis que la *Kultur* exprime désormais l'âme profonde de la communauté, le fameux *Volksgeist*. D'Allemagne, la distinction entre civilisation et culture passera chez les spécialistes anglo-saxons des sciences humaines. La culture comprend ainsi un certain nombre d'idées, de croyances et de représentations, mais aussi des coutumes et les signes sensibles qui les expriment. En ce sens, sa définition n'est plus seulement *culturelle*, mais *culturale*, et se rapproche ainsi de ce qu'aujourd'hui sociologues et anthropologues y voient. Soit l'ensemble des réponses que les groupes humains apportent au problème de leur existence sociale : les représentations et les symboles par lesquels l'homme donne sens à sa vie, la langue, le droit, les cultes, les rites, *mais aussi* les vêtements, l'habitat, les habitudes sexuelles ou l'artisanat. Ce que nous appelons la civilisation ne serait ainsi qu'une forme de culture, datable et situable. Cette dilatation du concept infirme-t-elle la possibilité du jugement de valeur ? Nullement : je suis toujours libre de préférer la civilisation des Lumières à celle des Mélanésiens, même si je n'y vois qu'une des formes de la culture occidentale. Par ailleurs, on accuse souvent la conception anthropologique de la culture de dissoudre l'unité des nations dans l'acide des particularismes identitaires. La *Kultur* du XIXe siècle a pourtant été étroitement associée à la construction des États-nations européens… Enfin, m'objectera-t-on, vous ne pouvez nier qu'en banalisant le mot de *culture*, autrefois réservé aux expressions nobles de la pensée (arts, sciences, croyances, littérature), les anthropologues ont pu réhabiliter des primitifs souvent indigents en la matière et asseoir dans la même travée Aristote, Abélard, le féticheur africain et le chamane esquimau. Sans doute fallait-il trouver les moyens terminologiques d'exprimer l'idée que les Sauvages ne l'étaient pas tant qu'on le croyait il y a un siècle. Mais étendre le concept de culture ne permet-il pas mieux la comparaison entre les groupes humains qui en sont porteurs et, si on le décide, la formulation de jugements de valeur ? Loin de les interdire, ce procédé les autorise. De plus, la conception usuelle de la culture (celle qui nous fait dire de quelqu'un qu'il est un homme « cultivé ») n'est-elle pas bien moins innocente que celle des anthropologues ? Comme l'écrit l'économiste S. Latouche, dans la société moderne, la culture n'est plus tant « *... un système symbolique qui donne sens à l'existence qu'un code sélectif de signes de distinction. Cette culture-là est susceptible d'appropriation privative [...] on est plus ou moins cultivé, et de larges parties de la population ignorent la plus grande masse des productions « culturelles » de leur propre civilisation. Elles sont largement incultes*[152]. »

Les anthropologues n'ont donc pas dévoyé un honorable concept pour mieux pouvoir dire que tout se vaut. D'autant moins qu'eux-mêmes ne se sont pas privés de porter des jugements de valeur.

Neveu de Durkheim et un des plus grands savants de notre siècle dans cette discipline, Marcel Mauss n'hésite pas à écrire que les sociétés « *... sont loin d'être toutes de la même nature et du même rang dans l'évolution. Les considérer comme égales est une injustice à l'égard de celles d'entre elles où la civilisation et le sens du droit sont plus nettement développés*[153] ». C. Lévi-Strauss lui-même condamne les Aztèques (attitude d'autant plus courageuse qu'il est américaniste) : « *... d'autres sociétés* [que l'Occident] *ont participé au même péché originel ; pas très nombreuses sans doute, et d'autant plus rares que nous descendons l'échelle du progrès. Il me suffira de citer les Aztèques, plaie ouverte au flanc de l'américanisme, qu'une obsession maniaque pour le sang et la torture (en vérité universelle, mais patente chez eux sous cette forme excessive que la comparaison permet de définir) — si explicable qu'elle soit par le besoin d'apprivoiser la mort — place à nos côtés, non point comme seuls iniques, mais pour l'avoir été à notre manière, de façon démesurée*[154]. » Quant aux anthropologues prenant la défense des populations qu'ils étudient (elles sont souvent des minorités ethniques — parfois, plus rarement, des majorités — au sein d'États-nations qui leur sont hostiles ou indifférents), il leur arrive de payer de leur vie leur engagement. Par exemple dans certains États d'Amérique du Sud, où l'on ne badine pas avec le problème indien (en Bolivie, l'enseignement de l'anthropologie était pratiquement interdit il y a moins de dix ans[155]). On objectera que si ces sacrifices attestent l'authenticité de leur engagement, ils ne prouvent pas son bien-fondé. Mais si l'autocritique à laquelle a procédé l'Occident au cours de ce siècle, loin de le stigmatiser, était au contraire un de ses plus grands mérites, le signe d'une force morale renaissante après des siècles arrogants en dépit du danger qu'il y a à être vertueux tout seul ? D'autres civilisations non moins brillantes ou expansionnistes sont tombées dans des travers similaires et ne s'en sont pas repenties pour autant. Et il faut bien citer ici les lignes écrites sur l'Islam il y a quarante ans par C. Lévi-Strauss, curieusement oubliées aujourd'hui : « *Ce malaise ressenti au voisinage de l'Islam, je n'en connais que trop les raisons : je retrouve en lui l'univers d'où je viens ; l'Islam, c'est l'Occident de l'Orient [...] Chez les musulmans comme chez nous, j'observe la même attitude livresque, le même esprit utopique, et cette conviction obstinée qu'il suffit de trancher les problèmes sur le papier pour en être débarrassé aussitôt. À l'abri d'un rationalisme juridique et formaliste, nous nous construisons pareillement une image du monde et de la société où toutes les difficultés sont justiciables d'une logique artificieuse, et nous ne nous rendons pas compte que l'univers ne se compose plus des objets dont nous parlons. Comme l'Islam est resté figé dans sa contemplation d'une société qui fut réelle il y a sept siècles, et pour trancher les problèmes de laquelle il conçut alors des solutions efficaces, nous n'arrivons plus à penser hors des cadres d'une époque révolue depuis un siècle et demi, qui fut celle où nous sûmes nous accorder à l'histoire ; et encore trop brièvement, car Napoléon, ce Mahomet de l'Occident, a échoué là où a réussi l'autre. Parallèlement au monde islamique, la France de la Révolution subit le destin réservé aux révolutionnaires repentis, qui est de devenir les conservateurs nostalgiques de l'état de choses par rapport auquel ils se situèrent une fois dans le sens du mouvement [...] Que l'Occident remonte aux sources de son déchirement : en s'interposant entre le bouddhisme et le christianisme, l'Islam nous a islamisés, quand l'Occident s'est laissé entraîner par les croisades à s'opposer à lui et donc à lui ressembler, plutôt que se prêter — s'il n'avait pas existé — à cette lente osmose avec le bouddhisme qui nous eût christianisés davantage, et dans un sens d'autant plus chrétien que nous serions remontés en deçà du christianisme même*[156]. »

Où est le refus du jugement de valeurs ?

Mais si l'on veut juger, il faut savoir au nom de quoi et de qui. Dans l'amical dialogue que j'ai entretenu avec lui, mon collègue J.L. Harouel souligne : « *... s'il n'y a pas de différence de niveau de civilisation entre les chasseurs de rennes magdaléniens et l'Athènes de Périclès, plus rien n'a de sens*[157]. » Sans doute. Mais encore faudrait-il s'entendre sur le sens, et les instruments de mesure de la distance.

Convenons que certains ethnologues en ont trop fait[158]. Dans leur souci de réhabiliter le Sauvage — et de fonder par là leur propre légitimité — ils ont pu le parer de vertus qu'il ne possédait pas. De plus, l'enquête de terrain peut avoir des effets pervers : à trop vivre chez les gens, on peut en épouser les idées et les mœurs, ce qui n'est pas le but premier de l'expérience.

Mais l'essentiel n'est pas là. Si l'on désire classer, il faut pouvoir comparer, c'est-à-dire avoir à sa disposition des étalons de mesure. La tentation est grande de ne soumettre à l'aune de notre jugement que des éléments d'un système culturel et pas l'ensemble de ce système. Qui, parmi nous, n'éprouverait de légitime révolte contre l'esclavage, les sacrifices d'enfants, les crémations de veuves, la couture du sexe féminin et autres gâteries ? Mais une fois cette saine réaction éprouvée doit commencer la science : elle montre à quelles considérations peuvent répondre ces pratiques pour ceux qui s'y livrent. C. Lévi-Strauss l'a fait à propos d'une coutume, répandue de l'Arctique canadien à la Terre de Feu : l'anthropophagie. En dehors des famines, elle repose souvent sur l'idée qu'absorber une partie du corps d'un parent décédé ou du cadavre d'un ennemi permet d'en acquérir les vertus ou d'en neutraliser les pouvoirs. C. Lévi-Strauss fait remarquer que c'est la même croyance dans le lien entre le corps et l'âme qui explique ces coutumes et la détestation dans laquelle nous les tenons[159]. J'ajouterai que si le droit positif tient que les morts ne sont plus des personnes et consacre la disparition des cadavres[160], nous devrions montrer plus de logique et nous désintéresser du corps où l'esprit s'est anéanti. Enfin, le christianisme ne s'appuie-t-il pas sur l'eucharistie, manducation certes sacrée, mais dont on doit reconnaître qu'elle n'est pas sans lien avec les conceptions des « sauvages » ? L'excision peut susciter le même type de réflexions, comme nous l'avons vu[161] : on peut tout à la fois souhaiter que le droit français la prohibe, comprendre qu'elle possède en Afrique d'autres significations et souhaiter que dans l'avenir les préoccupations identitaires qui peuvent la fonder trouvent d'autres moyens de s'exprimer. Autrement dit, on doit bien prendre conscience des relations qui existent entre les différents éléments de toute culture, sans quoi on s'expose à d'énormes contresens. Comme le fait remarquer C. Lévi-Strauss[162], les Indiens des Plaines auraient tenu pour barbare l'enfermement pénitentiaire auquel nos sociétés se sont résolues depuis deux siècles, car rien ne pouvait être pire pour eux que la rupture des liens sociaux : *malheur à l'homme seul.* Sur ce point, nous les suivrions volontiers, mais pour les approuver sans hésitation, il faudrait oublier qu'eux aussi étaient anthropophages… On peut comparer des matériaux : mais le jugement ne prend tout son sens qu'appliqué aux édifices construits grâce à eux. C'est pourquoi, si l'on veut à tout prix classer les sociétés, c'est l'ensemble de leur culture qu'il faut considérer. Sinon, en cherchant bien et en sélectionnant des exemples isolés, on peut prouver tout et son contraire, voir dans le plus sanguinaire des Danakils un disciple de Mère Teresa ou dans les Polynésiens (experts en sacrifices humains) des êtres sanctifiés par une lénifiante sexualité accomplie sur fond de cocotiers. Ceci dit, rien n'interdit d'éprouver pour certaines sociétés des affinités et de l'indifférence ou de la réticence envers d'autres. Chaque ethnologue choisit son terrain en raison de circonstances occasionnelles (le directeur de recherche, les ressources matérielles disponibles), mais aussi de ses goûts. Il est des cultures qui m'attirent, et d'autres qui ne m'inspirent qu'antipathie : attitude banale, et légitime. Elle ne signifie pas que les premières seules sont bonnes, et les autres mauvaises. Au total, aucune société n'est parfaite, ni entièrement condamnable, et si j'en préfère certaines, c'est qu'elles me paraissent plus conformes à mes propres choix. Affirmation présomptueuse et non fondée, m'objectera-t-on : anthropologue, vous devriez devriez savoir plus que tout autre que vos choix sont déterminés par la culture dans laquelle vous êtes né. Sans doute, mais c'est précisément à relâcher ces déterminismes que m'aide l'anthropologie, ne serait-ce qu'en montrant qu'à des problèmes similaires correspondent des solutions différentes, enchâssées dans des logiques propres dont on peut montrer la cohérence. Il faut commencer par se déprendre de sa propre société pour mieux pouvoir observer les autres, sans pour autant se confondre avec elles.

Au risque de se tromper, comme a pu le faire une anthropologie mal conduite ou nourrie par des observations fallacieuses. Si au XIXe siècle l'anthropologie juridique naissante a cédé à la tentation évolutionniste et commis tant d'erreurs (parmi les plus croustillantes : la prétendue ignorance par les primitifs du contrat, de la famille conjugale, de la propriété individuelle, de la sanction pénale, etc.), c'est parce que le jugement de valeurs sur lequel elle se fondait — la supériorité de la culture occidentale sur toutes les autres — était en bien des points erroné : la conclusion précédait et inspirait la démonstration. Car de deux choses l'une. Ou bien il y a effectivement une évolution qui se fait dans le sens d'un plus grand progrès, dont la modernité occidentale est aujourd'hui l'aboutissement : cela justifierait qu'elle se posât en modèle vis-à-vis des autres cultures. Dans ce cas, tout remord serait inutile et le désenchantement un processus bienfaisant. Ou bien aucune culture n'est prophétiquement investie de la mission d'accomplir le progrès. Celui-ci ne pourrait naître que de la comparaison des expériences menées dans le temps et l'espace par les diverses sociétés : à chacune de contribuer au grand œuvre, à sa manière et selon ses mérites. Mais on ne peut tolérer qu'une seule culture — fût-ce celle des Papous, des Yanomani ou des Américains — se voie reconnaître l'exorbitant privilège de décider pour toutes les autres, dans la mesure où, jusqu'ici, dans aucune société les hommes ne vivent comme des dieux.

Vaste programme. Mais quel rôle le droit et les juristes y jouent-ils ?

Les juristes et les vierges stériles

A priori, le droit ne se pose ni le problème des valeurs (la morale, la religion, les mœurs sont là pour ça), ni celui des fins (aux philosophes d'en disserter). La preuve en est que lorsque les manuels s'essaient à lui trouver une légitimité, c'est au trop-plein qu'ils parviennent. Sécurité, ordre, justice : la multiplicité des tâches est telle qu'elle épuise par avance leur instrument. Faut-il alors se résoudre à penser avec les positivistes que le droit se réduit à l'ensemble des lois existantes, dissimulant l'échec conceptuel sous la neutralité scientifique ? Au début du XVIIe siècle, F. Bacon, au nom de l'utilité de la science, jugeait accessoire la recherche des causes finales, qu'il qualifiait de « vierges stériles » : les connaître ne sert à rien. Si les juristes n'ont que faire des fins et des valeurs qui en résultent, il faut alors leur faire le même (mauvais) procès qu'aux anthropologues : ils représenteraient le stade suprême du relativisme, puisque le contenu du droit variant considérablement dans le temps et l'espace, tout et son contraire se vaudraient.

Pourtant, cette attitude est relativement récente, et déjà largement obsolète. Les juristes romains, dont la compétence n'est pas à prouver, n'hésitaient pas à définir des fins au droit. *Le droit est l'art du bon et de l'équitable, il doit attribuer à chacun son dû* : maximes alors courantes. La religion, hier, et aujourd'hui selon qu'on considère telle ou telle partie du monde, est la source directe de nombreux systèmes juridiques. En Occident, les théoriciens du droit ont pendant des siècles affirmé qu'un droit idéal — nommé droit naturel — devait guider la recherche des bons systèmes de droit positif. Malheureusement, faute de s'accorder sur le contenu de ce droit naturel, leur doctrine a finalement lassé, préparant le renoncement théorique du positivisme. Partant de Grotius, tout un mouvement rationaliste y conduit. Son expression la plus désespérante est sans doute celle de Kelsen (1881-1973), dérivée des théories du *Droit pur* de l'École viennoise. Pour lui, le droit n'est qu'une hiérarchie de normes contraignantes indifférentes à toute considération morale, il y a identité entre l'État et le droit. Carré de Malberg affirmera même l'antériorité du premier sur le second.

Bien peu de théoriciens du droit accepteraient aujourd'hui cette aliénation du droit par l'État. De plus la stricte séparation du droit et des autres systèmes de contrôle social ne représente qu'un moment peut-être bref de la pensée juridique. Nous avons vu que dans les sociétés traditionnelles, cette coupure est bien moins affirmée. Même dans notre propre histoire, elle ne s'opère qu'à partir des séquences historiques où se relâchent les liens personnels et statutaires au profit de l'individualisme. Dans les sociétés post-industrielles, nous le savons[163], le droit se fait plus flou et plus souple, et la contrainte normative s'affaiblit au profit d'autres relais.

Mais surtout, on ne peut souscrire au positivisme juridique et à son refus de considérer les fins du droit[164] : il n'a d'ailleurs jamais rallié l'ensemble des juristes, et apparaît aujourd'hui largement discrédité dans le domaine de la recherche. Car en fondant le droit sur la seule volonté des autorités habilitées à l'énoncer, il débouche sur un véritable capharnaüm. On ne peut baser sur la seule décision du législateur la licéité ou la prohibition du divorce et de l'avortement, l'équivalence ou la distinction entre filiation légitime et naturelle. Toute société possède ses valeurs dominantes, que l'expérience et l'histoire confirment ou invalident : dans ce débat, le juriste a son rôle, qui n'est pas seulement de valider l'opinion des vainqueurs du moment. Car le refus du jugement de valeurs peut être coupable, dans la mesure où il peut conduire à justifier l'arbitraire, ou plus couramment, à normaliser les comportements criticables[165]. Le juriste n'est pas l'esclave de la loi.

Poussons plus loin. Pour les positivistes (et, à vrai dire, d'autres courants de pensée), la sanction judiciaire est le critère du droit : on ne passe pas en justice pour avoir seulement désiré la femme du voisin, alors que l'Evangile y voit déjà la culpabilité. On imagine donc que les jugements appliquent fidèlement le droit existant (positif). Il en va tout autrement. Comme l'écrit T. Ivainer, un ancien magistrat : « *Dans nos prétoires et de nos jours, plus de deux litiges sur trois sont tranchés en fait, ce qui signifie que les droits subjectifs objets de contestation se verront reconnaître, dénier ou altérer par le juge, sans qu'il y ait recours à des dispositions de droit positif, si ce n'est d'une façon purement formelle*[166]. »

Autrement dit, pour juger, le magistrat se fonde dans la majorité des cas sur autre chose que le droit : des données techniques, psychologiques, et aussi la morale et le jugement de valeurs qu'elle implique. Un exemple, prosaïque mais éclairant. L'article 13 du décret n° 61.100 du 25 janvier 1961 stipule que les majorations de retard encourues pour non-paiement des cotisations exigibles de Sécurité sociale peuvent être réduites en cas de force majeure ou de bonne foi du débiteur. Un employeur soumis à un redressement ne s'exécute pas dans les délais, comptant sur les promesses de personnalités politiques locales, qui l'avaient assuré d'« arranger l'affaire ». Mais celle-ci n'est pas classée, et la Sécurité sociale l'attaque, en lui demandant de payer les indemnités de retard. Pour se disculper, l'employeur avance qu'il comptait sur ces promesses non tenues, d'où son retard de paiement. Le tribunal admet cette argumentation. Mais la Cour de Cassation casse l'arrêt, au motif que « *le fait, par un employeur, d'avoir eu recours à des interventions pour tenter d'échapper aux conséquences d'un redressement ne peut être retenu pour constitutif de bonne foi*[167] ». Le texte du décret ne visait que la bonne foi, sans la définir : les juges n'ont donc pas fait appel à une argumentation juridique, mais ont qualifié, au nom de leur système de valeurs, les agissements du débiteur, qu'ils ont trouvés répréhensibles.

C'est dire que le juriste n'est pas une machine à appliquer la loi, car souvent celle-ci, comme la jurisprudence, ne lui donne que quelques consignes. À lui, ensuite, de chercher ce qu'est le droit, en s'aidant d'autres données. On rejoint ainsi ce que l'anthropologie nous dit du droit : qu'il n'est pas seulement un certain nombre de *discours* (normes orales ou écrites) mais aussi des *pratiques*, et peut-être surtout des *représentations*, que le positivisme cèle, parce qu'elles lui font peur. Et il y a de quoi... Car c'est toute une mascarade qui prend fin, celle qui consistait à présenter le droit comme un ensemble rigide de normes préétablies, fixes, et parfaitement claires, conformes aux vœux de la raison technicienne, cela pour mieux assurer le pouvoir de ceux qui les édictaient. Mais alors, le droit n'est pas ce que l'on croit ? Non, il faut s'y résoudre. Comme l'écrit M. Villey « *Est-ce là réintroduire le vague et l'incertitude dans les études juridiques ? On n'y peut rien : que ceux-là qui n'en veulent point s'en aillent faire des mathématiques*[168]. »

Loin de bannir le jugement de valeurs, le droit et l'anthropologie en sont les vecteurs. Le premier parce qu'il ne serait qu'une coquille vide s'il en était dépourvu ; la deuxième parce qu'elle pose les conditions scientifiques du recours qu'on peut y faire. Tout système juridique institué repose sur des valeurs dominantes, sélectionnées parmi d'autres : Dieu, la nature, la classe, la race, la démocratie, le *Führerprinzip*, etc., que les juristes, à leur gré, soutiendront ou contesteront, en en cherchant la vérité ou l'imposture. Le constater n'implique en rien l'adhésion au relativisme culturel : Sparte et Athènes ne sont pas équivalentes. Simplement, elle inscrit l'éventualité du jugement de valeur à un niveau déterminé. L'ethnocentrisme interdit de comprendre la logique de la société observée, condition d'un jugement ultérieur. Tout chercheur qui a quelque peu tâté du terrain sait bien comment, face à des circonstances imprévues, à la peur, au découragement ou à l'inconfort, les préjugés les plus vulgaires qu'il avait cru abolis à jamais par son ascèse intellectuelle remontent en force à la surface de sa conscience… Au niveau de l'enquête, la recherche de la neutralité, de la bonne distance entre les valeurs de l'observateur et celles des observés constitue une exigence méthodologique première, même si elle n'est jamais atteinte : si je veux comprendre l'excision, je dois surmonter le dégoût qu'elle m'inspire. Mais une fois mis à nu les mécanismes, logiques et représentations, rien ne m'interdit de faire mon choix. L'anthropologie permet donc de mieux connaître les sociétés différentes de la sienne. Mais également d'éclairer son fonctionnement. Car il faut se déshabituer de sa propre société et de ses valeurs pour mieux les apprécier ou les critiquer : éloigné, le regard devient paradoxalement plus perçant. Bien des choses nous paraissent naturelles alors que nous y sommes seulement accoutumés. Or l'habitude est un confort, pas un jugement.

À ce stade, il nous faut des exemples montrant en quoi l'anthropologie juridique opère un déracinement salutaire. J'en choisirai deux : la notion de développement et la question des droits de l'Homme. Terrains périlleux, car vibrant de jugements de valeurs. Mais le parcours vaut la peine d'être entrepris.

Le « tout économique »

Dans le courant de l'année 1989, le *Monde*[169] et *Jeune Afrique*[170] publient des dossiers sur l'état actuel du Tiers-Monde. Peu suspecte de complaisance envers l'Occident, *Jeune Afrique* donne à son enquête la forme d'un palmarès, distinguant parmi les pays du Tiers-Monde entre « *ceux qui ont réussi, ceux qui ont échoué* ». Sur quel critère ? L'évolution du PNB à prix constant par habitant. Comme le confirme la lecture du *Monde*, le bistouri de cette autopsie est donc l'instrument économique : dis-moi combien tu produis, je te dirai ce que tu dois être. Les manuels de droit ne sont pas en reste : « *... les spécialistes s'accordent à considérer comme sous-développés un vaste ensemble de pays marqués par la faiblesse du produit national brut ou du revenu moyen par habitant ; incapables d'assurer la couverture des besoins élémentaires, dans les domaines de l'alimentation, des soins médicaux et de l'éducation ; handicapés par une structure économique dualiste, par l'absence de liaisons entre les modes de productions modernes et les activités traditionnelles*[171]. » C'est A. Sauvy qui, en 1952, a inventé l'expression de Tiers-Monde, liant sa définition à celle du Tiers-État sous l'Ancien Régime, séparé des ordres privilégiés : au bas de l'échelle. Mais quelle échelle ? *La même année*, l'UNESCO publiait un texte de C. Lévi-Strauss. Celui-ci y démontrait que, suivant les critères envisagés, l'emporteraient largement sur l'Occident les Esquimaux et les Bédouins (pour l'adaptation au milieu géographique), l'Orient et l'Extrême-Orient (pour la maîtrise du corps), les Aborigènes australiens (pour les systèmes de parenté) ; quant à l'Afrique ancienne, elle rivaliserait sans difficulté avec celui-ci pour l'inventivité dans le domaine des systèmes politiques[172], sans compter la mythologie, dans laquelle les sociétés traditionnelles ont fait leurs preuves. Mais les voix des économistes ont recouvert celle de Lévi-Strauss. Un demi-siècle plus tard, pour l'homme du commun, le Tiers-Monde n'est guère qu'arriération, famines et dictatures, à l'exception des miraculés qui ont su imiter l'Occident.

Mais vous vous trompez de cible, m'objectera-t-on. Dire qu'une population est sous-développée n'implique pas de mépriser son passé culturel, mais revient seulement à constater qu'elle n'a pas jusqu'ici réussi à opérer sa transition vers la modernité, alors que l'Europe a su à la fois produire Aristote, Reims, s'industrialiser, et sa médecine accomplir les progrès fulgurants que l'on sait.

L'argument ne tient pas. D'une part, les nations européennes ont disposé d'un temps beaucoup plus important (quelques siècles au lieu de décennies) pour effectuer leur passage à la modernité, qui fut spontané, ce qui leur a permis d'éviter certains échecs. La croissance urbaine, par exemple, si différente de celle du Tiers-Monde, a pu réussir parce qu'elle était soutenue par le progrès économique des campagnes et l'installation dans les villes de pôles de développement culturel, alors qu'elle est un des fléaux de l'Afrique noire actuelle. L'importance du facteur chronologique est également déterminante sur un autre plan. Les mentalités n'évoluent pas aussi vite que se fabrique un transistor : c'est ainsi. Elles ne changent pas non plus par décret. Autrement dit, un réaménagement des structures de production d'une société n'a de chances d'aboutir que si le changement culturel la précède ou l'accompagne, ce qui ne se programme pas aussi aisément que tant de ces plans quinquennaux demeurés lettres mortes, et pour cause ! Tout projet de développement (et le conseil vaut aussi pour les grandes opérations d'aménagement — telles le T.G.V. — effectuées à l'intérieur des nations occidentales) devrait comprendre, de façon liminaire, des enquêtes socio-anthropologiques. Elles manquent la plupart du temps, ou interviennent après coup, le mal déjà fait. Ce vice n'est pas un hasard. Il tient à un grave défaut de notre modernité qui, dans un souci d'efficacité (réelle à *court terme*), a opéré des découpages entre le culturel, l'économique, le juridique, le religieux, etc. Cette taylorisation de la pensée constitue une régression par rapport à la vision holiste des sociétés traditionnelles : l'homme n'est ni un pur esprit, ni un simple agent économique. Prendre l'économique pour le tout aboutit fatalement à juger le tout sur l'économique. Peu importent les monitions des anthropologues : si, de nos jours, un pays produit moins que ne l'imposent certaines normes, c'est qu'il est sous-développé ; s'il est sous-développé, c'est qu'il manque des aptitudes intellectuelles et culturelles pour se développer.

En réalité, une politique économique n'est que la conséquence d'un choix culturel, qui pourrait être autre : on peut tout autant placer Dieu ou la nature que le PNB au centre de ses préoccupations, en en tirant des avantages et des inconvénients qui ne seront pas les mêmes.

C'est pourquoi, avant de proposer aux autres notre développement économique comme seule voie du salut, nous ferions mieux de le regarder de plus loin et de voir ce qu'il peut signifier pour ceux que nous voudrions y convertir.

Le développement, une notion ethnocentriste ?

La notion de développement nous paraît relever de l'évidence. Et si elle peut comporter des désagréments, même dans nos sociétés (cf. les manifestations anti-TGV dans le Midi de la France en 1990, celles contre les centrales nucléaires...), c'est la « rançon du progrès ». Quant aux peuples sous-développés, il n'est que trop évident qu'ils désirent des biens de consommation et la technologie que nous savons produire : ce sont les ethnologues qui voudraient les mettre dans des réserves. Encore faudrait-il pouvoir leur dire le prix à payer, et pour quel résultat, sans s'exonérer de la garantie pour vices cachés de la chose vendue. Puisque nous connaissons la demande, essayons de mieux cerner l'offre. Et constatons pour commencer que notre notion de développement est étrangère à beaucoup de cultures traditionnelles[173].

Le mot tout d'abord. Le terme « développer » date des XIIe et XIIIe siècles. Il a le sens de *révéler, dévoiler*, signification correspondant à celle qu'il a gardée de nos jours dans la photographie. Son acception usuelle change dans les années 1850 : le développement caractérise la progression de stades plus simples ou inférieurs vers des stades supérieurs ou plus complexes. Est-ce un hasard si cette époque est aussi celle du colonialisme et de l'évolutionnisme unilinéaire, pour lesquels il existe des peuples primitifs et d'autres civilisés ? Est-ce une coïncidence si c'est entre 1839 et 1842 qu'A. Comte, dans son *Cours de philosophie positive*, affirme que deux sciences sont nécessaires pour connaître les sociétés primitives et modernes, l'ethnologie et la sociologie ? Dans de nombreuses langues au contraire, le mot *développement* n'a pas d'équivalent. Les Bubi de Guinée équatoriale utilisent un terme qui signifie à la fois *croître* et *mourir*. Les Rwandais se servent d'un verbe qui signifie *marcher, se déplacer* sans indication d'une direction particulière. En wolof (Sénégal), on utilise une périphrase, « la voie du chef », et certains Camerounais traduisent *planification* par « le rêve du blanc »… C'est bien la preuve de l'arriération de ces peuplades, concluront certains. En fait, il ne s'agit pas d'une infirmité, mais d'une vision du monde différente, qu'on est libre d'apprécier ou de rejeter. Dès l'origine, l'Occident a considéré la société comme un organisme caractérisé par sa *croissance*. En grec ancien, le verbe « croître » (*phyo*) est associé par son radical à la notion de nature (*physis*) : connaître la nature d'une chose ou d'un être, c'est pouvoir en déterminer le développement (au sens actuel du terme). Encore, pour les Grecs, cette croissance s'intégrait-elle dans la conception d'un monde cyclique. Mais le judaïsme et le christianisme substituent à l'idée de cycle celle d'un temps cumulatif et linéaire, et l'optimisme des Lumières y ajoute la notion de Progrès, exaltée par le XIXe siècle… et le marxisme. Pour les sociétés traditionnelles, le salut ne se trouve pas nécessairement dans l'avenir : les leçons du passé sont plutôt invoquées pour assurer le présent. Ainsi les Sara (Tchad) estiment-ils que le passé est devant leurs yeux, puisqu'ils peuvent le voir, alors que l'avenir se situe derrière. Ce qui ne les empêche pas d'évoluer, elles aussi : les mythes ne servent pas qu'à remonter aux origines, mais également à légitimer les innovations. Mais le changement n'est pas nécessairement vertu. D'autre part les sociétés traditionnelles se montrent plus respectueuses de la nature (ce qui ne signifie évidemment pas qu'elles n'y interviennent pas). Alors que l'Occident, avant de découvrir bien tardivement l'écologie, s'est assigné pour tâche de la dominer totalement : pas seulement depuis Descartes (qui voyait en l'homme le « *seigneur et maître de l'univers* »), mais dès le récit de la Genèse : « *Dieu les bénit* [l'homme et la femme] *et leur dit : « Soyez féconds, multipliez, emplissez la terre et soumettez-la ; dominez sur les poissons de la mer, les oiseaux du ciel et tous les animaux qui rampent sur terre*[174]. » Or, ici encore, cette conception en exclut d'autres, tout aussi honorables, privilégiant l'alliance entre l'homme et la nature. Les Ashanti pensent que le python est leur ancêtre : a-t-on raison de leur expliquer qu'ils doivent le dépecer pour faire des porte-monnaie et des ceintures ? Et si la forêt est sacrée, faut-il l'exploiter ?

De ces particularismes de la pensée occidentale, auxquels il faut ajouter le culte de la Raison, naîtra, entre autres, le choix culturel du tout-économique, dans lequel se moulera notre idée du développement, d'autant plus tentante pour d'autres cultures qu'elle se présente décorée de tous les avantages — indéniables — de la technologie.

Mais suffit-il qu'un concept soit étranger à une culture donnée pour qu'il lui soit obligatoirement fatal ? Voilà bien l'ethnologue, pour lequel tout ce qui vient de l'Occident est par principe mauvais. Pourtant il ne s'agit pas d'*a priori*, et de bonnes raisons existent de douter de la validité du modèle.

Tout d'abord il sert à porter des jugements globaux en n'effectuant que des mesures partielles. Non seulement l'économie informelle lui échappe largement, mais ce que mesure le PNB *per capita* est surtout le degré d'occidentalisation des cultures : comment comptabiliser les danses, les adoptions, les noms cachés des choses qui peuvent entrer dans certains cycles d'échanges et les qualités des totems ? Mais surtout, comme l'écrit S. Latouche, un économiste non conformiste : « *L'économisme est un choix dont il importe de voir la signification métaphysique. Il repose sur l'affirmation que la réalité matérielle (production et consommation de produits) existe de façon autonome et possède un sens en elle-même, séparée de l'univers social des représentations (pratique symbolique). Ce postulat métaphysique est celui de l'économie politique, il est aussi celui du marxisme traditionnel...*[175] » Il suffit de considérer nos propres habitudes alimentaires pour s'apercevoir qu'il n'en est rien[176]. La viande y occupe un caractère central, sans doute en raison de l'identification indo-européenne des bovins à la richesse (*pecus* signifie le bétail, *pecunia* la fortune) et à la virilité, alors que d'autres cultures la prohibent. Or nous consommons rarement du cheval, et jamais du chien, alors que ce serait techniquement possible, et justifié d'un point de vue strictement économique. Cette abstinence est d'ordre culturel : la comestibilité est ici appréciée en fonction inverse de la nature humaine. Plus l'animal nous est proche, moins nous nous en nourrissons : il est bien connu que les cavaliers ne mangent chez nous jamais de cheval. Tel est le totémisme moderne. Un type de développement peut donc fort bien réussir ici et échouer ailleurs, pour de seules raisons culturelles. L'indéniable réussite de l'Occident sur le plan économique n'est pas forcément exportable telle quelle : ce n'est pas sa réalité qu'il faut contester, mais sa prétention à l'universalisme.

À l'appui de cette revendication, on trouve souvent affirmée l'idée que le développement économique engendre la liberté et favorise l'émergence et le respect des droits de l'Homme. C'est aller un peu vite en chemin. Il est parfaitement exact que la liberté intellectuelle et scientifique (dont l'Islam paya d'une régression importante la suppression), les libertés d'investir, du commerce et des prix furent des éléments-clefs dans le décollage économique de l'Occident[177]. Mais elles ne constituent pas des invariants. À propos de l'Afrique, l'enquête précitée[178] montre que parmi les États qui ont « réussi », on trouve aussi bien des pays où l'initiative privée ne souffre guère d'entraves, que d'autres où l'interventionnisme étatique est très poussé. En Asie, la croissance économique peut faire très bon ménage avec des régimes politiques autoritaires et les violations des droits de l'Homme[179].

Le développement, d'ailleurs, est par nature créateur d'inegalités, peu compatibles avec les droits de l'Homme, cela jusqu'à ce que soit atteint le niveau des pays industrialisés à haut revenu, où elles tendent alors à se réduire[180].

Enfin, si l'homme occidental ne doit pas avoir honte de la Raison, il ne peut ignorer que les autres cultures *aussi* peuvent être raisonnables, même si elles obéissent à des logiques différentes. « *La raison est hellène, l'émotion est nègre* », a pu malheureusement écrire Léopold S. Senghor. Les sociétés traditionnelles savent aussi bien que les nôtres recourir à la Raison : sinon, elles auraient depuis longtemps disparu, faute de pouvoir s'adapter à leur environnement naturel. Mais il peut arriver que la rationalité revête d'autres formes que celles développées par la modernité occidentale. Les potlatchs, la parenté à plaisanterie et le shamanisme ne sont pas moins rationnels que nombre de nos croyances et comportements, et il est même permis de préférer le mariage-fantôme des Kikuyu[181] à l'insémination artificielle. Même les ordalies ne sont pas dépourvues d'une certaine logique : face à l'épreuve, celui qui est sûr de son bon droit part psychologiquement avec de meilleures chances que son adversaire.

Dans ces conditions, on peut douter que l'Occident détienne le secret de la potion magique. D'autant plus qu'*en fonction des données actuelles de la technologie*, le développement tel que nous l'entendons est tout simplement irréalisable à l'échelle mondiale.

Représentant 6 % de la population du globe, les USA consomment presque 40 % des ressources non récupérables de l'énergie terrestre...

Tout ceci n'est plus vraiment neuf, même si la culture populaire l'ignore. Divers signes montrent qu'on s'accorde maintenant à penser qu'il y a plusieurs voies vers le développement.

Un développement pluraliste

« *L'Occident n'enchante le monde que par la technique et le bien-être. Ce n'est pas rien, mais ce n'est pas assez*[182]. » Il y a ajouté les droits de l'Homme, sans doute pour trouver le supplément d'âme qui lui manque. Mais c'est davantage à sa maîtrise du monde matériel qu'il est identifié. Son succès à ce niveau apparaît paradoxalement comme une cause de son rejet par les mouvements identitaires, dont le fondamentalisme islamique est une des illustrations les plus extrêmes. Ceux-ci s'enracinent dans des populations auxquelles on a laissé croire qu'au prix de l'abandon d'une grande partie de leurs héritages culturels, elles accéderaient aux niveaux occidentaux de PNB. Dans bien des cas, la récompense n'a pas suivi les sacrifices, sans pour autant que la responsabilité en revienne *intégralement* aux nations occidentales. La déculturation ainsi créée, on comprend que des fondamentalismes religieux totalitaires puissent s'installer d'autant plus facilement aux postes de commande. Ils ne sont pas, comme on le répète trop souvent, un retour au passé : les grands empires arabes n'étaient pas régis par les principes puritains des ayatollahs, en dépit de certains épisodes d'intolérance. Car les mouvements identitaires repeignent le passé aux couleurs du temps. En ce sens, le fondamentalisme religieux est moins une résurgence médiévale qu'une création involontaire de la modernité.

Face à ces périls, certains auteurs pensent que mieux vaut encore ne pas se développer du tout[183]. Position difficile à tenir à l'heure actuelle, car, qu'on s'en félicite ou le déplore, pratiquement aucune société n'échappe à la confrontation avec les modes de vie occidentaux… et leurs indéniables avantages concrets. On ne saurait faire grief à ces populations d'espérer le bon grain sans l'ivraie. D'ailleurs, la plupart des organisations représentatives des populations autochtones dans le monde n'entendent pas claquemurer leurs adhérents dans des réserves, mais obtenir les moyens juridiques et politiques de décider elles-mêmes de leur développement[184]. En inventant une nouvelle modernité, qui résulterait non de la suppression des traditions culturelles, mais de leur adaptation. Au développement transféré (par mimétisme envers celui de l'Occident), se substituerait ainsi un développement endogène.

Vue de l'esprit ? L'importance du « secteur informel » dans nombre de pays du Tiers-Monde semble prouver le contraire. Il regroupe des activités très hétérogènes (du vendeur à la sauvette au chauffeur de taxi, en passant par divers artisans), caractérisées par des traits inverses de ceux de l'économie moderne : gestion sommaire, faible valeur de l'équipement, absence de réglementation. 30 à 50 % des emplois urbains lui appartiennent dans le Tiers-Monde[185]. Preuve du sous-développement de ces pays, répondra-t-on. J'y vois plutôt la démonstration que les populations concernées ont su s'adapter à un mode de vie moderne (l'habitat dans les grandes métropoles) en créant des réseaux de production et de distribution où l'on retrouve certains principes des économies traditionnelles (oralité, relation de face à face, faible capitalisation des moyens de production, autarcie, et même potlatchs). Ces circuits économiques s'appuient sur d'anciennes solidarités ou en engendrent. Dans de nombreuses villes d'Afrique noire, l'immigrant est pris en charge par les membres de sa communauté ethnique ; lorsque les zones urbaines s'étendent sur des terrains occupés par des villages, les chefs coutumiers deviennent bien souvent les principaux promoteurs fonciers de ces nouvelles zones. Dans les *favelas* de Rio, les quartiers populaires d'Abidjan ou du Caire, les bidonvilles de Calcutta, un tissu social se reconstitue, pour répondre aux besoins de l'auto-organisation.

On peut d'ailleurs pousser plus loin et se demander si notre image misérabiliste des sociétés non occidentales — les économistes du XVIIIe siècle, comme A. Smith, l'avaient déjà en tête — n'est pas en partie fondée sur des lieux communs erronés. Citons-en quelques-uns.

• *Les famines :* si la malnutrition persiste en Afrique et en Inde (elle a diminué en Asie et en Amérique latine), les famines — manque absolu de nourriture entraînant à brève échéance la mort de populations entières — ont diminué au cours des dernières décennies, et sont surtout dues à la guerre et aux crises politiques (Éthiopie)[186].

• *Les conditions sanitaires* : en trente ans, elles se sont améliorées, et l'espérance de vie a augmenté de 40 %, tandis que la mortalité infantile chutait de deux (Brésil) à quatre (Chine)[187] (mais il est vrai qu'elles sont surtout satisfaisantes dans les nouveaux pays industrialisés — NPI — du Sud-Est asiatique, l'Afrique noire se situant loin derrière, comme le montre son tragique sous-équipement face au SIDA).

• *La croissance démographique* : elle n'est pas la source du sous-développement. Même élevée, comme en Extrême-Orient ou en Amérique latine, elle n'a pas empêché certains pays de ces zones d'accéder au statut de NPI[188].

Des accusations non moins fausses sont dirigées vers les religions et les structures sociales traditionnelles. Si bien qu'on peut se demander si, sous des formes différentes, nous n'éprouvons pas la même bonne conscience que les colonisateurs du siècle précédent : eux aussi légitimaient leur suprématie par l'arriération culturelle et la misère des populations qu'ils conquéraient.

Il y a une trentaine d'années, R. David, l'un des plus grands spécialistes de droit comparé, fut appelé en consultation par le gouvernement éthiopien qui lui demanda de rédiger un avant-projet de Code civil. Pour lui, le couperet devait tomber sur le droit traditionnel. Il fallait bâtir « ... *un système nouveau [...] dont la base serait fournie par des considérations d'ordre économique plus que par l'observation de données sociologiques : le Code étant conçu comme un instrument politique destiné à dessiner dans certaines voies le développement du pays, plutôt que comme un recueil folklorique de coutumes qui souvent entraveraient ce développement [...] Cette coutume* [le droit traditionnel] *ne méritait pas le respect ; elle est la cause du sous-développement sous toutes ses formes*[189] ». On reconnaît l'arbre à ses fruits : le Code civil éthiopien n'a pratiquement jamais été appliqué par les populations, qui ont conservé leurs coutumes. Et la situation est largement similaire dans bien des pays d'Afrique noire.

En dépit de son immense science, R. David obéissait ici à des préjugés. Très largement partagés à l'époque, ils ont encore la vie dure : les religions et structures sociales traditionnelles ne seraient que les sanctuaires de coutumes poussiéreuses faisant obstacle au progrès. Coupons ce vin trop fort de quelques remarques.

La religion n'est pas plus le sommeil de l'économie qu'elle ne fut l'opium du peuple.

Bouddhisme et shintoïsme sont très vivants dans les NPI [90]. Au Japon et en Corée du Sud, mais aussi à Singapour, qui compte 70 % de bouddhistes. En Thaïlande, on trouve un autel sacré et fleuri dans tous les foyers, administrations et entreprises. Au Japon, les « cimetières et sanctuaires d'entreprises » se multiplient[191] : on y prie les dieux du monde des affaires pour la prospérité de l'entreprise ; la mémoire des membres du personnel qui ont contribué à l'essor de l'entreprise y est honorée.

L'Islam lui-même n'est pas nécessairement un facteur d'arriération, comme on le croit trop facilement en Occident. Il est vrai que la carte du monde musulman coïncide largement avec celle du Tiers-Monde, que le puritanisme chiite est paralysant, que l'interdiction du prêt à intérêt et la négation de la femme comme acteur économique s'inscrivent à son passif. Mais du VIIIe au XIIe siècle, l'extension de l'Islam se traduisit par celle du commerce et des échanges, l'urbanisation et d'indéniables progrès intellectuels (nous devons aux auteurs arabes la transmission de nombre de nos sources antiques), souvent accomplis dans le respect des particularismes locaux. De nos jours, l'Indonésie, plus grand pays musulman du monde, est en train d'entrer dans le groupe des NPI.

Les fameuses vaches sacrées de l'Inde, si souvent citées comme exemple des aberrations économiques auxquelles conduit la religion, possèdent une indéniable utilité[192]. Leurs bouses servent de combustible, évitant chaque année l'arrachage de forêts entières (elles libèrent l'équivalent thermique de 68 millions de tonnes de bois). Elles produisent aussi du lait, de la force de travail (on les attelle pour les labours) ; leurs peaux sont récupérées. Au total, un bilan économique nullement négligeable, et parfaitement compatible avec la religion.

En fait, comme le fait observer S. Brunel[193], c'est moins la religion que l'absence de séparation entre le spirituel et le temporel qui peut freiner le développement : si la religion est au pouvoir, suivant son contenu, elle peut s'opposer à certaines modalités de la croissance économique (prêt à intérêt). Sans doute, mais encore faut-il décider si un développement économique plus respectueux de l'humain ne serait pas préférable, au prix du ralentissement de son rythme par des impératifs *éthiques* (on peut choisir ce registre, si celui du religieux fait peur). Quant aux structures sociales, il n'est pas prouvé que l'individualisme soit la condition nécessaire du développement, même si les choses se sont passées ainsi dans l'histoire de l'Occident[194]. Au Japon, l'individu existe peu face à la famille et aux institutions, et il en va de même dans les NPI. Le système des castes indiennes n'est pas exclusif de la mobilité sociale des communautés endogamiques (3 000 *jati* réparties dans toute l'Inde) qui s'y insèrent ; il y a longtemps qu'il ne correspond plus à la division qu'il exprimait à l'origine[195] (la majorité des brahmanes sont pauvres, et plus souvent adonnés à l'agriculture qu'aux fonctions culturelles).

Mais le droit ? J'y viens. Il fallait ce détour par l'économie, dont le lecteur est plus familier, pour comprendre combien les problèmes se posent de façon similaire, parce que les mêmes croyances et préjugés les inspirent. *Car il existe aussi un développement juridique*, qui a contracté les mêmes maladies que son grand frère (l'économique) et suscité les mêmes réactions.

Il arrive que les codes ressemblent à des cathédrales. En 1990, Jean-Paul II consacre la basilique de Yamossoukro (Côte-d'Ivoire). Ancrée dans la terre africaine, elle se présente comme une quasi-réplique de Saint-Pierre de Rome. Les codes africains ressemblent eux aussi beaucoup à leurs grands frères européens. Car un code n'est pas seulement ce qu'il paraît. Techniquement, il s'agit d'un ensemble cohérent de dispositions juridiques à caractère normatif, auparavant éparses dans différents textes, qu'on a regroupées et classées selon un ordre logique, opérant ainsi un travail dit de codification. Mais un code est beaucoup plus que la mise en œuvre d'une technique : très souvent, il est en même temps projet politique et social[196]. Les codes interviennent fréquemment lorsqu'au sortir d'une période de crise, les dirigeants entendent fixer les nouvelles règles du jeu (le Code civil de 1804 s'attache à stabiliser un droit bouleversé par les événements révolutionnaires, et à entrer dans la modernité, sans absolument tout renier du passé). Politiquement, les codes manifestent la puissance du souverain, et y contribuent en tendant à faire fusionner des peuples d'origines diverses, ou à unifier des coutumes différentes sur l'ensemble d'un territoire : la tradition française est sur ce point sans équivoque. *Les codes sont aussi des drapeaux.* C'est pourquoi, les indépendances réalisées, la plupart des pays d'Afrique noire se sont lancés dans la rédaction de constitutions et de codes, à grand renfort de professeurs de droit venus des anciennes métropoles. Non seulement ils symbolisaient l'existence de ces jeunes États, mais apparaissaient comme les garants et les outils d'une unité hypothétique, tant étaient vifs les particularismes ethniques et coutumiers. La création de partis uniques était légitimée par le même souci d'unité, comme l'attribution d'un rôle subsidiaire au droit traditionnel, ou même sa suppression. Une génération est passée, et il faut bien souscrire au bilan négatif dressé par E. Le Roy, un anthropologue du droit africaniste : « *L'État-nation a produit plus de conflits à l'intérieur et entre les États (pour des problèmes de frontières, par exemple) qu'il n'a permis d'asseoir une autorité, civile ou militaire. Le parti unique, quand il n'est pas un fantôme ou un parti-croupion, n'a servi qu'à manipuler les masses et enrichir les fonctionnaires. Nulle part je n'ai vu un parti unique servir de moteur au développement, même en Tanzanie. Quant au droit étatique, dit du « développement », conçu pour construire l'avenir, il se révèle un frein pour le présent, tant il est incompréhensible et inadapté*[197]. » Ce qui conduit à inverser la proposition habituelle : famines et dictatures auraient en Afrique des causes largement exogènes, issues, comme dans l'économie, d'un type de développement *transféré*. Mais si la comparaison avec l'économie est justifiée, n'existerait-il pas en droit aussi un secteur informel ?

Le secteur juridique informel

Il est même beaucoup plus développé : au moins quatre-vingt pour cent de la population se détourne des droits officiels (alors que l'économie informelle regroupe entre trente et cinquante pour cent des emplois urbains). Car un certain nombre de nouveaux États ont choisi l'uniformité juridique, qu'elle corresponde à une homogénéité ethnique (elle est rare, mais on peut citer les cas du Rwanda ou du Burundi) ou à des objectifs politiques d'intégration : les autorités traditionnelles sont remplacées par des fonctionnaires dans les structures administratives et judiciaires ; le droit pénal et les droits liés aux affaires s'alignent sur les droits européens. L'identification est souvent moins totale en matière familiale, dans la mesure où on touche là à l'intimité de la vie et des sentiments. Cependant, elle peut exister… sur le papier : la législation ivoirienne de 1964 imite ainsi notre Code civil, mais bien peu de familles l'appliquent, continuant à se guider sur les anciennes traditions, surtout en milieu rural, majoritaire.

Autre exemple, celui du droit soudanais. En 1983, le général Numeiri, dans un élan d'islamisme, fait de la Sharia le seul droit officiel de la nation, alors qu'ici aussi quatre-vingt pour cent de la population obéit à des droits coutumiers. En fait, la mesure correspond à une volonté de domination des élites du nord, musulmanes, sur le sud, peuplé de populations négroïdes[198].

Dans la mesure où le droit officiel est peu appliqué, on ne peut que présumer l'existence d'un vaste secteur juridique informel, aucune société ne pouvant vivre sans droit. Encore doit-on bien s'entendre sur le sens du qualificatif « informel ». Il ne signifie pas que les droits non officiels sont dénués de formes. Outre le fait qu'on ne peut concevoir le droit sans formes, ceux-ci en possèdent tout autant que les droits officiels, de même que l'économie informelle a ses circuits et ses marchés. Mais ces formes sont différentes de celles des systèmes officiels, réemployés dans un autre sens : l'oralité, par exemple, y joue un rôle beaucoup plus déterminant.

Il est difficile de connaître ce secteur autrement que par des enquêtes sociologiques, puisqu'il n'existe pas légalement : ni les textes, ni les jugements n'en tiennent directement compte. On peut cependant en donner quelques exemples, pris dans une littérature scientifique qui s'étoffe peu à peu sous l'influence des anthropologues du droit[199]. Au Rwanda fonctionne le *gacaca* ou « justice du gazon ». Tous les membres du village peuvent y participer, elle a pour but de régler les litiges résultant de la proximité de vie : les personnes impliquées sont voisines ou appartiennent à la même famille. La décision doit être exécutée par les parties, ce qui se produit dans quatre-vingt-deux pour cent des cas, sans quoi l'affaire reste sans solution immédiate, ou est renvoyée devant une juridiction officielle. Parmi les décisions rendues, la majorité (cinquante-quatre pour cent) ne sont pas conformes au droit officiel. Elles résultent de longs palabres, dans lesquels les interventions de la communauté jouent un grand rôle. Non étatiques, ces droits et ces procédures ne sont pas la pure répétition du passé. Le secteur juridique informel est en effet la plupart du temps néo-traditionnel : il adapte les solutions anciennes au contexte nouveau. Ainsi le *gacaca* est-il convoqué et présidé par le conseiller communal élu par son secteur ; les tribunaux officiels interviennent dans le petit nombre de cas où ses sentences n'ont pas été exécutées ; celles-ci sont consignées dans un écrit signé par les parties au moyen de leurs empreintes digitales. Ceci montre que, contrairement à ce que prétendent les adeptes du développement juridique transféré, le droit traditionnel est parfaitement capable d'évoluer : *les populations peuvent rester fidèles à sa logique tout en modifiant ses contenus*.

Autre exemple, celui des rapports fonciers nés dans les zones nouvellement irriguées par suite de projets de développement. Le droit officiel ici applicable repose sur deux principes : la terre appartient à l'État ; les parcelles irriguées ne sont qu'attribuées aux exploitants, qui n'en deviennent pas propriétaires. En fait, très vite apparaissent des pratiques foncières métissées : on fait semblant d'obéir au droit officiel pour ne pas avoir d'ennuis avec les représentants de l'État (cadres techniques et administratifs), mais on obéit à d'autres règles, qui tiennent compte à la fois de la logique marchande (l'exploitation doit être rentable) et des logiques sociales, reproduisant les inégalités des statuts anciens (à l'avantage des propriétaires fonciers traditionnels) ou récents (en faveur de « nouveaux riches », tels que commerçants ou fonctionnaires). Ces personnages influents parviennent à s'approprier de fait une partie importante des surfaces irriguées et à les faire cultiver suivant les usages traditionnels du faire-valoir indirect (métayage, location, etc.). Comme le dit (en 1983) un ancien chef de village de la vallée du fleuve Sénégal : « *Il y a la loi de l'État et la loi du village. Lorsque c'est possible nous préférons nous arranger entre nous, avec la loi du village*[200]. » La loi de l'État n'est pas pour autant un sceptre creux. Elle possède une efficacité symbolique : les acteurs sociaux la considèrent comme une balise, un indicateur des changements en cours ou voulus par l'État et ses agents. On objectera qu'à tout prendre, la noble expression d'« efficacité symbolique de la loi » peut aussi s'appliquer au fonctionnement de la Mafia, ce qui ne plaide guère en faveur du secteur juridique informel. Il contient en effet de tout. Mais de la Mafia au cabinet du juge des enfants, la distance est moins grande qu'il y paraît : les enquêtes menées récemment par des anthropologues du droit montrent que dans sa pratique quotidienne, ce magistrat joue sans cesse avec la référence à la loi pour mieux faire accepter au mineur les mesures qu'il lui propose, sans que celles-ci soient la stricte application du droit[201]. Le paysan africain et le magistrat français contractualisent le droit, chacun à leur manière.

Mais il existe d'autres lieux que le secteur informel où l'on peut voir, bien vivants, les droits traditionnels, le plus souvent adaptés aux nécessités du jour.

Car ceux-ci ne durent pas toujours mener une existence cachée. Après les indépendances, ils furent l'objet d'une certaine reconnaissance par le droit officiel et vécurent en voisins avec le droit moderne. Parfois, c'est sous forme rédigée qu'ils accédèrent à cette reconnaissance, processus dangereux dans la mesure où il tend à figer le droit traditionnel et à lui faire perdre ainsi ses facultés d'adaptation. Les situations résultant de ce voisinage sont très diverses. Dans bien des cas, le droit coutumier officiel perdit de son importance au profit des droits modernes. En Afrique du Sud, même dans les « Homelands », celui-ci est absent des relations foncières et des secteurs économiques gérés suivant les méthodes occidentales. Un droit néo-traditionnel est en revanche appliqué par les juridictions non officielles et les « *vigilant groups* » nés dans les zones urbaines[202].

Mais en élaborant des droits mixtes, quelques États s'attachent à rétablir la primauté de certaines valeurs négligées par le colonisateur et à donner aux droits autochtones une place correspondante. Ainsi du Cameroun, soumis de surcroît à des colonisations successives (allemande, française et britannique) et à deux religions (christianisme et islam) : on retrouve des traces de tous ces héritages à des strates différentes du contenu des droits et des procédures. D'autres États profitèrent de l'indépendance pour affirmer leur vocation islamique (Libye).

Mais à côté du secteur informel et des droits officiellement mixtes, il existe une troisième voie, résurrection possible du droit coutumier. Elle est définie par les politiques juridiques d'authenticité, pendant du développement endogène dans la sphère économique. Depuis une dizaine d'années, certains États sont revenus du mimétisme juridique vis-à-vis des législations européennes, bien obligés de constater que les codes des indépendances n'étaient souvent guère plus utilisés que les chasse-neige soviétiques livrés à Conakry. Tout en conservant le droit moderne, ils ont donc ranimé le droit traditionnel, en l'infusant dans certains secteurs du droit. Au Togo, le Code des personnes et de la famille (1980) décide que les successions sont régies par le droit coutumier, sauf si les sujets de droit y renoncent en faveur du droit moderne. Un droit néo-traditionnel naît de cette orientation. Une étude de cas de successions réalisée à Lomé[203] montre que les individus utilisent le modèle traditionnel de l'organisation lignagère, mais ne se privent pas, pour créer, maintenir ou continuer des lignées, de techniques juridiques modernes telles que le testament écrit, la transmission directe des biens aux enfants (alors qu'en droit traditionnel, ils circulaient dans le lignage avant de leur parvenir), l'immatriculation et l'enregistrement des mutations, etc. Autrement dit, droit moderne et coutumier sont constamment en interaction.

Au Zaïre, depuis 1973, le pouvoir favorise une politique dite d'authenticité, consistant à revenir aux valeurs ancestrales et à y puiser ce qui est compatible avec la modernité. Un nouveau Code de la famille y est entré en vigueur en 1988. Il comporte plusieurs dispositions directement tirées du droit traditionnel. Le nom résumant la personnalité de chaque individu, les parents ont toute liberté pour choisir le nom de leurs enfants, l'attribution patronymique ne s'imposant pas. Le régime dotal est reconnu. Le mariage doit être célébré en famille, suivant les rites coutumiers, avant d'être enregistré. La femme mariée doit être assistée par son mari pour passer un acte juridique. La violation des devoirs conjugaux peut recevoir des sanctions coutumières (paiement du vin ancestral). En cas de mésentente, les époux peuvent convenir de se séparer pour une période déterminée ou non. L'adultère est réprimé pénalement, mais l'adultère du mari ne peut être puni que s'il revêt le caractère d'une injure grave, il ne constitue pas une cause de divorce en tant que tel. L'enfant « naturel » n'existe pas : au cas où la filiation paternelle d'un enfant né hors mariage n'a pu être établie, le tribunal désigne un père juridique parmi les membres de la famille de la mère de l'enfant. Le père qui veut se faire reconnaître doit d'ailleurs obtenir sa reconnaissance de cette famille *maternelle* de l'enfant, trait spécifique de l'organisation familiale traditionnelle[204].

Droit fantôme et flou du droit

Quels que soient le sens et le destin de ces expériences d'authenticité (le fait que l'authenticité ait été prônée par un régime tel que celui du maréchal-président Mobutu peut inquiéter), on peut en fin de compte se demander si le secteur informel ne constitue pas le meilleur milieu pour la formation du droit néo-traditionnel. Car la pénombre comporte des avantages : souplesse et innovation peuvent y jouer plus librement que sous le feu des projecteurs. La reconnaissance officielle a plus d'éclat. On peut craindre que ce soit souvent celui des funérailles : ossifié par la rédaction, concurrencé par le droit moderne dans des domaines où celui-ci est à son avantage (la preuve, la filiation indifférenciée, la condition de la femme, par exemple), soumis aux desseins du pouvoir, il risque de se dissoudre dans cette lumière. C'est dans l'obscurité souterraine que s'ancrent les fondations.

Les législateurs africains semblent d'ailleurs redécouvrir après Portalis qu'on ne fait pas à proprement parler de codes, mais qu'ils se font avec le temps. La loi apparaît de plus en plus souvent comme un idéal, et non l'instrument de transformation immédiate de l'ordre juridique[205]. Ainsi, en 1963, le législateur malgache a décidé qu'un enfant dans le besoin pourrait recourir aux tribunaux pour obliger ses père et mère à le secourir. En revanche, tout recours en justice est impossible de la part de l'enfant vis-à-vis d'autres membres du lignage, qui ne sont tenus envers lui que d'une obligation naturelle : elle existe, mais on ne peut la faire exécuter en justice. Cette distinction signifie que le législateur a reconnu simultanément l'existence des familles traditionnelle (le lignage) et moderne (le couple parental), en créant des conditions plus favorables pour la deuxième. On peut aussi recourir aux lois d'application différée, dont le texte prévoit qu'elles ne prendront autorité que par étapes. Scandale pour les juristes occidentaux qui y voient un « droit-fantôme », ces législations constituent des plans de développement juridique : on fixe des objectifs, en sachant qu'il faudra du temps pour les atteindre, et que la pratique pourra les modifier. On consacre ainsi le rôle du secteur informel, bien qu'il n'apparaisse pas plus dans les codes qu'il ne le faisait dans les chiffres du PNB. Car lorsque le législateur crée une loi dont il sait pertinemment que l'application nécessitera plusieurs décennies, il invite implicitement les communautés traditionnelles à régler elles-mêmes leur vie juridique, en souhaitant qu'elles le fassent dans la direction indiquée.

Cette conception du droit peut nous paraître suspecte et exotique. Elle correspond pourtant à la fois à la mentalité traditionnelle *et à notre modernité*. Nous savons en effet[206] que les sociétés traditionnelles font moins confiance que nous au droit : il est plus étroitement imbriqué dans les autres modes de régulation sociale, son application plus flexible. Mais nos pratiques législatives les plus récentes nous rapprochent de ces conceptions. Chez nous aussi, la loi peut s'inspirer d'un droit conçu comme un modèle plutôt que comme une sanction, et introduire le temps et l'incertitude dans son incarnation. C'est le sens de nos lois-cadres, lois-programmes et lois d'orientation ; des lois qui prévoient elles-mêmes qu'elles ne sont promulguées que pour une période d'essai au terme de laquelle elles pourront être remises en question (loi instituant l'IVG) ; de celles qui laissent aux contrevenants le choix de leurs sanctions (à partir de 1992, les automobilistes dépassant les vitesses autorisées ou conduisant en état d'ivresse auront le choix entre le retrait du permis et des stages de recyclage animés par des professionnels de la conduite et des psychologues, destinés à les sensibiliser aux dangers de la circulation routière : un bel exemple de « droit-modèle », qui touche chacun d'entre nous). Sans parler des législations fiscale et douanière, aux normes très répressives, mais dont la pratique fait une large place aux transactions conclues entre les contrevenants et les administrations. Ici aussi, les affaires se règlent le plus souvent « dans le ventre du lignage ». Plus largement, tout ce que certains juristes qualifient à juste titre dans nos systèmes modernes de « flou du droit »[207] se rattache à ces conceptions traditionnelles, mais nullement désuètes. Il y a plusieurs demeures dans la maison du droit, que chaque société peut à son gré utiliser, et si le droit fantôme existe, convenons qu'il hante aussi nos murs.

Mais pour que ces phénomènes de pluralisme se manifestent,

encore faut-il que les communautés et groupes sociaux qui les inspirent aient conservé quelque identité. Terre à laquelle tant de misères sont assignées, l'Afrique constitue à cet égard un continent privilégié. Mais nous ne devons pas oublier que dans d'autres parties du monde, la défoliation juridique a eu lieu ou s'opère. On peut penser aux États islamistes, où le prosélytisme du droit officiel laisse peu de marge aux autres systèmes. Mais plus encore à l'Amérique : les tribunaux peuvent bien reconnaître de plus en plus fréquemment les droits territoriaux des Amérindiens, la déculturation qu'a opérée l'Occident dans les sociétés indiennes et esquimaudes est profonde, et m'apparaît irréversible (le spectacle affligeant des zones arctiques montre bien l'ampleur de la catastrophe). L'Australie ne vaut guère mieux. Dans ces immenses espaces, l'étude des communautés aborigènes s'apparente aujourd'hui davantage à l'histoire qu'à l'ethnologie. L'Asie a sans doute mieux résisté, mais nous manquons cruellement des études d'anthropologie juridique qui nous permettraient de mieux le mesurer.

Comme on le voit, le juriste n'est pas moins concerné que l'économiste par les problèmes du développement, où s'entrechoquent des systèmes de valeurs souvent profondément différents. Car tout ce que je viens de dire s'articule autour de jugements de valeurs. En effet le développement n'a pas l'impersonnalité des lois de la thermodynamique. Ce que nous nommons ainsi n'est rien d'autre qu'un segment de notre propre culture. Il repose sur des acquis de la modernité dont beaucoup sont contestables. Sur le plan économique, l'exploitation des ressources naturelles sans égard pour leur renouvellement, la divinisation du profit et des lois du marché. Sur le plan sociologique, l'atomisation de la personne humaine en individus esseulés, la transformation des relations sociales en biens et en services marchands. Sur le plan juridique, l'éblouissement par le chrome des lois et des constitutions, l'incrustation de l'unité dans l'uniformité. Mais, au crédit, les vaccins, les médicaments, les automobiles, les magnétoscopes, et autres avantages liés à la technologie, dont certains ne sont pas des moindres, ce qui masque d'autant mieux les effets corrosifs des autres agents. On comprendra dès lors que ce développement-là ne puisse être accepté par des sociétés différentes des nôtres par leur histoire et leur culture que sous bénéfice d'inventaire, et sous condition de syncrétisme.

Quand le temps leur en est laissé, les sociétés traditionnelles parviennent en effet à s'adapter sans se renier, à interpréter leur propre culture selon les nécessités des temps nouveaux, et notamment du contact avec la civilisation occidentale. L'anthropologie peut aider à la mise en œuvre de ces mécanismes, car respecter les traditions ne consiste pas nécessairement à les répéter : nous ne sommes pas des conservateurs de musée. J.M. Tjibaou était dans le vrai quand il déclarait : « *Le retour à la tradition, c'est un mythe. Nul peuple ne l'a jamais vécu. La recherche d'identité, le modèle, pour moi il est devant soi, jamais en arrière ; et je dirais que notre lutte actuelle, c'est de pouvoir mettre le plus d'éléments appartenant à notre passé, à notre culture, dans la construction du modèle d'homme et de société que nous voulons pour l'édification de la cité. Notre identité, elle est devant nous.* » (*Les Temps Modernes*, mars 1985)

La nécessité ou le refus du développement, les types de développement choisis, le degré de pluralisme qu'ils autorisent, tout procède donc de jugements de valeur. Il faudrait être aveugle pour ne pas admettre que le juriste appelé à rédiger, appliquer ou interpréter les droits nés des contacts entre les cultures occidentales et celles des autres sociétés est sans cesse confronté à ces prises de position. Le thème actuel des droits de l'homme en constitue un bel exemple.

Les droits de l'homme : un cheval de Troie ?

« *Les droits de l'homme : évidence ou problème ?* » Les candidats au baccalauréat 1991, auxquels s'adressait cette question, durent avoir du mal à répondre. Car il est difficile pour un Européen, aujourd'hui, de s'interroger sur les droits de l'homme, tant ils semblent liés au progrès moral et à la démocratie politique. L'anthropologue doit cependant le faire. *A priori*, le courant paraît dur à remonter, car la remise en question des droits de l'homme semble condamnée par l'identité même de ceux qui y procèdent. Lisons, par exemple, ce qu'en dit la République islamique d'Iran :

« *Il* [le gouvernement iranien] *ne reconnaît d'autre autorité ou pouvoir que ceux du Dieu Tout-Puissant et aucune autre tradition juridique que celle de la loi islamique. Dans ces conditions, la délégation iranienne réaffirme [...] que les conventions, déclarations et résolutions ou décisions d'organisations internationales qui sont contraires à l'Islam n'ont aucune validité en République islamique d'Iran [...] La « Déclaration universelle des droits de l'Homme », qui illustre une conception laïque de la tradition judéo-chrétienne, ne peut être appliquée par les musulmans et ne correspond nullement au système de valeurs reconnu par la République islamique d'Iran ; cette dernière ne peut hésiter à en violer les dispositions, puisqu'il lui faut choisir entre violer la loi divine du pays ou les conventions laïques*[208]. » Vous avez des alliés bien encombrants, entends-je déjà me dire les inconditionnels des droits de l'homme… Et l'on peut même envisager d'autres hypothèses, pour ne pas faire toujours porter le chapeau à l'Islam. Que serait-il arrivé si l'Inde avait conquis le monde ? Comme l'écrit J. Latouche : « … *la purification des veuves* [leur crémation sur le bûcher] *ferait partie des droits de la femme, et le meurtre des vaches serait proscrit comme un crime contre le respect de la vie*[209]. »

De fait, on doit convenir qu'il y a antinomie entre les régimes autoritaires et les droits de l'homme, et que ceux-ci opèrent un choix de valeurs qui en exclut radicalement d'autres. L'anthropologue n'en est pas choqué, car si l'anthropologie a vocation à tout comprendre, elle ne peut tout concilier, et les droits de l'homme n'ont pas à faire fonction d'auberge espagnole. Mais elle peut éclairer des choix. Ouvrons la carte mondiale des libertés[210]. Les zones où les droits de l'homme sont « correctement appliqués » sont bien délimitées : l'Amérique du Nord, l'Europe, le Japon et l'Australie. Passons sur le fait que cette classification fait peu de cas du statut des minorités ethniques dans ces États (Qu'en pensent les Indiens d'Amérique ou les Aborigènes d'Australie ?), et constatons que la carte correspond aux lieux de naissance ou de propagation la plus intense de la culture occidentale dans sa version libérale. La majorité du monde reste donc encore terre de mission. Mais à quel titre ?

De deux choses l'une. Soit cette localisation est la preuve manifeste que les droits de l'homme ne sont que l'expression d'une culture particulière, souveraine dans le domaine technologique, mais sans supériorité morale particulière. Dans ce cas, l'Islam, l'hindouisme, les autres religions et traditions ont parfaitement le droit de refuser de s'y convertir, et l'Occident ferait mieux d'adjoindre le principe d'autodétermination culturelle à celui qu'il reconnaît au niveau politique. Mais les tenants de cette thèse « différentialiste » se voient opposer par leurs adversaires que le droit à la différence, généreux en apparence, appelle la suspicion. Le respect des différences fut un argument colonialiste utilisé pour légitimer une politique indigène ou l'administration indirecte ; les adversaires de l'assimilation (notamment en Algérie) ne manquèrent pas d'user du droit à la diversité ; il fut la justification officielle du régime d'*apartheid* en Afrique du Sud. À l'heure actuelle, le thème a d'ailleurs été récupéré par la Nouvelle Droite : à chacun ses valeurs…

et chacun chez soi. La gauche et ses extrêmes n'en sortent pas non plus indemnes. Combien d'abus commis sous Staline et Mao furent justifiés par les particularismes de l'accès à la modernité des patries du socialisme, sans compter la discrimination des « libertés bourgeoises », aux vertus plus tard redécouvertes ?

Si bien qu'on est amené à examiner une seconde hypothèse. La lecture de la carte n'implique pas que depuis et pour toujours l'Occident soit l'unique dépositaire des droits de l'homme. Mais *hic et nunc*, il se trouve qu'il en est porteur. D'autres cultures peuvent en opérer la réception : le Japon fait bien partie des États sélectionnés. Et même elles le doivent. Car les droits de l'homme ont une portée universelle, qui dépasse la culture qui les a engendrés : nulle part l'esclavage, les sacrifices humains, les mutilations sexuelles ne sont justifiables. Il existe un certain nombre de valeurs universelles, qu'ils instituent, devant lesquelles doivent fléchir les différences culturelles et autres tribalismes. Il en résulte que l'autodétermination culturelle et politique est limitée par le droit — ou même le devoir — d'ingérence. Quand un État viole les droits de l'homme au point de rendre nécessaire une assistance humanitaire, la communauté internationale formée par les États qui y ont souscrit peut intervenir pour les faire respecter.

Poudre aux yeux, répliquent les différentialistes. En réalité, les droits de l'homme ne sont que la continuation du colonialisme par d'autres moyens : *is fecit qui prodest*, et les générations futures nous jugeront avec la même sévérité dont nous faisons preuve à l'égard des bâtisseurs d'empires coloniaux du siècle précédent. Les droits de l'homme ne seraient qu'un cheval de Troie, le véhicule d'une logique unitariste fondatrice de la seule modernité occidentale. Celle-ci se déploie surtout à compter de la fin du Moyen Âge. Avec Calvin, la Réforme introduit l'individu au cœur du jeu politique après l'avoir hissé au niveau d'un dialogue direct avec Dieu. Du côté catholique, la Contre-Réforme réduit la place du culte des saints et reconstruit une image de Dieu marquée par sa supériorité et son extériorité à sa création. Ce modèle reposant sur une articulation déterminante entre l'individu et une puissance extérieure et toute puissante n'est pas resté confiné au seul domaine religieux. Il a également servi de matrice à la modernité politique. À l'image de ce Dieu, J. Bodin, Hobbes et Colbert créent un État hiérarchisé et bureaucratique qui développera ses virtualités jusqu'à notre époque. Parallèlement, Hobbes, Locke et l'Ecole du Droit naturel font de l'individu le support unique des droits et obligations du sujet de droit. En 1756, l'Encyclopédie affirme le principe de l'unicité de la volonté, tant pour l'individu que pour l'État. C'est ainsi qu'en deux siècles s'est mis en place un modèle unitariste que révèle, à grands traits, une anthropologie de notre conception des droits de l'homme. Or, d'autres traditions culturelles ont pensé le problème de la protection des individus face au pouvoir, soit en concevant le pouvoir de façon différente (Asie, Inde, Islam), soit en pensant l'être humain comme un élément étroitement associé au reste de la création (logiques animistes, notamment en Afrique noire et chez les Amérindiens). Et ces différentes synthèses ne constituent pas des créations moins honorables que celles opérées par notre modernité, comme nous le verrons dans les lignes qui suivent.

C'est pourquoi la conception unitariste des droits de l'homme, quels que soient ses indéniables avantages et les réelles libérations auxquelles elle a pu conduire et conduira des peuples asservis, ne représente sans doute pas un horizon indépassable, ni un axiome universel : elle peut et doit s'enrichir des apports d'autres cultures.

L'élaboration du nouveau droit de l'ingérence doit donc se faire avec une grande prudence afin que plus tard, il ne puisse servir de prétexte à des opérations moins honorables que la stricte assistance humanitaire. Le travail de réflexion qui l'accompagnera devrait notamment se faire sous le contrôle d'un organisme où serait pris en compte autrement que par des vœux pieux la dimension interculturelle du nouvel ordre international. De plus, on devra prendre garde à ce qu'il ne légitime le principe même qu'il prétend combattre : l'emploi de la force. Car l'État récalcitrant peut se voir contraint par l'action militaire. Là serait le vrai danger pour l'ordre international, plus que dans la violation d'une souveraineté de principe des États, fréquemment malmenée par d'autres moyens ou institutions (potions infligées par le FMI ou la Banque mondiale, condamnations internationales du racisme, de l'apartheid, de l'esclavage, du génocide, etc.).

Le débat n'est pas facile à trancher, car il semble qu'il y ait du vrai dans ces arguments… comme dans ceux qui les réfutent. Signe que le problème est sans doute mal posé. L'arbitraire ne se situe pas plus chez les différentialistes que chez leurs adversaires. Car on peut exprimer des réserves sur les droits de l'homme sans appartenir au clan des dictateurs, ni aux clergés enturbannés. Prenons quelques exemples. On peut légitimement admettre qu'il existe d'autres régimes politiques que la démocratie occidentale sans pour autant faire l'apologie des tyrannies. Les sociétés a-étatiques amérindiennes jugent que les notions de majorité et minorités arithmétiques sont des pis-aller : mieux vaut la recherche du consensus que la coupure impliquée par une division en deux blocs, souvent paralysante. Par ailleurs, elles comprennent dans la notion de peuple non seulement les humains, mais pratiquement tous les êtres vivants, envers lesquels l'homme a des droits mais aussi des devoirs. Est-ce si critiquable et tellement éloigné de nos préoccupations ? Certains auteurs, comme M. Serres, ne nous pressent-ils pas de passer un « contrat » avec la nature[211] ?

La notion de droit elle-même peut être relative pour les cultures non occidentales sans qu'on doive *ipso facto* les qualifier de barbares. Pour elles, l'homme a surtout des responsabilités et des devoirs : envers ses semblables, mais aussi à l'égard des autres êtres vivants et de la nature. Dès lors, comme le disent les Agni, ce n'est plus l'homme qui possède la terre, mais la terre qui possède l'homme.

On ne voit pas en quoi ces conceptions sont moins nobles que les nôtres. Oui, mais elles peuvent aussi justifier tous les conservatismes, objectera-t-on. Proclamer la fidélité envers l'ordre naturel peut en fait conduire à cautionner tous les pouvoirs, même les plus hégémoniques.

C'est parfaitement exact, mais en fin de compte peu fréquent. Les sociétés qui adhèrent à cette vision cosmocentrique sont certes réticentes au changement. Mais dans l'histoire de l'humanité, elles sont bien moins coupables que d'autres des grandes entreprises d'asservissement : l'Occident moderne (à partir de la Renaissance), basé sur l'individualisme, ne peut en dire autant.

Faut-il alors dénier toute valeur aux déclarations des droits de l'homme ? Cessons de nous enfermer dans de faux dilemmes. Car les déclarations ont une histoire. À la fin du XVIIIe siècle, elles visent à faire prévaloir les droits de l'individu sur ceux des groupes statutaires. Vient ensuite une deuxième génération, dite des droits sociaux et économiques, engendrée par la lutte de certains groupes (mouvements ouvriers à partir du XIXe siècle) et peuples (décolonisation au XXe). C'est aujourd'hui le temps de la troisième, les droits de *solidarité* concernant tous les peuples et l'ensemble de l'humanité (droit au développement, à la paix, à l'environnement, à la communication, etc.). Il nous faut donc repenser la dialectique des droits de l'homme, non plus à partir des rapports entre l'individu et l'État, mais de ceux qu'entretiennent l'ensemble des peuples formant l'humanité[212]. Attitude qui possède trois avantages. On se rapproche de la réalité : l'homme n'est nulle part un individu isolé, il appartient toujours, à des degrés divers, à un ensemble de groupes dont l'articulation forme un peuple. On adjoint aux droits des devoirs, qui en sont le corollaire obligé : situé dans une hiérarchie (toutes ne sont pas injustes…), l'homme est investi de responsabilités, dont il doit tenir compte. En rendant aux cultures non occidentales un droit à la parole dans les discours des droits de l'homme, on comprend mieux leur message, mais aussi celui de l'Occident.

Le droit de réponse des cultures non occidentales

Les droits de l'homme ou le chaos. Les deux tiers de l'humanité sont exclus du bénéfice des droits de l'homme : doit-on y voir d'autres famines, celles-ci juridiques, dont nous aurions pour mission de les délivrer ? La tentation est d'autant plus forte que des sondages réalisés chez les jeunes au Sénégal, au Congo et en Algérie, montrent qu'entre 73 et 95 % d'entre eux se prononcent en faveur d'une validité universelle des droits de l'homme[213]. Au niveau international, l'adhésion est également très large, les États islamiques exceptés. Cependant, même sur le plan strictement juridique (pour ne pas parler des applications concrètes), cette quasi-unanimité se révèle vite de façade : le monde ne pivote pas autour de notre déclaration de 1789, si prestigieuse soit-elle[214]. La Déclaration universelle des droits de l'homme de 1948 était très marquée par les conceptions occidentales (art. 16, s'appuyant sur la définition consensualiste du mariage ; art. 20-2, visant à affaiblir les liens statutaires traditionnels ; art. 21, ouvertement favorable à la démocratie directe ou représentative). Mais par la suite, les écarts apparaîtront. En 1968, la proclamation de Téhéran affirme que les droits individuels doivent être contrebalancés par les droits collectifs, et que l'écart croissant entre pays développés et en voie de développement crée des conditions différentes pour l'exercice des droits de l'homme. En 1972, la charte culturelle de l'OUA établit clairement le droit d'autodétermination culturelle (*Tout peuple a le droit imprescriptible à organiser sa vie culturelle en fonction de ses idéaux politiques, économiques, sociaux, philosophiques et spirituels.*). Adoptée en 1981, la Charte africaine des droits de l'homme et des Peuples proclame son attachement à la Déclaration universelle, mais nombre de ses articles (17 al. 3, 18 al. 2, 29 al. 7) insistent sur les devoirs des États signataires d'assurer la préservation et le renforcement des valeurs culturelles africaines et des traditions reconnues par la communauté. Les mêmes jeunes Africains objet du sondage cité plus haut affirment à 57 % que « *les droits de l'homme doivent être adaptés au pays, aux coutumes, à la culture* ». L'édifice de la paix blanche, fissuré par les tribalismes, va-t-il bientôt s'écrouler, faisant place à la monstrueuse Babel ?

Deux attitudes extrêmes sont ici à proscrire. La première consisterait à jeter aux orties la notion occidentale des droits de l'homme sous prétexte de sa modernité et de son caractère relatif alors que tant d'événements récents, en Europe et ailleurs, montrent à l'évidence qu'elle peut être un des instruments par lesquels les peuples se délivrent de la servitude. La deuxième serait d'en faire l'étalon universel de mesure des droits de l'homme dans d'autres cultures, classées en plus ou moins bonnes élèves. Car d'autres sociétés ont mis au point d'autres mécanismes de protection, différents des nôtres, et qui n'ont pour autant rien d'infamant. Il n'est même pas exclu que nous puissions nous en inspirer. J'en prendrai quatre exemples : l'Afrique noire, l'Asie, l'Inde et l'Islam[215].

L'Afrique : enfer des droits de l'homme ?

Mal partie, l'Afrique est toujours dans l'enfer des droits de l'homme. Du moins si l'on en croit nos cartes[216] : *aucun État* ne peut s'y prévaloir de leur application correcte, la majorité se livrant à des atteintes notables à la vie et à la dignité humaines. Faut-il incriminer les cultures autochtones ? Après tout, la littérature de la fin du XVIIIe siècle et les récits de la conquête coloniale ne sont pas avares en descriptions de despotes locaux sanguinaires et esclavagistes, et on s'en tirerait trop facilement en n'y voyant que fantasmes ou prétextes à la nécessité de la paix blanche. Regardons-y de plus près.

Le droit des sociétés traditionnelles d'Afrique noire semble faire une place moins large aux droits individuels que le droit occidental moderne. Les individus doivent-ils pour autant ployer devant le pouvoir, et abdiquer devant la force de la coutume ? Si oui, notre idéologie des droits de l'homme est en effet salvatrice. Mais la réalité est autre. Ces sociétés, nous le savons[217], ont pour la plupart choisi un mode d'organisation *pluraliste*. Notre notion d'individu y est difficilement transposable, dans la mesure où elles lui préfèrent celle d'une organisation pluripolaire de la personnalité (souvent différenciée en l'aspect corporel de l'être humain, son esprit, et la force vitale qui l'anime). Plurielle, la personne n'est pas seule (l'image de l'individu face à l'État est spécifique de la culture occidentale moderne) : elle appartient à différentes communautés. Chaque individu fait partie de plusieurs groupes, au sein desquels, en fonction de son statut, il possède des droits et devoirs *réciproques* : sur celui qui dispose de droits de commandement pèse une obligation corrélative de générosité. Ces différentes communautés forment un ensemble politiquement hiérarchisé, dans lequel les rapports sociaux sont conçus en termes de complémentarité, et non d'égalité : l'article 6 de la déclaration de 1789, affirmant que tous les hommes naissent et demeurent libres et égaux en droit, n'a pas ici sa place. Et pourtant, on ne peut en conclure que l'arbitraire en résulte. Car toutes les communautés ne sont pas les piliers de l'ordre établi. Certaines regroupent des « minoritaires » (le plus souvent sur les plans ethnique ou professionnel) et peuvent être productrices de contre-cultures (comme ce fut le cas pour l'Islam et les musulmans dans beaucoup de sociétés à la fin de l'époque coloniale). D'autres résultent d'agrégation de groupes peu stables et faiblement institutionnalisés (initiés, croyants à une religion ; partisans ou clients d'un candidat à une fonction politique ; commerçants), qui peuvent aussi exprimer des tendances différentes des valeurs dominantes.

Le pouvoir politique lui-même ne correspond pas au schéma d'organisation unitaire des institutions religieuses, politiques et juridiques qui fut le programme de notre modernité occidentale. On ne voit pourtant pas en quoi il en serait plus « arriéré » ou condamnable. En effet, ce pouvoir n'est ni solitaire, ni discrétionnaire, quels que soient les régimes politiques, très divers, que l'on considère. Dans les sociétés sans État, il est distribué entre les différentes unités sociales et exercé par les différents détenteurs d'autorité sur leurs membres respectifs (chefs de famille, doyens de lignage, chefs de terre, notables, chefs de confréries, etc.). Les décisions sont le plus souvent prises après une large concertation. Dans les sociétés où le pouvoir politique se constitue en instance spécialisée, il ne met pas fin aux pouvoirs des groupes particuliers, mais assure leur coordination. Quant au pouvoir exercé par un roi, il est toujours limité par le contrepoids d'un conseil, réuni sur des critères divers. Enfin, pour prévenir les situations de crise — auxquelles ces systèmes n'échappent évidemment pas — des mécanismes modérateurs peuvent être utilisés : procédures de légitimation d'un nouveau pouvoir conquis par la force, intervention des ancêtres par les rêves ou la divination, pratiques d'envoûtement ou de sorcellerie. Dans les sociétés à pouvoir centralisé, on note parfois même l'existence de certaines institutions (les *titamfon*, « pères » du souverain chez les Bamoun du Cameroun, ou le grand administrateur du royaume du Baol chez les Wolof), qui détiennent des pouvoirs de conseil et de protection des communautés contre les empiétements possibles du souverain. Dans ces conditions, on comprend l'absence de procédures équivalentes à nos déclarations de droits, ceux-ci étant définis et garantis dans un autre contexte, et par d'autres moyens.

L'Asie : la civilisation sans les droits de l'homme ?

L'Asie développée est moins souvent accusée que l'Afrique devant le tribunal des droits de l'homme. Pourtant, l'équation que nous posons volontiers entre développement économique et droits de l'homme paraît souvent invalidée : « *Malgré cette croissance économique, les violations classiques des droits de l'homme demeurent cependant inchangées, sinon accrues. Les détentions sans procès, le contrôle de la presse, la discrimination des minorités et des défavorisés n'ont pas diminué. Des mesures législatives et administratives qui suppriment la défense juridique des droits civils et politiques ont été appliquées dans beaucoup de pays en réponse aux tensions politiques et idéologiques de la région. Le simplisme de l'approche, qui croit à la promotion des droits de l'homme par la voie du développement économique, a été mis en doute d'autant plus que la croissance économique est souvent utilisée par les États comme un slogan justifiant la discipline et la répression. La croissance économique a, de plus, entraîné de nouveaux types de violation des droits de l'homme. Par exemple, les problèmes d'environnement... Ces nouveaux types de problèmes atteignent les habitants d'autant plus gravement que les droits à l'information, à la presse, et à l'action collective ne sont pas assurés*[218]. »

Ici encore, ne faut-il pas mettre en cause la persistance des idées traditionnelles ? D'après les juristes japonais, la notion de droits individuels est fort peu définie. La tendance au compromis plutôt qu'au jugement en droit, très prononcée dans tout le continent asiatique, empêche la notion de droits individuels d'acquérir l'importance qu'elle a prise chez nous. Les litiges sont surtout réglés par rapport à la volonté des parties, non en raison de leurs droits respectifs, rarement explicités, car le recours aux lois et au droit n'est pas un mode souhaitable de règlement des conflits. Les lois indiquent des modèles de conduite, mais ne constituent pas des normes impératives. Dans le Japon d'avant l'ère Meiji (qui s'ouvre en 1868), l'idée de droits individuels s'efface devant les obligations statutaires. On lui préfère les *giri*, règles de comportement correspondant aux divers types de relations sociales : il y a le *giri* du père et du fils, du prêteur et de l'emprunteur, du commerçant et du client, etc. La notion de devoirs est très affirmée : on doit le respect aux autorités, aux gens âgés, à l'ordre existant en général. Cependant, depuis l'ère Meiji, la force des obligations statutaires a décru, notamment en raison de l'occidentalisation des modes de vie. Mais le Japon n'a pas pour autant adopté nos conceptions du droit : l'essentiel demeure pour les Japonais les règles de comportement (*giri-ninjô*) établies par la tradition pour chaque type de relation humaine. Si bien que le manque de consistance des droits individuels peut s'expliquer par le recours au concept de flexibilité.

Par ailleurs, la notion de devoirs paraît plus forte que celle de droits : devoirs de respect envers les autorités, de conformité vis-à-vis de l'ordre existant. Cependant, la référence à l'obéissance due aux autorités (traditionnelles ou modernes) explique moins le manque de consistance des droits individuels que le concept de flexibilité. Les rôles sociaux de chacun sont conçus et exécutés différemment suivant les relations particulières qui existent (ou non) entre les parties : les « droits » respectifs peuvent beaucoup varier suivant la nature de ces relations. D'une façon générale, les relations personnelles transcendent les clivages dus aux statuts. Ce modèle est intéressant, car il se distingue à la fois de ceux de l'Afrique noire et de l'Occident. Par rapport à l'Afrique noire, il accorde de nos jours une place moins importante au statut. Cependant, cette liberté laissée aux hommes pour régler leurs affaires est très lointaine de la liberté à l'occidentale, appuyée sur des droits et des définitions juridiques, tendance hypertrophiée aux États-Unis, en proie à la manie du contrat et des procès. Rien de tel en Asie. Comment pourrait-on s'en étonner, dans ces cultures qui, depuis de si longs siècles, éprouvent un grand mépris envers les lois et les juges ? Comme l'écrit M. Chiba, un anthropologue du droit japonais : « *Les droits individuels d'une personne ne sont pas pleinement définis par des clauses contractuelles dans le droit moderne. Ils peuvent être modifiés par différents types de relations sociales concrètes qui seraient non juridiques au sens occidental du terme. Selon que les parties sont employé et employeur, propriétaire foncier et fermier, citoyen et membre du gouvernement ; selon qu'elles sont unies par la poursuite de buts communs ou par d'étroites relations personnelles ; selon qu'elles négocient directement l'une avec l'autre ou recourent à des intermédiaires, on pourra les contraindre autant que les autoriser à tenir compte dans toutes ces hypothèses de certains facteurs inhérents à leurs relations personnelles qui donneront une définition spécifique du contenu particulier de leurs droits et devoirs individuels. Les relations particulières entre les parties forment le complément fonctionnel du concept d'indétermination des droits individuels, qui permet à ce concept japonais d'indétermination de fonctionner comme un cadre juridique de référence équivalent au concept occidental précisément défini de droits individuels*[219]. » Autrement dit, le droit ne s'impose pas aux hommes, ils le créent suivant leurs besoins. Si dérouté qu'il soit par ces conceptions, un Occidental peut néanmoins comprendre que la formulation de droits imprescriptibles et inaliénables, à laquelle se livrent tant de déclarations, n'a ici guère de sens. Cette responsabilité laissée à l'homme constitue une arme à double tranchant. D'une part, elle peut servir de base à toutes les émancipations et libérations, puisqu'elle ne bute pas sur l'obstacle des lois. Mais d'autre part, elle peut aussi justifier tous les conservatismes : le compromis peut ne traduire que la loi du plus fort, et le refus du conflit prive les processus de changement d'un de leurs principaux moteurs. Constatons en tout cas que les Occidentaux eux-mêmes ont toujours vu dans les cultures asiatiques des formes accomplies de civilisation : c'est implicitement reconnaître que la modernité occidentale et ses conceptions du droit n'en sont pas les seules créatrices.

Peut-on en dire autant de l'Inde, qui ne nous fascine pas moins ?

L'Inde : droits de l'homme, ou de l'Univers ?

La tradition indienne (entendons par là les conceptions de la réalité communes à l'hindouisme, au bouddhisme et au jaïnisme) ne constitue pas non plus un milieu très propice à la réception des droits de l'homme conçus par l'Occident. Cette tradition s'oriente tout entière à partir de la notion de *dharma*. Le *dharma* est ce qui maintient, donne force et cohésion à tout ce qui existe. On peut l'envisager de différentes manières, et voir sa manifestation dans la religion (ce qui maintient l'univers), la morale (ce qui maintient l'être en harmonie), la loi (qui unifie les rapports humains), la justice (qui les maintient ensemble), la vérité (ou cohésion interne d'une chose). La notion de droit subjectif, prérogative dont jouissent les individus sous la protection de l'État, est totalement étrangère au *dharma*. Il n'en a pas le caractère impératif : il énonce des modèles de comportement qui s'accommodent de beaucoup d'assouplissements et de dérogations. Alors que les normes impératives peuvent amener les individus à s'opposer entre eux, ou avec la société. De plus, le *dharma* est axé sur l'idée de devoirs : chacun doit accomplir les devoirs qui lui sont propres, et varient suivant son âge, son sexe et sa condition sociale. Pour la pensée traditionnelle, ce ne sont d'ailleurs pas des droits qui expriment le juste ou l'injuste, mais le caractère dharmique ou adharmique d'une chose ou d'une action. Pour autant, le *dharma* n'exclut pas toute idée de droits de l'homme. Mais ceux-ci seraient différents de la formulation qu'en a opérée l'Occident, et retrouveraient certains traits constatés en Afrique noire ou en Extrême-Orient. Ils incluraient ainsi des devoirs réciproques de ces droits : le genre humain n'a le « droit » de survivre que dans la mesure où il s'acquitte du devoir de maintenir le monde. Ces droits ne seraient pas ceux de l'homme uniquement, car celui-ci n'est qu'un élément du cosmos : il faudrait aussi définir et garantir les droits des animaux, des créatures supposées inanimées, et même des dieux. L'individu enfin n'est qu'une abstraction, il n'existe pas en dehors des relations qui l'unissent à tous ces éléments du réel. Il ne peut donc être le bénéficiaire exclusif de ces droits déclarés.

L'Islam contre les droits de l'homme ?

Avec l'Islam, le dialogue paraît encore plus difficile, surtout si l'on s'en tient — à tort — aux manifestes radicaux. Ceux-ci frappent l'opinion publique dans les pays occidentaux, et lui cachent les efforts entrepris par d'autres courants de pensée, soucieux d'établir un dialogue entre modernité et révélation, dont la question des droits de l'homme peut constituer une occasion privilégiée.

Les difficultés ne sont pas minces. Certaines proviennent de différences de mœurs *a priori* inconciliables : la condition de la femme, par exemple. Mais aussi les statuts juridiques différents découlant de hiérarchies théologiques. Seuls les croyants ont droit à la pleine protection de la Loi divine, celle-ci ne s'appliquant pas aux polythéistes et aux athées, tandis que les peuples du Livre ne jouissent que d'un statut inférieur de protégés (*Dhimmi*) du gouvernement islamique. Certains radicaux (dont s'inspirèrent notamment les assassins du président Sadate) exacerbent même ces divisions, en affirmant que les infidèles sont des non-personnes, auxquelles les musulmans doivent faire la guerre. Le souci marqué d'extension de l'ordre islamique n'en inquiète que plus les Occidentaux, surtout lorsque ceux-ci constatent que de nombreux États musulmans n'appliquent pas les droits de l'homme définis par notre modernité, dont la capacité libératrice a été maintes fois attestée. Enfin, les fondements assignés aux droits de l'homme paraissent profondément divergents. Pour nous, leur formulation est le fruit de l'activité de la Raison, délivrée des contraintes de la tradition et de la religion ; leur respect est d'autre part garanti par l'État, qui valide et sanctionne leurs déclarations. Rien de tel pour l'Islam. Pour les croyants, la loi et les droits de l'homme ne peuvent trouver leur source que dans la révélation divine. Leur garantie résulte de l'obéissance à la Parole de Dieu, non de l'État. Car dans les sociétés islamiques, le droit échappe à l'État bien davantage que dans les nôtres. Celui-ci demeure soumis à la Loi divine, éventuellement complétée par les plus savants de la communauté des croyants, et non par un organe étatique. Loin d'apparaître comme l'instrument de l'État, la Loi permet aux individus de le juger et de renverser les gouvernements qui ne la respectent pas. Dans un tel système, une déclaration des droits de l'homme n'est pas impossible : elle peut servir à limiter ceux de l'État, mais elle ne doit pas différer de la loi divine.

Tout ceci paraît nous éloigner sans cesse davantage. Et pourtant, si moins qu'étrangers, nous étions surtout cousins ? Car le monothéisme a tissé entre nous des liens de parenté : le temps, sans doute, les a distendus, mais il serait malhonnête de les céler.

Dieu n'est pas étranger aux grands textes fondateurs de notre propre tradition. La Grande Charte anglaise (1215) est dite proclamée en son nom et en sa présence. La déclaration d'Indépendance des États-Unis (4 juillet 1776) tient « *pour évidentes par elles-mêmes les vérités suivantes : tous les hommes sont créés égaux ; ils sont doués par le Créateur de certains droits inaliénables ; parmi ces droits se trouvent la vie, la liberté, et la recherche du bonheur* ». Quant à la Déclaration des droits de 1789, elle commence en ces termes : « ... *l'Assemblée nationale reconnaît et déclare, en présence et sous les auspices de l'Être suprême, les droits suivants de l'homme et du citoyen.* » Clauses de style ? Pas seulement : ces formules sacralisantes portent l'empreinte d'une longue tradition, rapportant à Dieu l'origine de la société humaine et du pouvoir politique, même si la sacralité religieuse du texte de 1789 fait davantage penser au grand horloger de Voltaire qu'au Dieu judéo-chrétien. Par la suite il est vrai, la Révolution française coupera ces liens ombilicaux. Mais durant près d'un siècle, ses opposants et l'Église catholique condamnèrent les droits de l'homme dans la mesure où ils rompaient avec la notion de religion d'État, sans que ces protestations ne se soient d'ailleurs de nos jours totalement éteintes (les mouvements intégristes les font leurs).

Quant au prosélytisme musulman, ne fait-il pas écho aux nôtres ? Durant longtemps — mais ce n'est plus le cas depuis Vatican II — l'Église catholique affirma que l'homme ne pouvait se sauver en dehors d'elle. La Révolution et l'Empire français, par des guerres livrées au reste de l'Europe, s'investirent du devoir sacré d'illuminer les pays soumis en leur imposant les déclarations et codes de l'époque. Un peu plus tard, la conquête coloniale fut justifiée par un souci voisin d'exportation d'un modèle culturel jugé le meilleur par ceux qui le véhiculaient. Et de nos jours, les adeptes des droits de l'homme font preuve d'un zèle louable, mais dont l'ardeur risque de provoquer ou accentuer le rejet en raison de la méconnaissance des données historiques et culturelles qu'il implique trop souvent.

D'autres critiques adressées à l'Islam perdent beaucoup de leur poids quand on les soumet à l'évaluation historique. La péjoration du statut de la femme n'est pas une exclusivité islamique : qu'on se souvienne de sa condition en Grèce ou à Rome (dans la cité latine, comme l'écrit P. Veyne, elle est une mineure dépendante de son père, qui, par le mariage, la prête à son gendre avec la dot) ; du sort peu enviable que lui réservent bien des coutumes médiévales (sauf dans le Midi, plus libéral), en des siècles profondément antiféministes ; de son incapacité qui se généralise à partir de la Renaissance et correspond à sa situation dans la famille bourgeoise : maîtresse dans sa maison, mais frappée d'interdiction de toute activité extérieure.

Même actuellement, nous savons bien qu'atténuée et plus subtile, travestie par la parole et démentie par les faits, l'inégalité entre hommes et femmes a sans doute disparu du droit officiel, mais non des mœurs. Et l'on peut pousser plus loin le parallèle. Il est exact que de nombreux États musulmans n'appliquent pas les déclarations des droits auxquelles ils ne souscrivent pas, ce qui semble logique, et même celles qu'ils ont ratifiées, ce qui nous fonde à les condamner. Sans doute, mais nos grandes déclarations de la fin du XVIIIe ont-elles empêché les exactions du XIXe, les guerres effroyables du XXe ? Ont-elles si bien garanti l'existence des minorités laminées ou détruites par les États modernes, occidentaux ou pas ? Tout ceci incline à montrer plus de modestie dans la critique, sans pour autant y renoncer. Et à y procéder en tenant compte des données sociologiques et historiques, comme nous y invite Mohammed Arkoun, auteur dont les travaux plaident en faveur d'un dialogue possible entre l'Islam et la modernité occidentale. Ce type de réflexion est souvent couvert par le fracas des radicaux islamistes, étouffé par les préjugés d'une opinion publique mal informée, et par la difficulté éprouvée par beaucoup d'anthropologues à aborder le domaine des religions révélées. On ne peut que le déplorer.

M. Arkoun nous rappelle que les idéologies classiques des droits de l'homme n'ont pas bénéficié en Islam et en Occident des mêmes conditions d'enracinement culturel. Dans l'Amérique et dans l'Europe du XVIIIe, les déclarations ont été préparées par le puissant courant des Lumières, et prises en charge politiquement et sociologiquement par une bourgeoisie qui sut se doter des moyens nécessaires au commencement de l'application des idées nouvelles. Ces idées pénétrèrent plus tard des élites intellectuelles et politiques des pays musulmans, qui utilisèrent les droits de l'homme comme thème de combat anticolonial. Mais la majeure partie de la population demeura étrangère à leurs fondements philosophiques. Les indépendances acquises, les nouveaux États inaugurèrent des politiques le plus souvent volontaristes, utilisant la religion au même titre que les autres forces sociales. Éprouvant souvent des difficultés à légitimer leur pouvoir par des procédures démocratiques, confrontés aux problèmes du sous-développement conjugués à ceux de la pression démographique, certains tentèrent de trouver des solutions leur permettant tout à la fois de continuer la quête des avantages technologiques de l'Occident ; affermir leur pouvoir en évitant sa contestation ; répondre aux incertitudes d'une modernité difficile éprouvées par les populations en favorisant un mouvement identitaire s'appuyant sur l'Islam (application de la Sharia, constructions de mosquées, encouragement de l'enseignement religieux...). D'où un rejet des idéologies des droits de l'homme exportées par l'Occident, mais aussi un élan créateur consistant en des essais de formulation de ces droits à la lumière de la tradition et de la religion islamiques.

C'est ainsi que le 19 septembre 1981, le Conseil islamique pour l'Europe a proclamé à Paris dans les locaux de l'Unesco une *Déclaration islamique universelle des droits de l'homme*, dont tous les articles sont fondés sur des versets du Coran, et des traditions prophétiques (*Hadith*) sunnites (les *Hadith* chiites ne sont pas pris en compte). Islamique, cette déclaration l'est donc par ses sources. Pourtant, on comprend vite en la lisant qu'un écrit de cet ordre se situe très loin des manifestes radicaux dont se font complaisamment écho les médias. Elle constitue même, à mon sens, un des textes que nécessite le dialogue interculturel sur la question des droits de l'homme. Un commentaire détaillé n'a pas ici sa place. Mais on doit en souligner le caractère polyphonique. Certains traits la rapprochent des conceptions occidentales antérieures à la modernité : affirmation de l'origine divine des droits de l'homme ; supériorité des droits de Dieu sur ceux de l'homme. D'autres, très nombreux, s'accordent avec les déclarations occidentales modernes : égalité entre tous les êtres humains, proclamations répétées des libertés de conscience et de culte, exclusion de la responsabilité collective, condamnation de la torture, etc. Non moins importants, certains articles reprennent des conceptions auxquelles adhéreraient sans difficulté bien des sociétés traditionnelles non islamisées : caractère relatif de la Raison (« *La rationalité en soi, sans la lumière de la révélation de Dieu, ne peut ni constituer un guide infaillible dans les affaires de l'humanité, ni apporter une nourriture spirituelle à l'âme humaine* ») ; déclaration de devoirs (« *Aux termes de notre Alliance ancestrale avec Dieu, nos devoirs et obligations ont priorité sur nos droits* ») ; définition de la famille comme « *fondement de toute la vie sociale* » et valorisation de la maternité ; reconnaissance de la division sexuelle du travail ; définition de la liberté d'association en termes communautaires. Enfin, la Déclaration islamique contient des dispositions dont pourraient avec profit s'inspirer les sociétés de la post-modernité : affirmation du caractère sacré et inviolable de la vie humaine ; sacralité également attachée au corps, y compris celui de la personne décédée ; droit inaliénable à la liberté, *notamment culturelle*, de tout individu et *de tout peuple* ; droit et devoir de résistance à l'oppression, allant jusqu'à la contestation de la plus haute autorité de l'État. Vœux pieux ? Pas seulement. Car maints exemples, dans la décennie précédente, montrent que des textes que beaucoup considéraient comme illusoires ont servi de points d'appui à des mouvements libérateurs : même partiellement ineffectifs, les droits de l'homme ne sont jamais inutiles. L'effort entrepris par certains courants de la pensée islamique pour les formuler indique la possibilité d'un dialogue entre tradition et modernité. Ce qui permet de répondre à une éventuelle objection. On pourrait en effet avancer que, respectables, les différentes visions de l'homme et de l'univers que j'ai exposées ont néanmoins fait leur temps.

L'archipel planétaire

Car nous vivons, paraît-il, dans le village planétaire. Nous ne sommes plus au début de la colonisation, quand ces systèmes de représentations brillaient de toute leur spécificité, inaltérée par l'interconnexion des sociétés qu'opère la technologie moderne. Depuis a coulé un temps irréversible. Le Tiers-Monde d'aujourd'hui ne vit plus à l'heure des sociétés traditionnelles des ethnologues. Vous, les anthropologues, qui dénoncez à longueur de livres les méfaits de l'acculturation le savez d'ailleurs très bien. La vie à Abidjan ou New-Dehli n'est plus celle des villages où les membres de votre corporation aiment séjourner. Cessez d'opposer au présent un passé révolu.

Et si le village planétaire n'était qu'une illusion ? Certes on peut de nos jours se déplacer plus vite, communiquer des informations et des images en quelques secondes en des points très éloignés. Mais cela ne signifie nullement que toutes les cultures soient prêtes à vibrer à l'unisson. Au contraire, en réaction, c'est bien à une montée des particularismes que nous assistons, qu'on s'en félicite ou le déplore. Sous nos yeux émerge un archipel planétaire.

Abordons tout d'abord l'Afrique noire. Nous connaissons maintenant toute l'importance du secteur juridique informel, et de la production de droit néo-traditionnel. Pour la très grande majorité des populations, le présent s'y conjugue étroitement au passé, qui n'est point achevé. Par ailleurs, la prise en compte de ce passé peut nous apporter des éléments indispensables à la compréhension de phénomènes très actuels. On reproche ainsi aux États africains — et non sans raison — d'être la proie du clientélisme et de la corruption. Le clientélisme est en effet un mal qui gangrène la vie politique de bien des administrations africaines (est-il pour autant absent de nos propres structures ?). Mais il représente une tentative manquée d'adaptation de l'État moderne au modèle traditionnel : les groupes de clients ne sont rien d'autre qu'une de ces communautés d'agrégation citées plus haut. Mais l'écart entre les deux modèles est ici trop grand et cette greffe risque fort d'entraîner la mort du malade. Sa nécessité trouve en tout cas son origine dans des causes exogènes à l'Afrique, à laquelle l'État européen fut imposé. Et l'on pourrait étendre le raisonnement à ces despotes africains des XVIIIe et XIXe siècles, qui durent souvent leur accession au pouvoir aux destructurations des sociétés engendrées par le choc de l'économie de traite esclavagiste organisée au profit des nations européennes (auparavant, l'Islam non plus ne s'était pas privé d'utiliser l'Afrique comme réservoir de main-d'œuvre servile. Au total, Islam et Occident arrivent à des scores comparables, mais l'esclavagisme occidental fut ressenti plus durement, car concentré sur moins de siècles).

Le Japon suscite en Occident plus d'admirations jalouses que l'Afrique. Pourtant, ce sont sans doute les cultures orientales, auxquelles il se rattache, qui se situent le plus loin de nos conceptions des droits de l'homme. L'individualisme y étant peu valorisé, les structures sociales et l'esprit libéral que supposent les codes d'inspiration occidentale que ce pays a adoptés ne se retrouvent qu'à un faible degré dans la réalité concrète. Comme en Afrique noire, ces codes ne régissent que certaines relations, et ne valent que pour peu de gens, y compris dans les grandes villes modernes. Cela a-t-il empêché le Japon d'adopter un régime politique de type démocratique, et surtout de vaincre l'Occident sur le terrain économique, alors qu'après la guerre, l'Amérique prévoyait qu'il serait un pays à vocation essentiellement agricole ?

L'Inde, enfin. Sa démocratie n'est sans doute pas irréprochable, mais c'est la plus grande du monde. Nos pays occidentaux parviendraient peut-être difficilement à faire aussi bien s'ils avaient à gérer des populations aussi nombreuses et diverses. En quarante ans d'indépendance (depuis 1947), le fonctionnement démocratique des institutions n'a été interrompu que pendant dix-neuf mois (1975-1977) … Quant au développement économique, si bien des progrès restent à faire, il est indubitable depuis une décennie : l'Inde est exportatrice de denrées alimentaires, et met en œuvre des technologies de pointe. Et pourtant, c'est un des pays du monde où les usages et croyances traditionnels ont le plus persisté. Qui connaît l'Inde d'aujourd'hui et lit les récits de voyages écrits au début du siècle[220] est frappé par l'ampleur des permanences : la croyance au *dharma* n'est nullement dépassée.

Dans la majeure partie du monde, modernité et tradition voisinent et interagissent l'une avec l'autre. Le débat sur le transfert de la notion occidentale des droits de l'homme est donc pleinement justifié. Il peut cependant inciter au pessimisme.

Face à des traditions si différentes des nôtres, comment espérer qu'un jour tous les hommes puissent se comprendre, et communier dans un commun respect de ce qui pour eux est le plus digne et sacré, dans leur propre nature et celle du monde qui les entoure ? Cet idéal a une incontestable grandeur. Il ne mérite nullement d'être galvaudé, et encore moins bradé au nom du droit à la différence. Une telle opposition est cependant largement artificielle.

Les droits de l'homme tels que les a conçus telle culture, fût-elle occidentale, les mécanismes qu'ont inventés d'autres cultures pour déterminer et protéger les intérêts des hommes qu'elles regroupent ne peuvent ni ne doivent s'imposer à la planète entière. Nous ne pouvons soumettre un Indien ou un musulman à notre déclaration des droits de 1789, pas plus que ceux-ci ne peuvent exiger de nous que nous la déchirions pour nous livrer au Coran ou rechercher le *dharma*. Faut-il alors nous résoudre à tourner sans espoir autour de Babel ?

Les lignes qui précèdent incitent à conclure tout autrement. Car chemin faisant, nous avons pu constater que les diverses formules envisagées pouvaient s'enrichir d'apports mutuels : il y a plus à gagner à les rapprocher qu'à les confronter. Les contacts interculturels se résolvent souvent par l'absorption d'une culture par une autre. Il semble ici possible de faire un autre pari. Le pluralisme des sociétés africaines nous instruit sur les méfaits de l'uniformité ; l'Asie nous met en garde contre les dangers du droit impératif ; l'Inde insiste sur la continuité entre l'homme et l'univers. Où est l'exotisme ? Car nous connaissons chacun de ces thèmes, pour les entourer de nos propres variations, en forme de questions, et parfois de solutions. L'accent mis sur l'appartenance des individus à des groupes, caractéristique des sociétés traditionnelles, se retrouve dans les récentes déclarations de droits, internes ou internationales. Celles-ci ne visent pas, comme en 1789, un Homme abstrait, mais des catégories d'êtres humains[221] : la femme, l'enfant, l'étranger, le réfugié, l'apatride, le travailleur, le chômeur, le croyant, l'objecteur de conscience, le contribuable, le consommateur, les personnes âgées, etc. Le face-à-face entre l'individu et l'État est terminé : ce sont des groupes que le Pouvoir a en face de lui, avec lesquels il négocie leurs droits. Mais d'autres similitudes apparaissent : le pluralisme est à l'ordre du jour dans les débats sur l'intégration ; le droit impératif recule devant le droit-modèle ; l'écologie nous rappelle que la nature a des droits sur nous, et nous avertit que l'homme doit collaborer avec elle s'il veut se sauver. Enfin, nous devons admettre qu'il ne peut y avoir de droits sans devoirs corrélatifs.

Quant aux droits subjectifs et aux déclarations que notre histoire a produits, on ne saurait les sacrifier tout entiers sur l'autel des différences. Sans doute n'expriment-ils qu'un moment historique, et leur exportation ne doit-elle jamais aboutir à l'élimination des autres conceptions que j'ai citées, et qui méritent tout autant de respect. Mais ils prémunissent contre certains dangers inhérents à ces autres visions du monde, dont l'inconvénient est de pouvoir rendre plus aisés certains conservatismes (qu'est-ce que « l'ordre du monde » ?), ou de faire au nom de l'harmonie la part trop belle à l'injustice. Esquissons le dialogue que ces lignes appellent[222].

Une recherche transculturelle des droits de l'Homme

À chacun ses pauvres. Interrogés en 1990 sur l'identité des pays auxquels ils accorderaient plus volontiers une aide économique, les Français ont manifesté un recentrage de leurs préoccupations, favorable à l'Europe de l'Est, au détriment de l'Amérique latine et de l'Asie. La Pologne passe avant le Bangladesh[223]. Signe qu'en dépit des vœux des promoteurs du « village planétaire », les bons sentiments se modulent aussi selon la proximité géographique et culturelle.

Pourtant, tous les hommes auraient des droits égaux : c'est le principe fondateur de la Déclaration universelle des droits de l'homme. Il brise avec une longue tradition, celle de l'appartenance à des communautés distinctes aux destins historiques divers, au profit de l'adhésion à une société fondée sur une loi impersonnelle et un contrat en principe librement conclu. Ces principes unificateurs du genre humain transcenderaient ainsi les cultures. Le but est louable, car pourquoi l'homme ne tenterait-il pas de maîtriser la diversité de ses histoires ? Mais il est moins sûr que la réalité y corresponde. Car que véhicule exactement la Déclaration universelle : une conception authentiquement transculturelle, qui tirerait le meilleur des expériences passées, ou des notions particulières à une culture, la nôtre ?

Observons d'abord[224] que cette Déclaration est fondée sur un certain nombre de postulats philosophiques dont le contenu n'autorise pas la croyance en leur universalité. Admettons — ce qui soulève déjà beaucoup de problèmes — qu'il existe une nature humaine universelle. Comment la connaître, puisqu'elle ne nous est pas explicitement donnée ? Par la raison, également universelle, qui permet de s'entendre sur un certain nombre de droits naturels identifiés par elle (c'est le sens du terme « déclaration » : on constate l'existence de droits). L'homme se trouve par ailleurs radicalement séparé du reste de l'univers, dont il est le législateur suprême : les autres êtres vivants ne sont pas concernés. L'homme est aussi distingué de la société : les êtres humains ici visés sont des individus. Cette prime accordée à l'individu dans la définition de l'humain a pour conséquence la valorisation de la démocratie arithmétique. La société est la somme d'individus libres, qui se sont associés par contrat pour parvenir à des buts autrement hors d'atteinte (dont la sécurité). Chacun de ces individus étant doté d'une égale importance (et par là affranchi de liens statutaires), les oppositions d'intérêts sont résolues par le recours à la notion de majorité arithmétique, dont l'État démocratique garantit l'exercice. Toutes ces affirmations nous paraissent fondées parce que nous y sommes habitués. Mieux vaudrait, puisqu'on nous y invite, recourir à la raison. Nous allons voir que celle-ci ouvre d'autres horizons, sans nécessairement fermer les fenêtres ouvertes dans notre propre maison.

Nous n'avons pas d'ailleurs à chercher très loin pour relativiser ces postulats. On peut d'abord les critiquer en restant dans notre propre culture : l'Occident ne s'est pas toujours identifié à la modernité libérale. Observons pour commencer qu'on peut penser, avec bien des peuples de confessions différentes, que les droits de l'homme peuvent avoir leur source non dans la seule raison, mais en une entité supérieure, transcendante, traditionnellement nommée Dieu, qui les révélerait aux hommes, en même temps que leurs devoirs. Pour les chrétiens, tout homme a le droit d'être aimé, et le devoir d'aimer son prochain : c'est en apparence déraisonnable, mais hautement souhaitable. Par ailleurs, font observer les marxistes, les droits de l'homme sont ceux des classes dominantes. Car comment procéder à leur seule formulation juridique, sans dire en quoi l'ordre établi devrait être modifié pour les rendre économiquement possibles ? De plus, ajoutent-ils non sans raison, l'individu appartient à la société et non l'inverse : elle a des droits sur lui et il a des devoirs envers elle, qu'on doit définir. Enfin, ajoutent les écologistes et certains astrophysiciens, l'homme n'est pas coupé de la nature, elle a des droits sur lui, que des philosophes appellent à contractualiser[225]. Ces critiques sont issues de notre sein, mais on les retrouverait à la base de conceptions propres à bien des sociétés non occidentales. Tournons-nous vers elles.

Beaucoup craignent que les droits de l'homme dans leur version communément présentée ne constituent effectivement un cheval de Troie. Car leur transfert postule que tous les peuples du monde ont résolu d'abandonner le modèle communautariste au profit de la forme de modernité découverte et pratiquée par l'Occident industrialisé. Il est vrai que certaines sociétés traditionnelles (notamment dans l'Arctique) ont été désintégrées par le choc de la rencontre avec l'Occident. Mais ce n'est pas le cas partout : les politiques d'authenticité en Afrique noire, l'évolution actuelle du monde musulman, la persistance des traditions dans les NPI montrent que *bien des sociétés non occidentales inventeront peut-être d'autres modernités*. Celles-ci pourraient notamment accorder une place plus grande à la notion de personne. Elle est plus large que celle d'individu, car elle peut englober la famille, les amis, les ancêtres ou les successeurs. Elle prédispose donc davantage à la solidarité, et délivre l'individu du fardeau si lourd et si moderne de la solitude. D'autres accès à la modernité impliqueraient aussi un plus large usage de la notion de devoirs : s'il est solidaire de ses semblables et du monde qui l'entoure — comment souhaiter le contraire ? — l'homme doit être responsable envers eux. Quant à la démocratie arithmétique, on passe trop facilement sous silence le traumatisme qu'implique le recours au principe majoritaire : même forte, la minorité doit s'incliner, ce qui peut diviser pour longtemps la société, et même entraver le fonctionnement des institutions. On peut répondre facilement et faussement que ceci vaut mieux encore que la dictature. Or bien des sociétés traditionnelles ont choisi une autre voie, celle du consensus (dont nous commençons d'ailleurs à nous inspirer). Elle n'est pas parfaite, car le consensus peut tout aussi bien masquer la loi du plus fort qu'exprimer une réelle conciliation. Mais la notion est à tout prendre plus « raisonnable » que celle de majorité arithmétique. Elle repose sur l'idée que lorsque l'ordre social a été troublé, il faut parvenir à retrouver une harmonie intégrale, soit par retour à la situation initiale, soit par invention partagée d'un nouveau point d'équilibre. Quant à l'argument économiste en faveur de la démocratie, nous connaissons ses limites : en France, le développement économique est né dans des cadres politiques non démocratiques ; ailleurs, on a de nombreux exemples de pays non démocratiques qui l'ont entrepris ou y accèdent sous nos yeux ; en Europe, la démocratie politique est apparue dans des conditions qui sont aujourd'hui celles du sous-développement (malnutrition, forte mortalité infantile, fraudes électorales, etc.).

C'est pourquoi, si les droits de l'homme tels que les a conçus l'Occident n'ont rien d'indigne, on ne saurait sans hypocrisie en faire l'unique modèle offert au reste de la planète.

D'autant plus que le fonctionnement réel de nos propres sociétés montre bien qu'ils sont notre mythologie : ils orientent notre pensée et nos discours, mais ils n'épuisent pas la réalité. Car celle-ci dépend largement des luttes de pouvoir entre les dirigeants de l'économie, les héros des médias, les personnages charismatiques de la politique, les autorités religieuses… Au cœur de l'État, là où dans le système français se prennent les décisions politiques, on repère plus souvent à l'œuvre la logique plurale des sociétés africaines que les articles de nos déclarations. Quelques centaines de hauts fonctionnaires interviennent dans l'élaboration des grands choix : membres de cabinets ministériels, du Conseil d'État, contrôleurs financiers, etc. Leur action repose sur des accords tacites de réciprocité, la recherche dynamique d'un équilibre entre grands corps dont la rivalité contrôlée aboutit à la complémentarité. Mais ces jeux complexes sont célés au commun des mortels. Au simple citoyen, on dit que les garanties de ses libertés dépendent des déclarations de droits, alors qu'elles résultent pour une plus grande part de la structure diversifiée de notre société obligeant à des jeux de contrôle croisés.

Par ailleurs, nous avons tendance à vouloir prouver la vérité de notre mythologie par l'efficacité de notre technologie. Notre indéniable succès à ce niveau (comptons un instant pour rien les dommages causés à l'environnement) ne constitue pas un sauf-conduit pour tout le reste : la philosophie du XXe siècle montre que nous avons inventé à la fois la navette spatiale et le désespoir. Aux défenseurs inconditionnels des droits de l'homme dans leur version occidentale, je propose de méditer ces quelques lignes : « *L'amélioration morale des peuples habitants les pays neufs est le troisième but que doit se proposer l'État colonisateur [...] Le bien-être et le développement des peuples colonisés forment une « mission sacrée » de la civilisation que la* SDN *prend à son compte. L'État colonisateur trouve en général devant lui des populations arriérées, attardées [...] Ces peuplades, en maintes régions, sont constamment en guerre les unes contre les autres, de village à village, de tribu à tribu [...] Avec la paix, les indigènes connaissent la sécurité de leurs personnes et de leurs biens [...] Ainsi les conditions morales de la population s'amélioreront et aideront puissamment à la réalisation des fins économiques poursuivies, but principal de la colonisation.* » Ces lignes sont extraites d'un manuel de droit colonial, publié en 1929[226]. On peut redouter leur actualité...

Pour éviter de retomber dans les travers qu'elles illustrent, mieux vaut donc rechercher une Déclaration universelle et transculturelle des droits de l'homme. Je serai pour une fois d'accord avec A. Finkielkraut lorsqu'il affirme que la découverte d'une forme de civilisation supérieure peut s'opérer *aux dépens* des traditions culturelles[227]. Dire que toutes les sociétés doivent adhérer à une vision monothéiste de l'univers n'est pas plus fondé que de les convaincre de la seule existence des lois du marché. Et si un jour une déclaration authentiquement universelle des droits de l'homme est élaborée, je ne serais nullement gêné par le fait qu'elle ne reprenne pas les conceptions politiques des Yanomani ou des Dogons. Car elle ne peut naître de la suprématie d'une culture, quelle qu'elle soit, sur les autres.

Elle doit plutôt résulter d'une confrontation et d'ajustements réciproques entre des conceptions culturellement différentes. L'anthropologie ne remet nullement en cause la nécessité de transitions vers la modernité. Elle se refuse seulement à confondre celle-ci avec les seules valeurs occidentales, qu'on ne doit ni maudire, ni sacraliser. Il existe d'autres modernités à inventer : au point où nous en sommes, il serait illusoire de croire accompli le temps nécessaire à une formulation vraiment universelle des droits de l'homme. On y parviendra en cherchant ce qui, dans chaque culture, constitue un « équivalent homéomorphe » du concept des droits de l'homme. L'expression est de R. Panikkar. Elle signifie que, si dans la culture Occidentale, les droits de l'homme tels que les expriment ses grandes déclarations, constituent la base de l'exercice et du respect de la dignité humaine, on doit rechercher comment une autre culture satisfait le besoin équivalent. Car toute culture a sa conception de la dignité humaine : j'en ai donné plusieurs exemples[228], qui illustrent des manières différentes, mais pas toujours contradictoires, de la formuler.

Ainsi la notion de personne me paraît-elle enrichir celle d'individu. Je ne rejette pas pour autant cette dernière. Car la fiction — le droit en regorge, à juste titre — déclarant que tout être humain, du simple fait qu'il est né, possède des droits égaux à ceux de tout autre, peut être salvatrice : elle lui permet de tenter d'échapper à la place qu'il occupe dans la société, ou même à sa propre culture, si elles ne lui conviennent pas.

Autre terrain sur lequel les comparaisons peuvent être éclairantes : celui des rapports de l'homme avec la nature[229]. Si les anthropologues insistent pour dénoncer les visées prométhéennes des Occidentaux, cela ne signifie pas pour autant que toute l'expérience occidentale en la matière est à rejeter, seules les sociétés traditionnelles détenant la vérité, dans une sagesse qui n'est pas plus infinie que notre déraison. Ces sociétés pensent souvent que l'homme est un élément de l'ordre naturel, avec lequel il doit se trouver en harmonie en le perturbant le moins possible. Elle a ses mérites… et ses inconvénients : tenter de comprendre la nature et d'utiliser plus activement ses potentialités n'a en soi rien d'infamant. La tendance de l'Occident est de considérer l'ordre naturel comme imparfait, inachevé : l'être humain doit jouer un rôle prépondérant dans la recherche de sa plus grande perfection, il est le co-créateur du monde. Ce qui n'est pas, non plus, condamnable. Sont en revanche critiquables les excès commis dans ces deux directions. La vision cosmocentrique peut conduire à l'immobilisme et à l'injustice ; la vision anthropocentrique à la destruction et de l'homme et du monde. Et l'on peut craindre que certaines conceptions du développement participent de cette perversion. On ne peut donc définir les droits de l'homme sans les équilibrer par rapport à ceux de la nature.

Ces deux exemples montrent que notre conception des droits de l'homme ne doit pas s'imposer au détriment des expériences des autres cultures, qui peuvent et doivent l'enrichir. Comme l'écrit R. Panikkar : « *S'il est vrai que de nombreuses cultures traditionnelles ont Dieu pour centre, et que certaines autres sont fondamentalement cosmocentriques, la culture qui est apparue avec la notion des droits de l'homme est nettement anthropocentrique. Peut-être devons-nous maintenant nous tourner vers une vision cosmo-théo-andrique de la réalité, dans laquelle le divin, l'humain et le cosmique sont intégrés en un tout, lequel est plus ou moins harmonieux selon que nous exerçons plus ou moins complètement nos véritables "droits humains"*[230]. »

Pour y parvenir, il nous faudra naviguer dans les détroits de l'archipel planétaire. Et faire escale à des ports peu visités : ceux où vivent les minorités. Il est vrai qu'on en parle beaucoup depuis peu, pour les avoir trop longtemps ignorées, et facilement condamnées au nom du développement et de la logique politique des États, qui ont bien du mal à les tolérer, quand ils n'y voient pas un insupportable danger pour leur unité.

Et pourtant, la réflexion sur les minorités est liée à celle sur les droits de l'homme et le développement. D'une part, la montée des particularismes dont elles peuvent être les véhicules est souvent une forme de réaction à un développement dont elles sont exclues, ou qui en fait des victimes (nombre de peuples autochtones sont devenus des prolétaires dans les États industrialisés ou en voie de l'être). D'autre part, ce sont souvent les traditions culturelles de ces minorités qui peuvent former un contrepoint utile aux représentations de l'homme et de l'univers qui inspirent nos conceptions des droits de l'homme. Enfin, il apparaît clairement que ces conceptions sont insuffisantes à protéger ces communautés : beaucoup de peuples autochtones disparaissent sous nos yeux, alors que leur protection, on en conviendra, semble aussi digne d'intérêt que celle des baleines ou des macareux. Réfléchir sur les droits des minorités, c'est donc non seulement élaborer des garanties auxquelles elles ont droit, mais aussi construire davantage une théorie interculturelle des droits de l'Homme.

Le siècle des minorités : ouvertures

Moins de dix ans nous en séparent : le statut des minorités, comme sans doute le renouveau de l'interrogation religieuse, marqueront profondément le XXIe siècle. En France, nous ne le savions guère, car les revendications de minorités, autochtones ou non, concernaient des pays pour nous lointains. Mais le rôle nouveau que jouent les minorités nationales dans l'Europe de l'Est affranchie de ses régimes communistes nous contraint à en prendre conscience, en même temps qu'il avive les craintes.

Ces minorités sont à la recherche de droits que les déclarations semblent impuissantes à protéger efficacement. Deux interprétations sont possibles. Soit — et c'est l'argument le plus souvent avancé —

ces minorités jouiraient d'un statut acceptable si ces déclarations étaient pleinement appliquées : les droits de l'Homme, pour tous les hommes. Soit — et c'est la thèse de beaucoup d'anthropologues — la proclamation de droits individuels ne suffit pas face aux moyens d'action dont disposent les États modernes. Il faut procéder à des déclarations de droits collectifs : les droits des peuples sont le complément obligé des droits de l'homme.

Attention ! avertit Cassandre. C'est le genre d'idée généreuse qui aboutit aux pires catastrophes. Si l'on reconnaît des droits collectifs aux ethnies les plus microscopiques, tout le système international va voler en éclats, et il ne sera plus question de droits de l'homme pour longtemps, alors que se dessinent tout juste les lignes d'un nouvel ordre international, davantage fondé sur le droit[231]. Et si c'était le contraire ? Si parvenus demain à un épuisement moral auprès duquel celui des champs pétrolifères ne serait que peccadille, nous nous tournions vers ces cultures aujourd'hui niées et bafouées, accusées de tous les maux du « tribalisme » ? Personne ne peut l'exclure, et notre devoir consiste donc à prendre à leur égard des mesures conservatoires. Avant de dire en quoi le droit peut y contribuer, prenons d'abord la mesure des enjeux.

Leur attention éveillée par les médias, les Français s'émeuvent du sort des minorités ethniques maltraitées par les États qui les englobent. Pour ne rien dire des Kurdes, massacrés après la guerre du Golfe, la détresse des Yanomani fait — à juste titre — la une des journaux, Danielle Mitterrand reçoit leur leader. Depuis 1987, leur situation s'est brusquement détériorée. Compagnies minières et prospecteurs se sont aperçu que leur principale réserve recelait or, uranium et étain. Les occupations illégales de terres se sont multipliées, et les virus contre lesquels ces populations n'étaient pas protégées les ont décimées. Les militaires laissent faire, espérant que ce mouvement aboutira au peuplement de ces zones par une population plus sédentaire que les Yanomani, qui se jouent des frontières entre les États. Le mépris des frontières : n'est-ce pas là le péché dont on accuse aussi les Touareg, mitraillés au Niger et au Mali ? On plaint d'autant plus facilement ces peuples qu'ils représentent des figures mythiques (le Touareg, « seigneur du désert »... mais aussi esclavagiste, oublie-t-on souvent d'ajouter), et que leur défense ne gêne personne, puisqu'ils sont loin de nous, ce qui permet d'éprouver à bon compte de nobles sentiments. Mais les choses changent quand elles se déroulent à l'intérieur de nos frontières : mouvements régionalistes, assoupis depuis une vingtaine d'années, mais surtout problème corse. En 1990, l'article 1 du projet de loi portant statut de la collectivité territoriale de Corse édicte que « *La République française garantit à la communauté historique culturelle vivante que constitue le peuple corse, composante du peuple français, les droits à la préservation de son identité culturelle et à la défense de ses intérêts économiques et sociaux spécifiques* ». Le texte emploie donc le terme de communauté, aujourd'hui maudit par l'intelligentsia ; il qualifie les Corses de *peuple*. Et ici, pas de mythe positif : paresse et agressivité sont pour bien des Français des traits fréquents dans la population de l'île. Le projet provoque la tempête. Son souffle déplace les clivages politiques habituels : partisans et adversaires du texte s'opposent aussi bien à droite qu'à gauche. Le droit n'offre pas plus de certitudes, et les professeurs se contredisent. Pour L. Favoreu, l'adoption du texte exige une réforme constitutionnelle car il porte atteinte à l'unité de la République. A. Demichel ne voit dans toute cette agitation qu'une « *fausse tempête pour un vrai peuple* »[232] : le Conseil Constitutionnel en décidera autrement en mai 1991.

À chacun ses Indiens.

Mais le problème est mondial. Le rapport 1990 d'Amnesty International met l'accent sur la violation par les États des droits civils et politiques de communautés entières[233]. En Amérique, 1992 sera marquée par des commémorations contradictoires, célébrant la découverte du Nouveau Monde par les Européens, mais aussi dénonçant l'ethnocide de ses populations. Le 18 décembre 1990, l'Assemblée générale des Nations Unies décide que 1993 sera l'Année internationale des populations autochtones. Autant d'ouvertures au siècle des minorités. Gageons qu'il y en aura d'autres. Mais qu'est-ce qu'une minorité ?

L'avalanche des minorités : quelques repères

On ne peut s'épargner quelques concepts, tant il y a de minorités : ethniques, nationales, religieuses, autochtones, etc. Certains chiffres frappent par leur disproportion. Le nombre total des nations, peuples ou groupes ethniques avoisinerait 5 000 (certains disent 20 000), alors que le monde ne compte qu'environ 160 États indépendants[234] : on comprend l'ampleur du problème. D'autant plus que les modalités historiques de constitution des minorités sont extrêmement diverses[235], d'où une multiplication de statuts particuliers. Certaines le sont devenues sur leurs propres territoires (Indiens et Esquimaux d'Amérique du Nord) ; d'autres étaient étrangères à l'origine au pays concerné, qu'elles y aient été déportées (Noirs d'Amérique) ou y soient parvenues comme réfugiées (populations birmanes passées en Thaïlande) ou immigrées (travailleurs étrangers des pays industrialisés). Les critères territoriaux sont tout aussi multiples. Certaines minorités s'identifient au territoire qu'elles occupent et ne sont minoritaires que parce que leurs frontières ne recoupent pas celle des États existants (Kurdes, Sahraouis) : elles sont des minorités nationales, pas des États. Dans d'autres cas, elles peuvent être minoritaires sur un territoire étatique donné, mais se rattacher à un État-nation voisin où elles appartiennent à la majorité : majoritaires dans la province du Kosovo, les Albanais constituent une minorité de l'État yougoslave, alors qu'ils forment l'État-nation d'Albanie. La référence territoriale se complique encore quand on s'aperçoit qu'elle peut se diviser. Les Juifs de la diaspora entretiennent des relations à la fois avec l'État d'Israël et l'ancienne terre des Hébreux. Enfin, à l'inverse, des minorités très dispersées comme les Tziganes, n'ont pas de base territoriale commune.

Dans sa nudité, le critère arithmétique discrimine-t-il mieux toutes ces situations ? Les minorités seraient tout simplement des populations moins nombreuses que celles qui les englobent. Élément de définition valable dans bien des cas, cette référence est insuffisante dans d'autres. En Bolivie, comme dans bien d'autres pays d'Amérique du Sud, quatre-vingt-dix pour cent de la population est indienne ou métissée… alors que le type « idéal » véhiculé par les médias est celui du blanc aux cheveux blonds[236] ; en Afrique du Sud, les Noirs sont majoritaires, et pourtant soumis à un rapport politico-juridique de minorité.

L'histoire, le territoire, le nombre ne peuvent donc à eux seuls définir des minorités. Pour éviter d'être submergé par leur avalanche, il faut recourir à des critères plus abstraits, d'ordre politique et juridique.

Il n'existe pas de minorités en soi ; elles ne se définissent que structurellement. Ce sont des groupes mis en situation minoritaire par les rapports de force, et de droit, qui les soumettent à d'autres groupes au sein d'une société globale dont les intérêts sont pris en charge par un État, qui opère la discrimination soit au moyen de statuts juridiques inégaux (politiques d'apartheid), soit grâce aux principes d'égalité civique (en privant de droits spécifiques des collectivités dont la situation sociale et économique est particulière, l'égalité civique peut créer ou perpétuer des inégalités de fait). Malgré sa longueur, cette définition appelle quelques commentaires.

Notons d'abord que si les minorités sont des groupes, leur existence implique nécessairement qu'elles aient conscience d'en former, condition dont l'accomplissement peut varier au cours de l'histoire : les Bretons furent une minorité il y a vingt ans, le sont-ils encore, et que dire des Picards ? Et l'on conclura différemment des

Corses ou des Basques. En matière d'identité, les signes sans les pratiques débouchent sur le folklore… et les musées. Ajoutons que même lorsqu'elle existe, cette conscience collective peut changer de nature. On s'accorde à considérer que les communautés dites ethniques se réfèrent à un idéal traditionnel, marqué par la réticence au changement. Mais une minorité ethnique, sous la pression de l'histoire, peut modifier son projet et s'engager dans la modernité : elle deviendra alors nationale, demeurant minoritaire ou pas, devenant étatique ou non, au gré des circonstances[237].

Mais quel que soit le projet politique qui la sous-tende, cette conscience collective peut être plus ou moins intense. Un des moyens de la mesurer et de déterminer sa naissance à la vie juridique, est de vérifier si ladite minorité est suffisamment *institutionnalisée*. Car sous peine de l'engloutissement, il faut bien poser des limites à l'extension de la notion de minorités : les revendications des femmes, des vieux, des jeunes, des homosexuels sont-elles l'expression de luttes minoritaires ? Oui si elles se formalisent et transitent par des institutions de référence communes à l'ensemble de la catégorie concernée telles qu'associations, chartes, statuts, cahiers de revendications, etc. Il faut donc une organisation, des pratiques, des représentations en lesquelles se reconnaisse explicitement la plus grande partie de la catégorie visée. Sinon il s'agit d'entités sociales (dont la lutte peut être par ailleurs parfaitement légitime), mais pas de minorités. Arguties de juriste ? Certainement pas. Car ainsi définies, les minorités constituent des *ordres juridiques*, ce qui accroît leur légitimité, et fonde surtout leurs prétentions à voir reconnus leurs droits subjectifs vis-à-vis de la société dominante et des États auxquels elles appartiennent. Sans sujets de droit, pas de droits subjectifs…

Mais comment pouvez-vous prétendre que ces minorités forment des ordres juridiques, alors que le droit positif des États concernés, très souvent, ne les reconnaît pas ? Grâce aux théories du pluralisme juridique, que nous avons signalées[238] : pour accéder à l'existence juridique, il faut et il suffit qu'un groupe social remplisse certaines conditions, que le droit étatique reconnaisse ou non son existence. Ce qui est le cas des minorités telles que définies ici.

Même ainsi départagées, les minorités sont d'une telle diversité qu'on ne saurait, en quelques paragraphes, traiter de toutes. Comment choisir ? Le cas de la France est intéressant, tant notre tradition nationale est marquée d'hostilité au fait minoritaire.

La République contre les minorités : des mythes aux réalités

« *Sans nier les différences, en sachant les prendre en compte sans les exalter, c'est sur les ressemblances et les convergences qu'une politique d'intégration met l'accent afin, dans l'égalité des droits et des obligations, de rendre solidaires les différentes composantes ethniques et culturelles de notre société* [...] *le Haut Conseil affirme sa conviction que la conception française de l'intégration doit obéir* à une logique d'égalité et non à une logique de minorités [souligné dans le texte]. *Les principes identitaires et égalitaires qui remontent à la Révolution et à la Déclaration des droits de l'homme et du citoyen imprègnent notre conception, fondée ainsi sur l'égalité des individus devant la loi, quelles que soient leurs origines, leur race, leur religion... à l'exclusion d'une reconnaissance institutionnelle des minorités*[239]. »

Dans son premier rapport, déposé auprès du Premier Ministre en 1991, le Haut Conseil à l'intégration ne mâche pas ses mots. Prise de position importante, car elle exprime des avis *de lege ferenda*. Et parfaitement conforme à la tradition française en la matière. Elle s'appuie sur la Déclaration des droits de l'homme de 1789, comme le remarque le Haut Conseil. Celle-ci ne mentionne nulle part les minorités, et ce n'est pas un oubli : les individus devaient être dégagés de toute sujétion corporative ou communautaire et constitués citoyens de la nation, libres et égaux en droits. Ce qu'a confirmé encore récemment le Conseil Constitutionnel, gardien du principe d'égalité de traitement[240].

Celui-ci veille d'ailleurs sur l'indivisibilité de la République. En mai 1991, il déclare inconstitutionnel l'article premier du projet de statut de la Corse. On ne peut reconnaître l'existence d'un peuple corse, car il n'y a qu'un seul peuple français, composé de citoyens qu'on ne doit distinguer ni par l'origine, ni par la race, ni par la religion. Rigoureux quant aux principes, le Conseil Constitutionnel est plus souple en ce qui concerne leur application. Il avalise la partie la plus importante du texte, dotant l'île d'institutions fort différentes de celles des régions du continent, ce qui n'a rien de jacobin : les Corses deviennent *de iure* plus proches des Polynésiens que des Provençaux ou Auvergnats.

Le principe d'unité et d'indivisibilité de la République s'apparente donc à ce que les anthropologues nomment un mythe : non pas des élucubrations, mais une loi fondatrice qu'il convient de rappeler et de transmettre. Mais les mythes se transforment, de diverses manières. Les coutumes et pratiques les modèlent. Elles peuvent les répéter, mais aussi s'en écarter de façon plus ou moins sensible.

Dans le cas de la France, l'intransigeance sur les principes masque mal une réalité plus nuancée. La République produit bien, sans le dire, un droit des minorités, quand elle statue, *juridiquement*, dans certaines matières : langues régionales, statut de la Corse, régime juridique des départements d'Outre-Mer, immigrés, régime des cultes, reconnaissance des mariages polygamiques, affectation de carrés spéciaux aux musulmans dans les cimetières... Derrière cette énumération apparaissent trois grandes catégories de minorités françaises[241]. Tout d'abord, des *minorités régionales*, pour lesquelles l'élément territorial est constitutif de leur identité (Corses, Bretons, Basques, à des degrés divers), qui partagent aussi une langue et des traditions culturelles communes.

Ensuite, des *minorités ethniques et religieuses* qui ne sont pas ancrées dans un territoire spécifique en France : Juifs, Arméniens, Tziganes. Les communautés maghrébines de travailleurs immigrés s'en rapprocheraient, mais il faudrait raisonner ici en termes de générations, l'identification aux valeurs dominantes de la société française semblant jusqu'à ce jour augmenter avec le temps d'installation en France.

Enfin, des *populations autochtones*, installées dans des territoires extérieurs à la métropole : Kanaks de Nouvelle-Calédonie, Indiens de Guyane, dont les insatisfactions peuvent s'exprimer avec violence.

Comment contenir leurs revendications, qu'elles soient linguistiques, territoriales ou religieuses ? Des pays voisins, comme la Grande-Bretagne et les Pays-Bas, ont opté en faveur d'une reconnaissance institutionnelle de leurs minorités. Les révolutionnaires de 1789 en ont décidé autrement. Qui n'a en mémoire la fameuse apostrophe du comte de Clermont-Tonnerre (la haute noblesse était souvent gagnée aux idées « avancées ») : « *Il faut tout refuser aux juifs comme nation et tout accorder aux juifs comme individus ; [...] il faut refuser la protection légale au maintien des prétendues lois de leur corporation judaïque ; il faut qu'ils ne fussent plus dans l'État ni corps politique, ni ordre : il faut qu'ils soient individuellement citoyens*. » La France n'est pas une terre d'asile pour ses minorités : l'égalité, c'est l'uniformité.

Illusions. Depuis longtemps, n'en déplaise à Siéyès et Clermont-Tonnerre, la loi n'est plus égale pour tous. Reste à savoir de quelle manière. Car si les principes généraux de notre droit sont hostiles à la différence, il s'est formé un droit de la différence. L'égalité pure et dure des premiers textes révolutionnaires a peu vécu : elle heurtait trop la réalité et ses contraintes sociologiques. On constate en effet que notre droit positif multiplie les statuts dérogatoires au droit commun, découpe le corps social en diverses catégories recevant des traitements juridiques différents, ce qui est une des raisons de la multiplication contemporaine des normes. Mais c'est avec une grande prudence, et de façon très progressive, que le constituant, le législateur et le juge ont admis la remise en question des mythes fondateurs de la République. Car entre 1789 et notre époque, notamment sous l'influence du marxisme, l'idée de justice sociale a changé de contenu : le droit n'a plus seulement pour mission d'instaurer l'égalité civique, mais il doit compenser les effets les plus criants des inégalités de fait (Voltaire était contre les ordres, mais pour les propriétaires). Dès lors, on dut admettre que le principe d'égalité n'impliquait pas de traiter tout le monde de la même façon : la différence de traitement peut rétablir l'égalité de fait (ne sont bénéficiaires du RMI que les catégories sociales les plus défavorisées). Seule reste proscrite la différence de traitement *illégitime* : il faut traiter de façon identique ceux qui se trouvent dans des situations semblables. Une telle attitude aurait pu ouvrir la voie à une logique de reconnaissance des minorités. Cela n'a pas été le cas, tant la méfiance du législateur français envers les groupes est demeurée grande : on veut bien admettre des différences de traitement fondées sur des différences de situation contingentes (mesures en faveur des handicapés, des veuves, des mères de famille nombreuse), mais demeure le refus des priorités accordées aux membres d'un groupe défini par une appartenance ethnique ou une origine géographique. Alors qu'aux USA, les femmes, les minorités ethniques et même les races se voient reconnus des quotas pour l'entrée dans différentes institutions (les universités, notamment).

Ceci au niveau des principes. Mais en pratique, les appartenances culturelles, confessionnelles et les solidarités communautaires ont fait leur apparition dans notre droit. En matière religieuse, le droit positif a dû transiger avec l'indifférence qu'implique le principe de laïcité (les croyances religieuses ne doivent entraîner aucune différence de traitement) au nom du respect de la liberté de conscience des membres de groupes minoritaires : musulmans et juifs peuvent être autorisés par l'employeur à s'absenter aux dates de leurs fêtes religieuses ; on devra fournir des menus cascher dans les hôpitaux, les casernes et les lycées. À un stade supérieur, notre droit peut reconnaître qu'il existe des ordres juridiques minoritaires, dans la mesure où il autorise une norme purement interne à ces ordres à produire des effets dans l'ordre étatique. La Cour de Cassation a ainsi admis que le commerçant qui vendait sous la dénomination cascher de la viande provenant d'animaux qui n'avaient pas été abattus suivant les rites était coupable de délit de tromperie sur la marchandise[242] ; elle a confirmé l'arrêt d'un tribunal refusant de qualifier d'abusif le licenciement par un établissement catholique d'une enseignante divorcée qui s'était remariée[243](comportement violant le droit canonique). Enfin, dans des cas limitatifs, le droit étatique cède au pluralisme en admettant l'existence d'ordres juridiques autonomes, quoique subordonnés, qui expriment l'identité de minorités : en dépit des grands principes, c'est bien l'appartenance à ces groupes qui se trouve juridiquement constatée. Citons, dans ce sens, le régime des cultes en Alsace-Lorraine, où la loi de séparation des Églises et de l'État n'a pas été introduite ; la reconnaissance du pluralisme linguistique, opérée par une série de lois depuis la loi Deixonne de 1951, autorisant les maîtres du primaire à utiliser les parlers locaux, des lois postérieures privilégiant particulièrement les langues corse et polynésienne ; adaptations — souvent substantielles — des lois et règlements aux conditions particulières des DOM ; principe de « spécialité législative » des TOM, qui leur vaut des statuts particuliers débouchant sur une large autonomie.

Et puisque je fais allusion aux territoires extérieurs à la métropole, j'aimerais souligner que la France aussi a ses réserves, et ses Indiens. En raison des événements dramatiques que l'on sait, les Kanaks de Nouvelle-Calédonie sont sortis de l'oubli. Leur cas est intéressant. Il montre qu'en d'autres temps le droit à la différence (on ne le nommait pas ainsi) put être utilisé non pour compenser, mais aggraver des différences de fait[244]. La France prend possession de la Nouvelle-

Calédonie en 1853. En 1868, un arrêté pose en principe que les Kanaks ne connaissent que la propriété collective des terres. Invention pure et simple — l'ethnographie l'a montré — qui facilite les opérations de cantonnement auxquelles l'administration veut se livrer pour mener à bien la colonisation : il est plus facile de s'entendre avec un chef de tribu qu'avec une multiplicité de titulaires de droits ; les indigènes ne pouvant aliéner librement leurs terres aux colons, l'administration conserve la maîtrise du patrimoine foncier. Le décret du 18 juillet 1887 en tirera les conséquences, en l'autorisant à fixer la délimitation des réserves indigènes. C'est donc bien d'une dépossession foncière qu'il s'agit, et on peut rappeler ici les phrases du leader africain J. Kenyatta : « *Lorsque les Blancs sont venus en Afrique, nous avions les terres et ils avaient la Bible. Ils nous ont appris à prier les yeux fermés. Lorsque nous les avons ouverts, les Blancs avaient les terres et nous la Bible.* » Mais la politique des réserves eut des effets imprévus : elles formèrent pour les Kanaks autant de conservatoires de leurs coutumes et de leurs traditions, et furent les lieux de perpétuation de leur identité. En cela, elles sont la source des mouvements actuels de revendications.

Moins nombreux (environ quatre mille), les Amérindiens de Guyane française ont moins retenu l'attention que les Kanaks[245]. L'éthologue des Indiens et Esquimaux d'Amérique du Nord est frappé par l'identité des fondements juridiques des revendications avancées[246]. Référence est faite par les Indiens français à leurs droits aborigènes de premiers occupants des territoires, qu'ils assimilent à des droits de souveraineté ; rejet de la qualification de ces droits en termes de simple usufruit ; volonté de maîtrise du développement par les autochtones, etc. On voit mal comment ce « problème indien » pourrait être résolu sans le recours au pluralisme juridique. Les autochtones ont ainsi demandé que les terres dont ils ont encore la maîtrise collective soient reconnues inaliénables. Requête rejetée en 1984 par le commissaire de la République au motif qu'il n'existe pas de possibilité d'y accéder en droit français. Par contraste, l'avant-projet de loi déposé la même année par la section française de Survival International auprès du secrétariat d'État aux DOM-TOM prévoit notamment que chaque groupe amérindien vivra sous l'empire de sa coutume, sauf renonciation expresse et individuelle, que la communauté villageoise recevra des droits de jouissance collectifs et exclusifs sur ses terres, l'appartenance à ces groupes étant cependant compatible avec la qualité de citoyen français[247].

Sans doute serait-il abusif de mettre Corses, Kanaks et Indiens sur le même pied sous prétexte qu'ils constituent des minorités. On ne peut cependant éviter de constater que si les premiers ont plus de chance que les seconds de voir aboutir leurs revendications, c'est simplement en raison de leur plus grande proximité ethnique, culturelle et géographique de la métropole. Autant d'arguments de fait non négligeables, mais sans justification morale, ou même juridique : il y a des minorités plus minoritaires que d'autres.

À ce point du débat, il faut dissiper un éventuel malentendu. On pourrait croire que la France en particulier, et l'Occident en général, seraient plus que d'autres nations coupables envers leurs minorités. Justice bien ordonnée commençant par soi-même, j'ai trouvé normal de parler en premier de notre responsabilité. Mais la question des minorités, surtout lorsqu'il s'agit des populations autochtones, transcende allègrement les frontières. Qu'entend-on par populations autochtones ? Les critères sont divers et nombreux[248] : ce sont des descendants de peuples originellement installés sur un territoire par la suite conquis ; ces populations sont nomades ou semi-nomades, et pratiquent une agriculture tournée vers l'auto-consommation ; leur système politique n'est pas centralisé et fait une large place au consensus ; elles partagent une culture et un territoire communs mais sont sous la domination d'une société qui les englobe ; elles entendent maîtriser elles-mêmes leur développement. Au total, 200 millions d'individus, soit environ 4 % de la population mondiale, dont la majorité vit en Asie. C'est dire que sur le plan quantitatif, le problème des minorités autochtones est surtout celui des États non occidentaux.

Or ceux-ci ne se distinguent pas de l'Amérique ou de l'Europe par une politique plus délicate, l'inverse étant même souvent vrai. Quelques exemples le prouvent.

La pensée traditionnelle chinoise ne connaît pas le concept de minorité ethnique. L'appartenance au genre humain des non-han est impossible, mais le critère de différenciation, comme dans l'Antiquité gréco-romaine, est plus culturel qu'ethnique : les Barbares, ce sont les non-civilisés, ceux qui ne vivent pas dans des villes ou ne pratiquent pas l'agriculture. En 1949, les communistes fondent d'ailleurs non pas une Union des Républiques soviétiques de Chine, mais un État unifié, sous la direction de la nation Han. Les minorités nationales regroupent quatre-vingt-onze millions d'individus (chiffre du recensement de 1990), qui occupent 60 % du territoire chinois, en des zones frontalières stratégiques et souvent dotées d'importantes richesses énergétiques. Le régime communiste a toujours recherché leur assimilation. D'abord à long terme, et par des moyens relativement souples. À partir de 1958 et du Grand Bond en avant, le pouvoir décide d'accélérer le rythme. Les Han vont conduire le reste de la population au socialisme en faisant renoncer les minorités à leurs traditions et religions, qui constituent un obstacle au progrès (air connu). Le 22 août 1958, le *Quotidien du Peuple* tonne : « *Il n'y a pas plus de Dieu dans le ciel que de fées sur la terre. Ce sont les peuples debout qui sont les dieux et les fées. Nous avons la direction du Parti. Nous pouvons soutenir les cieux d'une seule main. Les céréales cultivées par les femmes ne seront pas mangées par des Bouddhas.* » Les successeurs de Mao montreront moins de hâte, et la Constitution de 1982 accorde des garanties aux minorités. Mais l'objectif poursuivi demeure l'assimilation, les Tibétains en savent quelque chose.

La doctrine musulmane classique ignore l'idée de droits accordés à des communautés minoritaires leur garantissant une égalité de traitement avec la majorité, ce qui ne l'empêche pas de reconnaître l'existence d'une hiérarchie de communautés subordonnées à l'intérieur d'un État. Car le rapport de domination, nécessaire, n'a rien à voir avec les notions de minorité et de majorité : seule compte la prééminence de la Vérité. Les minorités ethniques en tant que telles ne sont pas prises en considération ; il y a en revanche des confessions minoritaires hiérarchisées suivant leur proximité avec l'Islam. Le critère principal est donc ici religieux, et c'est l'inégalité qui en résulte. Mon collègue B. Etienne, un des meilleurs spécialistes français de l'Islam et peu suspect d'antipathie envers les musulmans écrit ainsi : « *Il me paraît tout de même surprenant que les Occidentaux continuent, en dépit des écrits savants sur ce sujet, à s'égarer dans un sentimentalisme erroné à ce propos [...] Les minorités ne peuvent jamais espérer avoir une place autre que subalterne dans une société musulmane*[249]. »

L'Inde compte pour sa part cinquante et un millions d'individus appartenant à diverses populations « tribales », divisées en deux cents groupes, parlant plus de cent dialectes principaux. Elles vivent surtout dans les régions forestières et montagneuses ; en général leur niveau de vie et leurs conditions sanitaires sont inférieurs à ceux de la population générale. Elles sont très menacées par les politiques de déforestation. Cependant, la politique des quotas propre à l'Inde leur donne droit à des emplois réservés dans l'administration, et à des sièges dans les parlements locaux et national.

Aux Philippines, on compte environ 6,5 millions de membres de populations autochtones, répartis en une cinquantaine de groupes. Jusque vers les années soixante, ces populations jouirent de bonnes conditions d'existence et purent préserver leur identité. Mais à partir de cette date, les grandes sociétés, spécialement multinationales, passèrent des accords avec le gouvernement pour l'exploitation agricole intensive, qui aboutirent à des évictions massives des autochtones de leurs terres ancestrales. À partir de 1979, de grands aménagements hydro-électriques se soldèrent par des résultats également dommageables.

En Papouasie occidentale (Irian Jaya), les droits des populations autochtones sont souvent bafoués par le gouvernement indonésien, qui procède à leur déplacement forcé, afin de loger sur les meilleures terres la population excédentaire de Java. L'Irian Jaya, pour son malheur, recèle en outre d'importants gisements pétroliers.

Et l'on pourrait encore longtemps accumuler les exemples. Ils prouvent suffisamment que peu d'États, quelle que soit leur localisation, peuvent avoir bonne conscience : des banlieues de Montréal à celles de Sydney, en passant par les immensités asiatiques, l'aborigène se retrouve presque toujours au bas de l'échelle. L'Occident n'est pas ici le premier à incriminer, encore qu'il manie volontiers la race comme critère de discrimination. Mais ici aussi, la conception du développement économique est à l'origine de bien des dégâts irrémédiables. Ce n'est pas un hasard si en de nombreux endroits du monde, le renouveau des mouvements identitaires a été la conséquence directe des dépossessions foncières et bouleversements écologiques provoqués par la mise en œuvre de grands projets d'aménagement.

Face à ces barrages de béton, les garde-fous des déclarations des droits de l'homme ont été trop souvent insuffisants. Le recours à la notion de droits collectifs apporterait-il plus de garanties à ces populations ?

Vers la reconnaissance de droits collectifs

La Déclaration universelle des droits de l'homme est l'œuvre de l'ONU. Celle-ci est une organisation d'États, non de nations ou de peuples[250]. Or, les États ont tendance à considérer les minorités avec méfiance : ils craignent qu'elles ne remettent en cause l'unité étatique, comme en témoigne l'attachement de l'État français au principe d'indivisibilité de la République. Il s'ensuit qu'après la SDN — dont le pacte ne mentionne nullement les minorités — l'ONU a considéré avec la plus grande réticence la notion de droits collectifs de ces minorités, bien des États soutenant que l'application intégrale des droits de l'homme suffisait à garantir le respect des droits et libertés de leurs membres. La Déclaration ne parle donc pas des droits collectifs des peuples ou des groupes. Durant les séances de travail, le représentant indien s'était élevé contre cette omission volontaire, de même que l'URSS, la Yougoslavie et le Danemark. Ils se heurtèrent à l'opposition déterminée des USA, des pays d'Amérique latine (leurs représentants soutenaient qu'il n'y avait pas de minorités en Amérique latine), de la France et de la Grande-Bretagne (elles craignaient que ne fût ravivée en Europe la question des nationalités). Les idées d'assimilation et de droits individuels l'emportèrent donc, mais pas entièrement. Une sous-commission des droits de l'homme fut créée, chargée de la lutte contre les mesures discriminatoires et de la protection des minorités. Deux camps apparurent assez vite : le premier était formé par les États occidentaux, ceux d'Afrique et d'Asie, hostiles à la reconnaissance de droits spécifiques des minorités ; le deuxième, par des pays de l'Est et quelques États occidentaux, au contraire favorables. Le travail de la sous-commission buta longtemps sur la définition de la notion de minorités. De longues années de discussion aboutirent à l'article 27 du Pacte international relatif aux droits civils et politiques (1966), assez décevant, dans la mesure où il vise des droits seulement individuels, et ne mentionne pas les minorités nationales, ni les peuples autochtones. D'autres données témoignent de la réticence de l'ONU. Les Nations Unies ont ainsi qualifié le génocide de crime international, mais la destruction culturelle d'un groupe ethnique, que les anthropologues nomment ethnocide, et dont notre époque offre tant d'exemples, n'a été prise en considération dans aucun instrument de sauvegarde. On peut toutefois espérer qu'après le massacre des Kurdes opéré en 1991 par le régime irakien, la reconnaissance d'un devoir d'ingérence fondé sur un devoir d'assistance humanitaire provoquera une réflexion plus générale sur les droits collectifs des minorités, aboutissant à des formes de reconnaissance de ces droits.

Une autre norme internationale créée par les Nations Unies consiste dans le principe d'autodétermination des peuples, mentionné dans la charte, mais pas dans la Déclaration universelle. Diverses résolutions le précisèrent, mais de façon très sélective, qualifiée par certains de théorie « Blue-Water » de l'autodétermination : elle fut d'abord conçue à l'usage exclusif des peuples colonisés. Depuis, on considère que le droit à l'autodétermination s'applique à tous les peuples, vivant ou non sous un régime colonial. L'ennui, c'est que l'on n'a pas réussi à s'accorder sur une définition juridique du terme « peuple », étant entendu par ailleurs que le droit à l'autodétermination concerne les États tandis que le mot de Nation a été écarté. La tendance dominante consiste cependant à ne pas confondre « peuples » et « minorités ethniques, religieuses ou linguistiques ». Dans ce cas, l'insatisfaction des peuples minoritaires déçus par l'interprétation opérée par l'ONU de leurs droits de l'homme risque de s'accroître. D'autant plus que d'autres organisations internationales sont tout aussi conservatrices. L'OUA a aussi fondé sa politique officielle sur l'impératif d'unité étatique, liée au développement. Et l'on sait que beaucoup d'États africains peu recommandables qualifient immédiatement de « tribalisme » les problèmes ethniques qui se posent à eux : singulière convergence avec les prises de position de certains leaders de l'intelligentsia française, qui ont ouvert la chasse aux communautés.

Pourtant les principes dominants du droit international contemporain — les sujets premiers de ce droit sont les États, l'État moderne est le seul titulaire de la souveraineté — sont justement producteurs de minorités. En effet, cet ordre international exclut des peuples qui se définissent autrement ou qu'ont sectionnés les partages coloniaux. Or, de nos jours, l'existence de ces peuples est souvent menacée, culturellement et parfois physiquement, par les États qui les englobent.

Parmi les différentes minorités, les populations autochtones sont souvent les plus en péril. Par l'intermédiaire de diverses ONG, elles font valoir que leurs problèmes sont différents de ceux des autres minorités. Dans certains pays (Amérique latine), elles sont non pas minoritaires mais majoritaires ; elles disposent sur leurs territoires de droits aborigènes ; elles sont souvent les premières victimes de projets de développement économiques conduits dans le seul intérêt des sociétés dominantes. Elles réclament en conséquence d'être reconnues comme peuples, et donc admises au bénéfice du principe d'autodétermination. La sous-commission des droits de l'Homme de l'ONU a accepté de prendre ces revendications en considération. En 1977 et 1981, elle organisa des conférences d'ONG relatives à ces questions, et créa en 1982 un Groupe de travail sur les populations autochtones. Il devait élaborer en 1985 un projet de Déclaration universelle des peuples autochtones. Celui-ci n'a pas été adopté à l'heure actuelle, mais il contient des dispositions novatrices : reconnaissance du droit à l'autodétermination, du droit à la protection contre l'ethnocide, des droits collectif et individuel de propriété et de possession des territoires traditionnels, du droit à l'autonomie, etc.

Parallèlement, l'OIT (institution spécialisée de l'ONU veillant aux droits des travailleurs) a infléchi sa position vis-à-vis des populations autochtones. En 1957, elle avait exprimé dans une convention (n° 107) son souci de protéger les populations aborigènes et tribales, mais dans le sens d'une intégration aux sociétés et États dominants : le développement économique aidant, les particularismes identitaires disparaîtraient naturellement. L'inverse se produisit pendant les décennies qui suivirent : faillite, dans bien des cas, du développement économique ; multiplication des revendications minoritaires. En 1989, l'OIT adopta une convention (n° 169) modifiant la précédente et concernant les populations indigènes et tribales dans les pays indépendants. Elle fait obligation aux États de développer les valeurs et institutions propres aux peuples autochtones, d'assurer leur collaboration aux projets de développement, de garantir leurs droits fonciers. Cependant, la convention 169 va moins loin que le projet de Déclaration universelle des droits des peuples autochtones. Certains font remarquer qu'elle reste assimilatrice dans la mesure où son article 8, al. 2 écarte la notion de pluralisme juridique, lorsqu'il stipule que « *les peuples intéressés ont le droit de conserver leurs coutumes et institutions dès lors qu'elles ne sont pas incompatibles avec le système juridique national* ». Or les conflits de lois sont inévitables. Chez les Bossi de Guyane française, l'héritage est réparti par des procédés divinatoires entre tous les membres du groupe de parenté. Si les fils du défunt, s'appuyant sur le droit français, exigent la totalité de la succession, ce groupe commencera à se dissoudre. Ici encore, l'égalité civique aboutit à la minoration des droits autochtones.

En fait, nous paraissons confrontés à une double évolution. Dans la pratique, le sort des minorités et des populations autochtones est allé se dégradant : l'action de ceux qui entendent défendre l'unité de l'État par le recours à l'uniformité, un développement économique souvent oublieux de l'homme en sont la cause. D'autre part, l'opinion internationale s'est émue du sort de ces populations, dont certaines ont su trouver les moyens de se faire entendre, notamment grâce aux ONG et aux organisations humanitaires, relayées par l'action positive des médias. Certaines ouvertures paraissent donc maintenant possibles au niveau du droit international, à condition que soit résolue mieux que par le passé la difficile équation entre droits de l'homme, droits collectifs et droits des peuples.

La notion traditionnelle des droits de l'homme (droits civils, politiques, sociaux, culturels) s'applique surtout aux individus, comme le manifeste la Déclaration universelle de 1948 : quand des droits collectifs ou particuliers sont accordés pour sauvegarder les intérêts des minorités, les titulaires de ces droits sont le plus souvent les membres des groupes minoritaires, et non ces groupes eux-mêmes. Les droits collectifs sont prioritairement réservés aux États.

Les minorités se trouvent désavantagées, même si en principe les déclarations des droits de l'homme devraient les prémunir contre les abus, comme l'avancent les États.

Pour certains, ces déclarations sont nécessaires et suffisantes. J. Julliard affirme que « *le droit des peuples est devenu le principal instrument d'étranglement des droits de l'homme* »[251] ; A. Burguière estime qu'« *en défendant les droits des peuples, on enterre les droits des citoyens* »[252] . La notion de droits des peuples serait donc le véhicule d'une nouvelle forme d'oppression. Pour ma part, je vois dans les déclarations des droits de l'homme des conditions toujours nécessaires et souvent insuffisantes du respect des droits des minorités : les droits des peuples les complètent. Loin de devoir se combattre, ces deux types de droits se corrigent, ils forment le double visage du même dieu.

L'homme doit certainement pouvoir se caractériser par une série d'invariants, que l'anthropologie peut dégager par la voie comparative, ce que pressentaient les juristes en quête d'un droit naturel, même s'ils échouèrent trop souvent à le définir. En ce sens, l'idée de droits universels de l'homme n'est pas illégitime, ni moralement, ni scientifiquement. Mais l'homme naturel rêvé par les philosophes ou que les explorateurs avaient cru découvrir n'existe pas. L'homme ne réalise les invariants dont il est porteur qu'au sein de sociétés concrètes, datées et localisées, soumises comme nous à la mort. Elles sont davantage que la somme des individus qui les composent, et forment des totalités culturelles. Celles-ci n'ont pas moins droit à une protection spécifique, que seule peut leur accorder leur reconnaissance collective. Seuls les hommes peuvent inventer les droits de l'homme.

*

* *

Tout ce qui précède montre que, pour le pire ou le meilleur, juristes et anthropologues ne reculent pas devant le jugement de valeurs. Et cela est bon. Si notre vie et celle des sociétés ont une signification, si elles tendent vers quelque chose, nous devons le découvrir. Si le sens est absent, il nous faut le créer. Cette alternative ontologique nécessite l'observation du réel, tel qu'il nous est donné. Mais plus encore que dans les sciences « dures », notre observation le modifie : déclarer des droits, c'est les faire naître, alors qu'ils étaient seulement conçus. Et cet acte créateur procède lui-même du sens que nous donnons à notre présence en ce monde.

Et sans doute aussi au monde lui-même.

CHAPITRE VI

Droit, nature et surnature

> C'est précisément la transformation de la nature par l'homme, et non la nature seule en tant que telle, qui est le fondement le plus essentiel et le plus direct de la pensée humaine, et l'intelligence de l'homme a grandi dans la mesure où il a appris à transformer la nature. C'est pourquoi, en soutenant que c'est exclusivement la nature qui agit sur l'homme, que ce sont exclusivement les conditions naturelles qui partout conditionnent son développement historique, la conception naturaliste de l'histoire est unilatérale et elle oublie que l'homme réagit sur la nature, la transforme et se crée des conditions nouvelles d'existence.
>
> F. ENGELS, *Dialectique de la nature.*

> La vie future sera la répétition de la vie terrestre, mais tous resteront jeunes, la maladie et la mort seront inconnues, et nul ne se mariera ni ne sera donné en mariage.
>
> MYTHE ANDAMAN, *Golfe du Bengale.*

> Jésus leur répondit : [...] ceux qui auront été jugés dignes d'avoir part à l'autre monde et à la résurrection d'entre les morts ne prennent ni femme, ni mari...
>
> LUC, 20, 35.

L'homme a toujours cherché des langages pour communiquer avec le monde qui l'entoure et dont sa condition le coupe. Pouvoir penser ses rapports avec l'univers, c'est d'abord s'en distinguer, avant de tenter de communier avec lui. Les mythes, ces « coussins amortisseurs »[253] de la réalité, l'apprivoisèrent. Ils évoquent un temps où hommes et animaux pouvaient se parler, expliquent comment les mêmes règles déterminent les bons mariages et la position des étoiles. L'homme ancien — ou lointain — n'est pas seul à les cultiver : la pensée mythique est de notre temps.

Huit siècles avant notre ère, Hésiode chantait Gaïa, créatrice de l'Univers, génitrice des premiers dieux et de la race des hommes. Elle ressuscite aujourd'hui, grâce à la science. Les données physiques montrent que le maintien de la vie sur terre dépend de mécanismes d'autorégulation très finement ajustés, commandant la production de l'oxygène, celle du plancton, la salinité des océans, etc. Certains en déduisent que la Terre, à l'occasion rebaptisée Gaïa, est un être vivant, dont tous les éléments sont en interaction[254]. L'écologie s'empare de l'idée, l'ancienne alliance se reforme.

Car la connaissance scientifique de la nature, développée au cours de ces derniers siècles, nous a mis en face d'une réalité moins souriante : la nature nous est indifférente, aveugle à notre présence et apparemment vide de tous compagnons avec lesquels nous pourrions véritablement parler. La révolution copernicienne avait déjà porté un sérieux coup à l'humanité de l'univers. Mais jusqu'au début du siècle, nous pouvions nous raccrocher à la vision d'un monde hiérarchisé, de dimensions modestes, et immuable. En 1915, A. Einstein met fin à l'espace statique de Newton et bouleverse les rapports entre la matière et le temps en formulant la théorie de la relativité générale. Quelques années plus tard, l'astronome américain E. Hubble — un ancien avocat — observe la constellation d'Andromède et découvre l'expansion de l'univers. Celui-ci acquiert des dimensions pour nous incommensurables et voit s'affronter en son sein des forces gigantesques l'amenant vers un futur insondable, dont l'homme a toutes chances d'être absent. Car il n'est peut-être qu'un hasard, dans une immensité d'où ne lui parvient aucun signal. En 1970, J. Monod assène que nous sommes devenus les « tziganes de l'univers »[255] .

Difficile, dès lors, de ne pas céder au désespoir, puisque rien n'a de sens[256]. Quatre ans plus tard, l'astronome britannique Brandon Carter fait le pari inverse et énonce le principe « anthropique »[257] . L'existence et la durée de l'univers (environ 20 milliards d'années) supposent des ajustements extrêmement fins entre les différentes forces qui le régissent. Des simulations de créations d'univers réalisées par ordinateur ont montré qu'une faible variation de quelques paramètres n'aboutissait qu'à des univers non viables (bien des mythes affirment que Dieu ne parvint à créer l'homme et le monde qu'après plusieurs échecs). Il y a donc très peu de chances pour que l'univers et la vie soient dus au hasard : ils correspondent à un projet, l'émergence de la conscience et de l'intelligence, dont l'homme constitue à cette heure la réalisation la plus avancée. De tziganes de l'univers, nous devenons les fils des étoiles, en harmonie avec le cosmos.

À chacun de choisir. Mais à travers le dialogue que l'homme noue avec la nature, nous sentons bien qu'il pose la question du sens de son existence, qu'il ne peut séparer de celle de l'univers qui l'entoure. Nous n'y sommes pas moins sensibles que le chasseur magdalénien ou l'Aborigène d'Australie, et sans doute même davantage. L'absence ou l'éloignement de Dieu ne sont pas seuls en cause. Un autre fait doit retenir notre attention, celui du principe de croissance exponentielle des innovations matérielles dans l'histoire de notre espèce[258] : deux millions d'années furent nécessaires à l'homme pour domestiquer le feu ; moins de deux siècles séparent l'invention du moteur des innovations de la société post-industrielle (informatique, génie génétique, etc.). De plus, la civilisation mécanique, l'urbanisation ont multiplié les obstacles ou les intermédiaires entre le monde naturel et nous. Dès lors, on comprend que l'homme moderne éprouve la nostalgie de la nature.

Et qu'il l'idéalise *ipso facto*. Quelques exemples en témoignent. La publicité recycle le monde rural au goût des urbains : le mode de vie paysan n'y est plus seulement différent de celui de la ville, il en est surtout l'inverse, reflétant les représentations du consommateur urbain.

Le fromage *Chaume*, les céréales *Quakers* font des travaux des champs un tableau idyllique : les activités physiques les plus pénibles sont accomplies sans effort et dans la joie. Le cassoulet *Saupiquet* prêche les vertus de l'enracinement. Un enfant contemple un chêne, près duquel festoie une joyeuse compagnie. Mais une voix avertit : « *Les meilleures choses peuvent mourir si l'on n'y prend pas garde.* » Signification : Saupiquet prend bien soin d'utiliser des produits naturels, consacrés par la tradition (à laquelle font allusion le vieil arbre et le jeune enfant). La référence à la Mère Denis jouait aussi sur le besoin de stabilité. Une constatation importante : alors que les publicités se servent largement des qualités érotiques du corps féminin pour accrocher le regard, celles qui mettent en scène le monde rural font exception à la règle. Est-ce parce qu'en dépit de la libération des mœurs, la sexualité garde pour beaucoup un caractère choquant, en tout cas contradictoire avec les images parfaites d'une vie idéalisée ? En ce cas, ces publicités rejoindraient bien des mythes du paradis, où la vie est asexuée (Jésus le décrit comme un endroit où il n'y aura plus ni hommes, ni femmes).

L'exaltation des corps jeunes et sains procède aussi d'une vision idéalisée de la nature. L'embonpoint ne sied plus. Non seulement parce qu'il nuit à la santé, mais parce qu'il représente un handicap au dynamisme de la « vraie vie », celle du *mouvement*. D'où la forte pression culturelle anti-gros ; l'inimaginable dimension sociale des régimes (devenus un des thèmes favoris de conversation) et la floraison des tabous alimentaires qu'ils instituent ; le recours aux produits biologiques qui, par leur pureté, nous remettent en harmonie avec l'univers. L'obligation de jeunesse est d'ailleurs sexuée : la plupart des produits de maquillage sont féminins ; 10 % des femmes — et bien moins d'hommes — ont recours au lifting. Au total, il faut beaucoup sacrifier aux nouveaux dieux. Et écarter des réalités bien gênantes : le corps malade, ou dégradé par la vieillesse (les maisons de retraite, heureusement, les incarcèrent), et pis encore le cadavre, dont on ne supporte plus la vue. Mais tout cela ne suffit pas — et pour cause — à renouer avec la nature. On appelle alors les sociétés traditionnelles à la rescousse, cette fois sur l'air du Bon Sauvage. Oubliés l'infibulation et l'infanticide, l'anthropophagie et les sacrifices humains. Ultimes recours d'une modernité dévoyée, elles sont spontanément innocentes et naturelles. Ayant échappé au péché mécanique, elles s'intègrent aisément à une nature accueillante, en des dialogues énamourés ponctués d'offrandes champêtres.

Mais il n'y a pas de paradis sauvage.

La nature n'est pas plus donnée aux sociétés traditionnelles qu'aux modernes. Elles en sont moins séparées : mais cette intimité résulte davantage d'un certain nombre de contraintes que d'une adéquation spontanée, dans lesquelles le droit a sa part. Par ailleurs les sociétés modernes n'ont nullement renoncé à leur projet séculaire de domination de la nature : là aussi, le droit en fournit de nombreux témoignages.

Les sociétés traditionnelles et l'humanisation de la nature

L'homme n'est pas chez lui dans la nature. Le « primitif » comme l'homme moderne doivent l'utiliser pour subsister. Mais alors que le second la livre à sa technologie matérielle pour l'asservir, le premier se la concilie davantage par une autre démarche, empruntant à l'ésotérisme et à la magie.

Les êtres animés, tout d'abord. Pour les Esquimaux, la première des lois consiste à ne jamais contrarier les diverses manifestations de la force vitale (*Sila*) à l'origine du monde[259]. Celle-ci réside, entre autres, dans les animaux. Abattus à la chasse, ils ne sont pas vraiment morts : ils se laissent tuer pour rendre visite aux humains et les nourrir. D'où l'obligation de bien les accueillir. On apporte au phoque un bol d'eau douce pour qu'il se désaltère. L'ours est objet d'encore plus d'égards.

Tout le monde sait qu'il aime fumer : on allume une pipe et on la lui met dans la gueule. Parfois, on dépose même près de lui un équipement de chasseur, puisqu'il peut prendre forme humaine.

Cette sollicitude s'étend aux autres formes de vie. Pour les Esquimaux, Nuna (la Terre) est vivante et sensible, et affligée par la mort. Le village lui est lié. Il convient donc de placer à bonne distance de ses limites les peaux de bêtes mortes à même le sol. Sous d'autres cieux, Malgaches et Moï (Vietnam) demandent leur autorisation aux esprits de la forêt avant d'effectuer les brûlis. Les limites naturelles elles-mêmes doivent être apprivoisées, et même sacralisées. Les Romains avaient leurs dieux des carrefours ; nos ancêtres mettaient des oratoires à la croisée des chemins. Car les itinéraires humains peuvent contrarier ceux que dessine la nature. Par exemple les cours d'eau : les traverser, plus encore les couvrir d'un pont, c'est perturber un ordre. D'où la coutume attestée dans toutes les cultures européennes de jeter des pièces de monnaie dans le fleuve avant d'emprunter un gué. En résultent également les nombreux rites religieux entourant la construction d'un pont : dans notre langue, le faiseur de pont (*pontifex*) est synonyme de prêtre (*pontife*). Et l'on se prend à rêver quand l'on constate que de nos jours, les mouvements de revendications des autochtones démarrent souvent à la suite de grands projets d'aménagement, notamment hydroélectriques (harnachement de la rivière Alta chez les Lapons ; construction, au Québec, des grands barrages de la Baie James…).

Le statut du forgeron témoigne lui aussi de cette nécessité de respecter la nature tout en s'en servant. *A priori*, son art est sacrilège : il arrache son fruit aux entrailles de la terre et le fait cuire pour obtenir du métal. Mais celui-ci est trop utile pour qu'on puisse s'en priver. La solution du dilemme consiste à donner aux forgerons un statut très particulier, sur la frange du groupe. Ce sont souvent des captifs de guerre. Ou bien ils subissent comme chez les Songhaï du Niger une initiation se terminant par une mise à mort symbolique, suivie de l'attribution d'une nouvelle identité. Ce statut spécifique leur permet d'accomplir des opérations dangereuses. Manier le feu, mais aussi procéder aux circoncisions et excisions (les exciseuses appartiennent souvent à la caste des forgerons), rendre des arbitrages (étant hors-groupe, ils ne sont pas inféodés aux clans et aux lignages). Ceci est également vrai des sociétés rurales européennes, où les forgerons avaient des rôles complexes. Signe de leur importance, les patronymes les plus répandus sont ceux signifiant « forgeron » (Fabre, Lefèvre, Fabrega, Faure, Faivre, etc.)[260].

L'espace lui-même doit se voir appliquer des représentations signifiantes. La première opération consiste à fonder la possibilité de son utilisation. Toutes les sociétés traditionnelles sont structurées en deux dimensions. L'une, verticale, est bien connue : elle unit ancêtres et vivants. L'autre, horizontale, est souvent ignorée : c'est la communauté formée par les hommes et les esprits du terroir, dans un cadre territorial précis. Ancêtres et vivants collaborent, nous le verrons. Mais les esprits telluriens et les hommes interagissent de façon non moins efficace. Les premiers assurent la reproduction des végétaux et des animaux. Les seconds, occupants à titre précaire, doivent se faire accepter par les génies du terroir, et effectuer des contre-prestations dans le cadre des cultes agraires. Mais ceci ne suffit pas : sacralisé, l'espace doit aussi être humanisé. La pensée mythique opère dans et par l'espace la jonction entre des éléments que la modernité nous a appris à séparer. Chez les Indiens Zuni, l'air, l'hiver, la guerre et le guerrier sont du Nord, alors qu'appartiennent au Sud le feu, l'été, la médecine et l'agriculture. Les Wotjoballuk (Australie), divisés en treize clans, séparent l'espace en treize parties. Les exemples de ce type abondent. Ils participent d'une vision holiste et cosmologique, unissant l'univers à la société et l'individu. Ainsi des pratiques d'orientation, fondamentales dans tant de formes de regroupements humains, depuis le *kraal* des Hottentots jusqu'à Notre-Dame de Paris. Elles ne concernent pas que les édifices : le corps lui-même est uni au monde. Quand un décès survient, les Aborigènes australiens placent et maintiennent le corps dans la situation et la direction de l'espace qui sont celles du clan du défunt. Nous aurions tort de sourire de ces pratiques : par elles, l'homme fait parler l'univers (le succès actuel de l'astrologie dans nos sociétés ne tient pas qu'à ses « qualités » prévisionnelles : elle nous fait aussi renouer l'ancienne alliance avec le cosmos).

Cette volonté de synergie explique que les sociétés traditionnelles établissent un continuum entre les choses et les personnes, alors que le droit moderne et certains droits anciens les séparent. Dans le droit romain des origines, les juristes englobent personnes et choses dans les mêmes catégories. Ainsi la *familia* comprend à la fois les gens et biens d'une maison : parents soumis à la puissance du père de famille, mais aussi terres, bâtiments, fonds d'exploitation, esclaves. Plus tard, le droit romain classique séparera personnes et choses. Dans les sociétés traditionnelles, les compositions utilisées pour mettre fin à la vengeance opèrent aussi de semblables identifications : le « prix du sang » est fréquemment le même que celui d'une dot ; des femmes sont souvent données aux parents de la victime assassinée pour pourvoir à son remplacement en procréant un enfant mâle.

Ceci peut choquer : les êtres humains seraient donc des choses ? C'est qu'en fait les objets, bien souvent, ne sont pas des choses[261]. Autrement dit, si l'humain peut s'objectiver, l'objet a en lui une part d'humain, qui l'empêche fréquemment d'être complètement une chose. La magie le prouve aisément : en manipulant des objets étroitement liés au corps (mouchoirs, vêtements), on peut agir sur la personne ; les prépuces et clitoris excisés sont soigneusement déposés en certains lieux (parfois le seuil de la case).

Le droit lui aussi tient compte de cette subjectivation de l'objet. Suivant le degré de participation de l'objet au sujet, l'aliénation est difficile, voire impossible[262]. Les biens exprimant l'identité même de la communauté (terre lignagère chez les agriculteurs) sont en principe inaliénables en dehors du groupe auquel ils appartiennent, les contrats les concernant sont très formalistes. Les biens liés à la personne peuvent circuler plus facilement mais ne sont pas totalement dans le commerce : bien souvent, les bijoux se transmettent de mère à fille (nous-mêmes hésitons à vendre des bijoux ou une maison de famille, scrupules absents quand il s'agit d'un portefeuille de valeurs boursières). Les autres biens sont véritablement des objets, largement fongibles, n'exprimant aucune identité particulière. On peut donc les aliéner librement, sans aucun formalisme : le consentement et la détention de la chose suffisent à valider le contrat.

Dans tous ces cas, la fiction est reine. Loin de nous tromper, elle opère sur la nature les transformations *symboliques* qui l'humanisent. Elle agit donc *in abstracto*, au lieu de forcer la nature dans sa réalité, comme l'homme moderne a appris à le faire. Celui-ci et l'homme des sociétés traditionnelles ne diffèrent pas en ce que l'un agirait sur la nature tandis que l'autre se bornerait à la révérer, mais dans l'essence et les modalités de leur intervention. L'exemple de la parenté le montre bien[263].

La nature, en ce domaine, peut se montrer cruelle et refuser à l'homme ce à quoi il tient souvent le plus : l'enfant. Partout, y compris chez nous, la stérilité est identifiée à une malédiction : masculine ou féminine, elle est vécue par ceux qu'elle afflige comme une perte substantielle de leur identité sexuelle, abolissant la part d'immortalité que nous avons le pouvoir de transmettre. D'où l'inflation du mot, signe de l'angoisse latente : de simples difficultés temporaires à engendrer déclenchent des consultations à répétition pour « stérilité ». Ce désir d'enfant a trouvé de modernes vecteurs : les « nouveaux modes de procréation » reposent sur la manipulation *concrète* des mécanismes de la reproduction. Face au même problème, les sociétés traditionnelles utilisaient certes la pharmacopée, mais aussi la fiction. Un proverbe Samo (Burkina-Faso) le dit de façon admirable : « *C'est la parole qui fait la filiation, c'est la parole qui la retire.* » La pratique tire toutes les conséquences de ce principe, s'affranchissant presque totalement des conditions initiales de la nature.

Les Nuer (Soudan) concluent des *mariages entre femmes*. Une femme stérile prend une épouse, verse une dot à ses parents, et possède l'autorité paternelle sur les enfants que celle-ci a de géniteurs mâles. Cette femme stérile est considérée comme un homme : elle peut hériter du bétail et recevoir une part des dots versées lors du mariage des filles de son lignage. Toujours dans l'Afrique de l'Est, les Kikuyu vont encore plus loin en instituant des *mariages-fantômes*. Trop âgée pour avoir avec un amant un enfant qui hériterait de son mari décédé, une veuve achète une femme avec les biens du défunt, la fait procréer avec des géniteurs mâles. La femme est considérée comme l'épouse du mort, et ses enfants comme les héritiers du défunt (notre droit positif connaît le mariage posthume, mais celui-ci demeure exceptionnel, et destiné à légitimer des enfants conçus avant le décès de leur auteur).

Avoir un enfant, mais aussi choisir son sexe : ceci nous sera techniquement très bientôt possible. Jusqu'au milieu de ce siècle, les Esquimaux y parvenaient par d'autres moyens, décidant l'inversion du sexe de leurs enfants si celui donné par la nature ne leur convenait pas. Ces enfants étaient nommés *tikkaalia* (« fabriqué, transformé en garçon ») ou *muliakaalia* (« fabriqué, transformé en fille »). Mais cette fiction s'inscrivait profondément dans la réalité. L'enfant acquérait les signes extérieurs de son sexe d'emprunt (vêtements, coiffure), était éduqué à accomplir les tâches y correspondant. Au XXe siècle, garçons et filles retrouvaient à l'adolescence leur sexe biologique, souvent avec des problèmes psychologiques. Ceux-ci pouvaient aller jusqu'au suicide : le naturel ne revient pas au galop.

Dépassement de la stérilité, des sexes : il faut y ajouter celui des générations et de la mort.

L'adoption sert bien souvent de remède à la stérilité. Les Esquimaux pouvaient l'utiliser dans un autre but. Des grands-parents ou leurs collatéraux adoptaient des enfants de la deuxième génération descendante. Ce type d'adoption opère un chevauchement vertical entre les générations, dont l'autre modalité réside dans le système de transmission des noms des défunts aux nouveau-nés : le flux des noms des morts descend, celui des enfants remonte dans le temps. Car le système des noms est un mode de franchissement de la mort : les noms attribués sont ceux d'ancêtres décédés, qui transmettent aux enfants leurs traits de caractère, témoignant ainsi d'une certaine parenté. Les représentations qui sous-tendent ces procédés ne nous sont pas totalement étrangères. En Provence, la coutume veut que le petit-fils porte le prénom de son grand-père décédé, *en sa mémoire*. La plupart de nos prénoms sont ceux de saints, censés nous associer à leurs mérites et nous accorder leur protection. On notera aussi le succès de certains ouvrages enseignant aux parents que le prénom donné à leurs enfants influera sur leur personnalité. Nommer un être, c'est l'incorporer au monde[264] : celui des vivants, mais également des morts, qui lui sont mystérieusement présents.

Mais quelques siècles suffirent à abolir ces alliances.

La rupture de l'alliance

Durant les périodes de fête, les Romains de l'époque classique observent un nombre impressionnant de tabous[265]. Beaucoup sont d'ordre technique. Certains ont trait à la culture du sol. Il est interdit « d'ouvrir le sol », de semer, de faucher le foin, d'émonder les arbres, de creuser des fossés d'irrigation. D'autres visent la domestication des animaux. On ne peut laver les moutons pour nettoyer leur laine, ni les tondre (à moins de sacrifier un jeune chien) ; on ne doit pas atteler les animaux. D'une façon générale, on doit se garder de *novum fieri*, faire du neuf. Les tabous sont le rappel d'un Âge d'or : celui où l'homme était censé vivre heureux, sans avoir besoin de contraindre la nature à produire, pas plus d'ailleurs que de recourir aux lois, aux juges, et aux châtiments pour mener une vie paisible.

Idéalisation d'un lointain passé, qui remonte à la transition néolithique, dont dix mille ans nous séparent. Car pastoralisme et agriculture réalisent une domestication de la nature sans commune mesure avec les procédés utilisés auparavant, durant des millions d'années. Il fallut aux chasseurs-collecteurs de la fin du paléolithique non seulement une grande connaissance du milieu, mais la volonté et les capacités créatives nécessaires à sa transformation. Les céréales sauvages n'étaient pas comestibles ; la domestication des animaux exige une projection de la pensée dans le temps afin que soit imaginée la sélection grâce au croisement des souches. C'est donc aussi le temps que nos ancêtres durent capturer et apprivoiser : on peut douter que l'homme moderne y soit mieux qu'eux parvenu.

Quelques lueurs éclairent ces processus plurimillénaires[266]. La chasse d'animaux est graduellement devenue plus sélective : afin de permettre le maintien et la reproduction des hordes chassées à proximité de leur lieu de séjour, les hommes apprirent à ne chasser que certaines espèces, à certains moments. De même, le ramassage des végétaux privilégia certaines plantes, et les hommes mirent en œuvre des techniques propres à les protéger ou à favoriser leur multiplication. Ainsi des interdits saisonniers placés sur des peuplements spontanés de plantes nourricières : c'est en fait une forme d'agriculture, par le biais de prescriptions magico-juridiques.

Mais jusque là, et pour des millénaires encore, l'homme manifesta la capacité de faire alliance avec une nature sur laquelle il développait son emprise : la majeure partie des sociétés traditionnelles l'ont conclue, alors que pasteurs et agriculteurs y sont au moins autant représentés que les chasseurs-cueilleurs. Quand les premières failles apparaissent-elles ? Peut-être plus tôt qu'on ne le croit. Car l'homme n'a pas attendu la Révolution industrielle pour agresser la nature. Comme nous l'avons vu, celui-ci s'évada par trois fois de l'Afrique aux temps préhistoriques. Or sa pénétration sur les continents où il n'était pas né eut des effets dévastateurs sur certaines espèces animales, en particulier les gros mammifères. Dans les deux Amériques et en Australie, ceux-ci disparurent en masse à une époque tardive de l'ère glaciaire, davantage à cause de lui que des modifications climatiques. Seules les espèces qui purent se reproduire rapidement résistèrent à la menace de l'homme. Sauf en Afrique, dont la faune survécut beaucoup mieux, grâce au phénomène de la co-évolution : l'homme y étant né, les animaux ont évolué en même temps que lui, et ont pu s'y adapter. Au moins jusqu'à notre époque. Car l'homme préhistorique ne disposait malgré tout pas d'un pouvoir sur la nature équivalent au nôtre.

Pour saisir le début du processus relevant de la modernité et conduisant à la rupture de l'alliance, nous devons en fait remonter vers notre Antiquité occidentale.

À ce moment, les Grecs séparent l'homme de la nature. L'espace est pensé autrement[267] : il se géométrise. Virtuellement décomposé en parties ou parcelles, il devient mesurable, afin de permettre ses partages soit entre les familles, soit entre l'État (il est né) et les particuliers. Seule la terre bien délimitée peut être objet de propriété privée. Elle n'est pas pour autant pleinement rationalisée au sens moderne du terme, c'est-à-dire réduite à ce qu'elle paraît. La sacralisation est au contraire manifeste : il y a des dieux des maisons et des champs, qui prennent possession d'une terre qui ne devient telle que par découpage et clôture. Mais celle-ci s'intègre dans une vision du monde plus souple que celle des sociétés traditionnelles, sur laquelle l'homme, et même l'individu, ont davantage prise. Plus tard, le mode de spatialisation baroque, et plus encore, celui du capitalisme libéral, dépasseront ce point d'équilibre, dans un mouvement qu'on ne peut à coup sûr qualifier de progrès : la forme et la matière se séparent, le sujet et l'objet se distinguent ; l'essence se confond avec l'existence. Cette existence prend une dimension largement économique : les lieux sont déterminés par leur valeur économique ou d'échange (nous disons qu'une terre a plus ou moins de valeur en fonction de son classement dans le plan d'occupation des sols). Sans doute cette séparation accompagne-t-elle une plus grande efficacité de l'homme sur l'espace. Mais de quelle efficacité s'agit-il, et l'homme moderne ne gagnerait-il pas à redevenir quelque peu magdalénien ? Car les espaces modernes nous apparaissent aujourd'hui largement frappés de *dévitalisation*. Notre règne est arrivé, mais n'est-ce pas la mort qui est victorieuse, par la perte de sens ? L'écologie, nous le verrons[268], opère là une réaction salutaire.

Mais toutes les modalités d'intervention de l'homme sur l'espace et la nature ne sont pas également mortifères et ne réagissent pas de la même façon sur nos conceptions juridiques. Celles-ci, je l'ai dit[269], sont liées aux visions religieuses et cosmologiques. Il semble qu'elles correspondent aussi, très logiquement, aux rapports noués avec la nature.

Le pastoralisme et l'agriculture correspondent à des modes d'intervention directs : les troupeaux sont conduits avec autorité, l'animal attelé est asservi, le champ est ouvert et récolté en masse. Aristote nous dit : « *Il n'y a point d'amitié possible envers les choses inanimées pas plus qu'il n'y a de justice envers elles, pas plus qu'il n'y en a de l'homme au cheval et au bœuf, ou même du maître à l'esclave en tant qu'esclave*[270]. » Singulier contraste avec le discours de bien des sociétés traditionnelles[271] ! Mais l'horticulture procède d'un autre esprit : là, homme et nature collaborent davantage qu'ils ne s'affrontent. L'homme veille de très près à la croissance de chaque plante du jardin (ne parle-t-on pas encore, chez nous, de ces jardiniers qui ont « la main verte » ?). Et l'on est tenté de suivre A.G. Haudricourt lorsqu'il établit des parallélismes entre « les dieux qui commandent, les morales qui ordonnent, les philosophies qui transcendent », familiers aux civilisations de l'*ager* et du *pascuum*, alors que « les morales qui expliquent et les philosophies de l'immanence » auraient davantage à voir avec les civilisations de l'*hortus*. Est-ce d'ailleurs un hasard si nos sociétés post-modernes découvrent *simultanément* l'écologie et un droit non impératif ? En tout cas, l'horticulture a à voir avec l'Âge d'or. Les paradis terrestres sont souvent des jardins… comme peut-être les célestes : les visions des individus revenus du coma font souvent allusion à un au-delà apparu comme un merveilleux jardin[272].

Les transformations opérées par la modernité dans les représentations de l'espace accompagnent la transition de l'objet vers la chose. Pour J. Poirier, « *dans les sociétés traditionnelles, la plus grande partie des objets ne sont pas vraiment des choses ; la modernité apparaît quand les choses deviennent les plus nombreuses* »[273]. Comme toujours, c'est d'une différence de degré qu'il s'agit : il y a des choses dans les sociétés traditionnelles (outils et ustensiles d'importation), et des objets dans les sociétés modernes (photographies d'êtres chers ; édifices cultuels : il faut désacraliser une église avant de l'affecter à un usage laïc ; drapeau : dans les cérémonies militaires, on présente le régiment au drapeau, et non l'inverse ; vaisseaux : les bâtiments de guerre sont bénis, etc.).

Le droit enregistre cette rupture de l'alliance, qu'ont inaugurée les diverses transitions et séparations que je viens de citer. Ici encore, il faut revenir à l'époque des Lumières, et à leurs précurseurs[274]. Déjà F. Bacon (1561-1626) tranchait : « *La nature est une femme publique ; nous devons la mater, pénétrer ses secrets et l'enchaîner selon nos désirs.* » Pour Locke (1632-1704), Dieu a donné la terre à l'espèce humaine pour se l'approprier ; l'homme est lui-même propriété de Dieu, mais tous les hommes sont libres et égaux entre eux. L'appropriation de la nature est donc voulue par Dieu, et souverainement opérée par l'homme. Elle est de plus condition de sa liberté vis-à-vis des autres hommes, la monnaie permettant de négocier les surplus, donc de tirer un parti maximum de ce droit de propriété. A. Smith (1723-1790) soutiendra des théories similaires : tous deux glissent de la primauté des relations entre les hommes à celle des relations entre l'homme et la nature. Mais c'est essentiellement à travers les échanges marchands que ces rapports sont conçus. L'économique est devenu une catégorie autonome. En 1804, le Code civil entérinera cette autonomie. Son Livre premier est consacré aux personnes (514 articles sur un total de 2283), son Livre II aux « Biens et aux différentes modifications de la propriété », son Livre III aux « différentes manières dont on acquiert la propriété ».

Et le corps ? Quel est son destin dans toutes ces transformations ?

Son statut est ambigu. Dans les sociétés traditionnelles elles-mêmes, il est rarement magnifié... de son vivant. Mais la mort le transforme en cadavre, et en objet : loin d'y voir une chose, on lui consacre beaucoup d'attention et de rites[275]. Dans les sociétés modernes, c'est l'inverse : son culte est célébré quand il se trouve en pleine vie, sous ses formes les plus aimables (encore que du culte du corps au corps-chose d'une sexualité sans esthétique, le glissement peut être rapide). Mais dès la mort, on s'en détourne, l'abandonnant aux croque-morts (l'expression est significative), ou aux chirurgiens, à fins de dissection (terminologie non moins probante, celles des praticiens, qui parlent alors de « viande »).

Le droit n'est pas allé aussi loin dans la réification. Le Code civil de 1804 (art. 637, 1780) met le corps à l'abri de la propriété et des échanges : on ne peut enchaîner une personne au service d'un immeuble, ni louer sa force de travail pour une période indéterminée. On a par ailleurs déduit du Code (art. 1108, 1126 à 1130) le principe d'indisponibilité interdisant que le corps ou ses parties soient objets de commerce. Cependant, ces protections sont de moins en moins sûres depuis une vingtaine d'années : l'avortement thérapeutique (lois de 1975 et 1979), sous réserve d'un état de détresse, donne à la mère un droit de disposer pour elle-même et pour l'embryon. Et les nouveaux modes de reproduction, la notion — fort peu juridique — de « droit à l'enfant » posent des problèmes non moins aigus. Faut-il d'ailleurs s'en montrer si surpris ? L'indisponibilité de la personne et du corps humain procède d'intentions légitimes : c'est un verrou à ne pas faire sauter. Mais le sens de l'évolution — inaugurée il y a fort longtemps — ne se situe pas dans cette direction. On peut craindre au contraire que s'étant séparé de la nature et constitué en individu, en ayant complètement dissocié sacralité et reproduction, l'homme n'en vienne aussi à se distinguer de son propre corps. Plusieurs signes nous le font redouter. Mais inversement, d'autres plaident en faveur de la recherche d'une nouvelle alliance. Nous sommes à la croisée des chemins.

Avant de poursuivre, délimitons-les bien. Le premier est celui emprunté par les sociétés humaines depuis les origines jusqu'à nos jours, sur lequel elles ont couvert une grande distance, chacune à leur rythme et selon des étapes différentes. Toutes ont dû se situer par rapport à un donné naturel, tantôt conciliant envers l'homme, tantôt contraignant ou même hostile. Celui-ci a réagi par des procédures d'alliance ou de maîtrise. Même si dès la préhistoire l'homme n'a pas hésité à affirmer son droit sur l'environnement, parfois de façon brutale, l'alliance a prédominé sur la force. La fiction a pour sa part opéré des transformations que la technologie ne permettait pas, procédé autorisant leur réversibilité : une maîtrise, mais raisonnable. Aujourd'hui, c'est d'autre chose qu'il s'agit. Car nous avons acquis les moyens techniques de modifier la nature — et notre nature — dans la réalité, de manière peut-être irréversible : tel est le second chemin. Un troisième, heureusement, se dessine, qui permettrait de conclure une nouvelle alliance. Sans renoncer aux avantages de la technologie moderne (il existe nombre de procédés de dépollution, sans parler des acquis de la médecine), nous pourrions nous rapprocher des idéaux des sociétés traditionnelles, désireuses de vivre en harmonie avec la nature. Il ne s'agirait pas pour autant d'un quelconque « retour ». Car dans le cas des sociétés postmodernes, ce comportement résulterait d'un choix libre et responsable, impliquant que nous renoncions aux énormes pouvoirs que nous livre la technologie actuelle et à venir, et que les sociétés traditionnelles n'avaient pas. Peut-être le ferons-nous si nous réfléchissons qu'en continuant sur le second chemin, nous risquons de nous perdre.

En décembre 1990, le Comité national d'éthique donne un avis favorable à l'utilisation sur l'homme de thérapies géniques, dont il définit limitativement l'emploi. Est autorisée l'introduction d'un ou de plusieurs gènes dans des cellules *somatiques* du corps humain, sorte de greffe microscopique qui ne modifie en rien l'identité des malades. En revanche, le Comité se prononce contre toute altération des cellules *germinales* (ovules ou spermatozoïdes), dans la mesure où elle pourrait se transmettre et modifier ainsi le génome de l'espèce humaine débouchant éventuellement sur la fabrication de nouveaux esclaves. L'homme se pose donc ici comme limite de ses propres manipulations de la nature. Mais certaines pratiques vont bien au-delà. Quelques semaines plus tard, à Birmingham, une jeune femme vierge se fait inséminer, la même clinique dispensant ce service à des lesbiennes fécondes refusant la pénétration masculine[276]. Le droit à l'enfant s'oppose ici aux droits de l'enfant. On éprouve en effet de légitimes inquiétudes quant à l'éducation reçue par celui-ci à partir de prémisses telles que le refus de la sexualité. On peut admettre que le désir de maternité n'ait qu'un lointain rapport avec la sexualité, mais celle-ci fait partie de l'apprentissage de la condition d'homme et de femme, à peine de la certitude du malheur. Jusqu'où modifier la nature, et notre nature, sans payer un prix trop lourd ?

Lacunes des droits de l'homme : ceux-ci ne définissent pas l'homme, leur objet même, et la nature y est conçue de façon abusivement anthropomorphique, c'est-à-dire niée[277].

Dans tout ceci, nul n'est besoin de prêcher l'importance du droit : tout le monde en est bien convaincu. Mais à quel titre doit-il intervenir ? Plus précisément, quel sens donner aux définitions et classifications juridiques ? Elles impliquent un jugement plus qu'elles ne prétendent exprimer la vérité. Le droit pourrait décider qu'un utérus est un objet de location pour qu'on puisse le donner à bail, que les murs des portes et des villes ont un caractère religieux (le droit romain en faisait des *res sanctae*), que la filiation dérive de la réalité biologique ou d'un ensemble de comportements sociaux : tout cela peut se discuter — les juristes ont raison de le faire — mais le droit prend position afin que soient tracées des frontières entre le souhaitable, le permis, le licite et l'interdit. Il pose donc des limites aux droits subjectifs. Une femme peut désirer se faire inséminer grâce au sperme congelé de son mari défunt, estimer que c'est « son droit » : en 1991, un tribunal s'y est opposé dans un cas où le défunt était mort du SIDA. Le droit est donc une arme redoutable : suivant la manière dont on l'utilise, il peut construire l'homme, ou le détruire ; le dissocier du monde, ou l'y réunir. Notre droit positif donne des exemples des deux types de processus.

Les tribunaux français ont pendant longtemps limité l'emprise de l'homme sur la nature, en décidant que la nature et ses lois ne pouvaient être appropriées. Conséquence : les mécanismes naturels ne peuvent être brevetés. Position logique, dans la mesure où le brevet s'analyse comme un monopole d'exploitation temporaire permettant au seul inventeur de mettre son invention sur le marché. On peut breveter des procédés de fermentation, mais pas la fermentation elle-même.

Le changement est venu d'Amérique, où règne plus qu'ailleurs la logique du marché[278]. Jusqu'en 1930, tout le vivant animé (végétal, animal, homme) était sacré, et exclu du champ de la loi sur les brevets : même les plantes obtenues artificiellement étaient des produits « naturels ». Mais les végétaux représentent une forme de vie que nous avons appris à considérer comme éloignée de la nôtre (alors que les sociétés traditionnelles peuvent faire d'un végétal un ancêtre totémique). Le passage à une autre conception du vivant s'est donc d'abord fait à leurs dépens. En 1930, le Congrès américain vote le *Plant Act*. Désormais, il faut distinguer non plus entre les choses vivantes et inanimées, mais entre les produits de la nature — vivants ou non (le minéral est expressément visé) — et les inventions de l'homme (par exemple la découverte d'une plante : bien que vivante, elle doit l'essentiel à l'homme, puisque la nature ne peut la répéter sans son aide). L'homme s'introduit donc juridiquement dans le vivant : son pouvoir de modifier la nature — dont personne ne contestait la réalité technique — débouche sur la possibilité juridique de son appropriation. Changement vertigineux. Auparavant l'homme était inclus dans la nature animée, avec le végétal et l'animal. Il s'en distingue maintenant au nom de sa capacité inventive, lui donnant des droits — au sens technique du terme — sur cette nature, premièrement soumise dans le règne végétal. Cela à des fins d'exploitation. Les Romains qui qualifiaient les esclaves d'instruments dotés de la parole suivaient le même raisonnement : distinguer pour soumettre. Un demi-siècle plus tard, un nouveau pas est franchi. En 1980, la Cour Suprême des États-Unis fut saisie d'un litige portant sur la brevetabilité d'une bactérie (décision *Diamond V. Chakrabarty*). Des chercheurs avaient mis au point une nouvelle bactérie capable de contrôler les pouvoirs de dégradation du pétrole en introduisant dans une bactérie simple (existant à l'état naturel) certains plasmides, unités héréditaires physiquement séparées des chromosomes de la cellule. Le procédé avait d'importantes conséquences commerciales, d'où la demande de brevet par les chercheurs. La Cour leur donna satisfaction, en décidant que la nouvelle bactérie n'était pas une œuvre de la nature, mais de l'homme. C'était reconnaître une nouvelle catégorie de vie, *artificielle*, due à l'homme, distincte de la vie naturelle. La décision de la Cour Suprême opère donc une reconnaissance accrue de la maîtrise de l'homme sur la nature (il peut la concurrencer dans la production de la vie). Elle rapproche aussi l'échéance de sa propre dissociation : les bactéries, êtres unicellulaires, représentent une forme de vie pré-animale. Cinquante ans avaient été nécessaires pour effectuer cette transition à partir du végétal. Sept suffisent pour passer de la bactérie à l'animal : en avril 1987, le département américain du commerce annonce que l'on pourra déposer des brevets protégeant de nouvelles formes de vie animale obtenues par manipulations génétiques. Quelques mois plus tard, une compagnie privée, *Genome Corporation*, est créée, dont l'objet social sera de séquencer des parties du génome humain pour vendre les informations mises sur ordinateur à qui voudra les acheter, ce qui implique leur appropriation par l'entreprise[279]. En 1988, l'office américain des brevets a accepté de breveter « Myc-Mouse », une souris dont les chromosomes ont été manipulés de façon à y faire apparaître un gène favorisant le déclenchement de certains cancers, pour pouvoir tester les traitements contre cette maladie.

Sans doute n'est-on pas encore parvenu en France à ces extrémités : les limitations apportées par le Comité d'éthique aux thérapies géniques en témoignent. Mais la jurisprudence française suit, avec un temps de retard, le cheminement des autorités américaines. En 1965, la cour d'Aix-en-Provence a repris le raisonnement du *Plant Act* en jugeant qu'une variété florale pouvait être brevetée si elle résultait d'une intervention humaine dont les effets ne pouvaient être atteints par le simple jeu des forces de la nature.

Mais quelle est la force qui préside à ces innovations ? Le progrès technique les permet, il ne les nécessite pas. C'est donc ailleurs, *dans la culture*, au sens anthropologique du terme, qu'il faut chercher. Et nous savons que notre civilisation a fait le choix culturel de l'économique, dont elle a proclamé dès le XVIIIe siècle l'autonomie. Subterfuge, destiné à l'affranchir de contraintes susceptibles de brider la « logique » du marché, dont nous voyons ici les effets. Car l'extension du champ de la brevetabilité traduit la puissance croissante du marché. Et plus précisément, la pesanteur du négoce sur la propriété.

À la fin du XVIIIe siècle, l'homme est déjà dans un rapport de domination vis-à-vis de la nature. Mais il lui reconnaît certaines limites : certains éléments (l'air, le feu) sont inappropriables car ils forment le patrimoine commun de l'humanité. La Révolution survalorise le droit de propriété (la Déclaration des droits de l'Homme de 1789 en fait un droit inviolable et *sacré*), dans lequel elle voit la garantie de la liberté. D'où l'extension de son champ des biens matériels aux œuvres de l'esprit, biens immatériels. Mais ici encore des limites s'imposent : sont considérées comme inappropriables les idées, les méthodes thérapeutiques ou d'enseignement, les plans et combinaisons de crédit, etc. Ce qui crée de sérieuses entraves à l'exploitation commerciale des technologies nées des révolutions industrielles du XIXe siècle. On s'en rend vite compte : le concept de propriété intellectuelle commence à dériver dans une direction tendant à sacraliser non plus la nature ou l'esprit, mais les mécanismes du marché. La propriété industrielle s'autolimite sur le modèle de la propriété foncière ? On n'a qu'à s'éloigner de l'idée de propriété : les industriels tiennent moins à la propriété d'une technique qu'à la possibilité d'accéder au marché. On parlera désormais plutôt de droits intellectuels (fin XIXe), de droits de clientèle (années cinquante) et de réservation de valeur (années quatre-vingts) : la fonction crée le concept, et ses organes terminologiques.

Au cours de notre siècle, le droit a donc désacralisé la nature et le vivant. Pour les utiliser, l'homme moderne ne choisit plus de s'y allier, mais de les soumettre, toujours plus impérieusement, en forgeant les outils juridiques adéquats. Dès lors, pourquoi ne pas subjuguer aussi la personne humaine au marché ?

Car certains de ses éléments peuvent se voir dotés d'une valeur économique. Le corps, par exemple, et, par extension, la matière humaine. Car on a reconnu *de iure* par le biais de la brevetabilité que l'homme pouvait produire dans les règnes végétal et animal du vivant artificiel. Pourquoi son intervention active sur certains de ses constituants ne les ferait-il pas transiter du vivant naturel à l'artificiel, vers le marché ? Certes, les droits de la personnalité (la voix, l'image) sont négociables et cotés sur le marché. Mais le sujet continue à exercer sur eux un certain contrôle et peut s'opposer à une exploitation indue : démembrés de la personne, ces droits continuent à lui appartenir. D'autre part, tout individu peut donner ou léguer un de ses organes : mais en droit français, seul le don est autorisé, non la vente, ce qui les fait échapper à la logique économique du marché. Aujourd'hui, il s'agit de tout autre chose : le génome humain pourrait être envisagé comme un matériau biologique, certains gènes plus désirés que d'autres suivant les cultures commercialisés, des embryons humains sans filiation juridiquement constatée utilisés à des fins diverses. Certaines hypothèses sont encore de l'ordre de la fiction. Mais on a déjà franchi d'importantes étapes vers la désacralisation de l'humain. En voici quelques exemples.

L'avortement, tout d'abord, dépénalisé, même si certains mouvements, aux USA et en Europe, en font apparaître plus fréquemment qu'auparavant la contestation. *Infans conceptus pro nato habetur*, point de vue des juristes romains qu'épousait la Cour de Cassation en 1929 et qu'elle a élevé en 1985 au niveau de principe général du droit : « *L'enfant conçu est considéré comme étant déjà né en tant que son intérêt l'exige.* » La science nous apprend que dès ses premières semaines, l'embryon acquiert des caractères biologiquement fondamentaux. Est-il un être humain ? Nous savons que le droit est plus acte de jugement que constat de vérité. Autrement dit, même si nous avions la preuve scientifique intégrale que, dès les premières secondes suivant la conception, l'embryon était fondamentalement un humain, le droit pourrait prendre ses distances avec cette réalité. Dans le doute, nos prédécesseurs établissaient une fiction au profit de l'enfant. Car le dilemme est terrible, comme le choix qui doit y mettre un terme : jamais la décision d'interrompre une vie ne devrait pouvoir être banalisée. Au moins est-on certain que l'avortement met bien fin à une vie. Mais cette vie est-elle celle d'un être humain ? Deux réponses sont possibles.

Soit l'on considère que l'humanité commence dès la conception, dans la mesure où celle-ci met en branle les processus biologiques qui en sont le soutien et l'expression (notamment la formation très précoce du système nerveux). Paradoxalement, la loi de 1975 dépénalisant l'avortement semble le supposer. Son article 1er stipule que « *la loi garantit le respect de tout être humain dès le commencement de la vie* », ce qui fait écho à la présomption romaine. Dans le même sens, le Conseil d'État, dans un rapport sur la bio-éthique, a clairement décidé que l'embryon ne pouvait être considéré comme une chose ; le Comité consultatif national d'éthique a affirmé que l'embryon était dès la conception une « *personne humaine potentielle* ». Mais celui-ci ne bénéficie pas pour autant d'une inébranlable protection.

Tout d'abord, un être humain vivant n'est pas automatiquement une personne, *au sens juridique du terme*, c'est-à-dire un sujet de droits. L'absent ou le disparu peuvent être toujours vivants, on peut néanmoins leur retirer leur qualité de sujets de droits. X. Labbee, auteur d'une thèse récente sur la condition juridique du corps humain, pense même qu'au regard du droit positif, l'enfant conçu n'est nullement doté *ab initio* d'une personnalité qui anticiperait sa naissance. C'est au contraire cette dernière qui, *rétroactivement* et par le biais d'une fiction, ferait remonter à la conception le début de la personnalité. Avant la naissance, l'embryon ne serait *juridiquement* qu'une partie du corps de la mère, une personne par destination (de même que les juristes parlent d'immeuble par destination pour désigner un objet meuble par nature, mais dont la situation particulière le fait qualifier d'immeuble : par exemple une statuette scellée dans un mur). De plus, même en faisant l'économie de cette discussion, on se trouve face à une autre difficulté quant à la protection de l'embryon. Car deux cas peuvent se présenter. Soit le respect qui lui est dû est absolu, soit il est relatif.

En décidant que certains cas justifient qu'on puisse ôter la vie à l'embryon, le législateur français a opté pour la seconde solution. En combinant ces cas avec la fixation de délais, il a également relativisé la garantie accordée à l'être humain dès le début de la vie. La femme enceinte peut en effet demander à subir une interruption de grossesse jusqu'à la dixième semaine, si elle se trouve en état de détresse, mais elle est la seule à pouvoir apprécier cet état. Il constitue donc une notion purement subjective, solution dont s'écartent plusieurs législations étrangères, qui ne peut, en pratique, faire obstacle aux avortements dits de « complaisance », dont la détresse est absente. Au-delà de dix semaines, et à toute époque, l'interruption peut être pratiquée si deux médecins admettent que la poursuite de la grossesse met en péril grave la santé de la femme, ou s'il existe une forte probabilité que l'enfant à naître soit atteint d'une affection grave et incurable.

Être vivant, humain, et au moins personne potentielle, l'embryon ne bénéficie donc que d'un droit à la vie relatif, qui doit notamment s'incliner, en cas de contrariété, devant le droit subjectif maternel.

On pourrait aussi décider que l'humanité ne s'acquiert que progressivement, ce qui constitue la seconde grande réponse possible. Parlant de l'âme, Aristote et saint Thomas partageaient cet avis. C'est aussi le cas de bien des sociétés traditionnelles : l'infanticide peut y être une pratique largement répandue. La naissance elle-même peut perdre du caractère primordial qu'elle conserve chez nous. L'infanticide s'accomplit certes en général peu de temps après l'accouchement. Mais ces sociétés pensent souvent que l'enfant lui-même met du temps à devenir vraiment humain ; d'où la coutume fréquente de ne lui donner un nom qu'après plusieurs années. Soit. Mais le principe de progressivité a ses risques. Que faire des vieillards, dont l'affaiblissement ou la sénilité pourraient être interprétés comme une régression du processus d'humanisation ? Les sociétés traditionnelles respectent en général leurs anciens, alors que nous ne sommes déjà que trop portés à nous en détourner.

De plus, assigner un terme précis au début de l'humain est aussi périlleux que dater au jour près la décadence de l'Empire romain.

Les seuls points de repère précis que nous ayons sont ceux de la conception et de la naissance. Le droit positif privilégie la naissance : c'est elle qui sépare l'avortement de l'infanticide ; en droit successoral, l'enfant né n'est pleinement héritier qu'à condition qu'il soit viable.

Il est exact que la naissance confirme l'existence d'un être humain en décidant de sa viabilité hors du sein maternel. Cependant la conception en est davantage l'acte initiateur, par la jonction des gamètes des parents. D'où l'ancienne présomption. D'autre part, la jurisprudence, dans des arrêts peu connus, a creusé l'écart avec la nature. Comme on le sait, l'espèce humaine se reproduit suivant un mode sexué, impliquant la rencontre de l'ovule et du spermatozoïde. Biologiquement, l'enfant est donc celui de ses *deux* auteurs. Or le Conseil d'État, dans un arrêt du 31 octobre 1980, a décidé que le père n'avait aucun droit à s'opposer à une IVG ; quelques semaines plus tard (le 13 décembre 1980), la Commission européenne des droits de l'homme a statué dans le même sens (alors qu'en 1991 et en France, 68 % des hommes de 25 à 35 ans considèrent que la paternité est le moment le plus important de leur vie). Le droit sur l'embryon est donc bien un droit subjectif *maternel*, fondé sur le droit de chacun, homme ou femme, à disposer de son propre corps.

Alors que faire ? Doit-on revenir aux faiseuses d'anges, aux aiguilles à tricoter et abandonner les mères en détresse ? Non, mais adopter une législation plus respectueuse de l'humain. La prohibition absolue de l'avortement pourrait également le heurter en faisant trop peu de cas de la mère, et l'obligeant à mettre au monde un être qui serait son produit, mais non son enfant. Mais la transformation de l'avortement en un droit subjectif, *sa possible banalisation* n'en constituent pas moins des extrêmes regrettables. On dit, et c'est vrai, que même dépénalisé, la plupart du temps l'avortement est un drame pour les femmes qui y recourent. Mais jusqu'à quand ? L'habitude peut venir, et dissiper bien des angoisses. Et surtout, ce n'est peut-être qu'un début : en tirant sur une maille, on peut défaire tout le vêtement. Le respect de l'humain implique celui de certaines limites : le droit est tout-puissant, ce n'est pas une raison pour lui permettre de tout faire. Observons que nous vivons *simultanément* les excès du droit à l'enfant et ceux du droit à sa suppression : c'est que nous avons légalisé en ces domaines l'accomplissement du désir. Or il doit se mesurer avec le principe de réalité : l'Humain en fait partie. Ce qui implique de le distinguer de la chose ou du vivant non humain, et de protéger la personne, au besoin en limitant les droits subjectifs, opération qui n'a rien de scandaleux, tant elle est fréquente dans tous les domaines du droit (la propriété privée peut être expropriée ; la théorie de l'abus de droit interdit au titulaire d'un droit d'en user pour nuire à son prochain).

La dépénalisation de l'avortement pose le problème du respect de la condition humaine dans son origine. Le *transsexualisme*, mon second exemple, l'aborde au niveau de sa différenciation, qui commande non seulement notre reproduction, mais l'articulation de notre famille. Ici encore, le droit peut tout faire, y compris changer un homme en femme, et vice versa. Les Esquimaux s'en sont aperçus avant nous[280].

En 1975, la Cour de Cassation n'en a pas moins limité cette potentialité. Quand la transformation physique est délibérée (individu se soumettant volontairement à un traitement hormonal ou à des opérations chirurgicales), l'ordre public s'oppose à ce qu'un changement d'état civil suive ces manipulations. Lorsqu'elle est subie (expériences faites sur des prisonniers, durant leur captivité, par exemple), l'ordre public n'est en revanche plus atteint. Dans les années qui suivirent, des juridictions du Sud-Ouest (Toulouse, Agen) abordèrent le problème de façon plus souple. À Agen notamment, le juge admit que le sexe était une réalité non seulement physiologique, mais psychologique et sociale. Mais en 1990, la Cour de Cassation confirma par quatre arrêts la rigueur de sa position : le sexe psychologique ne doit pas prévaloir sur le sexe physique (tel qu'il est constitué par les gènes, les hormones et l'anatomie). Faut-il crier à l'insensibilité des juristes aux souffrances humaines, à leur hostilité aux marginaux ? Je ne le pense pas. D'une part, il ne suffit pas de mettre fin à certains caractères sexuels (notamment par des interventions chirurgicales ou la pose de prothèses) pour passer à l'autre sexe. D'autre part, au niveau de la technique juridique, la reconnaissance du changement de sexe poserait des problèmes importants, mais que l'on peut résoudre. Est-il une cause d'annulation du mariage, peut-il être invoqué à titre de faute par le conjoint non consentant désireux de divorcer ? Un transsexuel dont l'état civil est modifié peut-il se marier ? De tout cela, on pourra décider. D'autant plus qu'à la différence de l'avortement, le transsexualisme ne concerne qu'une minorité de personnes. Oui, mais sa reconnaissance juridique porterait atteinte à un principe qui, lui, concerne chacun d'entre nous. Car ici encore, il faut craindre les phénomènes de résonance.

Dans toutes les sociétés connues, la différenciation sexuelle s'est étendue à d'autres niveaux, structurant l'humain : division du travail, représentations du féminin et du masculin, règles de parenté, sans compter son importance dans le développement psychologique de l'enfant. Or la reconnaissance juridique du transsexualisme, loin de seulement soulager quelques souffrances individuelles dont personne ne conteste la réalité, peut remettre en question tout cet édifice. Soit, comme le proposent certains auteurs, elle aboutit à la définition d'un troisième sexe où seraient rangés tous ceux dont le sexe n'est pas homogène : on tremble à l'idée d'un tel ghetto. Soit, comme c'est plus souvent le cas, elle ne modifie pas la position bisexuée de notre espèce, mais opère le transfert d'un sexe à l'autre. Même dans cette seconde hypothèse, on laisse malgré tout s'effriter la frontière entre les sexes. Et pourquoi pas ? rétorquera-t-on. La division sexuelle du travail s'atténue ; dans les sociétés post-modernes, selon des sondages effectués en France en 1990 et 1991, 58 % des hommes considèrent de façon positive la réduction des différences de comportements entre hommes et femmes, rejoints en cela par 62 % des femmes (mais chez les jeunes de 20-25 ans, hommes et femmes, c'est la tendance inverse que l'on constate) ; les familles monoparentales matricentrées et, plus encore, recomposées, se multiplient. Phénomènes qui marquent bien la distance prise avec les données *naturelles* de la famille ; elles ne sont qu'un des éléments de son humanité. Un enfant, une famille se construisent : pourquoi pas le sexe ? Les anthropologues répètent bien souvent que l'humain tient davantage à la culture qu'à la nature… Certes, mais la culture a aussi ses limites, qu'elle doit respecter sous peine d'implosion. Que deviendront famille et parenté si l'on fragilise à l'excès la différenciation sexuelle, un de ses principaux fondements ? Au moins faudrait-il, auparavant, avoir défini des structures anthropologiques de remplacement, ce qui n'est pas le cas. Affaiblie sans être rénovée, la famille court deux périls inverses, mais également atrophiants. Soit celui de sa dissolution : l'analyse sociologique de la criminalité montre ce qui peut en résulter. Soit, plus probable, celui de sa sclérose : en témoigne la diffusion actuelle de la « famille-cocon », enceinte dans les remparts de la parenté. Ce serait la fin des fonctions que l'anthropologie et l'histoire nous montrent qu'elle accomplit depuis des millénaires. Dans bien des sociétés, elle servit de modèle à l'organisation politique et économique ; dans toutes elle fut la condition première de la constitution du lien social : l'alliance, dont la prohibition de l'inceste fonde la signification sociale, la structure tout autant que la filiation, et repose sur la différenciation bi-sexuelle.

Mais il existe d'autres cas, plus fréquents que le transsexualisme, où se manifeste actuellement notre désir de maîtrise de la nature, sans que nous sachions où en tracer les limites, d'où l'appel aux juristes. Ce sont les nouveaux modes de procréation, mon troisième exemple.

Paradoxalement, on y recourt par un désir de rapprochement avec la nature : on veut un enfant *à soi*, de ses propres gènes. Et ce que la nature, dans son imperfection, peut refuser, on va la contraindre à le donner quand même, au prix d'un certain nombre de manipulations physiques et juridiques. Ceci nous incite à nous demander ce qu'est un enfant. La nature répond toujours : le produit de la rencontre des gamètes de ses auteurs, opérée à la suite de rapports sexuels, achevé par la grossesse dans le sein de la mère, manifesté par la naissance, et pris en charge par ses parents. Mais cette réponse est à la fois fausse et incomplète. Fausse parce que la technologie permet de dissocier rapports sexuels, conception, grossesse et naissance. Incomplète parce que dans l'espèce humaine, la volonté d'être parent, la possession d'état peuvent compter tout autant que le seul rapport biologique. Le droit romain, en privilégiant l'adoption, ou en permettant au père de refuser l'enfant qui lui était né, accordait toute son importance à la volonté. De même, dans l'Europe chrétienne du XVIe au XVIIIe siècle, le culte voué à saint Joseph valorisait la paternité volontaire au détriment des liens naturels. Les nouveaux modes de procréation donneraient donc une chance inestimable à l'enfant, en en faisant avant tout un être voulu, désiré, au-delà des déterminations biologiques. En ce domaine au moins, la maîtrise de la nature aboutirait au bonheur.

N'allons pas trop vite en chemin. C'est en rompant des liens qu'on prend conscience de tout ce qu'ils nouaient.

En 1987, la cour de New-Jersey, aux États-Unis, eut à se prononcer sur la validité d'un contrat aux termes duquel le couple Stern, dont la femme était stérile, avait requis par contrat les services de Mme Whitehead. Moyennant finances, celle-ci devait être artificiellement inséminée par M. Stern, porter l'enfant et le mettre au monde, puis le remettre à M. Stern et à son épouse. Or, l'enfant né, elle se refusa à le délivrer. Le tribunal l'y contraignit, au motif que le contrat était parfaitement valable. M. Stern était le père biologique de l'enfant, engendré à partir de sa semence, ce qui excluait l'hypothèse, interdite par le droit, qu'il ait acheté son enfant. Le prix versé à Mme Whitehead était la simple rémunération d'un contrat d'entreprise : le maître de l'ouvrage apportait son matériau — le sperme — le maître d'œuvre son travail, la gestation. Mais au nom de quoi écarter l'incontestable maternité biologique de Mme Whitehead, qui avait non seulement porté l'enfant, mais l'avait engendré à partir de son ovule ? Le juge répondit que la volonté du couple Stern d'avoir un enfant était plus forte que ce fait de nature. Cette décision illustre la toute puissance du contrat, trait caractéristique de la mentalité juridique américaine : tout peut être réglé par un accord de volontés, y compris la liberté de disposer de son corps. Dès lors la distinction entre les personnes et les biens s'affaiblit, et la logique du marché peut se déployer : car l'intérêt économique trouve alors son expression juridique. Les tribunaux français n'ont pas suivi cette argumentation.

Ils ont rappelé dans une série d'arrêts que seules les choses sont dans le commerce et peuvent faire l'objet de conventions : tout contrat prenant le corps humain pour objet ou pour cause est nul d'ordre public. Cette rigueur peut paraître injuste, car elle empêche des couples d'avoir un enfant, alors que cela leur est devenu techniquement possible. Pourquoi sacrifier un désir d'enfant, un des plus grands bonheurs permis à l'homme, à un principe abstrait ? La réponse est simple : parce qu'en abolissant les principes, on prépare des souffrances et des injustices plus grandes encore. Mais hélas, comme dans tous les exemples précités, le droit n'a pas les anesthésiques de la chirurgie qu'il doit pratiquer.

Cependant, la jurisprudence française ne marque pas partout la même constance. Dans d'autres cas, elle a tranché en suivant une inspiration différente. En 1984, le tribunal de Créteil a autorisé une veuve à se faire inséminer grâce au sperme que son mari avait fait congeler avant sa mort, justifiant sa décision par l'idée que la procréation était une des fins du mariage. Or, sous les apparences de la fidélité à la nature, cette décision nous en écarte de façon vertigineuse. D'une part, elle sépare sexualité et engendrement, procréation et fécondation, ce qu'on peut d'ailleurs en général reprocher aux nouveaux modes de procréation, qui diffèrent en cette dissociation des fictions élaborées par les sociétés traditionnelles[281]. À quoi on peut répondre que les couples qui y recourent ne le font pas dans le but d'annuler la sexualité, mais parce que les carences de la nature ne leur laissent pas d'autre choix. C'est parfaitement exact, mais nous revenons ici au problème des résonances : dans l'avenir, la légalisation de ces procédés peut effectivement permettre la séparation *délibérée* de la sexualité et de la reproduction, comme le montre bien l'affaire de la « vierge-mère » de Birmingham. D'autre part, le tribunal de Créteil a sacrifié les droits de l'enfant au droit maternel à l'enfant, puisqu'il a autorisé la conception d'un enfant qui, avant même d'exister, a perdu son père biologique.

Autre signe inquiétant : le 15 juin 1990, la Cour d'Appel de Paris a jugé que la maternité de substitution est le moyen licite de satisfaire le droit naturel à la fondation d'une famille, par la procréation. La fin justifie les moyens. Heureusement, la Cour de Cassation en a décidé autrement. Le 31 mai 1991, elle a rendu un arrêt condamnant fermement ces pratiques. L'avocat général récusa la notion de droit à l'enfant, ainsi que la référence aux droits de l'homme opérée par les partisans du recours aux mères porteuses. La Cour le suivit. Pour elle, ces procédés sont contraires à l'indisponibilité du corps humain et de l'état des personnes, et aboutissent de surcroît au détournement de l'institution de l'adoption (le schéma est en effet le suivant : une mère de substitution signe un contrat avec un couple, se fait inséminer par le sperme du mari, abandonne l'enfant à la naissance ; celui-ci est reconnu par le père biologique, et adopté par son épouse). L'interdiction vaut pour toutes les transactions, qu'elles soient opérées à titre gracieux, ou onéreux (en France, le prix d'une « location d'utérus » est d'environ cinquante mille francs).

Quelques jours après qu'ait été rendu le jugement de la Cour de Cassation, Mme Noëlle Lenoir, dans un rapport remis au chef de l'État concernant la codification de la bio-éthique, recommandait l'adoption d'une loi-cadre. Celle-ci devrait réaffirmer que le corps humain, ses éléments et ses produits sont hors du commerce et ne peuvent faire l'objet d'un droit patrimonial. Serait incriminée l'entremise en matière de mère porteuse, assimilée à une exploitation du corps de la femme.

Cette rigueur est louable. Car là où la demande est intense — et c'est le cas des couples frappés par le malheur de la stérilité — la logique purement économique du marché menace, et elle n'a que faire de l'indisponibilité du corps humain. B. Lemennicier, professeur d'économie à Paris-Dauphine, le dit sans détours. Le corps humain n'est qu'une machine biologique dans lequel est enfermé l'esprit ; chacun est propriétaire de son corps et de ses éléments, et peut donc en faire ce qu'il veut : puisqu'on tolère la prostitution, pourquoi interdire aux pauvres de s'enrichir en vendant leurs organes ? Et notre auteur de continuer : « *Un fœtus, un enfant ou un handicapé mental voire un somnambule ne sont pas des personnes [...] La personnalité d'un individu ou la personne ne se confond pas avec l'être humain. Sinon l'inviolabilité du corps humain interdirait de pratiquer l'avortement*[282] *!* » Il suggère même un moyen inattendu de sauver les minorités ethniques menacées : en congelant des embryons et préservant leur matériel génétique, on assurerait leur survie. (À quelle température ?)...

Est-il besoin de commenter ?

Nous ne saurons jamais si les animaux, nos cousins, parviennent à se concevoir différents du monde qui les entoure. Mais nous savons que le développement de la conscience réflexive est un des propres de l'homme : puisque nous pouvons nous penser nous-mêmes, nous nous percevons aussi comme distincts du monde vivant et inanimé qui nous entoure. Distincts, mais pas forcément disjoints. La nature n'est pas humaine, et pourtant en nous elle intervient et borne notre existence et notre identité. Comment constituer notre humanité, tâche d'autant plus ardue que l'homme moderne a refusé de la fonder en Dieu ? Sans doute par la recherche d'un équilibre, sans cesse à réinventer, entre la culture et la nature. Je l'ai dit dès le début de ce livre : le droit appartient à la culture, et intervient dans l'hominisation, dans la mesure où il confère à l'homme une identité par rapport à tout ce qui l'environne. Il est un des instruments de son auto-institution. Cependant, il ne le tire pas du néant. L'esprit, en nous, communique avec le monde extérieur, qui inclut nos semblables, par un certain nombre de sens et de facultés biologiquement déterminées. La nature ne nous ancre pas dans le matériel de façon parfaite, car elle inclut la maladie, l'atrophie, les monstres, et finalement la mort. C'est pourquoi nous avons parfaitement le droit de la modifier, au moyen de différents arts. Mais l'abus de droit, ici aussi, peut désintégrer ce droit. Corriger la nature, oui ; l'altérer au point de la défaire, c'est aussi nous perdre nous-mêmes, puisque nous lui sommes liés. Vu l'importance de l'enjeu, le juriste ne peut se contenter de lancer des mises en garde. On attend à juste titre de lui des solutions. C. Labrusse-Riou en suggère quelques-unes[283].

Le génome humain pourrait être protégé par la qualification de patrimoine, entendu au sens de la théorie classique d'Aubry et Rau : une universalité juridique liée à la personne aussi longtemps que dure la personnalité, intransmissible entre vifs, inaliénable en tant qu'*ensemble* de droits, et indivisible. Par ailleurs, le respect de certaines limites, et des êtres vivants en général, pourrait être mieux garanti si l'on consentait à distinguer trois catégories de sujets : les sujets de disposition, que nous connaissons bien, dont les droits peuvent s'affirmer pleinement, et de façon autonome ; l'être humain adulte et capable. Mais aussi les sujets de jouissance, qui ont des droits virtuels : enfants à naître, défunts, et même animaux. À ces sujets sans parole, mais dignes d'attention, des sujets d'exercice (gérants, tuteurs, etc.) conféreraient la voix et les pouvoirs du droit.

Fictions que tout cela ? Bien sûr. Mais ce sont elles qui font communiquer le monde sensible et celui des idées et, en définitive, incarnent ces dernières.

Résumons-nous. L'homme n'est spontanément en accord ni avec lui-même, ni avec l'univers ; cela dans toute société, traditionnelle ou moderne. Les premières ne sont pas tout entières du côté de la nature, comme on le croit trop souvent. Mais pour l'apprivoiser, elles se servent de la culture d'une autre manière que les modernes. Elles font davantage appel aux fictions qui, dans leur abstraction, violentent moins le donné naturel, et autorisent plus facilement repentirs et rémissions. Sans dédaigner leur emploi, les sociétés modernes entreprennent de modifier la réalité de la nature dans ses équilibres, et dans ses processus de reproduction. On admet volontiers de fixer des bornes aux comportements des individus, aux intérêts économiques et à la technologie en matière d'environnement : l'écologie est un thème populaire. Il n'en va plus de même quand on aborde des sujets tels que l'avortement, les nouveaux modes de reproduction, voire le transsexualisme. Car ici, on touche beaucoup plus directement à la liberté individuelle, qu'a valorisée la modernité, et à laquelle nous devons bien des progrès. Avoir un enfant, le refuser, se vivre homme ou femme : ce sont des choix où nous n'admettons plus qu'une contrainte extérieure puisse s'exercer sur notre libre arbitre. Et pourtant, il y va tout autant du devenir de notre humanité qu'en ce qui concerne la couche d'ozone. Mais nous l'admettons moins, parce que cela peut nous coûter beaucoup plus : l'individu est ici tenté d'exacerber ses droits… et le pouvoir du droit. Car après tout, le projet de domination de la nature pourrait paraître s'inscrire dans la définition du droit elle-même : un processus culturel, par lequel l'homme, dès la préhistoire, a commencé à prendre ses distances avec la nature. Sans doute, mais on peut se demander s'il ne faut pas s'arrêter quand les transformations opérées sur la nature atteignent un point tel que l'homme perd les repères de son humanité : la culture elle aussi a ses limites.

L'admettre, c'est s'engager sur le troisième chemin tracé tout à l'heure : celui d'une nouvelle alliance.

La nouvelle alliance

Dans un livre récent, le philosophe M. Serres invite l'humanité à passer un contrat avec la nature[284]. Une nouvelle alliance. Jusqu'ici, le contrat social, conclu seulement entre les hommes, fondateur de la modernité, avait suffi à ériger, tant bien que mal, des garde-fous contre les entreprises d'autodestruction du genre humain. Mais l'homme moderne a investi la nature plus puissamment que dans tout son passé. La forçant, il l'a si bien éveillée qu'il devient nécessaire d'élaborer un pacte avec elle. D'où un certain nombre de recommandations où le philosophe rejoint les anthropologues : l'homme doit élaborer des procédures d'alliance avec la nature, et, plutôt que de s'y affronter, réinventer le sacré, considérer que les êtres vivants ont des droits, et l'homme des devoirs envers eux. La nouvelle alliance inclut les droits de l'homme, elle ne s'y réduit pas.

Le respect de la « nature naturelle » contraste ici avec les entreprises évoquées plus haut. La thèse renvoie une fois de plus au débat entre les Lumières et le Romantisme. La pensée des Lumières réduit le monde au statut de pur donné : l'homme ne s'institue qu'en s'en séparant et en le maîtrisant. Le Romantisme contractualise davantage leurs rapports : l'homme spiritualise la nature, la nature le transcende. Mais la modernité n'a-t-elle pas entraîné des transformations irréversibles, reléguant dans l'utopie la vision romantique ? Car entre la nature naturelle et nous, la technologie a créé un troisième monde, celui des artefacts, dont l'ampleur est sans commune mesure avec ce que connaissaient les sociétés du passé ou celles des ethnologues : la nature à l'état brut n'existe plus guère. N'est-on pas contraint de lui réserver des « parcs », signe de la distance qui nous en sépare désormais ? Mais supposons qu'il ne soit pas trop tard. Reste une autre difficulté. Le contrat naturel ne serait-il pas une simple extension du contrat social ? Car le juriste oppose que la nature ne peut être qu'objet, et non sujet de droit : le contrat disparaît alors, faute de contractants. On peut sortir par plusieurs voies de cette contradiction. Mais dans tous les cas, il nous faut cesser de concevoir la nature à la manière de Bacon, comme notre fille soumise. Comment le droit peut-il lui donner un nouveau visage ?

Les idées évoluent, les codes aussi. Le Code civil date de 1804. Son article 544 édicte que « *la propriété est le droit de jouir et disposer des choses de la manière la plus absolue, pourvu qu'on n'en fasse pas un usage prohibé par les lois et les règlements* ». La loi peut certes limiter le désir du sujet : mais l'affirmation de sa maîtrise sur les « choses » est première. En 1990 paraît le Code de l'environnement. L'ordre des priorités n'obéit plus à la même hiérarchie : « *Il est du devoir de chacun de veiller à la sauvegarde du patrimoine naturel dans lequel il vit. Les activités publiques ou privées d'aménagement, d'équipement et de production doivent se conformer aux mêmes exigences. La réalisation de ces objectifs doit également assurer l'équilibre harmonieux de la population résidant dans les milieux urbains et ruraux.* » (art. L-200-1)

Les deux textes ne sont pas contradictoires : les impératifs du second peuvent fort bien entrer dans les conditions envisagées par le premier. Mais l'esprit n'est plus le même : l'accent est mis sur les devoirs de l'homme envers la nature ; les impératifs de la production désacralisés car subordonnés à sa sauvegarde ; le principe suivant lequel la technologie doit servir les communautés humaines — et non l'inverse — affirmé.

Cependant, l'emploi du terme patrimoine, dans un texte aussi intensément juridique, n'est pas innocent. Car le patrimoine est une notion précise : il désigne la réunion des biens ayant un même propriétaire, des droits *à caractère pécuniaire* ayant pour titulaire un même sujet de droit. Nous nous situons donc toujours dans une logique où l'homme traite la nature comme objet de propriété et se la représente de façon anthropomorphique. La pratique le confirme. On protège plus volontiers les espèces domestiquées, proches de l'homme, ou dont les constituants ont une forte valeur économique (crocodiles) que les autres (les insectes, en général). Quant au Conseil d'État français, dont la surdité aux considérations écologiques est ahurissante, on sait qu'il a admis le classement d'une prairie… au motif qu'elle inspira Manet[285] ! Le réflexe anthropomorphe joue aussi en droit international. En 1974, l'Australie et la Nouvelle-Zélande attaquèrent la France devant la Cour internationale de justice en raison d'atteintes à leur environnement et à leurs populations, engendrées par les essais nucléaires français dans le Pacifique. Elles fondaient leurs requêtes sur la Déclaration universelle des droits de l'homme et d'autres Conventions impliquant ces droits. Or dans ces diverses déclarations, la nature a l'homme pour centre. De plus leur argumentation reposait implicitement sur l'idée que des États peuvent se comporter vis-à-vis de leur environnement naturel comme la personne envers son corps. Mais, opposera-t-on, le droit international est aussi à la source d'une notion qui resacralise la nature : celle de *patrimoine commun de l'humanité*, fermement déclaré *inappropriable*. Plusieurs traités y ont expressément rangé l'Antarctique, l'espace extra-atmosphérique, la lune et les autres corps célestes, les fonds sous-marins et leur sous-sol au-delà des limites de la juridiction nationale. Tout ceci a pourtant peu à voir avec le contrat naturel de M. Serres. Ni les individus, ni les États ne peuvent certes s'approprier ces divers biens patrimoniaux. Mais ceux-ci demeurent soumis à l'humanité dont les traités affirment et protègent les droits exclusifs à leur exploitation, gestion et utilisation. Il s'agit donc moins d'une resacralisation que de leur neutralisation politique : l'homme, ici, ne contracte qu'avec lui-même, à propos d'une nature qui ne s'évade pas de sa condition de chose.

D'ailleurs, sa réification facilite son découpage. La plus grande partie des réglementations concerne aujourd'hui des éléments isolés du patrimoine vivant (telle plante, tel animal…) et non le monde vivant en tant que système, alors que c'est justement cette structure systémique, attestée par la science, sur laquelle se fondent certains pour personnifier la Terre, en réactivant le mythe de Gaïa[286]. La Charte de la Nature, adoptée par l'ONU en 1982, s'inspire elle aussi d'une vision cosmologique, et non plus anthropocentrée de la nature : l'homme y est envisagé comme partie et non maître du monde, les espèces vivantes sont situées au sein d'écosystèmes. Mais ce texte n'a pas — pas encore ? — de valeur juridique. Pourtant, certains signes montrent qu'aux yeux des juristes et des juges la nature n'est peut-être plus vraiment un objet, qu'elle s'éveille. Regardons-la ouvrir les yeux.

L'homme fit la nature à son image. Elle porte encore l'empreinte de ses mains. D'abord parce que les juristes, tout en la libérant, cherchent toujours à la ployer dans les catégories du droit romain. Ainsi, pour M. Rémond-Gouilloud, la nature ne peut devenir un sujet de droit. Mais nous n'en avons pas pour autant la propriété. L'homme ne dispose vis-à-vis d'elle que d'un droit d'usufruit, beaucoup plus limité. Comme l'usufruitier du Code civil doit procéder à un inventaire avant d'entrer en jouissance du bien, on doit élaborer une étude d'impact avant tout aménagement susceptible d'influer sur l'environnement[287]. Toutefois, la nature reste définie par l'idée de *ressource*. La référence économique est également présente dans des jugements et conventions qui commencent par ailleurs à briser la carapace de la chose enserrant la nature. En 1973, un pétrolier déverse du pétrole, qui vient polluer une forêt marécageuse de Porto Rico, déserte, sans aucune valeur. Elle n'a pas de propriétaire, il n'y a pas de préjudice économique. Pourtant, l'État portoricain, qui s'était défini comme « tuteur de la nature », obtient en justice un dédommagement. Ce qui revient à détacher la nature de l'homme : on reconnaît qu'elle peut subir un préjudice, même si l'homme n'en éprouve pas. En 1988, la Colombie, pour alléger sa dette extérieure, vend des zones de diversité biologique sans valeur agricole à des associations américaines de protection de la nature qui s'engagent à les laisser inexploitées[288] : l'institution de la nature, ici aussi, s'opère bien, mais grâce à une vente motivée par l'intérêt économique de l'État colombien.

L'économique est présent, mais de façon nouvelle, car intégré dans une logique qui échappe à sa propre rationalité. D'où la relativisation de son autonomie, décrétée par la modernité. En cela, nous nous rapprochons donc de la vision holiste des sociétés traditionnelles. Mais il ne s'agit sans doute que d'une étape : si la nature devient sujet de droit, alors commenceront vraiment les retrouvailles.

Les juristes américains se demandaient déjà il y a vingt ans si les arbres peuvent agir en justice[289]. Nous n'en sommes pas là. Mais certains juristes français, comme M.A. Hermitte[290], plaident en faveur de la reconnaissance du statut de sujet à la nature, rupture copernicienne avec la modernité, pour laquelle seul l'homme est sujet de droit.

Pour cet auteur, il faut abandonner les qualifications de *ressources naturelles*, qui réifient la nature, ou la notion habituelle de *patrimoine*. La nature est un ensemble *vivant*, à distinguer radicalement de l'inerte, situé du côté de la chose. À ce titre, pas plus que l'humain, elle ne peut être asservie aux lois du marché. La nature étant une abstraction, ce sont les écosystèmes, en lesquels elle se réalise, qu'il conviendrait d'instituer en sujets de droit. Des milieux terrestres, aquatiques ou aériens auraient le droit de préserver ou reconstituer leurs équilibres biologiques, ces droits étant exercés par des humains constitués en gérants. Rêveries ? On voit déjà poindre de telles solutions en droit positif : aménagement et réglementations des parcs naturels ; création de biotopes représentés par des comités de gestion ; constitution, en droit suisse, de servitudes établies au profit d'associations de protection de la nature veillant à ce que le propriétaire de terrains où sont présents des biotopes particulièrement riches conserve un type d'exploitation extensif, ou même cesse toute activité.

La nature sujet de droit. Ce concept s'harmoniserait bien avec un nouveau type de droit de l'homme, qui pourrait s'inspirer des sociétés traditionnelles. En 1991, J.-Y. Cousteau a lancé une campagne en faveur de la reconnaissance, au profit des générations futures, d'un « *droit à une Terre indemne et non contaminée* », impliquant le contrôle des « *conséquences du progrès technique susceptibles de nuire à la vie sur la Terre, aux équilibres naturels, et à l'évolution de l'humanité* ». Est-ce un hasard si, à cette heure, le seul État à avoir inscrit ce droit dans sa constitution est la Papouasie-Nouvelle Guinée ? Doit-on s'étonner de cette déclaration des Iroquois de la Confédération des Six-Nations : « *Selon un des principes fondamentaux de notre culture, il nous faut penser constamment au bien-être de sept générations à venir.* » ? Car les sociétés traditionnelles disposent dans ce domaine d'une solide avance sur nous. Non pas, je l'ai déjà dit, qu'elles se soient abstenues d'intervenir sur la nature. Mais parce qu'elles l'ont fait en général moins violemment que nous, et surtout parce que leur approche de la mort est différente. Si la mort est un anéantissement, alors c'est nous qui l'avons inventée. Car pour l'homme traditionnel, elle opère un changement d'existence, une transformation conduisant à une survie à travers une modification de statut. C'est pourquoi les sociétés traditionnelles intègrent la vie humaine dans un continuum rassemblant en amont de l'homme du présent ses ancêtres survivants, et en aval ses codescendants : c'est ce continuum qu'exprime l'immortalité lignagère. Quant à nous, nous mourrons parce que nous sommes seuls.

Notre difficulté à prendre en compte le droit de ceux qui nous suivront a donc un fondement anthropologique. Les principes de notre droit ne s'y opposeraient pourtant nullement. Le concept paraît trop flou ? Le droit positif en contient d'autres qui ne le sont pas moins. En droit privé, des tribunaux rendent chaque jour des décisions fondées sur « l'intérêt de la famille ». En droit public, dès 1967, les USA et l'URSS ont conclu un traité subordonnant l'exploitation de l'espace, de la lune et des corps célestes au « bien-être de l'humanité ». Il n'est pas non plus gênant de reconnaître le droit d'un sujet qui n'existe pas encore : le principe suivant lequel l'enfant seulement conçu doit être tenu pour né quand il y va de son intérêt en atteste.

Tout ceci renvoie, sous des formes modernes, à une pensée ancienne, ou lointaine, qui harmonisait l'homme avec la nature par le jeu d'autres fictions, de nature religieuse. Pour les animistes, certains objets plus que d'autres sont le siège d'énergies divines et vitales. La Terre, en général, les concentre, d'où des conditions strictes posées à son aliénabilité, souvent impossible. Conceptions nullement périmées puisque aujourd'hui bien des populations autochtones font valoir devant les tribunaux ou dans leurs négociations avec leurs gouvernements de tutelle qu'elles n'ont jamais pu céder des droits d'exploitation sur la Terre, qui n'appartenaient qu'à elle-même : c'est dire qu'elle est sujet de droit.

L'animisme n'est d'ailleurs pas la seule idée religieuse qui aboutisse à ce type de résultats. Car doter les dieux d'une plus grande autonomie par rapport à la nature ou aux objets n'implique nullement de rompre leurs mutuelles relations. Les juristes romains pensaient ainsi que certains objets, les *choses de droit divin*, étaient si liées aux dieux ou aux morts qu'ils les situaient hors du commerce, c'est-à-dire de l'emprise de l'homme. Au Moyen Âge, les droits des propriétaires *célestes* (Dieu, tel saint protecteur) surplombaient ceux des propriétaires terrestres. Et l'on pourrait citer beaucoup d'autres exemples, montrant comment l'idée d'une maîtrise totale de l'homme sur la nature est étrangère à bien des traditions. On objectera que les dieux les inspiraient, et que nous n'y croyons plus. Mais rien n'empêche de remplacer les dieux par des idéaux décidés par l'homme : le sacré peut exister en dehors du religieux. C'est dans cette resacralisation de la nature, qui comprend aussi l'humain à elle associé, que convergent sociétés traditionnelles et post-modernes. Mais les liens du droit avec la surnature sont-ils pour toujours rompus ?

L'homme et l'océan des choses

L'homme doit-il se contenter, selon le mot de Clemenceau, d'avoir un court instant émergé de l'océan des choses ? La mort pose des questions auxquelles toute société doit fournir des réponses. Les sociétés traditionnelles et anciennes paraissent à cet égard plus adultes que les modernes : elles acceptent de la regarder en face, et choisissent d'y voir une des portes ouvrant sur le monde surnaturel.

Il y a vingt ans débutait en Occident le renouveau des études sur la mort, conduit par des historiens. Il n'a pas pénétré les mœurs : passage ou impasse, la mort y est toujours ensauvagée, et les mourants objets de répulsion (les unités de soins palliatifs sont rarissimes dans les hôpitaux). Car notre civilisation détient un triste privilège : celui de la lâcheté face au terme inéluctable. L'exaltation du corps (du moins sain et jeune), la réhabilitation — nécessaire — de la sexualité procèdent sans doute en partie de cet aveuglement : il faut jouir du corps pour oublier qu'il est mortel.

Cependant, de multiples signes indiquent que nos sociétés postmodernes sont à la recherche d'une transcendance, que l'homme refuse de se laisser engloutir par l'océan des choses. Si l'Église traditionnelle a vu son influence décroître depuis les années cinquante, de nouvelles formes de spiritualité chrétienne se développent (le Renouveau charismatique compterait en France deux cent cinquante mille membres). Contrairement à ce que l'on pense souvent, la désaffection envers les formes traditionnelles de la religion n'a pas entraîné un effondrement des croyances en l'existence d'un monde surnaturel, même si celui-ci est moins précisément représenté que dans l'imagerie sulpicienne. En 1986, 31 % des Français tenaient l'existence de Dieu pour certaine, 35 % pour probable, soit une nette majorité de 66 % en sa faveur. Le même sondage révélait que 62 % pensaient qu'il y avait une autre vie ou « quelque chose » après la mort. Plus inquiétant, le *come back* de Satan est manifeste : en 1990, 37 % des Français (un jeune sur deux) jugent son existence certaine ou probable (soit deux fois plus qu'en 1968) ; aux États-Unis se multiplient les manifestations de violence commises en son nom. Moins centrées sur Dieu ou sur le diable, mais préjugeant d'un monde ou d'énergies transcendant la nature familière, les sciences paranormales, propices à l'exploitation commerciale, connaissent un indéniable succès. Quelques chiffres le prouvent : 42 % des hommes (contre 49 % des femmes) croient à au moins un des phénomènes de la catégorie paranormale (envoûtements, revenants, etc.) ; 66 % des Français font confiance à l'astrologie ; 8 millions consultent des voyants. Le niveau d'études joue dans le degré d'adhésion à ces croyances, mais pas dans le sens qu'on pouvait attendre : 46 % des personnes qui ont suivi un enseignement supérieur dans les sciences

« dures » y sont favorables, 54 % de celles qui ont fait des études supérieures littéraires également[291].

Toutes ces manifestations ne sont évidemment pas à mettre sur le même pied : le Renouveau charismatique n'est pas l'équivalent des « thérapies » sataniques. De plus, le succès du paranormal ne traduit pas seulement une interrogation — dévoyée ou non — que nous continuons à éprouver sur les fins dernières. Il tient aussi au fait qu'on doit le prendre… pour argent comptant. En 1988, le chiffre d'affaire de l'édition ésotérique était évalué à vingt-quatre millions de francs ; on estime que le volume des transactions intervenant dans le commerce du paranormal se situe dans une fourchette comprise entre vingt-et-un et trente-deux milliards de francs (alors que les Français dépensent sept milliards par an en consultations de médecins généralistes) ; la clientèle compterait dix à douze millions de personnes pour trente à cinquante mille praticiens. La puissance de l'offre amplifie la demande. La logique du marché, que nous avons vu s'introduire dans la nature, investit donc puissamment celui de la surnature. Elle déforme ici aussi une des dimensions fondamentales de l'être humain : la recherche du sens et la quête de la transcendance. Les entreprises elles-mêmes tombent dans le piège[292] : la numérologie est prônée par F. Ceyrac, l'ancien président du CNPF ; 10 % d'entre elles font appel à l'astrologie comme technique de recrutement, méconnaissant que les travaux scientifiques entrepris sur l'efficacité de ces méthodes ont tous conclu à leur absence de pertinence[293] ; quant à l'astrologie, elle a fait son entrée sur les marchés boursiers[294].

En bref, les résultats de beaucoup de ces démarches ne semblent guère être à la mesure des attentes dont elles procèdent. Le droit pourrait-il mieux les combler ? *A priori*, la question semble non avenue : le droit n'a rien à voir avec la métaphysique ; les prétoires ne sont pas des églises. Ici encore, l'anthropologie et l'histoire incitent pourtant à beaucoup plus de prudence. Le reflux du droit hors des champs du religieux et du surnaturel n'est qu'un phénomène récent, dont on ne saurait avec certitude garantir l'avenir. De plus, bien des sociétés de nos jours encore se refusent à y procéder. Le droit peut aider à tisser des liens entre le monde naturel, celui qui nous est donné, et celui du surnaturel, dérobé à nos sens, mais dont bien des cultures affirment l'existence. C'est pourquoi on peut légitimement se demander s'il n'est que de ce monde.

Le droit est-il de ce monde ?

La mort est pour le droit une vieille compagne. Depuis longtemps, il envisage ses conséquences matérielles en réglementant les successions. La ponction fiscale opérée par l'État marque que le décès n'est pas un acte purement privé : la société se rappelle aux proches du défunt. Mais le droit n'envisage pas la mort que sous l'angle patrimonial. Brandissant la menace pénale, il s'efforce de prévenir les atteintes portées à l'intégrité physique et à la vie. Il condamne l'euthanasie sans faire de la prolongation de la vie un devoir absolu pour le corps médical. Certains juristes proposent qu'en cas de maintien artificiel de la vie biologique non autorisé spécifiquement, on invente une infraction de profanation de cadavre et élargisse celle de recel de cadavre[295] : le droit doit reconnaître l'inéluctabilité de la mort. Mais se borne-t-il à ce combat, ou nous en dit-il plus sur elle ? *A priori*, la mort n'est point pour lui un passage, mais seulement la fin de la vie. Déjà, en 1899, le grand juriste Marcel Planiol y voyait l'anéantissement de la personne. Plus près de nous, le Conseil d'État a admis que la construction d'un cimetière près d'un immeuble à usage d'habitation en diminuait la valeur vénale, minoration à compenser par le versement d'une indemnité : c'est un reflet des mentalités. Parallèlement, le principe de laïcité domine notre droit moderne : le Code civil de 1804 est a-religieux, l'État s'est séparé de l'Église au début du siècle.

Si les mœurs sont décevantes, le droit semble se résigner à voir en la mort ce qu'elle paraît : la dislocation du vivant. *Le droit est de ce monde.*

Banale, cette constatation n'est pourtant avérée que depuis peu, et pas partout. Un grand nombre des témoignages dont nous disposons sur les sociétés lointaines ou anciennes amarrent au contraire fermement le droit aux rivages du monde surnaturel par les liens de la religion. Si bien qu'il faut ajouter un point d'interrogation à cette proposition ; elle constitue une hypothèse… parmi d'autres, plus nombreuses.

On admet communément que nos sociétés modernes ont déclenché un processus d'inflation de la réglementation juridique. Exact si l'on demeure au niveau du monde terrestre. Mais il faut inverser ce constat quand on dépasse ses frontières. En effet, les sociétés qui considèrent que les interventions de puissances surnaturelles peuvent les mettre en péril (Antiquité méditerranéenne, Moyen Âge européen et la plupart des sociétés traditionnelles) contrôlent non seulement les rapports de leurs membres entre eux, mais leurs relations avec les puissances célestes ou infernales. Les sociétés européennes modernes s'étant, au cours d'une période qui touche peut-être à sa fin, désintéressées de ces puissances, leur droit officiel ne contrôle plus que très indirectement les actes de la vie religieuse. Parallèlement, elles étendent le territoire du droit à d'autres domaines qui retiennent — à juste titre — leur attention (environnement, biologie, etc.). Comment qualifier ces mouvements de flux et de reflux du droit ? Pour bien des juristes, fidèles aux théories obsolètes du XIXe, il existe des lois positives de l'évolution juridique, commandant la différenciation progressive du droit par rapport à la morale et à la religion. Cette différenciation s'inscrirait dans le sens du Progrès : plus autonome, le droit acquerrait ainsi la possibilité de donner toute sa mesure. Et ainsi, faudrait-il ajouter, de se livrer impunément à pas mal d'excès : les législations totalitaires du XXe siècle le montrent suffisamment. Mais surtout, l'anthropologie juridique montre que la croyance dans le progrès résultant d'une différenciation du droit ne résulte d'aucune loi de l'histoire, et moins encore de la nature.

Toute société dispose de techniques et moyens variés, aussi bien métaphysiques que physiques, pour assurer sa cohérence et se perpétuer. L'inventaire de ces moyens dépend du système de valeurs auquel elle croit, et de son évolution. Quand ces valeurs changent, les frontières des domaines du droit se modifient aussi, incluant ou non un monde surnaturel, dont l'existence est admise, tolérée, ou niée. Quand la vie religieuse échappe au droit, ce n'est donc pas sous l'effet d'une quelconque loi d'airain. Ce retrait signifie seulement que la société qui y procède ne considère plus la vie religieuse comme indispensable à sa survie. Or cette conviction elle-même n'est pas éternelle : elle peut se modifier, s'affaiblir, et même s'inverser, comme on le voit dans plusieurs États en cette fin de siècle.

Le droit divin

L'invisible a ses maîtres, que nous nommons dieux. Ceux-ci vivent entre eux, mais les vivants entretiennent avec eux des relations variées, allant du profit à la soumission. On sait que souvent les humains leur sacrifient. Mais les dieux aussi doivent accepter des contraintes. Et notamment consentir à quelques anthropomorphismes. Les formulations juridiques en font partie. Invisibles, les dieux s'ancrent dans le monde terrestre en usant du droit de propriété. Ils possèdent des trésors, des esclaves et de vastes domaines que les prêtres exploitent et font cultiver pour eux : ce sont les « biens des dieux ». Ils les gèrent en propriétaires attentifs, exigeant des humains le respect de leurs obligations. Dans la Bible, Dieu se déclare propriétaire de la Terre promise. Mais il l'attribue au peuple d'Israël à titre précaire, moyennant l'observation du Sabbat : « *Yahvé parla à*

Moïse sur le mont Sinaï, il dit : Parle aux enfants d'Israël, dis-leur : "Lorsque vous entrerez au pays que je vous donne, la terre chômera un sabbat pour Yahvé [...] La terre ne sera pas vendue avec perte de tout droit, car la terre m'appartient et vous n'êtes pour moi que des étrangers et des hôtes[296]". » Les dieux pouvaient également intervenir dans les transactions foncières entre les hommes. Les limites des propriétés étaient alors placées sous leur protection spéciale ; ils servaient de témoins vis-à-vis des tiers. En Grèce antique, Zeus Orios, protecteur des limites, était qualifié de « témoin de l'étranger ».

Ce type de raisonnement n'appartient d'ailleurs pas seulement au lointain passé. Un cas indien le montre bien. En 1973, le collectionneur d'art américain Norton Simon achetait chez un antiquaire new-yorkais une statue en bronze du xe siècle représentant Nataraja, une des formes de Shiva[297]. Quelque temps après, il était attaqué en justice par le gouvernement indien : au moment de l'achat, il aurait su que la statue avait été volée en Inde. Or le gouvernement demanda à ce que l'idole elle-même fût admise comme co-plaignant : d'après le droit indien, elle possédait la personnalité juridique. Le tribunal américain fit droit à la demande... Cette conception semble fort rare. En droit romain, un sénatus-consulte reconnut que certaines divinités comme Jupiter capitolin ou la Diane d'Éphèse pouvaient être instituées héritiers testamentaires, mais l'administration des biens reçus restait entre les mains de magistrats d'État, et non des prêtres. Au temps de l'empire chrétien, Justinien décida que l'institution de Jésus-Christ comme héritier signifiait que la propriété des biens devait être transférée à l'église du domicile du testateur. En Inde au contraire, l'idole est une véritable personne juridique. Elle naît au droit par sa consécration, accompagnée d'une dotation en biens accomplie par le donateur. La cérémonie la plus importante est celle de la vivification : l'Esprit éternel est insufflé dans la statue, qui devient idole. Parallèlement, le donateur manifeste son intention de créer un culte déterminé, et renonce aux biens qu'il affecte à ce culte, cela dans les formes ordinaires des donations ou des testaments. On applique même à l'idole la présomption favorable à l'enfant seulement conçu. Les tribunaux indiens modernes eurent en effet à répondre à une question délicate : pouvait-on affecter des biens à l'idole avant qu'elle ne soit érigée ? En pratique, la clarté des opérations exigeait souvent que la question des biens soit résolue avant que la statue ne soit vivifiée. Le juge indien répondit par l'affirmative, en assimilant la situation de l'idole non érigée à celle de l'enfant conçu, qui doit être tenu pour né quand son intérêt l'exige. Une fois viable, l'idole devient une entité juridique. Elle peut posséder des biens de toute nature (certaines sont richissimes) ; agir en justice pour défendre ses droits ; elle a la pleine capacité de recevoir des libéralités. Cependant, elle doit affecter les revenus qu'elle perçoit aux usages indiqués par le donateur. Mais elle a besoin, pour toutes ces opérations, d'un organe humain : son curateur, en général une personne nommée par le donateur. Cet intermédiaire se situe très précisément à la jonction entre l'invisible et le droit de ce monde.

Par l'intermédiaire de la propriété, les dieux sont donc immergés dans le monde terrestre. Le contrat sert à les rendre présents aux vivants. Ces contrats sont souvent synallagmatiques : aux obligations d'une partie doivent répondre celles de l'autre. On sait que les dieux disposent de moyens variés (dont la maladie) pour forcer la partie récalcitrante à s'exécuter. Mais l'homme peut ne pas hésiter à les sanctionner[298]. Les Samoyèdes fouettaient leurs idoles et les jetaient au loin ; les Esquimaux de la Baie d'Hudson privaient de nourriture et dépouillaient de leurs vêtements les statuettes représentant leurs esprits protecteurs... L'idée de contracter avec les puissances invisibles n'a d'ailleurs rien d'exotique. On en trouve de nombreux exemples dans l'histoire de l'Occident, sans parler de l'Alliance du peuple d'Israël avec son dieu. Ainsi de Clovis qui, en difficulté lors d'une bataille décisive contre les Alamans, promet au dieu des chrétiens son baptême contre la victoire, ses propres dieux n'étant pas assez forts pour lui faire remporter le combat. Au Moyen Âge, l'Église pousse aux donations foncières en sa faveur en faisant appel à l'idée de rétribution céleste : le donateur offre des terres à un saint patron dont il s'assure la protection, dans ce monde et dans l'autre. De nos jours encore, certains mendiants ne disent-ils pas lors de l'aumône : « *Dieu vous le rendra.* » ? Et la pratique des ex-voto accrochés dans les églises, offrandes faites en conséquence d'un vœu exaucé, n'est pas si ancienne. Les pactes avec le diable constituent la part maudite de ces contrats. La légende allemande du Dr Faust en est un bon exemple. Mais ces pactes se traduisirent souvent de façon dramatique dans la réalité. Bien des hérétiques et des sorciers, accusés d'en avoir conclus, montèrent sur les bûchers. Ainsi, en 1180, en brûle-t-on à Besançon. Preuve de leur forfait, on découvre alors sous la peau de leur aisselle de petits rouleaux de parchemin où était inscrit le pacte avec Satan. De nos jours, les sectes sataniques recourent encore à de tels contrats.

Heureusement, on trouve aussi dans les relations avec les dieux l'hymen à côté du bûcher. On connaît les nombreux exemples de mariages avec les dieux, qui accordent leur protection contre la satisfaction de leurs besoins sexuels. Ces pratiques existaient à Babylone, en Égypte, chez les Incas, etc. D'après les relations des Jésuites du Canada au XVIIe, les Hurons et les Algonquins donnaient des épouses à leurs filets[299]. Au début de la saison de pêche, ils mariaient deux petites filles à ces objets. Pendant le repas de noces, le filet était placé entre les deux enfants, et on le priait de prendre beaucoup de poissons.

On peut sourire. Mais notre propre tradition chrétienne n'échappe pas à ces idées. Les religieuses sont souvent qualifiées d'épouses du Christ. Au IIIe siècle, saint Cyprien condamne en ces termes la cohabitation des vierges consacrées avec des prêtres célibataires (le mariage des clercs était alors autorisé) : « *Combien ne doit pas alors être indigné et courroucé le Christ, notre Seigneur et Juge, quand il voit une vierge à lui consacrée, couchant avec un homme ! et de quels châtiments ne menace-t-il pas des relations aussi impures ! Celle qui agit ainsi est coupable d'adultère, non envers un mari, mais envers le Christ.* »

Dans les exemples cités jusqu'ici, les hommes donnent à leurs relations avec l'invisible la couleur du droit. Dans d'autres cas, ce sont les puissances invisibles qui interviennent directement dans le monde du droit.

Ainsi du nom. Le droit au nom, la réglementation de son usage constituent une partie non négligeable de notre droit positif. Le nom est un des éléments-clefs des actes de l'état civil : la déclaration de naissance doit le mentionner, et nécessite d'être faite très rapidement après la naissance. Cette hâte montre bien que le nom est le signe de la naissance juridique de la personne, en même temps qu'un des éléments qui servent à distinguer chaque homme de ses semblables. Le nom patronymique le rattache à une famille, le prénom le distingue, le domicile le situe. Dans le même sens, les anciennes traditions attestent très souvent du pouvoir créateur de la nomination. Dans la *Genèse*, Dieu crée l'univers et le monde en en nommant leurs différents éléments : « *Dieu dit : « Que la lumière soit » et la lumière fut. Dieu vit que la lumière était bonne, et Dieu sépara la lumière et les ténèbres. Dieu appela la lumière « jour » et les ténèbres « nuit ». Il y eut un soir et il y eut un matin : premier jour*[300]. » Pour les Grecs du temps d'Homère, les mots étaient des êtres ailés qui volaient dans l'espace. L'*ara*, imprécation verbale solennelle, sanctionnait les crimes publics, en déchaînant sur le coupable les forces invisibles (*L'ara va au but sans défaillance*, disait encore Eschyle, plusieurs siècles après Homère). En Asie, la puissance du verbe s'accroît avec sa répétition : d'où le mécanisme des moulins à prière (du même esprit procède sans doute la pratique chrétienne des chapelets). Dans les sociétés traditionnelles, le nom réel des individus est souvent caché, car nommer quelqu'un, c'est jouir d'un pouvoir sur lui. La puissance mobilisatrice du nom se révèle également dans des pratiques contemporaines. Ainsi des « noms de football » dans le Gabon d'aujourd'hui[301]. Le football était bien sûr inconnu dans la société traditionnelle gabonaise. Ses membres utilisaient divers types de noms, destinés à soutenir des activités spécifiques : noms de danse, de guerre, etc. Le football introduit, les noms propres à ce sport apparurent. Ils sont choisis de manière à exprimer la puissance, intimider les joueurs adverses : ce sont des noms « mâles ». On les emprunte souvent à des objets issus de la technologie occidentale, dont la réputation de puissance est bien connue : *Caterpillar, Nord-Atlas, Dix-roues*, etc. Malgré les apparences, la référence au monde invisible est toujours présente : ce mode de nomination entend capter l'énergie que manifestent de façon sensible nos engins mécaniques.

Cependant, l'invisible peut se manifester de façon plus éclatante, et modifier le monde sensible. Un tribunal peut aussi reconnaître des phénomènes supranormaux. Ce que montre le cas suivant. En 1963, au Gabon, E. Bikeye tire sur ce qu'il croit être un chimpanzé. En réalité, il vient de tuer J. Akoué, une de ses relations. Accusé d'homicide, il fait valoir que J. Akoué s'était en fait changé en chimpanzé pour les besoins de la chasse, ce qu'il ne pouvait savoir. Le tribunal de Lambaréné admit son argumentation et le déclara non coupable, motivant ainsi son arrêt : « *... si le chimpanzé est devenu un homme après le coup de feu, Bikeye ne peut plus être retenu dans la prévention d'homicide [...] il est de notoriété publique au Gabon que les hommes se changent soit en panthère, soit en gorille, soit en éléphant, etc., pour accomplir des exploits, éliminer les ennemis, ou attirer sur eux de lourdes responsabilités, défendre leurs plantations et ravager celles de leurs voisins et amis, que ce sont là des faits qui sont inconnus du droit occidental et dont le juge gabonais doit tenir compte*[302]. » Une fois de plus, ne sourions pas trop vite. Il suffit de penser à nos anciennes croyances aux loups-garous, et à la place qu'ils tiennent encore dans notre imaginaire, via les films d'« horreur », pour montrer plus d'humilité.

Mais ce cas présente un autre intérêt. Il montre que les processus judiciaires, qui sanctionnent le droit, peuvent être une des instances de révélation de l'invisible.

Les preuves surnaturelles

Quand une mort brutale survient dans un village, les Issongo (Afrique centrale) pensent qu'une force surnaturelle en est la cause. Un sorcier l'a sollicitée : il faut le trouver et le punir. Le chef de clan va trouver le devin : celui-ci s'enduit les jambes de poudre rouge. Le rouge est la couleur de la sorcellerie. Le devin attire ainsi les forces mauvaises pour les capturer. Il entre alors en transes, et dans une calebasse emplie d'eau, voit se former l'image du sorcier. Il se rend près de lui, l'immobilise par son pouvoir magique et lui rase le crâne au niveau de la fontanelle antérieure, par où parlent les ancêtres. Acculé, le sorcier n'a plus qu'une issue : demander l'épreuve du poison. Il va lui-même déterrer les racines qui serviront à sa confection, et attend qu'un matin l'émissaire du chef de clan vienne l'avertir que le moment de l'épreuve est arrivé. On fait macérer les racines avec d'autres produits dans une calebasse. Son oncle maternel lui remet dans la main gauche six ou douze bâtonnets, noix de palme ou petits cailloux. L'accusé prend ensuite la calebasse et dit : « *Si je suis possédé, si j'ai dans mes entrailles le* likoundou, *que les forces divines me terrassent.* » Puis il tourne en rond devant la communauté rassemblée en répétant cette formule et en énumérant les fautes dont on l'accuse. À chaque prononcé de cette phrase, il saisit un bâtonnet avec sa main droite et le jette sur le sol. Un membre de la famille de la victime le ramasse et déclare : « *Si tu as mangé le cœur de mon parent, que le poison te saisisse, que tu meures !* » Pendant ce temps, le poison commence à faire effet. L'accusé ruisselle de transpiration, il est pris de convulsions, mais il doit inlassablement répéter le rite. S'il ne s'écroule pas après avoir jeté les six premiers bâtonnets, il a de grandes chances de sortir vainqueur de l'épreuve. Les anciens assurent que si l'accusé est coupable et tombe à terre, la force mauvaise qui l'habitait jaillit du sommet du crâne, à l'endroit de la bouche des ancêtres. Mais il peut résister. À demi comateux, épuisé, il vomit, signe de son innocence : le poison n'a pas rencontré le *likoundou* et n'a pas pu s'en emparer. Ses calomniateurs lui doivent alors réparation, qu'ils acquittent sous forme de machettes ou filets de pêche. Un repas de réconciliation a lieu, un cabri est sacrifié. Celui qui a été faussement accusé mange son cœur, organe noble qui lui donnera la force de surmonter son désir de vengeance.

Mais les humains peuvent ne pas s'en remettre totalement aux forces invisibles. Quand l'accusé est un homme important, habile chasseur, bon guerrier, ou grand travailleur, sa perte serait en définitive dommageable pour la communauté. Un ancien peut alors se lever, et intercéder en sa faveur pendant l'épreuve auprès de l'assemblée, et surtout des divinités présentes à l'épreuve. Si son plaidoyer convainc, le chef de clan demande au devin de faire boire un antidote à l'accusé, qu'on transporte sous un arbre et réconforte. Mais il lui faut ultérieurement racheter la mort de l'homme qu'il a tué par sorcellerie : il devra payer aux parents de la victime une très forte compensation, sous forme d'instruments en fer, filets de pêche, ou divers animaux. À défaut de pouvoir la régler, il devra donner une fille, une cousine ou une sœur, réduite à l'état d'esclave.

Recueilli en 1985[303], ce témoignage illustre une des nombreuses manières dont l'invisible peut intervenir dans la justice humaine. Attestées dans d'innombrables traditions, les ordalies peuvent prendre des formes très variées. L'épreuve du poison est courante en Afrique. Notre Moyen Âge affectionnait la preuve par bataille. Le duel judiciaire est plus rare en Afrique, mais on l'y trouve aussi. Il prend chez les Borosse (peuple Ali, Afrique centrale) la forme de l'épreuve des sagaies. Si deux personnes sont en conflit, les notables se réunissent et fixent la date du duel. La veille au soir, le chef coutumier choisit deux sagaies, les remet au *wa gbo kombo*, chargé de recueillir les serments sacrés. Toute la nuit celui-ci se recueille auprès des sagaies, leur adresse des incantations, et enduit leurs pointes de poison. À l'aube, la communauté assemblée, il trace une ligne coupant la place du village en son milieu, et invite les antagonistes à se placer de part et d'autre de cette limite. L'accusateur énumère ses griefs, puis prend une sagaie qu'il lance vers son adversaire. Si l'accusé est innocent, elle ne l'atteindra pas. Il jette alors l'autre sagaie sur son calomniateur, qui doit normalement être touché. Mais la justice divine elle-même n'est pas infaillible. Si aucune des deux sagaies n'atteint son but, tout le monde revendique la victoire, et l'affrontement dégénère en guerre interclanique ou en scission du groupe[304].

Le serment peut aussi impliquer le monde surnaturel. Ceux jurés en attestant les dieux nous sont familiers : il y a encore un siecle, en France, les témoins à un procès d'assises juraient devant Dieu, et en face du crucifix surmontant le tribunal. Mais le serment peut aussi utiliser les ressources des énergies qui, selon les traditions animistes, circulent dans les choses. Ainsi des « pierres à serment », dont on trouve des manifestations dans des cultures très diverses[305]. Leur utilisation repose sur l'idée que, moyennant certains gestes et paroles, les hommes peuvent communiquer à leurs engagements la solidité de la pierre. En Inde, dans les mariages de brahmanes, l'homme fait accomplir à sa future épouse trois cercles autour du feu ; elle doit à chaque fois poser son pied droit sur une meule de pierre tandis qu'il l'exhorte à la constance. Dans l'Athènes antique, les archontes montaient sur une pierre avant de jurer de gouverner en se soumettant aux lois. Dans la Scandinavie du haut Moyen Âge, les anciens se juchaient sur des pierres plantées dans le sol avant d'élire leur roi. À la fin du siècle dernier, les paysans bretons avaient encore coutume de venir jurer sur des pierres. D'autres objets peuvent d'ailleurs servir d'accumulateurs d'énergie. Chez les Bédouins, un des serments les plus courants consistait à saisir le poteau de tente et à jurer « par la vie de cette tente ». Au Moyen Âge, les serments sur les épées sont fréquents, comme ceux sur les livres sacrés (dont font également usage hindous et musulmans).

Bien sûr, l'on peut surtout voir dans ces preuves « irrationnelles » le signe de la primitivité des populations qui y recourent : mieux vaut le détecteur de mensonges que l'épreuve du poison. Pourtant, elles ne sont pas nécessairement dépourvues de logique.

L'intervention des esprits ou des ancêtres peut nous sembler pure affabulation. Mais pour des populations qui croient en la présence constante, dans le monde terrestre, des forces invisibles, c'est plutôt notre attitude de scepticisme qui semble irrationnelle. D'autre part, la religion ne suffit pas à expliquer ces preuves transcendantes. Elles existent aussi en raison de la relative rareté des preuves matérielles. Comme l'ont fait remarquer des anthropologues du droit[306], nous devons imaginer le contenu de notre propre système de preuves privé de l'écrit. En dehors des cas de flagrant délit, du témoignage et de l'aveu, il ne resterait pratiquement aucun mode de preuve : l'appel aux forces surnaturelles vient combler un vide.

Ensuite, remarquons que toute preuve judiciaire, y compris dans notre système moderne, ne tend pas d'abord à établir une vérité, mais à créer une conviction : celle du juge, et du groupe social, dont on vise l'adhésion à la sentence. D'ailleurs, l'existence de présomptions irréfragables (celles dont on n'est pas admis à contester l'existence) montre le caractère relatif de la recherche de la vérité. De plus il existe une certaine vérité *psychologique* de l'ordalie : impressionné, le coupable peut avouer plus facilement ; sûr de lui, l'innocent affrontera l'épreuve dans de meilleures conditions. Mais cette vérité psychologique peut être si forte… qu'elle s'oppose à la vérité factuelle, en un singulier retournement. L'ordalie peut en effet convaincre un innocent de sa culpabilité. À l'époque coloniale, des tribunaux coutumiers des administrateurs se sont trouvés face à des accusés qui avouaient des forfaits qu'ils ne pouvaient matériellement avoir commis. Ils croyaient les avoir accomplis durant leur sommeil (le rêve montre que tout homme peut sortir de son enveloppe corporelle pendant qu'il dort), ou envoûtés par un sorcier. Enfin, identifier les diverses ordalies à un moyen de preuve au sens moderne du terme relève peut-être d'un malentendu[307]. Nous pensons (et c'était déjà l'interprétation qu'en faisaient les juristes du temps de Charlemagne et de Saint Louis) que ces preuves transcendantes révèlent l'avis des divinités sur les faits passés, objets du litige, substituant ainsi le juge divin au juge terrestre. Mais c'est se placer dans notre propre tradition, celle des enfants d'Abraham, qui croient en l'existence d'un Dieu souverain et justicier[308]. Dans les sociétés animistes d'Afrique noire, le recours aux ordalies vise moins à demander aux puissances célestes la clef d'une énigme qu'à restaurer le contact entre les hommes et les énergies qui animent simultanément les mondes visible et invisible. Car l'infraction a rompu ce contact, comme en témoignent les désordres qui l'ont suivie. On doit certes repérer la cassure, mais surtout faire le nécessaire pour en réparer les effets. L'ordalie est réparation et recherche d'un avenir pacifié plus que sanction et enquête sur le passé. Et les dieux ne sont pas des policiers du surnaturel.

Dans tous les cas, l'invisible intervient pour restaurer les équilibres nécessaires à la coexistence entre le monde des hommes et celui de la surnature. Mais il arrive qu'il attire à lui tout le visible.

Les tribunaux de l'invisible

Car il y a des tribunaux de l'invisible. Les traditions monothéistes l'affirment avec vigueur. Le Coran parle du jour inévitable et terrible où s'ouvrira la voûte du firmament gardé par les anges, avant que tout le genre humain ne comparaisse devant l'Éternel : après le jugement, les justes gagneront le jardin paradisiaque, les méchants étant engloutis dans l'Enfer[309]. Dans l'Évangile, Jésus donne une description assez approchante du Jugement dernier : « *Quand le Fils de l'homme viendra dans sa gloire, escorté de tous les anges, alors il prendra place sur son trône de gloire [...] Il placera les brebis à sa droite, et les boucs à sa gauche. Alors le Roi dira à ceux de droite « Venez, les bénis de mon Père, recevez en héritage le Royaume qui vous a été préparé depuis la fondation du monde. Car j'ai eu faim et vous m'avez donné à manger, j'ai eu soif, et vous m'avez donné à boire » [...] à ceux de gauche : « Allez loin de moi, maudits, dans le feu éternel qui a été préparé pour le Diable et ses anges [...]. » Et ils s'en iront, ceux-ci à une peine éternelle, et les justes à la vie éternelle*[310]. » L'Apocalypse prophétise : « *... Je vis les morts, grands et petits, debout devant le trône ; on ouvrit des livres, puis un autre livre, celui de la vie ; alors, les morts furent jugés d'après le contenu des livres, chacun selon ses œuvres [...] celui qui ne se trouvait pas inscrit dans le livre de la vie, on le jeta dans l'étang de feu*[311]. » Déjà, dans l'Ancien Testament, Yahvé promettait qu'il viendrait juger toutes les nations[312]. Toutefois, les enfants d'Abraham ne sont pas seuls à se croire justiciables de ces tribunaux de l'invisible. Dans l'ancienne Égypte, le Pharaon ressuscité doit passer en jugement devant Râ, le dieu-soleil, qui rend un arrêt motivé en la forme des sentences terrestres. Plus tard, on mettra à côté des cadavres un chapitre du *Livre des morts* précisant les procédures utilisées devant le Tribunal divin, comprenant autant de juges qu'il y en avait dans les circonscriptions judiciaires de l'Égypte. On trouve dans Homère mention d'un tribunal qui siège aux enfers[313], mais sa fonction est différente : il juge plus les litiges survenant entre les âmes des morts que la vie terrestre.

De nos jours, les témoignages des personnes revenues du coma, dans lequel elles ont connu des états de conscience modifiés, font souvent allusion à un jugement. Mais le sujet lui-même l'opère sur sa propre vie, qu'il voit défiler, en présence d'une entité spirituelle bienfaisante et aimante : « *Dès qu'il m'est apparu, l'être de lumière m'a tout de suite demandé : « Montre-moi ce que tu as fait de ta vie », ou quelque chose d'approchant. Et aussitôt les retours en arrière ont commencé. Je me demandais ce qui m'arrivait, parce que d'un seul coup je me retrouvais toute petite, et à partir de là je me suis mise à avancer à travers les premiers temps de mon existence, année par année, jusqu'au moment présent [...] Et durant tout ce temps, il [l'être de lumière] ne manquait pas une occasion de me faire remarquer l'importance de l'amour [...] Mais rien de tout cela ne ressemblait à une accusation ; même quand il me rappelait des occasions où j'avais été égoïste, il voulait me montrer que j'en avais également tiré la leçon. Il insistait aussi beaucoup sur l'importance de la connaissance. Il me signalait sans arrêt tout ce qui a rapport avec « apprendre » [...] Je crois bien que son but, en me faisant assister à tout mon passé, était de m'instruire*[314]. » Après quoi, le sujet peut choisir de retourner à la vie terrestre, ou ce retour lui est imposé. Les visions qu'ont les Yanomani dans des circonstances similaires (« *ceux qui perdent connaissance, qui ont l'air de mourir et qui ensuite revivent* ») font également allusion à une présence surnaturelle, et au fait que chacun suit dans l'autre monde le destin qu'il s'est donné dans la vie terrestre : « *Après la mort, le Fils du Tonnerre appelle l'ombre : « Viens par ici » [...] Auprès du Tonnerre vivent tous nos morts : ils sont peints et sont plus beaux que lorsqu'ils habitaient en ce monde [...] Chacun retrouve là ses morts s'ils ont été bons pendant leur vie. Ils sont tous jeunes, sans jamais aucune souffrance ni aucune maladie [...] Ceux qui ont été mauvais n'écoutent pas le fils du Tonnerre qui appelle ; ils s'engagent dans le beau chemin. Lorsqu'ils arrivent au-dessus du précipice recouvert de belles feuilles, ils tombent dans Chopariwaké sans s'en apercevoir. Ils resteront là pour toujours, criant sans pouvoir sortir ; et ils ne verront jamais ceux qu'ils aiment*[315]. »

La mort pourrait donc n'être qu'un passage. Le trépas : les sociétés traditionnelles le considèrent le plus souvent comme un changement d'existence entraînant non l'anéantissement, mais une modification de statut, la poursuite de l'existence dans le monde des ancêtres, dont des émissaires viennent accueillir le défunt, si l'on en croit ces visions du seuil de la mort.

Mais les deux mondes que délimite ce seuil communiquent : la mort n'est pas un simple sas qu'emprunterait le décédé. Les relations entre morts et vivants peuvent prendre des formes quasi-juridiques.

Les Adangme et les Ewe (Ghana et Togo) estiment que la véritable épouse d'un homme est celle avec laquelle il est marié dans l'au-delà. L'« épouse de l'au-delà » peut donc en vouloir à son mari d'avoir pris une autre femme après son décès. Elle le harcèle, le rendant malade ou impuissant. Le seul moyen de l'apaiser consiste à réaffirmer le lien matrimonial. Le mari fait faire une statuette représentant l'épouse décédée, l'amène chez lui selon les mêmes rites de fiançailles et de mariage accomplis avec une femme du monde terrestre. Il pourra alors garder son épouse vivante… moyennant une sorte de polygamie. Le mari devra en effet offrir à l'épouse de l'au-delà argent, vêtements et vivres, cultiver à son profit une pièce de terre et baigner chaque jour sa statue[316].

Si les morts reçoivent le culte auxquels ils ont droit, les vivants peuvent en attendre des bienfaits. Mais en cas d'inexécution des obligations, la sanction menace, sans que les vivants le perçoivent toujours bien. Surpris, ils peuvent alors manifester leur irritation envers les morts. Un témoignage venant des Zoulous le montre bien. Un enfant tombe gravement malade. Le père fait venir le devin : la maladie est l'effet de la colère des ancêtres. Le père s'exclame alors : « *Pourquoi n'ont-ils pas averti par un rêve qu'ils avaient besoin de quelque chose, au lieu de le manifester en venant tuer cet enfant, sans commencer par me parler ? Ces morts sont des idiots. Pourquoi se sont-ils manifestés sans rien dire ? Allons, amenez la chèvre qui rétablira la paix avec les morts*[317]. »

Soumis à des obligations envers les vivants, les décédés peuvent aussi cautionner les engagements pris par ces derniers vis-à-vis de leurs semblables. Souvent sous la forme du serment. Ainsi les Dwala (Cameroun) prennent-ils les ancêtres à témoin de la sincérité de leur engagement. Mieux, ils en font les co-obligés : « insérée dans la tombe », la parole est désormais sous la garde de l'ancêtre, appelé à en subir les effets. Son entrée dans le monde des ancêtres sacralise l'engagement qu'elle annonce[318]. Il ne s'agit pas là de croyances périmées. Elles peuvent encore peser dans le cours de la justice moderne :

« *L'invocation des morts qui ressemble à un serment eut, dans un cas, devant le tribunal à Sandema [Afrique de l'Ouest], le 22 octobre 1966, pour but d'établir la vérité d'une déclaration. Le Sandem-naab questionna à la fin de l'audition des témoins la femme qui était la cause d'un conflit : « Si feu ton père venait ici, que dirait-il ? » La femme répondit : « Mon père dirait que je suis en vérité la femme de N. » Cette déclaration trancha l'affaire en faveur de N. De même, chez les Lyéla [Burkina Faso] j'ai assisté à une séance au tribunal de Réo le 14 avril 1983 où deux frères se disputaient l'usage d'un terrain dans leur village. Au début de la procédure, un des assesseurs du tribunal exhorta les parties : « Si quelqu'un ment, il va mourir. Les ancêtres sont présents et ils écoutent*[319]. »

Le dernier exemple date de moins de dix ans. Il n'en demeure pas moins pour nous « exotique ». Car nous avons oublié que pendant la plus grande partie de son histoire, notre civilisation occidentale éprouva elle aussi ce type de croyances.

L'Occident aussi

À commencer par un des corpus fondateurs de notre culture : le droit romain. Aux premiers siècles de Rome, le droit résulte d'un accord entre les puissances surnaturelles et les hommes : le binôme *ius fasque* sert à le désigner. Le *fas* est l'assise religieuse, invisible du droit. Mais pour les premiers Romains, le *fas* est aussi du droit : c'est la conformité à l'ordre cosmique, incluant les dieux et les hommes. Avant d'entreprendre une action (y compris au sens judiciaire du terme), ceux-ci doivent s'assurer qu'elle correspond au *fas* : il y a des jours fastes et néfastes ; aucun procès n'est permis durant ces derniers. Le *ius* consiste dans les rites (magiques, religieux, juridiques) qu'accomplissent les hommes, usant de leur liberté dans les limites du *fas*. Tout homme qui procède aux rites peut dire : j'ai fait le *ius*. Le droit naît donc du recoupement de ces deux champs, qui ordonne l'univers. D'où le monopole qu'exercèrent d'abord les prêtres sur sa connaissance et les moyens de le mettre en œuvre dans les procès. Après quoi, le droit romain classique se laïcisa : au dernier siècle de la République, Cicéron fait allusion aux augures qui officiant, ne pouvaient se regarder sans rire… Il faudra attendre l'empire chrétien pour que de nouveau droit et religion se rapprochent. Autre signe du déclin de la religion : l'inobservation graduelle des tabous des *feriae*[320], dont l'étiolement est manifeste à la fin de la République. Or c'est en termes juridiques qu'y était défini le devoir des hommes de consacrer aux dieux ces journées, en s'abstenant de toute action profane. On a pu montrer[321] que l'obligation des hommes est conçue sur le modèle de celle qui lie l'affranchi à son patron. L'ancien esclave doit à son patron des *operae*, un certain nombre de services à titre gratuit. Le même terme d'*operae* est utilisé pour désigner les journées consacrées aux dieux.

Le droit romain offre d'autres exemples de cette imprégnation de l'invisible[322]. Certains romanistes ont soutenu qu'en matière de propriété et de possession, les titulaires de ces droits ne pouvaient les exercer matériellement que si au préalable leur volonté maîtrisait l'essence intime des objets visés : ceux-ci ne sont pas inanimés. Quant aux morts, ils savent se rappeler aux vivants. De façon parfois désagréable : si l'on oublie de célébrer leur culte, Ovide nous assure qu'ils sortiront la nuit de leurs tombeaux en hurlant, pour épouvanter les humains[323]. Mais ils peuvent aussi se montrer à eux pour les réconforter. Une inscription nous apprend qu'une mère désespérée par la mort de son fils le voit apparaître peu de temps après son décès, comme « *une forme rayonnant d'une lumière sidérale* ». Resplendissant, le jeune homme rassure sa mère : « *Ses yeux ardents brillaient, ses épaules étaient comme auréolées, ses lèvres rouges proféraient des sons pour me consoler : "Je n'ai pas été entraîné dans les sombres profondeurs du Tartare, mais j'ai été emporté vers les astres"*[324]. »

Les sociétés traditionnelles et celles des monothéismes croient donc en l'existence d'un monde surnaturel. Mais certaines différences existent dans la manière dont elles se le représentent. Pour les premières, c'est celui des ancêtres. Les secondes imaginent plutôt un monde des esprits, ou des âmes, que rejoindront au jour du Jugement leurs corps ressuscités et transfigurés.

L'Ancien Testament fait rarement allusion au devenir des morts. Cependant, après l'Exil (VIIe-VIe siècles av. J.-C.) se développera l'idée d'une résurrection de la chair et d'une vie éternelle réservée aux justes. Le thème de la résurrection deviendra central dans le christianisme, comme saint Paul l'explique déjà aux Corinthiens, qui avaient du mal à y croire : « *... comment certains parmi vous peuvent-ils dire qu'il n'y a pas de résurrection des morts ! S'il n'y a pas de résurrection des morts, le Christ non plus n'est pas ressuscité. Mais si le Christ n'est pas ressuscité, alors notre prédication est vide, vide aussi votre foi [...] Mais, dira-t-on, comment les* *morts ressuscitent-ils ? Avec quels corps reviennent-ils ? Insensé ! Ce que tu sèmes, toi, ne reprend vie, s'il ne meurt [...] En un instant, en un clin d'œil, au son de la trompette finale, car elle sonnera, la trompette, et les morts ressusciteront incorruptibles...*[325]. »

Quelques siècles plus tard, le Coran promet à nouveau la résurrection : « *Est-ce que l'homme pense que nous ne rassemblerons pas ses ossements ? Certes si ! et nous pouvons remettre en ordre ses phalanges [...] N'était-il pas une semence de sperme semée, puis un caillot de sang ? Dieu l'a créé, puis formé, et il en a tiré un couple, mâle et femelle. Ne pourra-t-il pas alors rendre la vie aux morts*[326] ? »

Mais dans la tradition chrétienne, en attendant la résurrection générale et la fin des temps, les morts n'en conservent pas moins des liens avec les vivants. Tout particulièrement au Moyen Age[327]. Ici encore, l'idée d'obligations réciproques s'impose. Le décédé peut revenir dans le monde visible pour obtenir réparation d'un tort qu'on lui a causé, déjouant les ruses qu'ont prises les vivants pour qu'il ne puisse retrouver son chemin. Mais il peut aussi exister des échanges positifs... et mutuels. Les morts ont donné aux vivants la vie, la terre, et leur identité personnelle. Or le fait de donner fait naître un droit de créance du donateur sur le donataire : tout don doit être suivi d'un contre-don. Les vivants peuvent en utiliser trois types. La transmission de la terre constitue la modalité la plus fréquente. Car morts, vivants, enfants à naître sont liés par les héritages de terre : ceux qui les ont reçus doivent prier pour les décédés qui les leur ont transmis, au point que peuvent être considérés comme parents tous ceux dont on a reçu de la terre, en dehors même de la parenté biologique. Les vivants peuvent également offrir à leur tour des terres aux morts en effectuant pour leur compte des donations à l'Église. La transmission du nom est aussi, nous le savons[328], un signe de la présence des décédés dans le monde visible. Enfin, si les vivants remplissent leurs obligations, les morts viennent leur fournir aide et conseil soit en personne, soit à travers des rêves ou des visions.

Tout cela ne manque pas de pittoresque, et même de poésie. Mais la modernité tend plutôt à nous convaincre que c'est l'homme qui crée les dieux. Ce que semblent d'ailleurs conforter bien des témoignages cités plus haut. L'existence d'un monde surnaturel ne va pas de soi ni la survie des morts. Et il faudrait encore imaginer que ces divinités, ces forces spirituelles et ces décédés contractent avec nous suivant les formes du droit civil, qu'ils prennent la peine de se venger, et se constituent en tribunal céleste ? On trouve décidément plus de notaires que d'anges dans le monde de l'invisible : humain, trop humain, il n'est que songes. Dans quel sens notre droit positif penche-t-il ?

Le droit orphelin

« *La personnalité se perd avec la vie. Les morts ne sont plus des personnes ; ils ne sont plus rien*[329] » : voilà ce qu'écrivait en 1899 le grand juriste Planiol, scellant nos tombes sur le néant. Car la modernité est globalement sceptique quant à l'existence d'un monde surnaturel. Au mieux, le droit se refuse à le connaître : il est résolument de ce monde. Pourtant nous pouvons encore, dans certains domaines, apercevoir en creux les traces d'un sacré religieux dont il s'est coupé.

Par exemple les rites du mariage[330]. Voltaire réclamait déjà de séparer le sacrement du contrat. La Révolution l'exauça, et légiféra sur les formes de l'acte seulement civil qu'il était devenu. Le Code civil n'envisage qu'une célébration laïque et fait de l'inscription de cet acte sur les registres de l'état civil la seule preuve de l'union (art. 194). Mais les formes de ce mariage rappellent étrangement celles de l'union religieuse. Les deux publications prévues par le Code de 1804 doivent être affichées « *à la porte de la maison commune [...] un jour de dimanche* » et les bans publiés au prône dominical. Le maire devait lire aux futurs époux le chapitre VI du Code, consacré à leurs obligations respectives, transposition laïque de l'Épître aux Éphésiens lue par le prêtre lors de la messe de mariage. Comme en droit canon, c'est le consentement des époux qui crée le lien, non l'intervention de l'officiant. En fait, les rédacteurs du Code civil voulaient faire du mariage un acte solennel, capable de rivaliser avec son homologue religieux. Ce but ne fut jamais atteint. De nos jours non plus : selon un sondage effectué en 1986[331], 41 % des Français souhaiteraient qu'on puisse se marier seulement à l'église. En fait, le mariage civil a perdu la partie, il s'est d'ailleurs désolennisé. À marquer le mariage par des rites le socialisant, une partie non négligeable des Français choisit de le revêtir des habits religieux (la foi est un autre problème : nombre de ces mariages ritualisés sont en fait païens, comme les messes de minuit). Car ses avantages symboliques sont évidents : la cérémonie religieuse dure plus longtemps que la célébration civile ; elle comprend des musiques, des prières et des chants qui la solennisent, comme les vastes dimensions des églises (opposées à l'exiguïté des locaux municipaux). Le rituel civil est statique, alors que le catholique implique toute une gestuelle des participants : le curé accueille les futurs époux au seuil de l'église ; revêtue d'un costume particulier, la fiancée entre dans l'édifice au bras de son père, suivie d'un cortège ; elle offre sa virginité à Marie sous forme de fleurs, sacralisant ainsi l'acte charnel autour duquel rôde le démon. Le prêtre parle aussi de l'union des cœurs, alors que l'officier municipal énumère les termes d'un contrat. Le mariage religieux, enfin, enveloppe les époux dans la protection de leur parenté, qui participe aux rites (le père accompagne sa fille à l'autel) et à laquelle le prêtre fait souvent allusion. Alors que l'union civile ne considère qu'un couple solitaire.

Le mariage semble donc toujours à la recherche d'une transcendance qu'il a perdue, et peut retrouver dans les *formes* de l'union religieuse : le rite contraint, il peut aussi libérer, surtout lorsqu'il consacre un changement de statut.

Le déclin du serment semble plus profond. Dans les premières années de la Révolution, le législateur lui donna une grande importance en l'imposant souvent dans la vie publique et politique. Ici encore, il fallait substituer au serment fondé sur la foi chrétienne un rite faisant place à l'idée nouvelle, nationale et démocratique. L'échec paraît se répéter : aujourd'hui le serment a une importance quasi-nulle en matière politique, et réduite dans le domaine administratif. En matière pénale, ni l'inculpé ni la partie civile ne sont admis à prêter serment, signe que, n'ayant plus peur de dieux imaginaires, les hommes feraient peu de cas de cet engagement par rapport à la défense de leurs intérêts. Au civil, on admet que dans toutes les matières où l'ordre public n'est pas concerné, une des parties peut déférer à l'autre le serment pour établir la vérité d'un fait. Celle-ci peut refuser de jurer… et renvoyer la balle dans le camp adverse en référant le serment à l'adversaire. Le serment prêté ou refusé établit ainsi la vérité de l'existence ou de l'absence de l'événement[332]. Mais de nos jours très peu de plaideurs font une telle confiance à la conscience de l'adversaire : également sceptiques, les juges d'ailleurs ont tendance à écarter ce mode de preuve du fait discuté.

Serait-ce parce que le serment a perdu son noyau dur, la référence formelle à une force supérieure appartenant au monde surnaturel ? On sait moins qu'auparavant ce qui le sacralise, et ce que le jureur livre en gage. La sacralisation subsiste cependant, mais elle opère dans le champ des références à l'humain. Devant les cours d'assises françaises, les jurés jurent de se décider avec « *la fermeté qui convient à un homme probe et libre* ». Et il n'est pas dit que, dans tous les cas, cette référence à des modèles seulement terrestres soit moins opérante que les serments religieux, car l'idée de dépassement reste présente. Ainsi, les juridictions qui connaissent des conflits du droit international privé valident des « gentlemen's agreements » portant souvent sur des intérêts considérables qui, dans leur conclusion, ne mettent en gage que la dignité des parties en tant que partenaires à un échange. En droit interne, la jurisprudence donne parfois aux engagements d'honneur une portée supérieure au contrat. Les cours supérieures admettent même que le serment puisse aller contre l'ordre public et instituer un partage de clientèle entre médecins, ou fonder la renonciation à réduction de pension alimentaire.

La négation d'un monde surnaturel n'épuise donc pas l'idée de transcendance et n'abolit pas le sacré. Il reste qu'orphelin de la religion, le droit positif laisse s'effacer ses empreintes. Mais il ne peut complètement se détourner des croyances dans le monde surnaturel, dans la mesure où elles ont des prolongements dans le monde terrestre. Ainsi des sciences occultes, dont il se méfie, tout en les tolérant[333] : contre la marée de l'occulte de bon et mauvais aloi, il élève des digues, mais elles sont poreuses.

Le droit et les sciences occultes

Le droit des sciences occultes révèle un nombre impressionnant de textes aux termes desquels nombre de pratiques en relevant pourraient se trouver incriminées. L'article R.34.7° du Code pénal sanctionne « *les gens qui font métier de deviner et pronostiquer, ou d'expliquer les songes* ». On se doute qu'il n'est pas appliqué dans toute sa rigueur, qui obligerait à fermer les cabinets non seulement des consultants en sciences occultes, mais aussi des psychanalystes. Les tribunaux ont en fait plié la norme, se montrant très indulgents envers l'astrologie, la graphologie, la radiesthésie, l'emploi des tarots, des boules de cristal et autres accessoires. Ils considèrent que leurs manipulateurs donnent plus de conseils généraux à leurs clients qu'ils ne leur livrent des descriptions précises de leur avenir (ce qui n'est pas toujours vrai). Plus menaçant, l'article 405 du Code pénal réprime le délit d'escroquerie, principale infraction dont puissent être jugées coupables les personnes qui utilisent les sciences occultes pour obtenir la remise de fonds. En fait, notre droit désacralise l'irrationnel en y voyant surtout un danger pécuniaire pour le patrimoine d'honnêtes gens trop crédules. L'article 405 vise ainsi ceux qui emploient « ... *des manœuvres frauduleuses pour persuader de l'existence de fausses entreprises, d'un pouvoir ou d'un crédit imaginaire, ou pour faire naître l'espérance ou la crainte d'un succès, d'un accident ou de tout autre événement chimérique...* » On peut rêver, mais pas à n'importe quel prix. Les tribunaux ont ainsi condamné de nombreuses pratiques : sacrifices d'animaux, ignition d'encens, messes noires, présence d'instruments censés permettre la communication avec l'au-delà, etc., (mais tout cela dans une certaine mesure : pour être condamné, il faut outrepasser les usages communément admis dans la profession). Autre signe du scepticisme de notre droit : l'impossibilité de l'infraction surnaturelle. Auteurs savants et tribunaux se refusent à admettre que jeter des sorts ou envoûter constituent des infractions... tout simplement parce qu'ils considèrent que ces pratiques n'ont aucune réalité. Mais il reste que ceux qui *se croient* envoûtés subissent un dommage, dont on peut demander compte à l'auteur. Des études anthropologiques ont d'ailleurs montré qu'il peut fort bien y avoir des ensorcelés... et pas de sorciers[334].

Il y a donc un traitement pénal des sciences occultes. Mais les droits civil et commercial manifestent aussi leur prévention à leur égard, en s'efforçant de contrôler leur professionnalisation. La divination est considérée comme contraire à la moralité publique et de ce fait exclue des activités commerciales : hormis l'exercice clandestin de leurs fonctions, les voyants et autres médiums doivent donc adopter le statut des professions libérales. Encore leur faut-il se loger, ce qui peut poser des problèmes. La jurisprudence a en effet estimé incompatible avec toute clause d'habitation bourgeoise l'exercice dans les lieux loués de la profession de cartomancienne sans l'agrément du bailleur. Il leur sera également difficile de bénéficier de donations ou de legs de la part de leurs clients : les tribunaux l'interdisent à ceux qui ont acquis une grande influence sur des malades en état de faiblesse et en grand besoin de secours. Guérisseurs non médecins, magnétiseurs, sorciers administrant un traitement par envoûtement appartiennent à cette catégorie.

Cependant cette prévention de notre droit est contrebalancée par une grande tolérance de fait : les textes ne sont appliqués que lorsque certaines limites sont franchies. Et d'autre part, à côté du droit *des* sciences occultes, déjà ancien, semble se former de nos jours un droit *à* ces mêmes sciences. Le recours aux sciences occultes est de plus en plus fréquent dans les grandes entreprises, et considéré comme une modalité d'exercice de la liberté d'embauche de l'employeur. Au nom de la liberté religieuse, les libertés d'association et de réunion peuvent bénéficier aux milieux favorables à la protection et à la diffusion des sciences occultes, dans le respect de la législation existante et de l'ordre public.

Pour résumer, le droit positif ne croit guère au surnaturel ou, à tout le moins, procède au constat de son incapacité à en rendre compte. À la question « *Esprit es-tu là ?* », il ne s'estime pas habilité à répondre, et présumerait plutôt l'absence de l'Esprit. Fort logiquement, il se refuse aussi à parier sur la possibilité d'une survie après la mort.

Le droit et le néant

Pour Planiol, les morts ne sont plus rien[335]. Ils ne peuvent juridiquement survivre en ce monde que par l'intermédiaire de certains vivants : exécuteurs testamentaires, proches (membres ou non de la famille, que le droit hiérarchise), collectivité nationale pour ceux qui ont particulièrement mérité d'elle. Si les vivants que désigne le droit font défaut à la protection de la mémoire des morts, celle-ci ne sera plus assurée. Plus encore, même si ces vivants existent et entendent protéger leurs morts, le droit les contraint à manifester leur volonté dans certains délais. D'une part, les actions pour les morts sont soumises à certaines prescriptions. D'autre part, l'éloignement des générations leur est fatal : au-delà de certaines limites chronologiques, le préjudice n'existe plus (une action des Bourbons fondée sur l'article 1382 du Code civil visant à protéger la mémoire de Louis XV des jugements négatifs de certains historiens ne pourrait aboutir). Les sociétés traditionnelles, elles aussi, finissent par oublier leurs morts. Tout disparu ne devient pas automatiquement un ancêtre : encore faut-il laisser des survivants pour assurer les sacrifices (un proverbe bambara dit : « *Il n'y a pas de remède à la mort, si ce n'est l'enfant* »). Et même les ancêtres ne sont pas immortels, au moins dans la mémoire des vivants. Les Tchaggas (Tanzanie) les classent suivant la date de leur décès. Les morts récents sont nommés « esprits supérieurs » ou « esprits connus » ; ceux qui ont disparu depuis plus longtemps « esprits qui se détournent ». Les plus anciens, dont on ne se souvient plus, sont appelés les « dispersés » : ils n'ont plus de rapports avec les esprits supérieurs, ni avec les hommes. Quant à la société des morts proches, elle ressemble un peu trop étrangement à celle des vivants… dont elle cautionne la hiérarchie. Seuls les hommes prééminents de ce monde peuvent entretenir des rapports différenciés directs avec les ancêtres : de part et d'autre du filtre de la mort, deux aristocraties s'appellent et se répondent. Une preuve *a contrario* résulte du fait que les individus entreprenants, désireux de brûler les étapes qui les séparent du pouvoir en ce monde, manipulent les généalogies de façon à légaliser leurs aspirations en se rapprochant ainsi des ancêtres. Voilà des morts trop vivants pour être honnêtes. Peut-être vaut-il mieux qu'ils ne puissent revenir, comme le croit notre droit.

Cependant, même s'il se refuse à envisager que les morts puissent survivre, il leur réserve une place, au moins pour un certain temps.

Il reconnaît l'existence de « mauvais » morts. Le Code des pensions militaires d'invalidité des victimes de guerre prévoit que les corps des personnes condamnées pour le fait de collaboration ou état de dégradation nationale ne seront pas restitués aux familles.

L'article 14 du Code pénal (aujourd'hui abrogé) obligeait les familles des suppliciés à faire inhumer leurs corps « sans aucun appareil ». Au moins n'éprouvons-nous pas comme les sociétés traditionnelles la peur du retour des morts… encore qu'incite à réfléchir la coutume voulant autrefois que les cendres des grands criminels soient éparpillées, ou leurs restes inhumés dans un quartier anonyme du cimetière.

Les morts ne reviennent pas, mais ils peuvent se survivre. Grâce à la congélation de leur sperme, ils peuvent engendrer après leur décès. Certains auteurs ont proposé que les personnes qui se font congeler peu de temps après leur mort dans l'espoir d'être plus tard rappelées à la vie par les progrès de la médecine (cryogénisation) soient considérées comme des incapables majeurs sous tutelle, leur personnalité juridique ne s'éteignant pas. Mais ces cas demeurent encore exceptionnels. Qu'en est-il du commun des morts ?

Le droit les juge inexistants, mais organise cependant leur statut. Il leur accorde un sursis, mais leur influence est limitée aux faits, gestes, paroles et écrits accomplis de leur vivant. Le fait de mourir, qu'il ait projeté le défunt dans le néant ou dans une autre vie, le condamne pour notre droit au silence éternel.

L'État ne se détourne pas de la mort : il doit être averti du décès dans les vingt-quatre heures, par déclaration au maire de la commune (art. 78 s. Code civil), et perçoit des droits de succession, manifestation sous forme fiscale des droits que possède sur le défunt la société à laquelle il appartenait. Par ailleurs et surtout, tout notre droit privé se refuse, *pour un temps*, à anéantir complètement les morts. S'ils ne sont plus pour lui des personnes, ils demeurent encore présents aux vivants, de bien des manières. Mais cette présence est sévèrement limitée : conçue dans l'intérêt des vivants, elle ne se réfère qu'à la volonté et à l'existence des morts alors qu'ils étaient encore des personnes vivantes, et n'est de toute façon pas éternelle. Ces limites se manifestent dans tous les cas où les morts apparaissent dans le droit : mariage posthume (qui sert la plupart du temps à légitimer l'enfant conçu) ; respect, par le biais du testament, de la volonté exprimée par les morts de leur vivant ; protection, par divers moyens (devoir de gratitude, devoir de piété de certains ayants cause) de la mémoire des morts, etc. Tout au plus peut-on conclure que si le droit refuse de consacrer le principe d'une vie des morts en niant la personnalité de ceux-ci, il sanctionne d'un autre côté la présence spirituelle des morts dans le monde des vivants. Ambiguïté, certes. Mais, plus encore, mystère de la mort.

En fait, comme les sociétés traditionnelles, mais de façon moins prononcée qu'elles, notre droit positif se refuse à confondre la mort et le mourir. Les défunts restent durant un temps aux côtés des vivants, mais ils ne peuvent vivre que par le souvenir que ces derniers en ont.

Et ce souvenir, c'est celui d'un corps. D'où le terrible dilemme dans lequel le droit et les vivants se trouvent plongés face au cadavre : doit-on y voir de simples vestiges, ou au contraire une part indissociable de la personne ?

Autrefois ou ailleurs, on n'hésitait pas à punir le cadavre à la place de l'être décédé. Exposition des corps et privation de sépulture sont fréquentes, mais on trouve des exemples plus poussés. Dans la Rome royale, Tarquin faisait crucifier les corps des suicidés. Plus près de nous, M. Foucault a rappelé le supplice de Massola à Avignon, où la justice fit minutieusement torturer un cadavre. Pendant les siècles derniers, il arriva qu'on enterre à plat ventre les femmes adultères. Chez les Ashanti (Ghana), on faisait devant la cour du roi un procès au corps du suicidé, avant de lui couper la tête.

Notre droit n'a plus de ces outrances. Mais face au cadavre, il se montre plus ambigu que devant la mort, sans doute parce que le cadavre est sa traduction concrète. Cette inquiétude est déjà sensible au paléolithique moyen (quatre-vingt mille ans avant notre ère), où apparaissent les premières inhumations : les soins apportés au cadavre témoignent d'une interrogation devant la mort. En ce qui concerne l'histoire de l'Occident, le cadavre en état de décomposition surgit dans l'art funéraire du XIVe siècle. La fresque du Campo Santo de Pise représente trois cavaliers qui se heurtent à trois sépulcres ouverts, révélant leur cadavre dans l'odeur de la pourriture et découvrant brusquement aux vivants la vanité du monde. Regardons aussi la sculpture commandée de son vivant par le cardinal de Lagrange : il montre aux vivants son cadavre, encore chevelu, mais les os du crâne pointant sous la peau, tandis que les vers grouillent dans le large trou ouvert sous les côtes. Accordant plus de prix qu'auparavant à la vie terrestre, l'homme fait moins facilement l'impasse sur le cadavre. Notre droit positif témoigne de ce mouvement : dans son ambiguïté, le statut qu'il accorde au cadavre dit bien le mal que nous avons à nous résigner à voir disparaître — et de quelle façon — ceux que nous avons aimés dans leur aspect corporel.

Ce droit ne parvient pas à distinguer nettement le cadavre de la personne, comme le voudrait pourtant la logique de l'anéantissement de la personnalité à la mort. Certains arrêts anciens de la Cour de Cassation affirment expressément que les cadavres inhumés sont des personnes. Le 10 juillet 1976, présentant sa proposition de loi relative aux dons d'organes, H. Caillavet justifiait la nécessité du consentement du défunt en se référant au principe « *... du respect de l'intégrité de la personne humaine, même après la mort* ». Mais surtout, le droit positif applique au cadavre les principes d'indisponibilité et d'intangibilité dont jouit le corps humain tant qu'il est en vie. Illogisme, car si l'on postule l'anéantissement de la personne avec la mort, la protection de l'intégrité physique du cadavre ne se justifie plus. La sépulture elle-même bénéficie de certains caractères généraux du domicile : elle est indispensable, et protégée.

Ultime preuve de l'identification du cadavre à la personne : le cadavre doit être dans un état de conservation telle qu'on puisse encore y voir un corps humain. Plus précisément, sa forme doit être celle d'un corps. Quand des restes ne sont plus susceptibles d'identification individuelle (par exemple en cas d'accident ou d'incendie) mais présentent encore une apparence humaine, ils peuvent faire l'objet d'une inhumation collective, premier degré de dépersonnalisation de la dépouille mortelle ; sinon, ils ne constituent plus que des décombres, abandonnés sur place ou jetés à la décharge. La substance humaine est donc infiniment moins protégée par le droit que la forme, car étant donné le système de perception dont nous a dotés la nature, c'est avant tout par la forme que nous identifions une personne, dans la mort comme dans la vie. Mais en dehors de ces cas, la sollicitude du droit a de toute façon ses limites.

La nature montre la voie : le cadavre met entre trois à six ans pour se transformer en squelette. Celui-ci est assuré d'une longévité beaucoup plus grande, mais les os déposés en terre finissent par se réduire à une fine poudre de calcium. Le droit positif se refuse à paralyser cette corruption naturelle : sans l'interdire, il est très réticent à l'égard de l'embaumement, et plus réprobateur encore envers la cryogénisation, pratiquement illicite. Plus encore, il peut instituer la nécessité de la disparition du cadavre quand celle-ci correspond à l'intérêt des vivants. Dans des circonstances exceptionnelles : épidémies, catastrophes. Mais aussi dans la généralité des cas, comme le prouvent certaines dispositions du Code des communes. La pratique de la réduction des corps (même si ceux-ci sont ensuite réinhumés) montre que les restes qui en sont l'objet ont perdu presque tout lien avec la personne pour être réduits à l'état de choses. Le droit fixe même précisément le délai nécessaire à ce changement de statut : on doit attendre *cinq ans* après l'inhumation avant d'ouvrir une bière exhumée, ou avant d'opérer la reprise administrative aux fins de nouvelle inhumation d'une sépulture affectée en service ordinaire. Or il est frappant de constater que ce délai est le même que celui nécessité par la réduction du cadavre à l'état de squelette. Le droit signifie par là que l'inhumation n'a d'autre but que de permettre la décomposition inexorable, et donc la destruction du cadavre. On observera également que les sépultures, au-delà d'un certain degré d'ancienneté, perdent en pratique la protection que continue à leur accorder le droit : sous réserve (en principe) d'autorisations administratives, on peut ouvrir la sépulture de morts connus ou inconnus au nom d'un intérêt historique ou archéologique. Dans certains cas (hommes illustres), c'est l'intérêt de la collectivité nationale qui justifie ces pratiques. Mais la plupart du temps, c'est tout simplement l'oubli : les relations entre le défunt et les vivants n'existant plus, les égards auxquels il avait droit n'ont plus raison d'être. Notre squelette sera peut-être un jour arraché à la terre, et exposé dans les vitrines d'un musée.

L'anthropologie ne peut ici que constater qu'à travers des manifestations différentes, nos attitudes rejoignent celles des sociétés traditionnelles. L'ancêtre qui n'a pas (ou qui n'a plus) de vivants pour entretenir son culte bascule dans l'indifférenciation des mânes, oubli certes moins total que celui du néant, mais néanmoins irrémédiable. Des convergences plus frappantes encore apparaissent dans le traitement réservé aux cadavres, même si, là encore, les rites diffèrent. La plupart des sociétés traditionnelles accordent la même importance que notre droit positif au passage du pourrissement à la minéralisation : la coutume des doubles funérailles le prouve.

Le premier stade concerne le temps du pourrissement. Nous avons vu que notre droit positif tout à la fois protégeait le cadavre, et prenait les dispositions nécessaires à permettre sa décomposition. Dans les sociétés traditionnelles, dans les quelques jours qui suivent le décès, les vivants manifestent leur sollicitude au mort (on le lave, le nourrit, et surtout le veille). Puis on l'invite à rejoindre les ancêtres, quelles que soient ses réticences supposées (on peut, suivant les cas, le ligoter, lui crever les yeux, lui briser les jambes, ou déposer son cadavre dans un lieu d'accès très difficile). Durant le temps du pourrissement, ses proches sont marqués par un deuil qui les tient dans un certain écart vis-à-vis du reste de la société, tant la peur de la souillure est grande. Quand celui-ci est achevé, le deuil cesse, car la minéralisation est le signe que le défunt a accompli sa mutation vers le monde de l'après-vie. Un chef maori déclarait ainsi à son fils : « *Pendant trois ans, il faudra que ta personne soit sacrée et que tu restes séparé de ta tribu [...] car mes mains, pendant tout ce temps-là, ramasseront la terre, et ma bouche mangera constamment des vers... Puis, quand ma tête tombera sur mon corps, éveille-moi de mon sommeil, montre ma face à la lumière du jour, tu seras libre.* » Interviennent alors les secondes obsèques, qui le confirment dans son statut définitif. Les interdits sont levés, les os sont exhumés, et soumis à divers rituels, pratiques qui ne sont pas sans correspondances dans l'Europe actuelle. À Poggio Real, un cimetière de Naples, un laveur de squelettes officie. Deux ans après l'inhumation, *quand le défunt a fini de couler*, il lave les ossements, en présence des familles, pour les déposer ensuite dans une urne de marbre. L'ancienne coutume, observée il y a peu de temps encore en France, du repas et de la messe anniversaire correspond sans doute aux mêmes représentations d'une remise en ordre nécessaire. Par ces rites, la vie reprend ses droits. Et là encore, la dépersonnalisation du défunt s'opère : car si l'inhumation provisoire est toujours individuelle, la sépulture définitive est très souvent collective.

Notre droit positif et les cultures traditionnelles tirent donc des conséquences similaires de l'universalité de la mort et de la disparition hors de notre système de perception ordinaire de ceux qui l'ont subie. Dans leur majorité (y compris dans nos sociétés modernes), les hommes croient que cette disparition n'a pas anéanti les défunts. L'oubli des morts dû à l'écoulement du temps est cependant général. Les morts ne sont présents au monde que dans la mesure où les vivants les en sollicitent. Preuve, diront les sceptiques, qu'en fait ils ne sont plus rien. L'argument est moins évident qu'il n'y paraît. La cosmologie moderne nous fait connaître un univers dont l'origine et les paramètres ne s'opposent pas, pour le moins, à l'idée de Création[336]. Laquelle, même admise, laisse tout entière dans le champ des croyances la solution de l'énigme des intentions de l'éventuel Créateur à notre égard, ainsi que la possibilité d'une survie (individuelle ou non) au-delà de la mort. L'immensité de cet univers nous instruit en tout cas de l'infirmité de nos sens. Le temps lui-même est lié à l'espace, si bien que la perception que nous en avons n'est que partielle : l'agencement de la matière dont nous sommes constitués conditionne notre perception du temps. Autrement dit, nous ne sommes pas construits à l'échelle de l'univers, alors que c'est à cette échelle, et peut-être au-delà, que se situe la clef de l'énigme de la mort. Le droit, en tant que produit de la pensée humaine, subit ces contraintes. Celui des sociétés traditionnelles retient plus longtemps que le nôtre les morts auprès des vivants, et personnalise davantage leurs relations. Mais au bout du terme, c'est à l'oubli des morts qu'ils conduisent.

Stricto sensu, cet oubli n'est le constat que de leur disparition. Il ne signifie ni leur anéantissement, ni leur survie. Car, d'abord fait par et pour les vivants, le droit peut cependant pénétrer dans l'univers de la foi. Mais il y parvient quelque peu démuni, et se comporte de façon bien trop anthropomorphe pour emporter notre conviction. À trop se conduire comme des vivants, les morts perdent de leur crédibilité, et l'on a peine à croire à ces dieux qui passent des contrats ou cherchent à obtenir réparation des préjudices subis. C'est l'homme qui se projette dans le monde des dieux. Cela ne prouve pas leur absence. Mais seulement que nous ne pouvons rien en dire, en dehors du constat toujours plus profond de leur transcendance qu'autorise la science contemporaine.

À moins de croire que Dieu s'est révélé à nous.

Le christianisme, notre propre tradition, laisse à entendre dans des textes trop rares que la mort n'anéantit pas la personne, mais la transfigure, comme le montrent les apparitions de Jésus ressuscité. À ses disciples stupéfaits le prenant pour un esprit, il lance : « *Voyez mes mains et mes pieds ; c'est bien moi ! Touchez-moi et rendez-vous compte qu'un esprit n'a ni chair ni os, comme vous voyez que j'en ai [...] » Ils lui présentèrent un morceau de poisson grillé. Il le prit et le mangea sous leurs yeux*[337]. » Mais en même temps, ce corps n'est plus de ce monde : Jésus entre sans difficultés dans une maison dont toutes les portes sont closes[338] ; il apparaît à Marie de Magdala venue au tombeau[339] et aux disciples en route vers Emmaüs[340], sans qu'ils puissent d'abord le reconnaître, bien qu'ils soient tout près de lui. Plus tard, saint Paul témoignera dans le même sens en affirmant simultanément le lien entre les mondes terrestre et surnaturel, et la distance qui les sépare : « *La science ? elle disparaîtra. Car imparfaite est notre science [...] Aujourd'hui, certes, nous voyons dans un miroir, d'une manière confuse, mais alors ce sera face-à-face*[341]. »

On peut dès ce monde essayer de passer de l'autre côté du miroir : les constructions juridiques auxquelles se sont livrées nombre de sociétés traditionnelles figurent parmi ces tentatives, auxquelles se refuse notre droit moderne. Trop humaines, elles ne nous font parcourir qu'une partie du chemin. On leur reprochera même de n'être que pures illusions. Peut-être. Mais elles témoignent que les hommes n'ont pas dédaigné d'utiliser le droit dans leur quête de transcendance, l'arrachant ainsi à sa condition terrestre.

Qu'il soit de ce monde ou parvienne jusqu'à celui de la surnature, le droit peut donc participer au sacré. Mais qu'est-ce au juste que le sacré ? Nous le savons bien depuis Durkheim. Reconnaître une catégorie du sacré, c'est accepter l'idée que certaines choses, objets, ou êtres relèvent d'un régime différent de celui du profane : des interdits les protègent. Ainsi le droit sacralise-t-il la personne humaine quand il proclame son indisponibilité, ou l'environnement, quand il le soustrait aux lois du marché. Historiquement, le sacré fut le plus souvent religieux : tel acte, tel être, tel édifice sont sacrés parce qu'ils dépendent plus directement de Dieu, ou des dieux. Mais il peut aussi exister un sacré laïc, qui permet aux esprits non religieux d'échapper au relativisme : la recherche transculturelle des droits de l'homme en fait partie.

Qu'il intervienne dans les rapports de l'homme avec la nature ou avec les dieux, le droit trouve sans doute un de ses aboutissements dans cette création du sacré.

CONCLUSION

Le tombeau de Kelsen

> Peut-être découvrirons-nous un jour que la même logique est à l'œuvre dans la pensée mythique et dans la pensée scientifique, et que l'homme a toujours pensé aussi bien.
>
> C. LÉVI-STRAUSS, *Anthropologie structurale* I, (Paris, Plon, 1958), 255.

J'avais vingt ans quand s'ouvre ce livre ; il se referme deux décennies plus tard, sans que cesse le voyage. Celui-ci ne m'a point fait orphelin de ma propre culture. Car l'anthropologie a deux visages. L'un tourné vers le grand large des sociétés lointaines, l'autre vers un rivage plus familier. Une anthropologie de fuyards n'est pas la mienne : si je m'interroge sur les autres sociétés, elles me renvoient constamment à celle dont je viens. À chacun son chemin de Damas. Il passa pour moi par l'Arctique, et me fit découvrir ce que certains nommeraient un droit impur.

En 1973 disparaissait H. Kelsen, un des plus grands philosophes du droit de notre époque, auteur d'un ouvrage célèbre, la *Théorie pure du droit*. Pour lui une science authentique du droit doit éviter tout syncrétisme avec d'autres disciplines, notamment la sociologie, trop infirme pour apporter des réponses positives aux questions suscitées par la vie des normes. Le juriste n'a à s'occuper que des normes existantes, « effectives ». Il doit rester résolument neutre, qu'il s'agisse du droit nazi ou des codes démocratiques. Pour dire ce qu'est le droit, il suffit d'examiner le produit de ses sources, toujours organisées hiérarchiquement, depuis une mystérieuse « norme fondamentale », en passant par la constitution, la loi, et ainsi de suite jusqu'aux plus modestes des actes juridiques infra-législatifs. Produit de l'École viennoise, cette construction fut acclimatée en France par Carré de Malberg. Elle inspira les directives données par M. Debré aux rédacteurs de la Constitution de 1958 et laissa une trace profonde chez nos juristes.

À l'évidence, cette perspective est radicalement différente de ce que peut enseigner l'anthropologie juridique. Elle est même à l'opposé puisqu'elle refuse toute approche interculturelle, demeure étrangère à toute idée de pluralisme, et milite en faveur d'une identification entre le droit et l'État. Pourtant, malgré leur succès, ces idées ne me paraissent avoir résisté ni aux épreuves du temps, ni à celles des faits. Jugeons-en en nouant quelques-uns des fils de cet ouvrage.

Une anthropologie du doute a pu naître de l'angoisse de la modernité. Les sociétés modernes ont remis en cause dans la seconde moitié de ce siècle la quasi-totalité des modèles culturels qui leur donnaient une signification. Furent ainsi récusés les privilèges de l'âge, de sexe, de statut et valorisés le doute et l'égalité au détriment de la foi et de la hiérarchie. Ces renversements produisirent tout naturellement de l'anxiété : on ne peut avoir tout à la fois l'exaltation du changement et la sécurité de la tradition. Ainsi s'explique, dans les années soixante, le succès ambigu de l'anthropologie, qui reposait plus ou moins consciemment sur la réactivation du mythe du Bon Sauvage, conçu comme tout ce que nous avions tort de ne pas être. Aujourd'hui, le doute est moins de mise : sans s'orienter vers un impossible retour au passé, l'Occident semble plus sûr de lui même. Les anthropologues en ont perdu un peu de leur crédit : l'échec de tant de pays du Tiers-Monde, l'effondrement des régimes communistes ne montrent-ils pas qu'après tout nos valeurs ont du bon ?

Il n'existe pas de paradis sauvage. Nous ne trouverons pas dans la forêt amazonienne ou sur la banquise de système juridique qui puisse être livré clefs en mains à nos frontières. De même, il faut en finir avec une critique systématique de la tradition occidentale. Les dangers de la technologie sont à la mesure de ses progrès, qu'il serait puéril de ne pas reconnaître. L'homme ne peut se contenter de contempler la nature. Il doit pouvoir la modifier, et la notion de droit est largement fondée sur son effort d'auto-institution par rapport au milieu ambiant, et dans ses rapports avec ses semblables. La tradition occidentale ne pèche pas quand elle affirme que l'homme est cocréateur du monde.

L'État lui-même, souvent critiqué par les spécialistes des chasseurs-cueilleurs, n'est pas le produit d'un fatal égarement : bien des sociétés n'ont pu survivre à des agressions extérieures ou à des modifications soudaines qu'au prix de son invention. Et avec lui est née toute une catégorie de règles — le droit public — qui agencent les rapports entre les individus et ses institutions, ainsi qu'entre ses organes. Mais si le Sauvage n'est pas forcément bon, et l'homme moderne égaré dans un illusoire progrès, à quoi peut donc bien servir l'anthropologie juridique ?

À éviter que chacun de ces systèmes, celui de la modernité ou celui de la tradition, n'aille trop loin dans le sens de sa logique propre : car au bout de ce processus se trouve à coup sûr le malheur.

Les sociétés traditionnelles peuvent apprendre de notre expérience, qui ne se réduit pas aux seules inventions technologiques. Car la culture de la modernité repose sur certains acquis dont nous n'avons pas à rougir. Quelques idées, à titre d'exemples : le conflit n'est pas toujours pathologique, mais peut être aussi nécessaire que l'harmonie à la reproduction de la société ; la maîtrise des forces naturelles peut faire vivre l'homme en meilleure intelligence avec le monde ; l'unique souci de l'identité peut conduire à des affrontements par ailleurs évitables ; la différenciation sexuelle est trop souvent synonyme de domination d'un sexe sur l'autre, etc. Autre atout, l'invention de l'anthropologie : si Arabes, Chinois et Hindous ont développé leurs propres approches de l'altérité, leurs tentatives n'ont pas revêtu la même ampleur que celles menées par l'Occident depuis la fin du XIXe siècle.

Mais l'expérience des sociétés non occidentales nous est aussi indispensable. D'une part, parce que le XXIe siècle, contrairement à ce que l'on a dit, ne sera pas celui du « village planétaire ». Bien au contraire, ce qui se dessine est un système culturel pluripolaire : nous disposons de moyens techniques performants pour transmettre très loin et très vite des informations, mais sommes bien plus infirmes quant à l'élaboration des moyens culturels de cette communication. Les errements du développement juridique transféré, les possibles dérapages des idéologies des droits de l'homme le montrent bien.

D'autre part, l'anthropologie nous fournit des éléments qui peuvent nous aider à trouver des solutions à certains de nos problèmes internes. En 1978, J. Poirier annonçait de façon prémonitoire en usant d'un terme qui aurait mérité de faire fortune, l'émergence des *matries*[342] : les micropatries culturelles, longtemps négligées, occultées par le pouvoir central, qui ont depuis fait surface un peu partout. Ceux qui les dénoncent en y voyant des « tribalismes » oublient que c'est le monde moderne qui les a créées, et non l'univers de la tradition. Car ces revendications des spécificités culturelles sont une réaction à l'uniformisation technique du monde contemporain. La désaffection envers les promesses trop souvent non tenues du pouvoir politique, la lassitude envers un État à la providence trop complexe ou lointaine y contribuent. Les anciennes communautés ayant disparu, on ne peut s'étonner de la force de ces mouvements néo-identitaires, ce qui n'autorise nullement à absoudre leurs éventuels excès. Le recours à l'anthropologie et aux théories du pluralisme juridique serait ici hautement souhaitable : il montrerait comment l'uniformité peut détruire l'unité, et les moyens de pallier ses excès.

Il nous permettrait également de donner une nouvelle dimension à notre droit de l'environnement. L'homme des sociétés traditionnelles pense loin dans le temps, en fonction des générations passées et à venir, comme l'indiquent toutes ses constructions lignagères. Le moment est venu pour nous d'inscrire dans nos codes et constitutions le droit de ces générations futures à une terre indemne, que le progrès technique aura améliorée, et non dégradée. La logique du marché est efficace à court terme : pour le long terme, nous devons nous en remettre à d'autres mécanismes de décision. En ce sens, le droit peut contribuer à la construction d'une catégorie du sacré, religieux ou non.

L'anthropologie juridique peut enfin nous servir à mieux découvrir notre droit, sous l'écorce des codes. Et nous apprendre à ne pas avoir peur des évolutions qui s'amorcent devant nos yeux. Un droit plus flou, des sanctions flexibles, des transactions ou la médiation plutôt que des jugements, des règles qui forment des modèles plus qu'elles n'édictent des ordres : tout cela nous inquiétera moins quand nous saurons qu'il y a longtemps ou ailleurs, des hommes, que nous appelions primitifs, ont déjà eu recours à ces procédés, ou les emploient encore.

L'anthropologie n'est pas seulement dialogue : elle apporte des réponses nécessaires à l'élaboration du droit futur, dont cet ouvrage témoigne. La post-modernité ne consiste pas à tourner la page de la modernité comme on referme un livre, mais à harmoniser ses acquis avec ceux de la pré-modernité et les nouveaux enjeux de pouvoir et de civilisation. Le temps et l'espace ne creusent pas d'infranchissables abîmes entre les sociétés traditionnelles et les nôtres, comme on le croyait il y a un siècle. Au contraire, nous apercevons toujours mieux les grands flux qui joignent les divers territoires sur lesquels l'homme découvre et construit sa destinée, si bien que notre futur peut s'illuminer des expériences de cultures lointaines ou disparues. À nous de continuer à dévoiler notre unité profonde à partir de la diversité de ses incarnations.

TABLE

Notes

*1. Cet ouvrage n'est pas un manuel, ni une thèse. Les notes de ses chapitres n'ont donc aucun caractère exhaustif : elles indiquent seulement quelques pistes de lecture.

1. G. Vedel, Indéfinissable mais présent, *Droits*, 11 (1990), 67.

2. Cf. J.S. Stehli, États-Unis-Stress : les avocats lâchent le barreau, *Le Point*, 918 (avril 1990), 138.

3. Cf. C. Kourilsky, Que représente le droit pour les 11-18 ans ?, *Le Courrier du CNRS : Les sciences du droit*, 75 (1990), 61.

4. Cf. J.P. Gridel, *Le signe et le droit* (Paris, LGDJ, 1979) ; N. Rouland, *Anthropologie juridique* (Paris, PUF, 1988), 139-141.

5. Cf. A.L., La justice marteau-pilon, *Le Monde* (1er avril 1990), 8.

6. Cf. M.C. Ayme, Chasseurs de fric en frac, *L'Événement du jeudi* (26 oct.-1er nov. 1989), 46.

7. Cf. M. Delmas-Marty, *Le Flou du droit* (Paris, PUF, 1986) ; Politique criminelle et droits de l'homme : vers une logique floue, *RIES*, 24 (1990), 1-24. Sur les sanctions psychologiques, cf. R. Ogien, Sanctions diffuses. Sarcasmes, rires, mépris, *Revue française de sociologie*, 4 (1990), 591-607.

8. Cf. A. Garapon, La notion d'engagement dans la justice française contemporaine, *Droits et cultures*, 13 (1987), 51-57.

9. Cf. G. Picard-A. Morin, Petits litiges : zéro pour les tribunaux, *50 millions de consommateurs*, 221 (octobre 1989), 26-32.

10. J. Carbonnier, *Droit civil — Introduction* (Paris, PUF, 1988), 35.

11. Cf. J. Koubi, En quête d'harmonie. Le divorce chez les Toradja, *Droits et cultures*, 15-16 (1988), 5-45.

12. Cf. N. Rouland, Les modes juridiques de solution des conflits chez les Inuit, *Études Inuit*, 3 (1979), 80-102.

13. Cf. L.J. Dorais, Humiliation et harmonie. L'expression du droit coutumier chez les Inuit du Labrador, *Recherches amérindiennes au Québec*, XIV-4 (1984-85), 3-8.

14. C. Lévi-Strauss, *Tristes tropiques* (Paris, Plon, 1955), 57-58.

15. Cf. M. Serres, *Le contrat naturel* (F. Bourin, 1990).

16. Cf. l'éditorial de J. Lautman, dans le dossier scientifique du *Courrier du CNRS* récemment consacré au droit (*op. cit. supra*, n. 3).

17. Cf. *infra*, ici ; ici.

18. Sur ce qui va suivre, cf. les lumineuses analyses de J. Carbonnier, *Flexible droit* (Paris, LGDJ, 1988), 24-63, 167-177 ; du même auteur : *Essais sur les lois* (Répertoire du notariat Defrénois, 1979), 271-277. Cf. également B. Oppetit, L'hypothèse du déclin du droit, *Droits*, 4 (1986), 9-20 ; D. Lochak, Droit, normalité et normalisation, dans *Le droit en procès* (dir. J. Chevallier) (Paris, PUF, 1983), 51-77.

19. Cf. F. Boas, *Anthropology and Modern Life* (Westport, Connecticut, Greenwood Press, 1928, repr. 1984).

20. Platon, *Gorgias*, 114-116 ; 208-211.

21. Pour un dernier bilan, cf. les deux tomes de la revue *Droits* consacrés à cette question, à laquelle une quarantaine d'auteurs ont tenté de répondre : Définir le droit, *Droits*, 10 (1989), 11 (1990).

22. On trouvera un excellent panorama de ces questions dans C. Masset, Préhistoire de la famille, dans *La Famille* (A. Burguière *et alii* dir.), I (Paris, A. Colin, 1986), 79-97 et J. Reichholf, *L'émergence de l'homme* (Paris, Flammarion, 1991). On lira avec beaucoup plus de prudence, tant est grande la part de l'hypothèse, J. Dauvillier, Problèmes juridiques de l'époque paléolithique, dans *Mélanges H. Lévy-Brühl* (Paris, Sirey, 1959), 351-359.

23. Cf. J. Testart, Les chasseurs-cueilleurs entre la préhistoire et l'ethnologie, dans *Dossiers Histoire et Archéologie*, 115 (1987), 8-17.

24. Sur tous ces problèmes, on lira avec profit A. Testart, Pourquoi les sociétés de chasseurs-cueilleurs sont-elles sans classe, *Anthropologie et Sociétés*, 3-1 (1979), 181-189 ; Pour une typologie des chasseurs-cueilleurs, *ibid.*, 5-2 (1981), 177-221.

25. Cf. le très bel article de P. Levesque, Contribution à une théorie historique de la production de la pensée religieuse dans les sociétés du paléolithique et du néolithique, *Dialogues d'histoire ancienne* (1981), 53-92.

26. Cf. N. Rouland, Les morts et le droit, à paraître dans *Mélanges G. Duby*.

27. Cf. *supra*, n. 6, et *infra*, ici sq.

28. Les sociétés de chasseurs-cueilleurs du paléolithique ont elles aussi probablement connu des processus de complexification, notamment vers 40 000 ans avant notre ère. (cf. *Prehistoric Hunters-Gatherers. The Emergence of Cultural Complexity*, T.D. Price — J.A. Brown eds., New York-London, Academic Press, 1985). Mais ils n'aboutirent pas à des effets aussi décisifs et irréversibles que ceux produits par la transition néolithique.

29. Cf. P.E.L. Smith, L'archéologie d'une transformation sociale : le passage de la chasse-cueillette à l'agriculture, *Anthropologie et Sociétés*, 8-1 (1984), 45-61 ; E. Adamson-Hoebel, *The Law of Primitive Man* (Harvard University Press, 1967), 288-333.

30. Cf. *La Vengeance*, sous la direction de R. Verdier, 4 vol. (Paris, Cujas, 1981-1984).

31. Les lignes qui suivent sont largement inspirées de M. Alliot, L'anthropologie juridique et le droit des manuels, *Archiv für Rechts und — socialphilosophie*, 24 (1983), 71-81. Cf. également N. Rouland, *Anthropologie juridique* (Paris, PUF, 1988), 399-407.

32. Sur l'inter-normativité du droit, cf. J. Carbonnier, *Essais sur les lois* (Répertoire du notariat Defrénois, 1979), 251-270.

33. Cf. D. Lochak, La doctrine sous Vichy ou les mésaventures du positivisme, dans *Les Usages sociaux du droit* (dir. D. Lochak *et alii*, Paris, PUF, 1989), 252-285.

34. Cf. J. Carbonnier, La peine décrochée du délit, dans *Mélanges R. Legros* (Bruxelles, éd. de l'Université de Bruxelles, 1985), 23-34.

35. Cf. H. Tincq, Dieu n'est plus ce qu'il était, *Le Monde* (2 nov. 1990), 10.

36. Cf. *infra*, ici.

37. Sur ces deux derniers points, cf. M. Auge, *Un Ethnologue dans le métro* (Paris, Hachette, 1986) ; *Domaines et Châteaux* (Paris, le Seuil, 1989).

38. Cf. J. Costa, Trois fondateurs de l'ethnologie juridique : Bachhofen, Maine, Engels, *Nomos*, 1 (1974), 15-42 ; R. Verdier, Dossier H. Sumner-Maine, *Droits et Cultures*, 1 (1990), 149-190.

39. Cf. G. Spendel, *Josef Kohler — Bild eines universal Juristen* (Decker und C.F. Müller Verlag, Heidelberg, 1983).

40. Cf. N. Rouland, H. Lévy-Brühl et l'avenir du droit, *Revue de la recherche juridique et droit prospectif*, 2 (1985), 510-530.

41. Cf. M. Bruschi, Le droit et les sciences occultes, *Revue de la recherche juridique et droit prospectif*, 1 (1991), 183-261 et 2 (1991), 491-530. C. Brun, *L'Irrationnel dans l'entreprise* (Paris, Balland, 1989).

42. Deux d'entre eux ont édité un guide à l'usage des *managers* internationaux cf. : Edward T. Hall — Mildred Reed Hall, *Guide du comportement dans les affaires internationales* (Paris, Le Seuil, 1990), qui concerne les pays européens.

43. Un ouvrage récent en constate l'expansion en France au cours de la dernière décennie : cf. J.F. Six, *Le Temps des médiateurs* (Paris, Le Seuil, 1990).

44. C'est ce que remarque avec finesse J. Carbonnier, *op. cit. supra* n. 12, 263.

45. Cf. N. Rouland — J.-L. Harouel, L'anthropologie juridique face au jugement de valeur, *Revue de la recherche juridique et droit prospectif*, 1 (1991), 177-181.

46. L'ouvrage de référence pour l'étude de la vengeance dans les sociétés occidentales et non occidentales est : *La Vengeance*, dir. R. Verdier, 4 vol. (Paris, Cujas, 1981-84).

47. Cf. G. Courtois, Le sens et la valeur de la vengeance chez Aristote et Sénèque, *ibid.*, T. IV, 137-151.

48. Cf. P. Clastres, *Recherches d'anthropologie politique* (Paris, Le Seuil, 1980), 171-207.

49. J. Malaurie, Raids et esclavage dans les sociétés autochtones du détroit de Behring, *Inter-Nord*, 13-14 (1974), 9.

50. Cf. J. Pestieau, *Guerres et paix sans État* (Montréal, L'Hexagone, 1985). Les chiffres cités ici sont donnés par L.V. Thomas, *Anthropologie de la mort* (Paris, Payot, 1975), 107.

51. Aristote, *Éthique à Nicomaque*, V, 15, 1138 a 7 sq. ; a 20 sq.

52. Aristote, *Rhétorique*, I, 13, 1373 b 20 sq.

53. Cf. Y. Thomas, Se venger au Forum. Solidarité familiale et procès criminel à Rome, dans *La Vengeance, op. cit.*, III, 75 sq.

54. Cf. A. Logeart, Les prisons américaines, Vietnam intérieur : New York rançonnée par ses peurs, *Le Monde* (2 août 1990), 8.

55. Cf. l'ouvrage passionnant d'A. Garapon, *L'âne portant des reliques. Essai sur le rituel judiciaire* (Paris, Le Centurion, 1985).

56. Cf. R. Girard, *Des choses cachées depuis la fondation du monde* (Paris, Grasset, 1978), 20. En réponse, cf. R. Verdier, Le système vindicatoire, dans *La Vengeance, op. cit.*, T. I, 13-42.

57. Cf. B. Sonne, The Ideology and Practice of Blood Feuds in East and West Greenland, *Études Inuit*, 6-2 (1982), 21-50.

58. Cf. N. Rouland, Les modes juridiques de solution des conflits chez les Inuit, *Études Inuit*, 3 (1979), 80-101.

59. Pour plus de détails, cf. J. Busquet, *Le droit de la vendetta et les Pad corses* (Paris, Pedone, 1920).

60. Cf. *supra*, ici.

61. Cf. J. Chelhod, Équilibre et parité dans la vengeance du sang chez les Bédouins de Jordanie, dans *La Vengeance, op. cit. supra*, T. I, 124-143.

62. *Ibid.*, 130-131.

63. Cf. A. Adler, La vengeance du sang chez les Moundang du Tchad, *ibid.*, 75-89.

64. Cf. J. Bureau, Une société sans vengeance : le cas des Gamo d'Éthiopie, *ibid.*, 213-224.

65. Cf. *infra*, ici sq.

66. Cf. *infra*, ici, la notion d'engagement, et, sur ce point : A. Garapon, La notion d'engagement dans la justice française contemporaine, *Droit et Cultures*, 13 (1987), 51-57.

67. Philippe de Beaumanoir, *Les Coutumes de Beauvaisis*, T. II (Paris, éd. Beugnot, 1842).

68. Cf. Keith F. Otterbein — Charlotte Swanson Otterbein, An Eye for an Eye, a Tooth for a Tooth : A Cross-Cultural Study of Feuding, *American Anthropologist*, 67 (1965), 1470-1482 ; cf. également, des mêmes auteurs : Internal War : A Cross-Cultural Study, *American Anthropologist*, 70-2 (1968), 277-289.

69. Cf. W.T. Masumura, Law and Violence : A Cross-Cultural Study, *Journal of Anthropological Research*, 33-4 (1977), 388-399.

70. Cf. E. Adamson-Hoebel, La vengeance, *Droit et Cultures*, 15 (1988), 162-170.

71. Cf. h.u.e. Van Velzen — W. Van Wetering, Residence, Power-Groups and Intrasocietal Agression, *International Archives of Ethnography*, 49 (1960), 169-200.

72. C'est le titre d'un ouvrage récemment publié sur le développement de la médiation en France : cf. J.F. Six, *Le Temps des médiateurs* (Paris, Le Seuil, 1990). De façon plus générale, le thème des justices alternatives a suscité une énorme littérature en anthropologie juridique, principalement rédigée en anglais. Je ne peux donc citer ici que quelques titres : S. Roberts, *Order and Dispute. An Introduction to Legal Anthropology* (Harmondsworth, Penguin Books, 1979) ; *The Politics of Informal Justice*, R.L. Abel ed., 2 T. (New York, Academic Press, 1982) ; R.L. Abel, A Comparative Theory of Dispute Institutions in Society, *Law and Society Review*, 8-2 (1973), 217-347 ; du même auteur : Theories of Litigation in Society. « Modern » Dispute Institutions in « Tribal » Society and « Tribal » Dispute Institutions in « Modern » Society as Alternative Legal Forms, *Jahrbuch für Rechtssoziologie und Rechtstheorie*, VI (1980), 165-191 ; W.L. Felstiner, Influences of Social Organization on Dispute Processing, *Law and Society Review*, 9-1 (1974), 63-94 ; P. Goffin, Le droit disciplinaire des groupes sociaux, dans *Le Pluralisme juridique*, J. Gilissen éd. (Bruxelles, éd. de l'Université de Bruxelles, 1972), 109-122 ; J.G. Belley, *Conflit social et pluralisme juridique en sociologie du droit* (Thèse Université Paris II, 1977) ; E. Servidio-Delabre, La médiation aux États-Unis, *Archives de politique criminelle*, 8 (1985), 195-199 ; J.P. Bonafe-Schmitt, *Les Justices du quotidien : les modes formels et informels de règlement des petits litiges* (Thèse Université Lyon II, 1986) ; E. Le Roy, La conciliation et les modes précontentieux de règlement des conflits, *Bulletin de liaison du Laboratoire d'anthropologie juridique de Paris*, 12 (1987), 39-50.

73. E.E. Evans-Pritchard, Les Nuer du Soudan méridional, dans *Systèmes politiques africains*, sous la dir. de Meyer-Fortes et E.E. Evans-Pritchard (Paris, PUF, 1964), 240-241,

251-256.

74. Cf. les descriptions données par J.F. Six, *op. cit. supra* n. 27.

75. Cf. *supra*, ici.

76. Cf. *supra*, ici.

77. Chiffres cités dans : G. Picard *et alii*, Petits litiges : zéro pour les tribunaux, *50 millions de consommateurs*, 221 (oct. 89), 28, 30.

78. Cf. E. Le Roy, *op. cit. supra* n. 27.

79. Cf. T. Ivainer, *L'interprétation des faits en droit* (Paris, LGDJ, 1988), 7.

80. Cf. H. Fulchiron, Les nouvelles formes de vie familiale, dans *Courrier du CNRS*, 75 (avril 1990), 53.

81. Cette étude a été réalisée pour le compte du commissariat général du Plan et du ministère de l'Éducation nationale, sous la direction d'E. Le Roy : cf. La justice des mineurs en région parisienne, *Bulletin de liaison du Laboratoire d'anthropologie juridique de Paris*, 9 (1985), 23-220.

82. Cf. A. Garapon, La notion d'engagement dans la justice française contemporaine, *Droit et Cultures*, 13 (1987), 51-57.

83. *Ibid*., 56.

84. Cf. P. Romon, Le verdict de Lord Mc Cluskey, *Le Nouvel Observateur* (26 oct. 1989).

85. Cf. P. Goffin, *op. cit. supra* n. 27.

86. « *Il semble qu'un danger issu de flatteries démagogiques menace non pas le droit tel qu'il est pratiqué par les juridictions, mais le fond même du droit positif. Ce n'est plus l'idole familière à laquelle on peut désobéir avec circonspection. Cela tend à devenir une vapeur qui entoure un droit casuel. Il y a une sorte de complaisance à supprimer les formes, à donner l'illusion d'une justice paternelle et bénigne, à favoriser l'arrangement plutôt que le procès, le rôle du conciliateur plutôt que celui du juge.* » (P. Sanz de Alba, *Sur quelques aspects de l'équité* [Thèse droit Aix-en-Provence, 1980], 386).

87. A. Garapon, *L'âne portant des reliques. Essai sur le rituel judiciaire* (Paris, Le Centurion, 1985), 187-188. Ceci explique que les professionnels de la justice soient souvent réticents à l'extension des techniques de l'ordre négocié, même si des préoccupations d'ordre corporatiste peuvent aussi influencer leur attitude. Il est frappant de constater que les juridictions elles-mêmes semblent parfois ignorer des procédures simplifiées de règlement des conflits nouvellement instituées dans le droit de la consommation (60 % des 180 tribunaux d'instance interrogés au cours d'une enquête menée par une revue de consommateurs se sont montrés défaillants : cf. G. Picard, *op. cit. supra* n. 32, pp. 29-30).

88. Cit. dans *Le Point* (14 sept. 1987). Cf. également M. Deverge, Négocier à la chinoise, *Études*, 369-4 (oct. 1988), 305-313.

89. Cf. *supra*, ici.

90. Ces expressions sont citées par J. Daniel dans un de ses éditoriaux, *Le Nouvel Observateur* 1357 (8-14 nov. 1990), 60.

91. CF. D. Lochak, Les minorités et le droit public français : du refus des différences à la gestion des différences, dans *Les minorités et leurs droits depuis 1789*, études réunies

par A. Fenet et G. Soulier (Paris, L'Harmattan, 1989), 111-184. Certains juristes sont hostiles au pluralisme civil, au motif que placés devant un choix, la morale comme le droit se doivent de décider : cf. C. Atias, Le mythe du pluralisme civil en législation, *Revue de la Recherche juridique — Droit prospectif*, 2 (1982), 244-253.

92. Cf. C. Rigollet, Et le droit d'aînesse ?, *Le Point* 918 (23 avril 1990), 131.

93. Si tous les anthropologues du droit sont d'accord sur l'existence du pluralisme juridique, ils ne sont pas parvenus à s'entendre sur une définition unique du phénomène. Cf. N. Rouland, Pluralisme juridique, dans *Dictionnaire encyclopédique de théorie et de sociologie du droit*, dir. A.J. Arnaud (Paris, LGDJ, 1988), 303-304 ; *Anthropologie juridique* (Paris, PUF, 1988), 83-84.

94. Cf. *supra*, ici.

95. J'emprunte ce beau titre et quelques-uns des développements qui suivent à J. Carbonnier, *Essais sur les lois* (Répertoire du notariat Defrénois, 1979), 203-223.

96. Cf. P. Rosanvallon, *L'État en France, de 1789 à nos jours* (Paris, Le Seuil, 1990).

97. *Ibid.*, 96.

98. En ce sens, il est inexact de prétendre comme le fait P. Rosanvallon (*op. cit.*, 105) que l'État absolutiste « … n'a lutté ni contre les corps intermédiaires, ni contre les particularismes locaux ».

99. Cf. M.N. Bourguet, *Déchiffrer la France — La statistique départementale à l'époque napoléonienne* (Paris, éd. des Archives contemporaines, 1988).

100. E. Ollivier, *Commentaire de la loi du 15 mai 1864 sur les coalitions* (Paris, 1864), 52-53.

101. Cf. *supra*, ici.

102. Cf. P. Rosanvallon, *op. cit.*, 264-268.

103. Cf. La France multireligieuse, n° hors série de *Témoignage chrétien.*

104. Cf. L. Dirn, *La société française en tendances* (Paris, PUF, 1990), 59-89 ; G. Mermet, *Francoscopie* (Paris, Larousse, 1989), 11, 199-200.

105. En ce sens, cf. P. Rosanvallon, *op. cit.*, 278.

106. Cf. la *Lettre du Conseil régional Provence-Alpes-Côte d'Azur*, n° 83 (hors série, 1990), 3.

107. Cf. G. Mermet, *op. cit.*, 199.

108. Cf. l'excellent résumé de J. Chevallier, sub v° État, dans *Dictionnaire encyclopédique de théorie et de sociologie du droit* (Paris, LGDJ, 1988), 147-151.

109. Cf. *supra*, ici.

110. Cf. J. Carbonnier, Il y a plus d'une définition dans la maison du droit, *Droits*, 11 (1990), 5-9 ; *Sociologie juridique* (Paris, A. Colin, 1972), 122-136 ; *Droit civil (Introduction)* (Paris, PUF, 1988), 21-22. Cf. également l'avis d'autres civilistes : A. Weill — F. Terre, *Droit civil (Introduction générale)* (Paris, Dalloz, 1979), 3-21.

111. Cf. N. Rouland, Décentralisation, citoyenneté et clientélisme : l'expérience romaine, *Cahiers Pierre-Baptiste* I (Arles, Actes Sud, 1982), 156-175.

112. Aelius Aristide, *Éloge de Rome*, 59-61.

113. Cf. *supra*, ici.

114. Cf. les *Actes du colloque « Le Pluralisme juridique »* (Aix-en-Provence, 21-22 novembre 1991), dir. A. Seriaux — N. Rouland, à paraître.

115. Cf. J. Carbonnier, *Flexible Droit* (Paris, LGDJ, 1988), 339-340.

116. Cf. N. Zagnoli, Le Tribunal d'humilité, *Droits et Cultures*, 11/1986, 37-78.

117. Cf. C. de Rudder, La fin du rêve blanc, *Le Nouvel Observateur* (22-28 nov. 1990), 19.

118. Cf. P. Broussard, l'été zoulou, *Le Monde* (11 avril 1990), 1, 8 ; F. Aïchoune, Faut-il avoir peur des bandes ? *Le Nouvel Observateur* (9-15 août 1990), 7-11 ; J. Dupuis, Le virus américain, *ibid.* 12-13.

119. Cf. D. Leger — B. Hervieu, *Le retour à la nature. Au fond de la forêt... l'État* (Paris, Le Seuil, 1979) ; D. Hervieu-Leger, Communautés néo-rurales en France : de la contestation familiale à l'utopie d'une nouvelle famille, in *Aux sources de la puissance : sociabilité et parenté*, dir. F. Thelamon (Publications de l'Université de Rouen, n° 148, 1989), 91-100.

120. Cf. N. Rouland, Les droits mixtes et les théories du pluralisme juridique, in *La formation du droit national dans les pays de droit mixte* (Presses de l'Université d'Aix-Marseille III, 1989), 51-53 ; M. Chiba (ed.), *Asian Indigenous Law (in Interaction with Received Law)* (London-New York, Routledge and Kegan Paul, 1986) ; du même auteur : *Legal Pluralism : Toward a General Theory through Japanese Legal Culture* (Tokaï University Press, Tokyo, 1989).

121. Cf. M. Erlich, *La femme blessée. Essai sur les mutilations sexuelles féminines* (Paris, L'Harmattan, 1986) ; C. Chipaux, Des mutilations, déformations, tatouages rituels et intentionnels chez l'homme, in *Histoire des mœurs*, dir. J. Poirier, I (Paris, Gallimard, 1990), 553-567.

122. M. Griaule, *Dieu d'eau* (Paris, Fayard, 1983), 146, 148-149.

123. C. Castoriadis, De l'utilité de la connaissance, *Cahiers Vilfredo Pareto, Revue européenne des sciences sociales*, 79 (1988), 99. Sur les points de vue sur l'excision de juristes et anthropologues du droit français, cf. le dossier réservé à cette question par *Droit et Cultures*, 20 (1990), 145-215.

124. Cf. A. Finkielkraut, La sainte alliance des clergés, *Le Monde* (25 oct. 1989).

125. Cf. L. Dirn, *op. cit.*, 351 ; G. Mermet, *op. cit.*, 16-18 ; *Le Point*, 893 (30 oct. 1989) ; *Le Monde* (30 nov. 1989).

126. N. Rouland, *Anthropologie juridique* (Paris, PUF, 1988), 90-91. P. Delmas (*Le Maître des horloges*, Paris, Odile Jacob, 1991) montre ainsi que si le marché est performant à court terme, l'État est plus habilité que lui à contrôler les processus de temps longs : il ne faut pas jouer l'un contre l'autre, mais répartir entre eux les rôles.

127. M. Debré, *Préface* à R. Debbasch, *Le principe révolutionnaire d'unité et d'indivisibilité de la République* (Paris, Economica, 1988), 1-2. J. Chirac a tenu les propos cités ici le 21 juin 1991 au cours de la « Nuit tricolore » du RPR des Alpes-Maritimes (cf. *Le Monde*, 23-24 juin 1991, 7).

128. A. Finkielkraut, *La défaite de la pensée* (Paris, Gallimard, 1987), 110-111.

129. *Ibid.*, 113.

130. Cf. J. Daniel, *Le Nouvel Observateur* (8-14 nov. 1990), 60.

131. Cf. P. Yonnet, La machine Carpentras. Histoire et sociologie d'un syndrome d'épuration, *Le Débat*, 61 (sept.-oct. 1990), 18-34.

132. P. Rosanvallon, L'État au tournant, *L'Express* (16 févr. 1990), 61.

133. Cf. G. Balandier, *Anthropo-logiques* (Paris, 1985), 271-272.

134. Cf. *supra*, ici et N. Rouland — J.-L. Harouel, L'anthropologie juridique face au jugement de valeurs, *Revue de la recherche juridique et droit prospectif*, 1 (1991), 177-181.

135. A. Touraine, Un nouvel âge de la politique ?, *Le Magazine littéraire*, 264 (avril 1989), 24.

136. « *Depuis quand ce mot* [communauté] *s'est-il subrepticement introduit dans le langage courant pour désigner des groupes d'appartenance religieuse considérés comme fondamentaux et déterminants ? Il y eut un temps, celui des Lumières, celui de la République, celui de la Raison individuelle, où dire à un chrétien ou à un juif qu'il se déterminait comme chrétien ou comme juif eût été considéré comme une injure. Aujourd'hui, au nom de la fameuse « différence », qui véhicule, c'est vrai, une partie de notre identité mais aussi le vieux fond obscur où les grandes contraintes collectives complotent avec nos petites lâchetés personnelles pour nous détourner d'être des hommes libres ; au nom, dis-je, des « communautés », ces grandes maisons d'intolérance, vous voilà classé, normalisé, neutralisé.* » (J. Julliard, *Chroniques du septième jour*, [Paris, Le Seuil, 1991], 115).

137. Cf. M. Abeles, *Anthropologie de l'État* (Paris, A. Colin, 1990), 8-59.

138. Les municipes sont des cités conquises par Rome, qui bénéficient d'un statut d'autonomie : moyennant une participation aux charges militaires et financières communes, elles gardent leurs magistrats, leurs assemblées, leurs cultes, et parfois leur langue propres.

139. Le terme de *Res publica* ne désigne pas, comme à l'heure actuelle, un régime politique déterminé, mais plutôt la collectivité prise dans son individualité, en tant que sujet de rapports juridiques. Il implique l'existence d'une organisation politique (qui peut être démocratique ou aristocratique, mais non pas tyrannique ou démagogique, ou oligarchique), déterminée par des règles de droit.

140. Cicéron, *Les Lois*, II, 5. Signe de la permanence des droits locaux qu'autorisait le pluralisme romain, les coutumes autochtones réapparaissent souvent bien vivantes et supplantent le droit romain dans de nombreuses régions de l'ancienne Gaule quand, au VIe siècle ap. J.-C., l'empire d'Occident a disparu ; cf. P. Ourliac — J.-L. Gazzaniga, *Histoire du droit privé français* (Paris, Albin Michel, 1985), 35-36.

141. E. Morin, L'homme domine-t-il sa planète ?, in : La Pensée aujourd'hui, *Le Nouvel Observateur*, coll. « Dossiers », 2 (1990), 45.

142. Les estimations vont de quatre… à vingt mille pour le chiffrage de ces groupes : Cf. J. Poirier, *Histoire des Mœurs*, I (Paris, Gallimard, 1990), XI-XII ; R. Stavenhagen, *op. cit. infra*, n° 94.

143. Cf. M. Panoff, *Ethnologie : le deuxième souffle* (Paris, Payot, 1977), 10-11.

144. Cf. C. Lévi-Strauss — D. Eribon, *De près et de loin* (Paris, O. Jacob, 1988), 119.

145. *Le Monde*, 28 juin 1974.

146. Cf. A. Finkielkraut, *La Défaite de la pensée* (Paris, Gallimard, 1987), 69-70.

147. *Ibid.*, 83.

148. Cf. P. Bruckner, *Le Sanglot de l'homme blanc* (Paris, Le Seuil, 1983), 183-189.

149. A. Finkielkraut, *op. cit.*, 129.

150. L'exemple paraît trivial. Et pourtant… On se convaincra aisément que les rapports que l'homme entretient avec l'excrément en disent parfois long sur ses conceptions métaphysiques en lisant : C. Gaignebet — M.-C. Perier, L'homme et l'excretum, in J. Poirier, *op. cit. supra* n. 2, 831-893.

151. Cf. B. Malinowski, *Journal d'ethnographe* (Paris, Le Seuil, 1987).

152. S. Latouche, *L'Occidentalisation du monde* (Paris, La Découverte, 1989), 48-49.

153. Cit. par A. Cuvillier, *Manuel de sociologie*, II (Paris, PUF, 1968), 680.

154. C. Lévi-Strauss, *Tristes Tropiques* (Paris, Plon, 1955), 450. De fait, la tentative de réhabilitation des Aztèques tentée par J.M.G. Le Clézio (*Le Rêve mexicain ou la pensée interrompue* [Paris, Gallimard, 1988]) ne convainc guère, en dépit — circonstance aggravante — de l'évidente qualité de son écriture.

155. Cf. I. Ramonet, La solitude des « invisibles », *Le Monde diplomatique* (juin 1989), 17.

156. C. Lévi-Strauss, *op. cit. supra*, 468-469, 473.

157. Cf. J.L. Harouel, Jugement de valeur explicite ou jugement de valeur camouflé, *Revue de la recherche juridique et droit prospectif*, XVI-44 (1991-1), 171-175 ; L'anthropologie juridique face au jugement de valeur, dialogue entre N. Rouland et J.L. Harouel, *ibid.*, 177-181.

158. Curieusement, c'est souvent le cas des spécialistes des chasseurs-cueilleurs. Peut-être parce que la distance séparant leurs modes de vie des nôtres rend tentante leur survalorisation, dans la mesure même de cet éloignement ?

159. Cf. C. Lévi-Strauss, *op. cit.*, 447-448.

160. Cf. *infra*, ici.

161. Cf. *supra*, ici.

162. Cf. C. Lévi-Strauss, *op. cit.*, 448.

163. Cf. *supra*, ici.

164. Cf. *supra*, chapitre I.

165. En ce sens, cf. M. Villey, *Philosophie du droit*, I (Paris, Dalloz, 1986), 168-179 ; C. Atias, Une crise de légitimité seconde, *Droits*, 4 (1986), 22-33 ; *Théorie contre arbitraire* (Paris, PUF, 1987), 9-17.

166. T. Ivainer, *L'Interprétation des faits en droit* (Paris, LGDJ, 1988), 7-8.

167. *Arrêt de censure de la Chambre sociale de la Cour de Cassation*, 21 mai 1974, Bull. 320° 305.

168. M. Villey, La science du XIXe siècle et la crise du droit, in *Leçons d'histoire de la philosophie du droit*, nouv. éd. (Paris, Dalloz, 1962), 293. J'ai moi-même ailleurs défendu ce droit à l'incertitude : cf. N. Rouland, *Anthropologie juridique* (Paris, PUF, 1988), 96-98.

169. *Le Monde*, Dossiers et documents, 163 (févr. 1989).

170. *Jeune Afrique Plus*, 1 (juillet-août 1989), 16-31.

171. J. Bouveresse, *Droit et politiques du développement et de la coopération* (Paris, PUF, 1990), 11.

172. Cf. C. Lévi-Strauss, *Race et Histoire* (Unesco, 1952, rééd. par Denoël, Paris, 1987), 41-50.

173. Cf. en ce sens *Alternatives au développement*, dir. R. Vachon (Centre interculturel Monchanin, Montréal, 1988), 32-33, 44-45, 202-203 ; S. Latouche, Le progrès comme signification imaginaire sociale fondatrice de l'économie, *Revue européenne des sciences sociales*, XXVI-82 (1988), 20-22 ; le numéro de la revue *Ethnies* consacré au développement : La fiction et la feinte — Développement et peuples autochtones, 13 (1991).

174. Genèse, I, 28.

175. S. Latouche, *Faut-il refuser le développement ?* (Paris, PUF, 1986), 166.

176. Cf. l'analyse qu'en fait M. Sahlins, *Au cœur des sociétés* (Paris, Gallimard, 1980), 216-225.

177. Cf. N. Rosenberg — L.E. Birdzell, *Comment l'Occident s'est enrichi* (Paris, Fayard, 1989).

178. Cf. *supra*, n. 30.

179. Cf. *Droits de l'homme, droits des peuples*, dir. A. Fenet (Paris, PUF, 1982), 168-171.

180. Cf. *Tiers-Mondes*, dir. S. Brunel (Paris, Economica, 1987), 493-496.

181. Cf. *infra*, ici.

182. S. Latouche, *L'Occidentalisation du monde*, *op. cit.*, 113.

183. « *Voilà pourquoi je ne me borne pas à défendre l'idée d'une croissance zéro ; je me prononce résolument en faveur d'une croissance négative. Pour prendre les thèmes chers à Illich, je dirais que le simple fait de maintenir certains modes de vie à leur niveau actuel implique un état de guerre permanent. Les sociétés avancées épuisent actuellement leurs ressources à un rythme vertigineux et, par l'intermédiaire des multinationales et des institutions financières internationales, elles tentent de s'assurer le contrôle des ressources des autres. Mais, cette fois-ci, les pauvres ne sont pas disposés à céder sans combattre. Telle est ma conception de la troisième guerre mondiale* » (G. Rist, Le développement, une notion occidentale, dans *Alternatives au développement* (*op. cit. supra*, n. 33.). Dans le même sens, cf. R. Vachon, *ibid.*, 12-14.

184. Cf. J. Burger, *Report from the Frontier* (London, Zed Books, 1987).

185. Cf. S. Brunel, *op. cit.*, 481.

186. *Ibid.*, 472-480.

187. *Ibid.*, 155-156.

188. *Ibid.*, 16-17.

189. R. David, La refonte du Code civil dans les États africains, *Annales africaines* 1 (1962), 161.

190. Cf. S. Brunel, *op. cit.*, 87-93.

191. Haute technologie et divinités, *Le Courrier international* (15 nov. 1990), 19.

192. Cf. S. Brunel, *op. cit.*, 115.

193. *Ibid.*, 91-93.

194. *Ibid.*, 94-96.

195. *Ibid.*, 111-114.

196. Cf. J. Gaudemet, La codification, ses formes et ses fins, *Estudios en homenaje al J. Iglesias* (Madrid, 1988), 309-327.

197. E. Le Roy, Les droits africains traditionnels et la modernité, *Revue Monchanin* (Montréal), 65 (oct.-déc. 1979), 41-42.

198. Cf. C. Fluehr-Lobban, Toward a Sudanese Law Appropriate to Majority and Minority Populations, *Law and Anthropology*, 4 (1989), 187-198.

199. Cf. notamment les différentes contributions contenues dans *Law and Anthropology*, 4 (1989) ; *Politique africaine*, 40 (1990) : Le droit et ses pratiques.

200. Cité par P. Mathieu, Usages de la loi et pratiques foncières dans les aménagements irrigués, *Politique africaine, op. cit.*, 78.

201. Cf. *supra*, ici.

202. Cf. T.W. Bennett, The Position of Customary Law in South Africa, *Law and Anthropology*, 4 (1989), 39.

203. Cf. K. Adjamagbo, Pluralisme juridique et pratiques successorales homéennes, *Politique africaine*, 40 (1990), 12-20.

204. Pour plus de détails, cf. Bayona ba Meya Muna Kimvimba, L'authenticité dans la réforme du droit au Zaïre, dans *Dynamiques et finalités des droits africains*, dir. G. Conac (Paris, Economica, 1980), 229-258 ; R. Vigneron, Mariage et divorce dans le nouveau code zaïrois de la famille, *Das Standesamt* 42-6/7 (Frankfurt am Main, Juni/Juli 1989), 186-191. Mais pour certains auteurs, la politique zaïroise d'authenticité est surtout de la poudre aux yeux, et le droit traditionnel n'est ni un modèle constant d'équité, ni un bon moyen d'adaptation à la modernité. En ce sens, cf. Wyatt Mac Gaffey, The Policy of National Integration in Zaïre, *The Journal of Modern African Studies*, 20, 1 (1982), 87-105.

205. Cf. M. Alliot, Un droit nouveau est-il en train de naître en Afrique ? dans *Dynamique et finalités des droits africains, op. cit. supra* n. 64, 467-495.

206. Cf. *supra*, ici.

207. Cf. *supra*, ici.

208. Déclaration du représentant officiel de la République islamique d'Iran lors de la 39e session de l'Assemblée générale des Nations Unies, en date du 7 décembre 1984.

209. S. Latouche, *op. cit.* (*L'Occidentalisation du monde*), 138-139.

210. Par exemple, celle que propose le *Nouvel Observateur*, coll. « Dossiers », n° 2 : La Pensée aujourd'hui, 71.

211. Cf. *infra*, ici.

212. Cf. R. Verdier, Droits des peuples et droits de l'Homme à la lumière de l'anthropologie, *Droit et Cultures*, 15-16 (1988), 188-190.

213. Cf. J. Quatremer, L'Afrique jauge les droits de l'homme, *Libération* (4 mai 1989), 28.

214. Sur le plan historique, cf. N. Rouland, La tradition juridique africaine et la réception des déclarations occidentales des droits de l'homme, *Communication au colloque international « La Révolution française de 1789 et l'Afrique », Dakar-Saint-Louis du Sénégal*, 23-29 avril 1989, à paraître dans les *Actes du colloque*. La lecture des débats aux termes desquels furent rédigés les différents articles de la Déclaration universelle des droits de l'homme montre combien son universalité ne fit pas l'unanimité (cf. *La déclaration universelle des droits de l'homme*, dir. G. Johnson — J. Symonides (Paris, L'Harmattan, 1990), 62, 66-68, 75.

215. On trouvera diverses données les concernant dans R. Verdier, Problématique des droits de l'homme dans les droits traditionnels d'Afrique noire, *Droit et Cultures*, 5 (1983), 97-103 ; M. Alliot, Protection de la personne et structure sociale, *Revue juridique et politique, Indépendance et coopération* (1982) ; E. Le Roy, Communautés d'Afrique noire et protection des droits de l'individu face au pouvoir, in *L'Individu face au pouvoir*, Recueils de la Sté Bodin, XLVII (Bruxelles, Dessain et Tolra, 1988), 37-63 ; R. Panikkar, Les droits de l'homme, concept occidental ?, dans *Alternatives au développement, op. cit.*, 67-92 ; M. Chiba, *Legal Pluralism : Toward a General Theory through Japanese Legal Culture* (Tokyo, Tokai University Press, 1989), 141-157 ; M. Arkoun, Origines islamiques des droits de l'homme, *Revue des sciences morales et politiques*, 1 (1989), 25-37 ; du même auteur, *Ouvertures sur l'Islam* (Paris, Grancher, 1989), 141-178 (sur la notion de personne dans l'Islam). Le texte de la Déclaration islamique universelle des droits de l'homme est intégralement cité dans B. Etienne, *L'islamisme radical* (Paris, Hachette, 1987), 353-362. Enfin, on notera qu'E. Le Roy a donné en 1991 à l'Institut international des droits de l'Homme (Strasbourg) un enseignement intitulé : *Les fondements anthropologiques des droits de l'Homme — Crise de l'universalisme et post-modernité*, à paraître.

216. Cf. celle citée par J. Quatremer, *op. cit. supra*, n. 73.

217. Cf. *supra*, ici.

218. H. Yamane, Bilan des approches pour la protection des droits de l'homme en Asie, dans *Droits de l'homme, droits des peuples*, dir. A. Fenet (Paris, PUF, 1982), 169-170.

219. M. Chiba, *op. cit. supra* n. 75, 149.

220. Cf., par exemple, l'excellente relation de G. Gozzano, *Carnets indiens* (Arles, Actes Sud, 1990), publiée pour la première fois en 1914.

221. Cf., en ce sens, J. Mourgeon, *Les droits de l'homme* (Paris, PUF, coll. « Que Sais-Je ? », 1990), 46-48.

222. La littérature juridique et politique sur les droits de l'Homme est extrêmement abondante. À l'inverse, la critique anthropologique des notions qu'ils recouvrent n'en est qu'à ses débuts. On lira surtout : R. Panikkar, La notion des droits de l'Homme est-elle un concept

occidental ?, *Diogène*, 120 (1982), 87-115, et *Alternatives au développement*, dir. R. Vachon (Centre interculturel Monchanin, Montréal, 1988). Le texte — fondamental — de R. Panikkar a suscité un certain nombre de commentaires, qu'on trouvera dans *Interculture* (Montréal), 83 (avril-juin 1984), 49-82.

223. Cf. R. Sole, Au baromètre de la solidarité, *Le Monde* (18 déc. 1990), 2.

224. Cf. R. Panikkar, *op. cit. supra* n. 82, 91-102.

225. Cf. *infra*, ici.

226. G. François — H. Mariol, *Législation coloniale* (Paris, Larose, 1929), 17.

227. Cf. A. Finkielkraut, *op. cit.*, 128-130.

228. Cf. *supra*, ici.

229. Cf., en ce sens, R. Vachon, *Introduction*, dans *Alternatives au développement*, *op. cit.*, 2-7.

230. R. Panikkar, *op. cit.* n° 82, 112.

231. J'écris ces lignes en mars 1991, quelques semaines seulement après la fin de la guerre du Golfe…

232. Cf. L. Favoreu, Il faut réformer la Constitution, *Le Monde* (22 nov. 1990), 2 ; A. Demichel, Fausse tempête pour un vrai peuple, *ibid.*

233. *Amnesty International — Rapport 90* (Paris, 1990), 6-10.

234. Cf. R. Stavenhagen, droits de l'homme et droits des peuples : la question des minorités, *Interculture* (Montréal), XXII-2 (1989), 3.

235. Cf. J.-P. Razon, *sub. v°* « Ethnies minoritaires », dans *Dictionnaire de l'ethnologie et de l'anthropologie*, dir. P. Bonte — M. Izard (Paris, PUF, 1991), 244-247.

236. Cf. I. Ramonet, La solitude des « invisibles », *Le Monde diplomatique* (juin 1989), 17.

237. Cf. en ce sens, A. Fenet, La question des minorités dans l'ordre du droit, dans *Les minorités à l'âge de l'État-Nation*, dir. G. Chaliand (Paris, Fayard, 1985), 45.

238. Cf. *supra*, ici.

239. *Premier rapport du Haut Conseil à l'intégration* (février 1991), 10. L intégration tend à devenir un concept recteur. Non seulement un Haut Conseil lui est expressément consacré, mais elle bénéficie d'un secrétariat d'État dans le gouvernement d'E. Cresson, nommé en mai 1991.

240. Voir notamment la décision du Conseil constitutionnel du 22 janvier 1990.

241. Pour une approche générale, cf. *Diversité culturelle — Société industrielle — État national*, dir. G. Verbrunt (Paris, L'Harmattan, 1984) ; *Les Minorités à l'âge de l'État-Nation*, dir. G. Chaliand (Paris, Fayard, 1985) ; et surtout *Les Minorités et leurs droits depuis 1789*, dir. A. Fenet et G. Soulier (Paris, L'Harmattan, 1989) ; D. Lochak, Les minorités et le droit public français : du refus des différences à la gestion des différences, *ibid.*, 111-184.

242. Crim. 4 mai 1971, *Habib*, JCP, 1971, II, 16814.

243. Cass. 19 mai 1978, *Dame Roy c/ Assoc. pour l'éduc. populaire Sainte-Marthe*, *Dalloz*, 1978, p. 541.

244. Cf. J. Dauphine, *Les spoliations foncières en Nouvelle-Calédonie* (1855-1913) (Paris, L'Harmattan, 1989).

245. Cf. La question amérindienne en Guyane française, *Ethnies*, 1-2 (mai 1988).

246. Cf. N. Rouland, *Les Inuit du Nouveau-Québec et la Convention de la Baie James* (Québec, Université Laval, 1978).

247. Cf. J. Hurault, Pour un statut des populations tribales de Guyane française, *Ethnies* (*op. cit. supra* n. 105), 42-53.

248. Cf. J. Burger, *Report from the Frontier. The State of the World's Indigenous Peoples* (London, Zed Books, 1987), 9.

249. B. Etienne, *L'islamisme radical* (Paris, Hachette, 1987), 77.

250. À propos des développements qui suivent, on se reportera utilement à : E. Jouve, *Le Droit des peuples* (Paris, PUF) ; R. Stavenhagen, droits de l'homme et droits des peuples. La question des minorités, *Interculture* (Montréal), XXII-2 (1989), 2-18 ; N. Delanoe, « Minorités », « Populations » ou « Peuples » ? La Déclaration des droits des peuples autochtones, *Recherches amérindiennes au Québec*, XIX-4 (1989), 37-42 ; A. Bissonnette, L'ONU prend part à la promotion et à la défense des droits des peuples autochtones, *Bulletin trimestriel de l'Association canadienne pour les Nations Unies*, 16-4 (févr. 1991), 9, 14. F. Morin, Vers une déclaration universelle des droits des « peuples autochtones » : l'état actuel des travaux de l'ONU, *Communication au colloque international Droits linguistiques/Droits de l'homme, Strasbourg, Conseil de l'Europe, 15-17 novembre 1990*, à paraître ; N. Rouland, l'Émergence historique et anthropologique de la notion de « droits collectifs », *Revue internationale des sciences sociales de l'UNESCO*, à paraître.

251. Cité par E. Jouve, *op. cit.*, 106.

252. Ibid.

253. Le terme est de C. Lévi-Strauss, *Tristes Tropiques* (Paris, Plon, 1955), 452.

254. Cf. J.E. Lovelock, *La Terre est un être vivant* (Paris, Le Rocher, 1989).

255. Cf. J. Monod, *Le Hasard et la nécessité* (Paris, Le Seuil, 1970).

256. Difficile, mais pas impossible, au moins pour certains : « *Bonheur, au contraire, si Dieu n'existe pas, à ceux qui aiment le réel, tout le réel : bonheur à ceux qui aiment l'Univers ! [...] Et non pour ce qu'il veut dire, mais pour ce qu'il est ! Qui, une nuit, contemple longtemps les étoiles finit par l'accepter ; et la paix alors qui le saisit se fond dans le silence qui le contient, l'Univers n'est ni une autoroute, ni un panneau de signalisation. Il ne va nulle part ; il ne veut rien dire. Mais il est aimable, pour qui l'aime, et c'est ce qu'on appelle sa beauté peut-être, et l'unique grâce.* » (A. Comte-Sponville, L'Univers a-t-il un sens ?, *Ciel et Espace*, 248 (juillet-août 1990), 38-41.

257. Pour plus de détails, cf. J.D. Barrow — F.J. Tipler, *The Anthropological Cosmological Principle* (New York, Oxford University Press, 1986).

258. Cf. en ce sens J. Poirier, L'Homme, l'objet, la chose, in *Histoire des mœurs*, dir. J. Poirier, I (Paris, Gallimard, 1990), 919-921.

259. Cf. J. Malaurie, *Les Derniers Rois de Thulé* (Paris, Plon, 1989), 405-406.

260. Ces quelques exemples ne doivent pas nous conduire à une vision trop idyllique des hommes de la prémodernité. Nous verrons que l'homme préhistorique a souvent chassé son gibier sans retenue. Et certains auteurs ont montré que celui des sociétés traditionnelles n'est pas toujours un inoffensif écologue : cf. Roy F. Ellen, What Black Elf Left Unsaid : On the Illusory Images of Green Primitivism, *Anthropology Today*, 2-6 (1986), 8-12.

261. Cf. J. Poirier, *op. cit. supra*, 924-926.

262. Cf. N. Rouland, *Anthropologie juridique* (Paris, PUF, 1988), 274-276.

263. Cf. N. Rouland, Les dimensions culturelles de la parenté, *Communication à la VII*^{e} *Conférence mondiale de la Société internationale du droit de la famille : Parenté : la signification juridique de la maternité et de la paternité dans une société en évolution*, Opatija, 13-18 mai 1991, à paraître dans les *Actes du colloque*. Sur les modalités du changement de sexe chez les Esquimaux, on lira : J. Robert-Lamblin, « Changement de sexe » de certains enfants d'Ammassalik (Est Groënland) : un rééquilibrage du sexe ratio familial ?, *Etudes Inuit*, 5-1 (1981), 117-126 (les difficultés psychologiques sont évoquées pp. 117-121) ; N.Q.B. Saladin d'Anglure, Du fœtus au chamane : la construction d'un « troisième sexe » inuit, *Etudes Inuit*, 10/1-2 (1986), 25-113.

264. Selon la Genèse, le premier acte de l'homme après sa création est de nommer les créatures vivantes : *Genèse*, 1, 20.

265. Cf. P. Braun, Les tabous des « Feriae », *L'Année sociologique* (1959), 49-125.

266. Cf. J. Barrau, Les hommes dans la nature, dans *Histoire des mœurs*, dir. J. Poirier, I (Paris, Gallimard, 1990), 30-35.

267. Cf. R. Ledrut, L'homme et l'espace, *ibid.*, 105-113.

268. Cf. *infra*, ici.

269. Cf. *supra*, ici.

270. Cité par J. Barrau, *op. cit.*, 42.

271. Cf. *supra*, ici.

272. « *... je marchais dans un jardin plein de grandes fleurs. Si je devais les décrire, je dirais qu'elles ressemblaient à des dahlias avec de très grandes fleurs et de très hautes tiges. Il faisait chaud dans ce jardin et il y avait beaucoup de lumière ; c'était très beau.* » (R. Moody, *La Lumière de l'au-delà* [Paris, Laffont, 1988], 82). Le phénomène paraît transculturel. On trouve des descriptions de cet ordre chez les Yanomami (cf. E. Biocca, *Yanoama* [Paris, Plon, 1968], 159-160 ; pour les références à d'autres cultures, cf. également I. Wilson, *Expériences vécues de la survie après la mort* (Paris, Belfond, 1988), 202. Les résultats des études effectuées en Inde sont analysées par K. Osis — E. Haraldsson, *Ce qu'ils ont vu... au seuil de la mort* (Paris, éd. du Rocher, 1982).

273. J. Poirier, L'homme, l'objet, la chose, dans *Histoire des mœurs, op. cit.*, 925.

274. Cf. J. Fauchere, Corps, espèce et société, *Droit et Cultures*, 20 (1990), 233-241.

275. Cf. *infra*, ici.

276. Cf. J.P. Dubois, La vierge à l'enfant, *Le Nouvel Observateur* (21-27 mars 1991), 110.

277. Cf. *infra*, ici.

278. Sur toutes ces questions, cf. C. Labrusse-Riou — J.L. Baudouin, *Produire l'homme, de quel droit ?* (Paris, PUF, 1987) ; *L'Homme, la nature et le droit*, dir. B. Edelman — M.A. Hermitte (Paris, C. Bourgois, 1988) ; Biologie, personne et droit, *Droits*, 13 (1991), 3-122 ; A. Seriaux, Entre justice et droits de l'homme : la condition juridique de l'embryon humain, *Persona y Derecho*, 23 (1990**), 65-76 ; X. Labbee, *La Condition juridique du corps humain avant la naissance et après la mort* (Presses Universitaires de Lille, 1991).

279. Cf. *Libération* (12-13 septembre 1987).

280. Cf. *supra*, ici.

281. Cf. *supra*, ici.

282. B. Lemennicier, Le corps humain : propriété de l'État ou propriété de soi ?, *Droits*, 13 (1991), 114.

283. Cf. C. Labrusse-Riou, L'enjeu des qualifications : la survie juridique de la personne, *ibid*., 28-30.

284. Cf. M. Serres, *Le Contrat naturel* (Paris, F. Bourin, 1990). On pourra lire les comptes rendus de deux juristes : E. Putman, *Revue de la recherche juridique et droit prospectif* 3 (1990), 687-688 ; F. Ost, Nature et Humanité — À propos de deux ouvrages récents, *RIEJ*, 24 (1990), 125-131.

285. Cf. M.A. Hermitte, Le concept de diversité biologique et la création d'un statut de la nature, dans *L'Homme, la nature et le droit*, dir. B. Edelman — M.A. Hermitte (Paris, C. Bourgois, 1988), 243.

286. Cf. *supra*, ici.

287. Cf. M. Remond-Gouilloud, Ressources naturelles et choses sans maître, *op. cit. supra*, n° 33, 231-235.

288. Cf. N. Bonnet, Échange de dette contre réserve écologique, *Le Monde* (13 février 1988).

289. Cf. C. Stone, *Southern California Law Review*, vol. 45, n° 2, 1972.

290. Cf. *supra*, n. 33.

291. On trouvera des données statistiques récentes sur l'ensemble de ces phénomènes dans : Un sondage sur les Français et la religion, *Le Monde* (1er octobre 1986), 12 ; N. Tincq, Dieu n'est plus ce qu'il était, *Le Monde* (2 nov. 1990), 10 ; Vous avez parlé de Dieu, *Panorama* (nov. 1990), 49-56 ; Les fous du Diable, *Le Nouvel Observateur* (20-26 déc. 1990), 8-27 ; I. Carlander, Crimes rituels et gangs démoniaques. Essor de la violence « satanique » aux États-Unis, *Le Monde diplomatique* (février 1991), 28 ; Les Français et le surnaturel, *L'Express* (20 oct. 1989), 52-61 ; M. de Pracontal, L'art et la manière de magnétiser les gogos, *L'Événement du jeudi* (26 oct.-1er nov. 1990), 74-105 ; G. Mermet, *Francoscopie* (Paris, Larousse, 1988), 12.

292. Cf. C. Brun, *L'Irrationnel dans l'entreprise* (Paris, Balland, 1989).

293. Cf. A. Cuniot, *Incroyable... mais faux ! Essai critique sur l'obscurantisme moderne* (Bordeaux, 1989), 196.

294. La Bourse et l'astrologie, *Business Bourse*, 122 (3 févr. 1990), 38.

295. Cf. L'homme, la nature et le droit, *op. cit*., 333.

296. *Lévitique*, 25, 2 ; 25, 23.

297. Cf. D. Annoussamy, La personnalité juridique de l'idole hindoue, *Revue Historique de droit français et étranger* (oct.-déc. 1979), 611-621.

298. Cf. H. Decugis, *Les Étapes du droit*, II (Paris, Sirey, 1946), 143.

299. *Ibid.*, 144-145.

300. *Genèse*, 1, 3-5.

301. Cf. I. Nguema, *Le Nom dans la tradition et la législation gabonaise* (Thèse d'État en droit, Université de Paris I), 417-421.

302. Jugement rendu le 22 avril 1964 à Booué — Audience foraine — Enregistré à Lambaréné le 25 mai 1964, vol. I, Folio 211, Case 2159. On trouvera le texte complet de l'arrêt dans F. Pie, *Les Politiques pénales en Afrique noire francophone : le cas du Gabon* (Centre d'études de l'Afrique noire, Université de Bordeaux, 1989), Annexe XIV.

303. Cf. M. Raynal, *Le Phénomène criminel dans les sociétés traditionnelles d'Afrique centrale* (Thèse Droit Toulouse, septembre 1988), 282-286.

304. *Ibid.*, 302-306.

305. Cf. H. Decugis, *op. cit.*, I, 316-322.

306. Cf. J. Poirier, La preuve judiciaire dans les droits coutumiers de l'Afrique noire, in « *La Preuve* », *Recueils de la Sté J. Bodin*, XVIII (Bruxelles, 1963), 39.

307. Cf. M. Alliot, La signification de la preuve judiciaire (sociétés animistes et États d'Afrique noire), *Revue juridique et politique, Indépendance et coopération*, 1-2 (janvier-mars 1985), 55-61.

308. Cf. *supra*, ici.

309. *Coran*, LXIX, 16-32.

310. Matthieu, 25, 31-46.

311. *Apocalypse*, 20, 12 ; 20, 15.

312. *Joël*, 4, 12.

313. *Odyssée*, chant XI.

314. Témoignage cité par R. Moody, *La Vie après la vie* (« J'ai lu », n° 1984), 7?-79. Il est corroboré par de nombreux récits de personnes ayant vécu ce type d'expérience, et connu une « procédure » similaire d'auto-jugement.

315. Ce témoignage a été recueilli au milieu de ce siècle par H. Valero, une enfant européenne enlevée par les Yanomami et élevée parmi eux (cf. E. Biocca, *Yanvama* [Paris, Plon, 1968], 159-160).

316. Cf. L.V. Thomas, Généralités sur l'ethnologie négro-africaine, in *Ethnologie régionale*, dir. J. Poirier, I (Paris, Gallimard,), 257.

317. Cf. H. Decugis, *op. cit.* (T. II), 137.

318. Cf. M. Bekombo, La pratique du serment chez les Dwala, in *Le Serment*, dir. R. Verdier (Centre Droit et Cultures, Université de Paris X-Nanterre, 1989), 4.

319. R. Schott, Serments et vœux chez des ethnies voltaïques (Lyela, Bulsa, Tallensi) en Afrique occidentale, *ibid.*, 247.

320. Cf. *supra*, ici.

321. Cf. P. Braun, Les tabous des « Feriae », *L'Année sociologique* (1959), 54-56.

322. Cf. C. Faralli, *Diritto e Magia* (Milano, Giuffrè, 1982), 88-89, 94-102.

323. Ovide, *Fastes*, II, 552.

324. *cil*, VI, 21521 ; cit. par M. Meslin, *L'Homme romain* (Paris, Hachette, 1978), 195-196.

325. Paul, *I Epître aux Corinthiens*, 15, 12-15 ; 15, 35-37 ; 15, 52.

326. *Coran*, Sourate LXXV.

327. Cf. P. Geary, Echanges et relations entre les vivants et les morts dans la société du Haut Moyen Âge, *Droit et Cultures*, 12 (1986), 3-17.

328. Cf. *supra*, ici.

329. M. Planiol, *Traité élémentaire de droit civil* (Paris, LGDJ, 1915), 141 (la première édition date de 1899). La phrase sera supprimée au bout de quelques rééditions.

330. Cf. C. Pachiaudi-Savelli, *Étude comparative du rituel du mariage civil et religieux* (Mémoire pour le DEA d'Histoire des institutions, Université d'Aix-Marseille III, 1989).

331. *La Vie* (2-7 mai 1986).

332. Cf. R. Pageard, Le serment dans la vie française moderne, dans *Le Serment, op. cit.*, 191. Cf. également B. Oppetit, l'engagement d'honneur, *Chronique XVII, Dalloz* 1979 ; B. Beignier, *L'Honneur et le droit* (Thèse Droit Paris I, 1991, multigr.) ; G. Courtois, Le serment : du désenchantement du monde à l'éclipse du sujet, *à paraître* dans *Théories et devenir* (éd. du CNRS). Les références des arrêts concernant la possibilité pour un serment d'aller contre l'ordre public sont les suivantes : *Conseil d'État*, 13/7/1962, Dalloz (1962), 587 (partage de clientèle) ; *Cassation*, 27/11/1985, ATDC (1986), 750 (renonciation à réduction de pension alimentaire).

333. Cf. M. Bruschi, Droit et sciences occultes, *Revue de la recherche juridique — Droit prospectif*, 1 (1991), 185-261 ; 2 (1991), 491-530.

334. Cf. J. Favret-Saada, *Les mots, la mort, les sorts* (Paris, Gallimard, 1977) ; J. Favret-Saada — J. Contreras, *Corps pour corps — enquête sur la sorcellerie dans le bocage* (Paris, Gallimard, 1981).

335. Cf. *supra*, ici. Sur ce thème, cf. l'excellent ouvrage de P. Berchon, *La Condition juridique des morts* (Thèse Droit, Bordeaux I, juin 1984, multigr.) ; X. Labbee, *La Condition juridique du corps humain avant la naissance et après la mort* (Presses Universitaires de Lille, 1991) ; N. Rouland, Les morts et le droit : variations anthropologiques, à par. dans les *Mélanges G. Duby*.

336. Cf., entre autres, Trinh Xuan Thuan, *La Mélodie secrète* (Paris, Fayard, 1988), 308-310.

337. Luc, 24, 39-43.

338. Jean, 20, 19.

339. Jean, 20, 11-18.

340. Luc, 24, 13-35.

341. Paul, *I Épître aux Corinthiens*, 13, 8-9 ; 13, 12.

342. Cf. J. Poirier, Des groupes ethniques aux sociétés hétéroculturelles, dans *Ethnologie régionale* II (Paris, Gallimard, 1978), 1932-1933.

Imprimé par Lightning Source France
1 avenue Gutenberg
78310 Maurepas

N° d'édition : 7381-0143-Y

www.ingramcontent.com/pod-product-compliance
Lightning Source LLC
LaVergne TN
LVHW050835051026
849532LV00006BA/1968
* 9 7 8 2 7 3 8 1 0 1 4 3 3 *